家庭和谐、
社会进步与性别平等

Family Harmony, Social Development
and Gender Equality

全国妇联妇女研究所

主编／谭　琳　姜秀花
编者／姜秀花　宓瑞新
　　　杨玉静　史凯亮

社会科学文献出版社
SOCIAL SCIENCES ACADEMIC PRESS (CHINA)

前　言

　　本论文集是 2014 年 5 月 21 - 23 日中国妇女研究会和中国婚姻家庭研究会在北京联合举办的"家庭和谐、社会进步与性别平等"研讨会部分论文的辑录。会议旨在以学术研讨形式纪念"国际家庭年"20 周年，推动中国新形势下有关家庭问题的理论研究和实践探索，努力营造有利于家庭和谐和性别平等的社会环境。九届全国人大常委会副委员长、全国妇联原主席、中国妇女研究会名誉会长彭珮云出席会议，十一届全国人大常委会副委员长、全国妇联原主席、中国妇女研究会会长陈至立在开幕式上发表重要讲话，全国妇联副主席、书记处第一书记、中国妇女研究会副会长宋秀岩主持开幕式。中国妇女研究会及全国 18 个省、区、市的妇女研究会领导、17 个妇女/性别研究与培训基地的领导和代表、中国婚姻家庭研究会部分在京常务理事以及来自全国 25 个省、区、市的专家学者和妇女工作者 220 余人参与会议研讨。

　　习近平总书记在与全国妇联新一届领导班子集体谈话等一系列重要讲话中强调，坚持男女平等基本国策，注重发挥妇女在促进家庭和睦与社会和谐中的重要作用，对于深刻认识和把握家庭和谐、社会进步与性别平等的关系，正确理解和把握发挥妇女在经济社会生活中的"半边天"作用与发挥妇女在弘扬中华民族家庭美德、树立良好家风方面独特作用的关系，正确理解和把握妇女树立自尊、自信、自立、自强的形象与倡导妇女做贤妻、良母、孝女之间的关系，积极倡导男女两性共同承担社会和家庭责任，提供了理论指南和行动方向。本论文集收录的 48 篇论文从多学科的视角围绕中国婚姻家庭的现状、特征与变迁，婚姻家庭的法律政策及影响，构建和谐家庭理念和途径，大众传媒与家庭和谐，以及面向家庭的社会工作等领域的重要问题进行了广泛而深入的研究与探讨，分享了具有探索性和创新性的理论观点、实证研究成果和推动反家庭暴力立法、寻找最美家庭及调解家庭矛盾等方面的实践经验，充分体现了新时期妇女研究的社会责任，也将进一步推动妇女研究和婚姻家庭研究的创新发展。

本论文集凝聚了众多专家学者和出版者的心血。专家学者认真修改论文，保证了论文集的学术质量；谭琳、肖扬、姜秀花、宓瑞新、杨玉静、史凯亮、王庆红等同志在论文筛选、编辑、校对、排版以及各种编务工作中各尽其职，保证了本书的编辑进度和编辑质量；郑佳然负责文章目录的英文翻译；中国妇女研究会办公室在论文整理、作者联络和信息提供等方面给予了积极配合；社会科学文献出版社的领导和编辑人员在编辑和出版方面予以积极协作。我们衷心感谢以上各位同志对本论文集出版的积极贡献！

在贯彻落实党的十八届三中全会精神、全面深化改革的新形势下，深入分析家庭领域的重点难点问题，深化家庭领域的基础理论研究和实证研究，积极推动有关家庭法律和政策的完善，推动家庭工作实践的不断丰富，推动大众传媒在宣传中更加体现性别平等理念，是新时期妇女/性别研究者肩负的重要社会责任和历史使命，需要研究者不断创新理念与方法。但限于各方面原因，本论文集中某些文章在研究内容和方法等方面难免存在不足，希望大家积极与作者和编者交流，指正疏漏，共同为家庭和谐、社会进步与性别平等的研究与实践，为营造更加有利于家庭和谐与性别平等的社会文化环境作出积极贡献。

编　者

2014 年 8 月

CONTENTS 目录

CONTENTS

深化家庭理论研究　推动家庭建设实践　努力营造有利于家庭和谐和性别平等的社会环境[*]

深化家庭理论研究　推动家庭建设实践　努力营造有利于家庭和谐和性别平等的社会环境[*]

十一届全国人大常委会副委员长　全国妇联原主席

中国妇女研究会会长

◎ 陈至立

今天，中国妇女研究会和中国婚姻家庭研究会联合举办 2014 年年会暨"家庭和谐、社会进步与性别平等"研讨会，以学术研讨的形式纪念国际家庭年 20 周年，推动中国新形势下有关家庭问题的理论研究和实践探索，努力营造有利于家庭和谐和性别平等的社会环境。相信这次研讨会一定会团结凝聚全国妇女研究领域和婚姻家庭领域多部门和多学科的研究力量，广泛交流新时期有关家庭问题的研究成果，深入研究家庭领域面临的问题和挑战，提出既有针对性又有可操作性的对策建议，为做好新形势下的家庭工作作出新贡献。

下面，我讲 3 个问题，与同志们共同探讨。

一　深入学习领会习近平总书记一系列重要讲话精神，正确理解新时期家庭和谐、社会进步与性别平等的关系

习近平总书记与全国妇联新一届领导班子集体谈话中强调，必须坚持

---

* 这是陈至立同志 2014 年 5 月 21 日在"家庭和谐、社会进步与性别平等"研讨会上的讲话。

男女平等基本国策，充分发挥中国妇女伟大作用，为实现"两个一百年"奋斗目标、实现中华民族伟大复兴的中国梦而奋斗。他还强调指出，要注重发挥妇女在弘扬中华民族家庭美德、树立良好家风方面的独特作用，这关系到家庭和睦，关系到社会和谐，关系到下一代的健康成长。广大妇女要自觉肩负起尊老爱幼、教育子女的责任，在家庭美德建设中发挥作用，帮助孩子形成美好心灵，促使他们健康成长，长大后成为对国家和人民有用的人。广大妇女要发扬中华民族吃苦耐劳、自强不息的优良传统，追求积极向上、文明高尚的生活，促进形成良好的社会风尚。这为我们在新时期深刻认识和把握家庭和谐、社会进步和性别平等的关系，做好家庭工作提供了指南。

第一，家庭是社会的基本细胞，承载着重要的社会功能，家庭关系是否平等和谐，关系社会的文明进步。正如 2014 年国际家庭日的主题所阐明的，"家庭事关发展目标的实现"。重视家庭是中国的传统，"国之本在家""家和万事兴，家齐国安宁"等价值理念深入人心。据第六次全国人口普查数据，中国的家庭户数约为 4.02 亿。一方面，要实现经济社会的稳定发展，需要千家万户同心同德、共克时艰。家庭和谐幸福能极大地激励广大家庭成员在本职岗位上建功立业，从而推动社会的文明进步，加快实现中华民族伟大复兴的中国梦。另一方面，平等和谐的家庭才能在家庭生活中保障男女人格尊严、人生价值、权利地位、发展机会和家庭责任平等，才能成为实现妇女解放和人的全面发展的平台和基地。平等和谐的家庭有益于保护儿童权利、孝敬和关爱老人，更有益于夫妻相互理解、彼此尊重，共担家庭责任，共享家庭资源、平等参与家庭事务决策。

第二，妇女在家庭中扮演着特殊的重要角色，家庭领域是妇女组织特别是妇联组织的重要工作领域。母亲常常被称为孩子的首任老师，在弘扬家庭美德、树立良好家风等方面责任重大。当代中国女性是中国特色社会主义事业的"半边天"，她们不但在家庭生活中发挥着独特作用，也在社会生活中发挥着重要作用，是实现中华民族伟大复兴中国梦的重要力量。因此，妇联组织应在家庭建设以及与此相关的社区建设中，深入了解家庭需求，积极开展家庭服务，尤其是在文明进步的家庭文化价值观的宣传普及方面，积极作为。从 20 世纪 50 年代开始的"五好家庭"评选，到当前的寻找"最美家庭"活动，就是妇联组织积极作为的体现，得到了各级党委和政府的充分肯定和广大妇女群众及家庭的积极响应。

第三，家庭建设是促进性别平等和妇女发展，贯彻落实男女平等基本国策的重要领域。习近平总书记在同全国妇联新一届领导班子集体谈话时深入阐述了新时期男女平等基本国策的目标和任务，明确了要确保妇女平等依法行使民主权利、平等参与经济社会发展、平等享有改革发展成果，为我们正确理解家庭和谐与妇女发展和性别平等提供了价值引领。我们要把习近平总书记提出的新时期男女平等基本国策的目标和任务落实在包括家庭领域在内的社会生活各个领域之中，正确理解和把握发挥妇女在经济社会生活中的"半边天"作用与发挥妇女在弘扬中华民族家庭美德、树立良好家风方面独特作用的关系，正确理解和把握妇女弘扬自尊、自信、自立、自强精神与倡导妇女做贤妻、良母、孝女之间的关系，并赋予其新的时代内涵，防止在讨论家庭问题时陷入"男主外，女主内"等误区；要宣传优秀女性正确处理事业与家庭责任的典型事例，还要充分理解妇女为成就事业而付出的代价，为她们提供更好的社会服务支持，排除后顾之忧；要倡导男性应做好丈夫、好父亲、好儿子，倡导男女两性共同承担社会和家庭责任，平等参与，共同发展。

值得强调指出的是，妇女的解放、妇女的经济独立和妇女的发展及性别平等是家庭和谐的基点，离开了这一基点，家庭和谐将无从谈起。对此，我们应保持清醒头脑，坚持研究的正确方向。

二　深入分析新时期家庭发展的状况和态势，针对涉及性别平等的家庭问题开展重点研究

近年来，随着改革开放的日益深化，社会转型不断加速，家庭的规模、结构、关系、形态及功能不断发生变化，家庭问题也呈现出复杂化和多样化趋势，需要我们更加客观准确地把握其发展状况和态势，更加深入系统地分析出现的问题和挑战，注重从性别平等的视角加强重点难点问题研究。

首先，要全面把握中国家庭变化的时代特点。随着中国社会由传统向

现代的转型，家庭的规模、结构、关系、形态及功能等都发生了重要变化，呈现出明显的现代特征。一是家庭规模日益缩小。第六次全国人口普查数据显示，家庭户规模已从 10 年前的平均 3.44 人下降到 3.10 人，低于很多发达国家的水平。二是家庭结构模式日益多样化。虽然核心家庭和主干家庭仍占主导地位，但诸如"丁克"、空巢、同居、单身、单亲等小家庭模式比例上升，尤其是单人家庭数量增长较快，2010 年占家庭比例达到了 14.5%。三是家庭关系的重心由大家庭的代际关系转向小家庭的夫妻关系和亲子关系。家庭内部个体的独立性和平等意识增强。四是家庭需求多元化，家庭的部分传统功能削弱。家庭成员的自主性和流动性增强，初婚和初育年龄推迟，通婚圈扩大，家庭的稳定性和凝聚力下降。五是家庭外部的社会文化环境复杂多样，婚姻家庭观念更加多元。这些既为新时期促进家庭和谐提供了机遇，也提出了严峻挑战。

其次，要在全面把握新时期家庭状况和态势的基础上，从性别平等视角深入分析新时期中国家庭变迁带来的重点难点问题。从第三期中国妇女社会地位调查结果来看，总的来说，10 年来家庭中夫妻性别平等关系得到了改善，妇女的家庭地位得到了提高。但是，也反映出一些不利于家庭和谐和性别平等的问题和挑战。一方面，一些长期阻碍性别平等的家庭观念和行为仍然存在，甚至有所强化。一些人仍然认同"男主外，女主内"等传统家庭分工；男女两性家庭责任分担不平衡，总体上女性无论是否就业，花费在家务劳动方面的时间仍远远多于男性；女性在家庭事务决策中的参与不够充分，特别是在农村，家庭中的重要事项决策仍以男性为主；男性仍然占有更多的家庭资源，女性名下的存款、房产等财产明显少于男性；家庭暴力现象时有发生，女婴及生育女孩的妇女受歧视现象仍然存在，出生性别比偏高的问题未得到根本遏制；等等。另一方面，随着社会转型的加快，又出现了一些不利于妇女发展和性别平等的新问题。比如，劳动力市场上针对女性婚姻生育等家庭责任的就业歧视不容忽视。对许多职业女性来说，既要做好本职工作，又要做一个好母亲、好女儿和好妻子。这不仅需要男性与之共同承担家庭责任，也需要公共政策和社会服务的大力支持，如健全的生育保险政策、托幼服务、养老服务，等等。又如，随着流动人口数量的增多和范围扩大，留守妇女、留守儿童和留守老人群体的境况令人担忧，其中留守妇女既要承担生产责任，又要照顾老人、孩子及家庭生计，需要各级政府和社会各界给予关怀。再如，随着家庭规模日益缩小和老龄化的到来，由老年夫妻或鳏寡老年人组成的空巢家庭日益增多，由于女性平均预期寿命高于男性，以老年妇女为主的空巢家庭更为普遍，这对新时期社会政策和社会服务提出了新的需求。

总之，我们要深入研究和把握新时期婚姻家庭变化趋势，特别是与性别平等和妇女发展相关的重要议题。只有正视这些变化发展，敏锐地把握重点难点问题，才能使家庭建设研究更有针对性，才能为家庭学科发展提供新的研究内容和方法，为中国家庭乃至全球的家庭研究作出新贡献。

三　积极促进研究成果的社会转化，提出有利于家庭和谐和性别平等的对策建议

在贯彻落实党的十八届三中全会精神，全面深化改革的新形势下，诸多改革措施涉及家庭问题。如何抓住国家治理体系和治理能力现代化、培育和践行社会主义核心价值观等重大机遇，深入研究与家庭相关的法律、政策和措施，努力探索中国家庭工作的理念、机制和方法，使处于不同家庭状况、出身不同家庭背景的男女两性社会成员都能在全面建成小康社会的过程中平等参与、平等受益，是摆在研究者和决策者面前的新课题。广大专家学者要在深入研究的基础上，积极探索解决问题的方法和途径，将研究成果转化成可供决策者参考的对策建议，并大力推动有关家庭的法律政策体系建设。

首先，要积极促进研究成果转化为制定和修订法律法规和政策措施的参考依据，推动有关家庭的法律政策不断完善。王岐山同志代表党中央在中国妇女第十一次全国代表大会上的祝词中要求"在立法决策中充分体现性别意识"，这为构建与完善相关的婚姻家庭法律法规和政策指明了方向。我们要认真贯彻落实这一讲话精神，积极推动反家庭暴力法等专门性立法工作，重视研究农村土地承包经营权确权、社会保障制度建设等与妇女婚姻家庭状况密切相关的改革问题，抓住相关改革措施出台、法律政策制定

或修订的关键时机，提出有理论、有调查、有分析、可操作的对策建议，切实维护妇女权益，促进家庭和谐与性别平等。

其次，要积极促进研究成果转化为妇联组织开展家庭工作的理论指导，以研究成果服务于家庭工作实践。党中央提出，要"在改善民生中高度关注妇女需求，在社会管理中积极回应妇女关切"，妇联组织履行"代表和维护妇女权益，促进男女平等"的基本职能时，迫切需要多学科、多领域的研究成果作为理论支撑。同时，家庭工作作为社会管理的重要内容，在建设家庭美德、弘扬文明家风、建设家庭文化的工作中，也要把倾听妇女的需求和关切、改善妇女的民生作为重要内容，为家庭提供多样化的服务。希望广大研究者与妇女工作者密切合作，贡献智慧，用科学的方法及时反映妇女群众和普通家庭的利益诉求，以扎实的工作使广大妇女群众和普通家庭能够在家庭建设和社区工作中得实惠、普受惠、长受惠。

最后，要广泛积极宣传家庭建设理论研究成果，努力营造有利于家庭和谐与性别平等的社会舆论环境。目前，不利于性别平等与家庭和谐的电视剧和新闻报道在大众传媒中仍然存在，造成社会公众对有关男女平等价值观的认识混乱，对家庭和谐与性别平等产生了诸多不利影响。因此，要在培育和践行社会主义核心价值观的过程中，进行积极有效的正面引导，推动大众传媒宣传平等、和谐、文明的家庭观念，有意识地树立既有事业心又有家庭责任感的男女两性榜样，促进男女两性相互尊重、相互帮助、共同努力，促进性别平等、和谐的家庭文化繁荣发展。

家庭是每个人生存发展的基本环境，家庭的和谐发展是社会和谐进步的重要基石。让我们在全面建成小康社会、构建社会主义和谐社会、实现中华民族伟大复兴中国梦的历史进程中，以高度的责任感和使命感，努力创新研究，积极投身实践，为促进家庭和谐、社会进步与性别平等贡献智慧和力量！

在"家庭和谐、社会进步与性别平等"研讨会上的总结讲话

全国政协社会和法制委员会副主任

中国妇女研究会副会长、中国婚姻家庭研究会会长

◎ 甄　砚

由中国妇女研究会和中国婚姻家庭研究会联合举办的 2014 年年会暨"家庭和谐、社会进步与性别平等"研讨会，经过大家共同的努力，圆满完成了预定的议程。现在，我受珮云名誉会长和至立会长的委托，代表两个研究会，对本次会议作一个简要的小结。

首先，我们深受激励的是，本次年会得到了全国妇联和两个研究会的高度重视，学会的各位领导出席大会。至立会长出席会议并作重要讲话，秀岩同志在百忙中主持开幕式，充分体现了各级领导对妇女理论研究和婚姻家庭研究的高度重视，对"家庭和谐、社会进步与性别平等"研究的深切关注和大力支持。

其次，我们最深的感受是，研讨会的主题选得好，包容性强，视野开阔，契合社会发展需求。在两天半的时间里，大家围绕会议的主题，从理论、法律、政策、文化、传媒、社会工作等多个角度进行了广泛深入的探讨，主题鲜明，内容丰富，议程紧凑，研讨深入，气氛热烈，既体现出大家对妇女研究事业的高度使命感和责任感，也展示出妇女研究队伍的日益壮大，结构的日趋向好，作风的务实执着，研究水平的显著提升。

刚才各位报告人的发言和主持人的点评，浓缩了研讨的精华，启迪了

大家的思考，是本次会议小结的重要组成部分，下面，我从 3 个方面简要谈谈主要的收获，与大家讨论。

一　本次会议对家庭和谐、 社会进步与性别平等的研究与实践具有很强的指导意义

首先，大家高度认同至立会长下面这个判断，即在全面建成小康社会、实现中华民族伟大复兴中国梦的进程中，大力开展和谐家庭建设、促进妇女发展与性别平等对推进社会全面进步具有重要的理论与现实意义；大家赞成要从性别的视角出发加强婚姻家庭领域重点难点问题的研究，客观准确地把握新时期家庭发生的深刻变化和发展态势，有针对性地进行问题研究与政策研究，形成有价值的建议。大家认为，妇女发展与家庭发展的实践呼唤着理论来指导，要坚持理论研究为实践服务，积极促进研究成果的转化，做到 3 个推动，即推动有关法律政策不断完善，推动家庭工作实践不断丰富，推动大众传媒的舆论宣传更加体现平等理念。这些基本观点对今后的深入研究会产生积极的指导作用。

二　本次会议提出了有待深入研究的重点和方向

大家感到，高质量的大会发言和深入的分论坛研讨，使与会者深化了认识，扩展了视野，获取了信息，得到了宝贵资料，对自己今后的研究与实践非常有启发、有帮助。

一是需要重视家庭领域的基础理论研究。家庭是社会的细胞，是实现男女两性平等、和谐、共谋发展，推动人类社会发展与进步的基石。在新时期，家庭和谐在社会和谐中的重要性更加凸显，家庭领域面临的挑战也更加严峻，国家需要一批专业工作者站在中国特色社会主义事业和中华民族伟大复兴的高度，以性别平等、妇女发展为切入点，加强对和谐家庭的理论研究，深入探讨和谐家庭与性别平等和妇女发展的关系，深刻阐释平

等和谐的家庭价值观与社会主义核心价值观的一致性,明确提出平等和谐的家庭理论,以指导家庭建设实践。作为国家一级学会的中国妇女研究会和中国婚姻家庭研究会,我们有义不容辞的责任与担当。

二是需要加强家庭领域的现状研究。在经济社会转型期,社会结构发生剧烈而深刻的变化,家庭作为社会结构的一部分也悄然发生一系列变动。我们应加强关于当前中国家庭结构、家庭关系、家庭功能等各方面发展趋势的研究;关注不同类型的家庭,不仅要关注核心家庭、联合家庭等传统的家庭类型,还要重视研究单亲家庭、空巢家庭、"丁克"家庭、流动和留守家庭等不同类型和特点的家庭;重视研究婚姻家庭观念和行为的变化,分析处于不同年龄层的女性和男性对待婚姻家庭的态度和方式,并且侧重研究当前婚姻家庭变迁过程中与性别平等相关的重点难点议题。只有明晰现状,把握问题及成因,才能提出科学的、具有针对性的对策,影响决策,惠及大众,实现理论的社会价值。

三是需要加强婚姻家庭领域的法律政策研究。党的十八大明确提出了全面深化改革的宏伟战略,十八届三中全会对中国的法制改革和法治建设进一步作出了全面部署,提出了社会治理和社会政策的战略布局,这为完善家庭政策、提升家庭服务提供了新的契机。大家认为,这是一个要紧紧抓住的机遇,要加强研究成果的社会转化,将性别平等与妇女发展纳入家庭政策和社会治理的主流。例如,怎样缓解职业妇女工作与家庭的矛盾,如何消除针对妇女家庭责任的就业歧视,怎样预防和制止家庭暴力,如何完善儿童照料和保护的法律政策,怎样防范幼女受到性侵害,如何对离婚案件中的妇女权益给予有效的保护和救济,怎样在应对老龄化的家庭政策中纳入性别视角,如何在土地承包经营权确权和流转过程中保障农村妇女权益,以及怎样为农村留守妇女、留守儿童和留守老人提供社会支持,等等。

四是需要营造有利于家庭和谐和性别平等的社会文化环境。家庭和谐、性别平等、社会公正是社会主义核心价值观的题中应有之义,这些理念应该在社会和家庭中广泛传播。大众传媒是思想文化传播的重要载体,是宣传推广价值观念的重要渠道。我们在"黄金小姐"与"剩女"的研讨发言中形象地看到媒体的倡导和影响力量。所以,一方面,要充分重视和发挥大众传媒的积极作用,大力宣传马克思主义妇女观和男女平等基本国策;

倡导夫妻和睦、尊老爱幼、科学教子、勤俭持家、邻里互助等文明进步的婚姻家庭价值观。另一方面，要提高辨识度，抵制、揭露、抨击、清理大众传媒中歧视妇女的言论、报道与作品，用正确的舆论引导人。

五是需要加强面向家庭的社会工作研究。妇联组织在家庭工作领域积累了很多很好的经验和方法，包括丰富多彩、效果明显的活动载体和服务项目，如创建"五好文明家庭"和"平安家庭"，开展"双合格"家庭教育，寻找"最美家庭"以及婚姻家庭调解，等等。我们要深入研究和提炼这些实践经验，在新形势下深化家庭工作。大家认为，在国家治理体系和治理能力现代化的过程中，家庭建设作为社会治理的重要内容，应进一步发挥妇联组织的职能作用，广泛联系其他社会组织，密切关注妇女的需求，积极回应妇女的关切，更好地服务普通家庭和妇女群众。

三　本次会议为更好地交流成果、 开展合作、凝聚力量， 搭建了更加开放的平台

本次会议是中国妇女研究会和中国婚姻家庭研究会首次联合举办的研讨会，面对共同的议题，我们汇聚了两个研究会的专业力量，从多学科、跨学科的领域开展了富有成效的交流。既拓展了研究视野，丰富了研究成果，扩充了研究网络，锻炼了研究队伍，也为今后加强合作、深化研究、推动实践奠定了良好基础，也证明繁荣理论研究需要机制的创新与支撑。我们要紧密地依托两个研究会的研究力量，着重研究我们面临的问题与挑战，提出理论研究的中长期规划，有目的、有计划、有组织地推进研究的深化。我们两个研究会的办公室将落实珮云大姐的要求，至立同志、秀岩同志的要求，认真总结这次合作办会的经验。我们切实体会到，面对新形势下出现的婚姻家庭问题，我们更需要深入探讨，联合攻关，争取有所突破；面对全面深化改革过程中婚姻家庭的法律政策和制度创新问题，我们更需要从性别平等和儿童优先的视角加以审视，深入调研，提出对策建议；面对社会上不利于家庭和谐和性别平等的舆论和行为，我们更需要携手同行，发出有理、有利、有节的声音，传播公正、平等、和谐的理念，营造

有利于妇女发展、儿童保护、老年安康、家庭幸福、社会进步的良好氛围。

在全面建成小康社会、构建社会主义和谐社会的进程中贯彻落实男女平等基本国策，还面临很多挑战，存在许多需要破解的难题。让我们共同努力，积极推动家庭和谐、社会进步和性别平等，为实现中华民族伟大复兴的中国梦不懈努力。

当前中国面临的家庭问题与政府责任

唐　灿*

摘　要： 本文利用文献数据分析了当前中国家庭面临的主要问题，如家庭功能削弱、家庭风险增加；通过分析国外家庭政策与政府责任的关系，以及对中国现有家庭政策的评价，本文指出，扶植家庭发展能力是中国政府的责任，政府应制定和完善相关的家庭政策，积极扶植和帮助家庭承担养老育幼等传统功能，提高家庭的发展能力，促使中国家庭有能力在未来的社会保障和社会福利体系中发挥重要作用。

关键词： 家庭问题　人口与社会转型　家庭政策　政府责任

一　引言

中国正在经历深刻的人口与社会转型，家庭变迁既是这一转型过程的结果，也是推动这一转型过程的重要因素。处在变迁中的家庭，当前面临着全新的矛盾和问题：家庭结构被各种各样的生活方式所改变；家庭的传统规范受到外来文化和市场文化的剧烈冲击；温情脉脉的家庭关系被财产纠纷、赡养纠纷、婚外情以及青少年的个体化趋向等啃噬得伤痕累累；单亲家庭和农村老龄家庭的贫困化问题愈发尖锐；居家养老、老人照料和儿

---

* 唐灿，中国社会科学院社会学所研究员。

童照顾等需求，成为城乡家庭的普遍压力；城市"剩女"、农村"剩男"问题，早已令人口学家、社会学家们忧心忡忡……纷繁复杂的婚姻家庭问题已经溢出家庭的范畴，成为严峻的社会问题，亟待社会关注，以及政府的重视和干预。

在欧美国家，很长时间以来，家庭都被看作私人领域，很少得到政府的重视和干预。但是20世纪60年代之后，家庭的衰落引发了极大的社会问题。家庭作为社会稳定的基石，其重要性在20世纪六七十年代后被重新认识。自那时起，欧美国家普遍开始研究制定支持和扶植家庭的公共政策；至20世纪90年代，许多欧美国家先后成立了专司家庭事务的政府职能部门。在中国，近年来，家庭问题也开始引起社会各界的关注。一些地方政府部门开始进行利用社区资源支持家庭的试验。中央政府层面，2011年胡锦涛总书记在十七届中央政治局第二十八次集体学习的讲话中专门提到，建立家庭发展的政策体系，提高家庭发展能力。中国人口发展"十二五"规划中也明确提到，建立和完善家庭发展的政策体系。

深入了解和借鉴国外政府在扶植和支持家庭发展能力方面的组织经验与制度形式，分析比较欧美国家特别是亚洲那些有着与中国相同或相似文化背景的国家所制定的家庭政策及其经验教训，同时深入研究中国的家庭问题，探讨政府责任，对于提高中国家庭的发展能力、促进家庭健康发展具有重要意义。

二　当前中国家庭面临的主要问题

在人口与社会转型的背景下，中国家庭面临着诸多严峻和紧迫的问题，家庭发展能力受到极大削弱和挑战。

（一）人口转型与家庭功能削弱

自20世纪80年代改革开放以来，中国人口结构和人们的生活方式发生了结构性的变化，与此同时，家庭承担传统责任的能力受到不同程度的挑战。总体趋势是：人口出生率持续下降，户均规模日益缩小。据统计，从

20 世纪 70 年代全国开始实施计划生育以来，中国的总和生育率已由 5.8 人下降到目前的 1.6 人左右①。与生育率下降相关的是，中国户均人口日益减少。至 2012 年，中国的家庭户平均人口为 3.02 人，比 1990 年的 3.96 人又减少 0.94 人②，低于许多发达国家的户均水平。

初婚和初育年龄推迟，城市不愿生育的家庭增加。根据国家统计局的数据，2010 年中国男性平均初婚年龄为 26.5 岁，女性为 24.6 岁，分别比 1990 年提高了 2.7 岁和 2.5 岁③。与初婚年龄相关的初育年龄也在延后。根据第五、第六次全国人口普查汇总数据计算，2010 年中国妇女的平均初育年龄为 26.24 岁，2000 年为 24.83 岁，两者相差 1.41 岁④。在大城市，由政策导致的强制性节育已经转变为由观念主导的自愿节育，这一转变也正在中小城市甚至许多农村地区发生。上海市 2008 年的一项统计显示，户籍人口表示不愿生育的比重为 7.93%，比 2003 年提高了 4.56%⑤。

离婚率上升，未婚同居正在成为较普遍的生活方式。粗离婚率从 1985 年的 0.4‰ 上升到 2010 年的 2.0‰⑥。与此同时，未婚同居已经成为年轻人甚至离婚、丧偶老年人较为普遍的生活方式。

小家庭形式多样化。"丁克"、空巢、同居、单身、单亲甚至同性恋等非标准的小家庭模式上升，社会对多样化家庭模式的宽容和接纳程度大大提高。根据人口普查数据，1982－2000 年，中国标准的核心家庭（一对夫妇和他们的未婚子女）比重从 52.89% 下降为 48.87%；而只有一对夫妇的夫妻家庭比重则从 4.78% 上升为 12.93%；同期，独居家庭从 7.97% 上升为

---

① 国家卫生和计划生育委员会编《中国家庭发展报告 2014》，中国人口出版社，2014，第 91 页。
② 国家卫生和计划生育委员会编《中国家庭发展报告 2014》，中国人口出版社，2014，第 23 页。
③ 国家卫生和计划生育委员会编《中国家庭发展报告 2014》，中国人口出版社，2014，第 59 页。
④ 傅崇辉、王文军、曾序春：《中国人口生育变化及影响因素——基于第六次人口普查的分析》，《南方人口》2012 年第 5 期。
⑤ 《上海人平均生育意愿继续下降》，《东方早报》2009 年 10 月 23 日。
⑥ 国家统计局社会科技和文化产业统计司：《中国社会中的女人和男人——事实和数据 (2012)》，第 27 页。

8.57%，到 2010 年第六次人口普查时，独居家庭迅速增长到 14.53%①。这些数据清晰地表明，小家庭模式已经成为趋势，越来越多地成为人们选择的个人生活样式。

大规模的人口流动造成家庭的离散化。到 2010 年，中国的流动人口规模已超过 2 亿②。据统计，2012 年农村留守老人约 5000 万人，约占农村老年人总数的一半；留守妇女人数也超过 5000 万人，约占 20 - 59 岁农村妇女总数的 14%；留守儿童规模更大，根据第六次全国人口普查数据推算，农村 0 - 17 岁留守儿童已达 6103 万人③。农村家庭的离散化成为普遍现象。

人口老龄化对社会服务的需求增加。据 2013 年的统计，全国 60 岁及以上的老年人口达到 2.02 亿人，占总人口的比例达到 14.9%；65 岁及以上的老人约为 1.32 亿人，约占总人口的 9.7%。据联合国 2012 年的预测，中国 65 岁及以上老年人将在 2020 年增加到 1.69 亿人，2030 年增加到 2.35 亿人。2000 年，全国 80 岁及以上的高龄老人为 1348 万人，这个数字到 2020 年将会增加到 2621 万人④。高龄老人和失能半失能老人对社会照料的需求日益增大。

伴随着人口转型过程，传统的家庭结构和家庭稳定性发生了很大改变，家庭的传统功能被削弱，集中表现为以下方面。第一，家庭形式小型化、多样化导致家庭的赡养能力下降。对于小家庭来说，赡养压力不堪重负，赡养老人的伦理面临挑战。与此同时，还有老年贫困问题、空巢老人的情感问题和失能老人的照料问题，等等。第二，年轻一代对于个性、个体化的追求，导致不愿生育或晚生的比例不断增高，生儿育女的传统功能受到挑战。第三，离婚、同居增多，以及人口流动性的增大，导致家庭的稳定性下降。第四，留守儿童面临严峻的社会化问题。第五，随着家庭的流动性和离散化趋向，以往大家庭中亲属间密切交往、相互帮助的传统日渐衰

① 张翼：《中国家庭变迁特征、问题和对策》，载唐灿、张建主编《家庭问题与政府责任》，社会科学文献出版社，2013，第 96 - 97 页。

② 《我国流动人口规模保持 2 亿以上》，新华网，2010 年 7 月 11 日。

③ 国家卫生和计划生育委员会编《中国家庭发展报告 2014》，中国人口出版社，2014，第 104 - 105 页。

④ 国家卫生和计划生育委员会编《中国家庭发展报告 2014》，中国人口出版社，2014，第 113 页。

落……。上述这些问题表明，中国家庭所具有的传统功能，如生儿育女、赡养老人、抚育后代、情感满足，以及亲属间相互帮助、自创保障和福利功能都在衰退，维护传统家庭内部平衡稳定、互助共济的家庭责任和义务观念日渐削弱，"家庭失灵"① 的情况大量存在。

（二）社会转型与家庭风险增加

回顾改革开放以来的城乡经济体制改革，可以看到，农村集体化和城市单位制的解体，其实也是一个国家从社会保障、社会福利中逐步退出，家庭越来越多地替代国家或集体独自担负社会保障和社会福利责任的过程。国家和集体通过改革，通过转制、放权，从关系城乡居民生老病死的保障体系中退出，原来国家或集体承担的全部或者大部分责任，逐步放权给社会组织和市场组织。

在社会政策领域，在涉及家庭福祉和公共利益方面，政府退出需要有两个必要的前提：一是社会上有相应的载体，足以承担政府所退出的功能；二是政府对这些载体的表现，包括其运行的过程和结果，具有有效的监控、评估能力和手段②。在大多数人的基本社会保障尚未得到满足的情况下，政府任何形式的放权或授权行为都会对弱势群体更加不利。事实上，由于政府在退出社会保障和社会福利时，对社会组织缺乏必要的培育和支持，对市场组织缺乏有效的监管和规范，最终大部分退出的责任，如育儿、教育、医疗、养老甚至丧葬等等，基本都通过市场，通过服务收费制度，转由家庭承担。在减少或失去了国家和集体的保障之后，家庭成为独自面对各种社会风险的基本单位，家庭成员间的传统互助模式成为应对外部风险最重要的非正式的制度保障。

与家庭承担如此重负不相适应的是家庭的脆弱性凸显。一方面，由于人口结构的变化，家庭传统的互助共济、自创保障和福利功能出现衰退；

---

① 盛洪的"家庭失灵"观点大意是，备受推崇的传统家庭主义，是建立在家庭成员的责任和义务基础之上的，其主要特点是能够满足家庭利益的最大化。如果有成员"退出"这种责任和义务关系，就会出现"家庭失灵"的情况，也就是有可能导致家庭向心力被动摇，导致不利于家庭利益最大化的决策产生。盛洪：《论家庭主义》，《新政治经济学评论》2008年第2期。

② 徐月宾、张秀兰：《中国政府在社会福利中的角色重建》，《中国社会科学》2005年第5期。

另一方面，在生存和发展机会缺乏正式制度保障、被高度商业化的情况下，一个家庭如果遇到失业、下岗、年老、疾病、上学或者其他天灾人祸等风险，就可能出现独力难撑、陷入极端困境的情况。例如，在农村、在城市低收入阶层中，因病致贫、因学致贫等现象屡见不鲜。再如，城乡居民以抑制消费、高额储蓄来应对风险的做法都表明，家庭是何等的脆弱！那些需要承担养老和对未成年人提供抚育和教育责任的家庭，所必须应对的保障和发展压力有多么沉重！家庭已经越来越难以独自承担社会转型带来的沉重压力和负担，亟须国家重新介入，需要政府给予支持和扶植。

但是在中国，家庭面临的这些问题很长时间以来未能引起足够的关注和重视，在相当长的一个时期，家庭都被看作私人领域。对于诸如农村养老和留守儿童、城市儿童的抚育等这些重要的家庭问题，政府采取的大多是自然主义，或者说是不干预的做法，基本留给家庭自我消化、自行解决。

三　国外的家庭政策与政府的家庭责任

（一）公领域和私领域的界限日益模糊

政府该不该、能不能介入私人领域？在世界多数国家，特别是西方国家普遍实行"小政府大社会"的背景下，政府把行政触角伸入家庭这样的私领域，是出于怎样的考虑？

据哈贝马斯考察，在中世纪并不存在公领域与私领域的分离，也就是说，在近现代以前，公私领域并非二元对立，而是没有严格界限的。公私领域的分裂，起始于封建王权的分化。但是这种公私领域界限分明的状况只维持了一段短暂的时间，在商业逻辑和市场化兴起后，私人领域不能解决的问题求助于国家，国家权力开始介入私人领域[1]。

从法理的角度来看，公领域与私领域之间的界限变得模糊，是现实主义法学发展的结果。国家可以为了特定目的介入私领域，盖因"任何自由都

---

[1]　〔德〕尤根·哈贝马斯：《公共领域的结构转型》，曹卫东等译，学林出版社，2004。

容易为肆无忌惮的个人和群体所滥用"。在民主社会制度中，婚姻家庭法一般都带有某种公法特点，重视国家和社会公权力的干预。"保护第三人利益和社会公共利益是国家介入私领域的正当理据。"①

在公共政策和社会福利及社会保障领域，公私二元分立的观念，在福利国家兴起后越来越受到理论和实践的摒弃。以国家介入济贫事业为发端的系统的公共福利，迄今已在西方发展延续了几百年。第二次世界大战以后，以国家干预为主导的福利国家在西方出现，福利实践不仅成为一种解决社会问题的方式，更成为影响国家政局的一个主要因素。传统上作为私人领域内的一些活动，如人口再生产和弱能人士的家庭照顾事务等，由于国家行动的干预（如以福利形式的正面介入）开始进入公共领域。由于国家的介入，"传统上穷人对私人慈善的需要转化成对社会救助体系的依赖"②。

在美国，历史上宪法与家庭法曾经界限分明。但是到了20世纪，宪法开始介入家庭领域，这主要是因为家庭这一基本的社会构成单位在美国发生了重大变化。离婚率大幅度上升，妇女大量进入劳动力市场，避孕和堕胎成为普通公民限制家庭人口的方式。这些变化使得家庭领域中的争议与问题不断涌现。在司法实践中，美国最高法院开始强调宪法要保护家庭的神圣性，"因为家庭这一机制深深植根于这个国家的历史和传统"③。从20世纪60年代后期开始，联邦最高法院把父母在抚养、监护及为孩子作相关决定方面的权利，上升到基本人权的高度，受到司法最严格的保护。这也反映了国家对传统家庭价值观念的重视。

虽然公私界限有愈加模糊的趋向，但这仍然不意味着公权力可以随意介入私领域。介入与否、正当与否的标准在于，是否存在公民的需求，是否有通过公民自身或通过市场无法解决的问题，需要向国家寻求救济。倘若不存在这种需求或不存在普遍的社会呼唤，就说明这些问题可以由公民自行消化、自行解决，公权力此时对私领域的干预是不必要也是不妥当的。

---

① 马忆南：《婚姻家庭法领域的个人自由与国家干预》，《文化纵横》2011年2月刊。
② 熊跃根：《公/私二分法与福利国家的"性别化"——西方社会工作的现代性思考》，《长沙民政职业技术学院学报》2002年第4期。
③ 姚国建：《宪法是如何介入家庭的——判例法视角下的美国宪法对家庭法的影响及其争拗》，《比较法研究》2011年第6期。

（二）　国外家庭政策的兴起

通常来说，前工业化时期的福利形式，主要是以个人、家庭和慈善组织为主体的社会保护机制。在西方，宗教组织、自愿互助的社会团体和慈善组织，还有家庭是福利的主要提供者，在中国和亚洲许多国家和地区，则是家庭扮演着前工业化时期最重要的福利提供者角色。工业化和市场经济下的福利制度，其核心特征是政府通过再分配成为社会福利的主体，因而西方发达国家在工业化、现代化的过程中，极为重视社会保障和社会福利制度的同步构建。总体而言，从前工业化到工业化，在家庭的社会保障和福利方面，应该是政府、国家替代家庭、慈善组织的过程，也就是梅因所说的，是"从身份到契约"①的过程，而不是相反。公民通过宪法（契约），授予政府一定的公权力，同时让渡出部分个人权利，其目的是在有无法自行解决之事时，可以向国家寻求救济，以此更好地保障个人权利和自由，并获得个人生活的安宁和幸福。法国的经验印证了这个趋势性的替代过程。虽然法国早期的社会保障基金是由宗教和慈善组织建立的，但是政府并未从此坐视不管，在向国民提供公共福利是政府的责任成为普遍共识之后，政府部分接替了宗教和雇主的慈善行为。

国外政府以制定社会政策的方式介入家庭领域可以追溯到更早的历史时期，但是普遍的家庭政策出现应该是在第二次世界大战结束特别是 20 世纪 60 年代之后。许多国家先后设立政府专职机构，专门协调和管理家庭事务，也发生在这一时期。国外政府的家庭事务部门设立的具体背景各有不同。有些是因战争或其他社会危机造成了家庭失散、人民生活困窘和孤儿问题，有的是出于性别平等、扶弱助贫等社会公平的考虑，还有的是出于福利国家"为了人、为了生命、为了未来"的基本价值理念。但是最普遍的应该发生在第二次世界大战结束以后，直到六七十年代，工业化和城市化逐渐使家庭失去传统的社会功能，西方发达国家普遍经历了急剧的人口和家庭变迁，曾经稳定的人口出生率遭到破坏，人口老龄化严重，与家庭有关的一系列价值观念和行为方式发生改变。无论是为了人口和经济的目

---

① 〔英〕梅因：《古代法》，高敏、瞿慧虹译，九州出版社，2006。

标，还是考虑到家庭稳定与社会稳定的息息相关，出于对社会公平的关怀，抑或是多种考虑兼而有之，越来越多的国家和政府意识到自身在家庭方面的责任，开始把支持家庭、维护家庭和促进家庭发展本身当作政府和全社会的目标。迄今为止，不仅许多欧美发达国家设立了专司家庭事务的政府机构，甚至包括巴基斯坦、马来西亚、印度、孟加拉国、突尼斯、卢旺达、乍得、扎伊尔、贝宁等等这些发展中国家也先后设立了管理家庭事务的政府部门①。2002 年，澳大利亚联邦政府的家庭与社区服务部大约支配了 550 亿澳元用于与家庭相关的社会福利项目及社区服务领域，其支出总额约占澳大利亚联邦预算的 1/3。另据法国 2011 年的统计，政府用于家庭政策方面的支出，大概占到 GDP 的 5%，约合 250 亿欧元。美国政府的儿童与家庭局，2001 财政年度的预算为 434 亿美元②。可见，这些国家在家庭扶植方面的政策力度相对较大。

（三）国外家庭政策中的政府责任

从西方国家制度史的角度来看，其家庭政策的起始原因，一是伴随着工业化和城市化，家庭失去了传统的社会保障功能；二是人口转型和社会思潮引发的家庭问题已经溢出家庭的范畴，成为影响社会发展和社会公平的严重问题。西方政府的价值理念是，针对社会制度存在的缺陷，政府有责任为社会成员提供广泛的、抵御风险的社会福利。虽然欧美国家的家庭政策在 20 世纪八九十年代遭遇了经济滞涨、中右翼政党执政等发展困境，家庭变迁带来的问题一度被忽视，家庭政策也曾处于收缩态势，但是在进入 21 世纪后，由于欧美各国对于低生育率和福利国家体制的持续性关注，家庭政策又逐步重新成为欧盟、经济合作与发展组织和非欧盟国家政治的中心议题之一。各国都认识到，家庭政策的实施有助于遏制生育率不断下滑的趋势，有助于实现福利国家体制的可持续性。

每个国家的家庭政策都是建立在本国的社会政治历史背景及家庭需要

---

① 唐灿、肖今：《国外及中国香港经验：主管家庭事务的政府职能部门研究与比较》，载唐灿、张建主编《家庭问题与政府责任》，社会科学文献出版社，2013，第 66 页。

② 唐灿、肖今：《国外及中国香港经验：主管家庭事务的政府职能部门研究与比较》，载唐灿、张建主编《家庭问题与政府责任》，社会科学文献出版社，2013，第 69－70 页。

的基础之上，都有符合执政党的执政理念、宣扬自身文化传统等特殊性。但至少在两个方面，国外的家庭政策有着相对一致性：一是家庭政策体系的完整性，无论采用何种家庭政策模式，包括积极的和相对"不干预"的，国外绝大多数政府的家庭政策背后都有一套支持性理念，都更倾向于制定和实施完整的家庭政策体系，并确定了家庭政策的目标及先后实施顺序；二是多数国家，特别是那些有着深厚家庭主义传统的国家，在强调政府责任的同时，也会注重强调个人和家庭的责任。例如，在亚洲国家，特别是东亚地区，家庭在福利供给中的角色始终侧重于政府在制定家庭政策时特别予以强调的文化传统。再如，在西班牙、意大利、英国、美国和德国等国家，无论是出于文化传统还是其他价值理念的考虑，家庭在整个家庭政策体系中都被赋予了行动者的责任，家庭政策的重点之一是帮助家庭有能力履行自己的责任。从这个意义上说，家庭政策并不仅仅意味着国家的福利供给，同时也是协调国家、社会、市场、家庭和个人多方合力、积极行动的过程。无论是过去还是现在，作为人类社会最基本的社会单位，家庭是社会成员的重要福利资源这一点不应改变。任何在家庭以外建立起来的正规的社会保护制度，都不能完全取代家庭的功能和责任，而只是政府在不同程度上、用不同方式对家庭责任的分担。

四　扶植家庭发展能力是中国政府的责任

（一）中国现有家庭政策评价

一些学者对中国现有的国家层面的家庭政策进行梳理后发现，在已有的 57 项国家层面的家庭政策中，针对儿童保护和发展的政策居多，超过四成，对计划生育家庭的奖励扶助政策和对贫困家庭的财政支持政策比例相等，均为 17.5%，然后依次为就业（14%）和其他（7%）①。对家庭政策进行分析发现，中国家庭政策的主要特征是以法律、法规、条例为主要形

---

① 吴帆：《第二次人口转变背景下的中国家庭变迁及政策思考》，《广东社会科学》2012 年第 2 期。

式，以补充性政策为主要导向，以对儿童和贫困家庭及计划生育家庭的扶助为主体。其中，针对计划生育家庭的奖励扶助制度是中国家庭政策体系的独特之处①。

总体而言，中国的家庭政策还缺乏系统性、全面性，存在以下几个方面的主要问题。

（1）家庭政策呈现碎片化特征。表现在两个方面：一是缺乏国家层面上统一的政策机制，制定家庭政策的政府部门分散，涉及民政部、计生委、妇联等不同部门，部门之间缺乏有效的整合与协商机制；二是部门之间的分散性导致政策内容趋于碎片化，政策对象分散，资源难以实现整合并进行最有效的配置。

（2）缺乏普遍的以家庭为基本单位的家庭政策。现有政策主要以独立的个体作为政策客体，而非家庭或家庭中的人，只有"低保"政策和计划生育奖励扶助制度是专门以家庭为对象的政策，致使许多本应归入家庭范畴的政策难以为家庭成员提供更有针对性的支持。例如，对于职业女性的保护，便没有专门针对家庭中的个人——母亲（尤其是 0－6 岁儿童的母亲）——这个女性群体的政策设计。

（3）缺乏具体的、操作性强的政策安排。法律层面的制度安排居多，但缺乏操作性较强的政策内容和社会行动项目，这在很大程度上削弱了家庭政策的效率，广大家庭的社会需求也不能得到及时和有效的满足。

（4）家庭福利政策主要表现为补缺型。将重点更多地放在问题家庭与那些失去家庭依托的边缘弱势群体，如城市的"三无"对象和农村的"五保户"等，社会福利项目或行动也较多集中于特殊儿童家庭。而那些结构较为完整，却有着失能老人、婴幼儿或生活不能自理者的家庭，无缘受惠于家庭政策，只能更多依靠家庭的自我保障。这样的政策安排不仅缺少对非问题家庭普遍而形式多样的支持，并在一定程度上忽略了家庭变迁导致家庭脆弱性增强的事实，忽视了家庭在养老、抚幼等方面的经济与社会成本。

①　吴帆：《第二次人口转变背景下的中国家庭变迁及政策思考》，《广东社会科学》2012 年第 2 期。

（5）缺乏通过税收制度的激励性家庭政策。现有的家庭政策没有发挥社会政策在社会利益再分配方面的功能。许多国家和地区都制定了面向家庭的税收优惠政策，鼓励家庭成员承担供养父母、抚育子女等责任，而中国的个人所得税政策并不考虑家庭人口负担的状况，这种政策安排显然缺乏社会公平①。

（二）中国政府在提高家庭发展能力方面应承担的责任

中国正面临着西方国家曾经历过的家庭问题丛生的转型和发展困境，政府更应在提高家庭发展能力方面承担相应的责任。

当前中国家庭呈现出的种种问题，很大程度上与中国特殊的经济社会转型过程，与计划生育政策实施过程有关。在转型过程中，包括学界、舆论界和政府都看到了一些群体和社会阶层为之付出的代价和成本，如农民工、下岗工人等，并制定各种补偿性政策以力争社会公平。但是很少有人关注家庭这一古老的社会组织在转型过程中付出的代价。家庭正面临功能削弱、风险增加的局面，亟待政府的政策性扶植和帮助。特别是在计划生育政策实施过程中，政府更应承担相关的家庭责任。计划生育政策的功绩不言自明，但在中国多数地区人口已经得到充分控制，甚至出现超低生育率的情况下，计划生育对于传统家庭能力的损坏，其所遗留的种种家庭问题，应该到了被我们充分认识的时候。政府应考虑通过适当的家庭政策对受损于这一人口政策的社会群体作出弥补和扶植，对计划生育家庭的风险和负担提供必要的制度性保障。

在中国，家庭问题已经不再是私人领域的问题，而是具有明确的公共意义。它越来越多地溢出家庭范畴，开始对公共领域、对社会发展产生影响。例如：留守儿童问题，已经影响到农村的社会秩序，影响到农村社会的希望；农村养老问题，在许多地方正在演化成老年人的相对贫困和绝对贫困问题，是个人道主义问题。许多研究乡村治理和农村问题的专家学者

---

① 张秀兰、徐月宾：《建构中国的发展型家庭政策》，《中国社会科学》2003 年第 6 期；胡湛、彭希哲：《家庭变迁背景下的中国家庭政策》，《人口研究》2012 年第 2 期；吴帆：《第二次人口转变背景下的中国家庭变迁及政策思考》，《广东社会科学》2012 年第 2 期。

都在呼吁，国家应该在农村养老问题上充当一个积极的角色，甚至应该介入农民的私人生活。再如，城市家庭的幼儿抚育目前呈现公共资源严重短缺、过度市场化的局面，政府应尽快改变这一局面，尽快制定适度普惠的儿童福利政策。

家庭政策的制定，正在变得越来越具有战略性意义。发达国家福利制度改革的经验教训表明，应该重视发挥家庭和社区在整个社会福利体系中的重要作用。从20世纪90年代开始，西方国家越来越多地制定扶植家庭发展的政策，帮助家庭有能力履行自己的责任。中国家庭在社会福利和社会保障体系中的作用，正有待政府的统筹考虑和科学论证。在家庭面临诸多问题的背景下，政府应制定和完善相关的家庭政策，积极扶植、帮助和支持家庭履行自己的传统责任，提高家庭的发展能力，促使中国家庭有能力在未来的社会保障和社会福利体系中发挥重要作用。

李克强总理曾经对新一届政府的职责作过这样的阐释：市场能办的，多放给市场；社会可以做好的，就交给社会；政府管住、管好它应该管的事。国内外的经验教训都表明，家庭保障和家庭问题很难通过任何单一机制和单一系统加以解决，更无法通过简单地推向市场和社会自发获得解决。与解决社会公平、弱势群体问题一样，家庭保障和家庭问题是政府应该管，应该管住、管好的事务。西方福利国家的家庭政策在近20年的时间里，经历了政府角色的转变，政府从家庭福利的直接提供者转变为支持者。在这种新的角色定位中，政府的作用从过去大包大揽式地向公民提供福利，转变为组织市场组织、公民社会组织等与政府形成各种形式的伙伴关系，成为政府为社会成员提供福利和保障的工具。但是在这种转变中，政府是社会福利制度中最重要的部分这一点并没有改变。政府仍然是社会福利支出中最大的资金渠道，是家庭政策的战略、框架和标准的制定者，是家庭服务机构的服务质量的监控者和评估者。

中国地方政府正在基层进行着各种扶植和支持家庭发展的微观创新实验，概括起来有四种模式：单一定义式、社区主导式、家庭综合服务中心式、家庭计划式①。虽然各地在具体的政策设计和实施方法方面思路各有不同，但是在政府重视、政府主导和尝试打造与市场及社会组织的伙伴关系方面，各种模式之间有着高度相似性。今后有必要对基层政府或社区、乡村扶植和增进家庭发展能力的这些创新活动进行更细致的调研，研究政府和公共政策介入家庭事务的意义、途径、方法、主要领域和存在的问题，进一步铺开试点工作，以期为全面制定中国的家庭政策体系打好基础。

① 冯凌、唐钧：《中国家庭综合服务的现状与发展》，载唐灿、张建主编《家庭问题与政府责任》，社会科学文献出版社，2013，第 146－151 页。

中国推进反家庭暴力立法的进程及挑战

◎ 蒋月娥*

摘　要： 本文回顾了 1995 年北京世界妇女大会以来中国推进反家庭暴力立法的进程，分析了新形势下推进反家庭暴力立法面临的重要机遇和挑战，对立法中应该重点关注的问题提出设想。

关键词： 家庭暴力　立法　机遇　挑战

家庭暴力是一个在世界范围内普遍存在的社会问题，受到国际社会的广泛关注。与其他国家一样，中国存在家庭暴力问题，具有一定程度的普遍性和严重的社会危害性。国外的实践证明，制定专门的反家庭暴力法是防治家庭暴力的最有效措施之一。在中国，党和政府高度重视家庭暴力问题，已经启动国家级反家庭暴力立法工作。本文将对中国反家庭暴力立法的进程、面临的机遇和需要关注的问题进行回顾和讨论。

一　推动反家庭暴力立法进程回顾

1995 年北京世界妇女大会以来，中国的反家庭暴力立法经历了一个从

---

* 蒋月娥，全国妇联权益部部长，全国妇联法律帮助中心主任，中国婚姻家庭研究会副会长兼秘书长。

法律无明确规定到制定国家级专门立法的发展历程，反家庭暴力工作取得了显著成效，这是中国政府高度重视、相关部门积极实践、社会各界不断推动、社会公众广泛参与，特别是广大的妇女研究者、专家学者积极开展相关研究，提出立法相关建议的重要成果。这个进程大致可以划分为 4 个发展阶段。

发展阶段一：1995 年第四次世界妇女大会在北京召开之前——家庭暴力概念的空白期

在这一阶段，"家庭暴力"问题尚未进入法律范畴。虽然《宪法》以及相关法律规定都体现了国家保护家庭成员权利的精神，但是在法律中没有"家庭暴力"这一术语，更没有专门针对家庭暴力的规定。在"清官难断家务事"等传统思想的影响下，家庭暴力除了已经构成犯罪被追究刑责外，大多被当作家庭私事，通过家庭内部、民间调解等手段来处理。

发展阶段二：1995－2000 年——中国反家庭暴力立法的起步期

1995 年，第四次世界妇女大会将"家庭暴力"概念引入中国学界及公众视野，家庭暴力问题开始受到关注。1996 年，湖南省长沙市通过《关于预防和制止家庭暴力的若干规定》，这是中国出台的第一个反对家庭暴力的地方性政策。2000 年 3 月，湖南省人大常委会通过了中国第一部反对家庭暴力的地方性法规，"家庭暴力"概念首次出现在中国法律体系中。

发展阶段三：2001－2011 年——中国反家庭暴力立法迅速发展期

国家高度重视反家庭暴力工作，采取包括立法在内的各种措施积极预防和制止家庭暴力。一是国家法律明确禁止实施家庭暴力。尊重和保障人权是中国《宪法》确立的一项基本原则。修改后的《婚姻法》明确禁止家庭暴力，并规定了对家庭暴力受害人的救助措施和加害人承担的法律责任。这是中国第一次在国家级立法中对家庭暴力问题作出明确规定，是中国反家庭暴力立法的重大突破。此后，反家庭暴力立法进入蓬勃发展的阶段：《妇女权益保障法》《未成年人保护法》《残疾人保障法》和《老年人权益保障法》等国家法律相继修改，增加针对家庭暴力问题的规定。此外，《刑法》《民法通则》《治安管理处罚法》等法律均有保障家庭成员人身权利的规定。二是政府行动计划纳入预防和制止家庭暴力内容。《国家人权行动计划（2012 – 2015 年）》《中国妇女发展纲要（2011 – 2020 年）》和《中国儿童发展纲要（2011 – 2020 年）》等都将预防和制止家庭暴力作为主要目标之一，并规定了相应的策略措施。三是出台了反对家庭暴力的专门性政策和地方性法规。全国妇联与中宣部、最高人民检察院、公安部、民政部、司法部、卫生部联合下发了《关于预防和制止家庭暴力的若干意见》，明确规定了相关部门的工作职责，为各地各部门开展反家庭暴力工作提供了规范性指导。目前，中国已有 22 个省、区、市出台了专门的预防和制止家庭暴力的地方法规，7 个省、区、市制定了专门性政策，90 余个地市制定了反对家庭暴力的政策文件。一些地方的公安、法院、检察院等机关也专门针对家庭暴力制定了规范性意见。

家庭暴力逐渐成为社会广泛关注的问题，反家庭暴力的理论研究和实践探索不断深入，反家庭暴力的工作机制逐步建立和完善，多部门合作反家庭暴力格局初步形成，为国家专门立法奠定了重要的思想基础、理论基础和实践基础。

发展阶段四：2012 年之后——中国反家庭暴力立法深入发展期

制定专门的反家庭暴力法被列入国家立法规划。2012 年中国最高立法机关全国人大常委会通过立法论证，首次将"制定反家庭暴力法"列入立法工作计划，标志着中国反家庭暴力立法进程进入国家级立法阶段，2013 年十二届全国人大常委会将制定反家庭暴力法列入五年立法规划，明确由国务院提请审议，国务院已将制定反家庭暴力法列入 2014 年立法工作计划。这标志着中国反家庭暴力立法由原则性倡导发展为制度性构建。

二　推动反家庭暴力立法迎来重要机遇

（一）前所未有的政治机遇

一是中共十八大和十八届三中全会对加快反家庭暴力立法进程提出了新要求。十八大提出，"坚持男女平等基本国策，保障妇女儿童合法权益"。十八届三中全会作出全面深化改革的重大战略决策，要求更好地保障和改善民生、促进社会公平正义，这些都为加快出台反家庭暴力法创造了条件、提出了要求。

二是中国妇女十一大的召开为加快反家庭暴力立法进程提供了新动力。2013年中国妇女第十一次全国代表大会在北京召开，对新时期妇女工作进行了全面总结和部署。国家领导人出席会议并在祝词中提出，要坚决贯彻男女平等基本国策，在立法决策中充分体现性别意识，在改善民生中高度关注妇女需求，在社会管理中积极回应妇女关切，使男女平等真正体现在经济社会发展各领域、社会生活各方面。出台反家庭暴力法这部妇女群众期盼已久的法律正是落实中央要求的具体体现。

三是迎接第四次世界妇女大会20周年为中国加快反家庭暴力立法进程创造了新契机。2015年是第四次世界妇女大会召开20周年，也是千年发展目标时限年和2015年后国际发展议程启动元年。为纪念1995年世界妇女大会20周年将会举办隆重的纪念活动，在此时机出台反家庭暴力法既是中国进一步履行保障妇女人权、促进性别平等的国际承诺的重要举措，也将是中国作为第四次世界妇女大会东道国为国际妇女运动发展作出的新贡献。

（二）扎实稳固的社会基础

一是反对家庭暴力的社会共识基本形成。近年来，各级党委政府和相关部门对反家庭暴力工作重要性的认识和责任意识不断提高，家庭暴力是违法行为、国家应采取有效措施保障人权、消除家庭暴力是全社会的共同责任等社会共识日益形成。2011年，全国妇联在全国20个省开展的千名公众电话抽样调查显示，93.5%的被调查者支持制定反家庭暴力法。近年来越来越多的全国人大代表、全国政协委员持续加入支持反家庭暴力专门立法的行列。

二是多部门合作反家庭暴力工作格局基本形成。公安机关建立家庭暴力案件的接处警制度，全国大多数省份公安机关建立了"110"反家庭暴力报警中心，挂牌成立维权投诉站或反家庭暴力报警点。江苏、宁夏等地创建处理轻微家庭暴力案件的公安告诫制度。人民法院建立涉及家庭暴力案件的司法审判制度。许多基层法院成立了妇女维权合议庭、反家庭暴力合议庭等。最高人民法院试点开展家庭暴力受害者人身保护裁定和涉及家庭暴力的刑事司法改革工作。民政部门建立受暴妇女救助制度，依托地方的救助中心和社区建立家庭暴力庇护所或救助站，为受暴妇女提供临时住所和救助。司法行政部门建立受暴妇女法律援助和司法调解制度，在法律援助中心专门设立妇女法律援助站。卫生部门试点建立家庭暴力受害人筛查制度。在试点医院，医生为受害者记录的病历可以作为法庭证据。妇联以及一些社会组织积极开展反家庭暴力的社会宣传倡导活动，提升公众的性别平等意识；建立试点，探索实践预防和制止家庭暴力的措施和模式；开发多种针对警察、法律工作者、媒体工作者、医务工作者等的培训教材、专业手册和工作指南，并广泛开展骨干培训；主动为家庭暴力受害人提供心理疏导、法律咨询等维权服务。

三是地方反家庭暴力立法先试先行积累了大量经验。一方面，全国绝大多数省份都已出台专门反对家庭暴力的地方性法规或政策，为国家立法起到了先试先行的作用；另一方面，各地因地制宜创新实践，开展了大量反家庭暴力试点工作，为制定国家级专门立法积累了丰富的实践经验。

四是相关理论研究持续深入取得丰硕成果。全国妇联、中国法学会反家庭暴力网络等有关机构和相关社会组织以及妇女研究者、专家学者积极开展反家庭暴力专门立法的研究，围绕中国家庭暴力的现状、成因、专门立法的必要性和可行性等立法的重点难点问题，广泛开展基础性调查，掌握了大量第一手资料；同时，形成了一批研究成果，如《中国开展反家庭暴力专项立法研究报告》《域外防治家庭暴力立法及社会行动比较研究报告》《公权力介入家庭暴力正当性研究报告》《家庭暴力防治法制度性建构研究》《消除家庭暴力与媒介倡导：研究、见证与实践》等；起草并不断完善《反家庭暴力法（建议稿）》，为国家制定专门的反家庭暴力法提供了深厚的理论支撑。

三　推动反家庭暴力立法应关注的
重点问题及主要设想

受国务院委托，国务院妇女儿童工作委员会承担了反家庭暴力法草案的报送工作。全国妇联高度重视，积极承担了反家庭暴力法送审稿的牵头起草工作，全国妇联党组书记、副主席、书记处第一书记宋秀岩同志亲自带领相关人员和有关专家，就反家庭暴力法的立法理念、框架原则和主要内容进行深入研究讨论，提出明确的指导意见。我们在总结梳理多年理论研究和实践经验的基础上，多方听取相关部委、地方有关部门、专家学者和妇女群众的意见，十五易其稿，最终形成了《中华人民共和国反家庭暴力法（草案）（送审稿）》（以下简称"草案"）。目前，该送审稿已由国务院妇女儿童工作委员会报送国务院。

在法律定位上，我们考虑，家庭暴力是个社会问题，涉及社会的各个方面，适用的法律规范也十分广泛，因此，需要形成一个以反家庭暴力法为主体，包括相关的法律、行政法规、地方性法规和规章在内的法律体系。在这一法律体系中，居于主体地位的反家庭暴力法，一方面，应当具有"纲领性"，明确预防和制止家庭暴力的指导思想和应遵循的基本原则，为其他法律规定相关内容提供法律依据。在处理家庭暴力案件过程中，反家庭暴力法应当优先适用。另一方面，应当具有"综合性"，既要兼具实体法和程序法的内容，又要作出协调性和保障性的规定。

在法律内容上，我们认为，草案应以预防和制止家庭暴力，保护公民在家庭中的合法权益为宗旨。在框架体例上，遵循反家庭暴力工作的一般规律，按照预防暴力、保护和救助受害人、惩戒和矫治加害人、追究相关法律责任的逻辑顺序设计。在具体规定上，既借鉴国际经验，又充分考虑中国国情和各地的实践探索，着重解决反家庭暴力实践中涉及的重点难点问题。一是合理界定家庭暴力概念和法律的适用范围，这是制定反家庭暴力法的基础。二是科学确立反家庭暴力法的基本原则，体现反家庭暴力立法的指导思想，为处理家庭暴力问题提供基本依据。三是选择有效的多机构合作的反家庭暴力干预模式，形成预防、制止、惩治、矫正和救助一体化的社会干预机制。四是建立系统的人身安全保护制度，及时有效地制止暴力，保护受害人安全。五是针对家庭中的弱势群体采取特别措施，使未成年人、年老失能人员、残疾人等在遭受家庭暴力时获得支持和保护，应特别关注未成年人。六是补充完善证据规则，解决家庭暴力受害人举证困难的问题，体现法律司法的公正性。七是适当设置法律责任，在与已有法律相衔接的基础上，明确加害人的民事、行政或刑事法律责任，以及国家机关、有关机构及其工作人员因不履行法定职责应承担的法律责任，增加反家庭暴力法的"可诉性"。

全国妇联的基本职能是代表和维护妇女权益，促进男女平等。我们在推动反家庭暴力立法进程中积极作为，一是在提高社会反家庭暴力意识方面，大力宣传倡导，努力为预防和制止家庭暴力营造有利环境；二是在建立多部门合作反家庭暴力工作机制方面，积极协调促进，推动形成多部门合作机制，共同探索和实践预防与制止家庭暴力的有效措施和干预模式；三是在维护家庭暴力受害人合法权益方面，发挥组织优势，不断完善维权服务网络，直接为广大妇女提供维权服务；四是在制定反家庭暴力专门立法方面，始终坚持不懈，连续6年向全国人大常委会提出制定反家庭暴力法的建议，主动配合全国人大常委会法工委开展立法调研论证，配合国务院法制办开展相关立法准备工作和组织起草反家庭暴力法送审稿。

目前，推动反家庭暴力立法仍在进行中，还有大量的工作要做。在征求社会意见等环节中，还需要争取广泛的社会支持，全国妇联权益部将与各位妇女研究者、各位专家学者继续加强合作，共同宣传倡导反家庭暴力的理念，共同推动反家庭暴力的社会实践，共同推动这部法律早日出台。

在立法决策中体现家庭领域的性别平等权利

——以湖南省反家庭暴力工作为例

◎肖百灵*

摘　要： 妇女工作的"三平等"原则和"三在"要求，为新时期妇女事业和妇联工作创新发展指明了方向，对于实现家庭中性别平等权利提出了具体的实现路径。回顾湖南省近年来在反家庭暴力工作中出台的一系列法规政策，在为受暴妇女提供全面保护的同时，也更好地实现了家庭中的性别平等权利。在新形势下反思湖南反家庭暴力工作可以看出，立法决策对家庭领域的性别平等产生深刻的影响，妇联组织在立法决策倡导中具有独特优势，但是推动家庭领域的社会性别平等仍有很长的路要走。

关键词： 立法　家庭　性别平等

家庭是人类社会的细胞，和谐家庭建设是和谐社会建设的重要基石，而实现性别平等，则是实现和谐家庭与和谐社会的必要条件之一。预防和制止家庭暴力，是保障家庭成员人格尊严，促进妇女安全生存和平等发展

---

* 肖百灵，湖南省妇联主席、党组书记，省委委员、省人大常委，湖南师范大学、省委党校兼职教授。

的重要工作，也是实现家庭中性别平等的重要举措。湖南省近年来在反家庭暴力工作中出台了一系列的法规政策，在为受暴妇女提供全面保护的同时，也更好地实现了家庭中的性别平等权利。

一　在立法决策中体现性别平等的新形势和新要求

（一）妇女工作的"三平等"原则和"三在"要求

2013年10月31日，习近平总书记在与全国妇联新一届领导班子成员集体谈话时强调，必须"坚持男女平等基本国策，充分发挥中国妇女伟大作用，为实现'两个一百年'奋斗目标、实现中华民族伟大复兴的中国梦而奋斗"。他指出，"做好新形势下妇联工作，一定要把工作重心放在基层"。各级妇联组织干部特别是领导干部要"用自己的眼睛看最真实的情况，用自己的耳朵听最真实的声音，帮助广大妇女排忧解难，通过实实在在的服务把党和政府的关怀，妇联'娘家人'的温暖送到广大妇女心中"。在这次谈话中，他还提出了妇女工作的"三平等"原则，即"要坚定不移走中国特色社会主义妇女发展道路，这是实现妇女平等依法行使民主权利、平等参与经济社会发展、平等享有改革发展成果的正确道路"。

在此之前的10月28日，王岐山同志在中国妇女第十一次全国代表大会上代表党中央发表《在中国特色社会主义伟大实践中撑起半边天》的祝词，提出了坚决贯彻男女平等基本国策的"三在"要求，即"在立法决策中充分体现性别意识，在改善民生中高度关注妇女需求，在社会管理中积极回应妇女关切，使男女平等真正体现到经济社会发展各领域、社会生活各方面"。

"三平等"原则把妇女发展道路与推进中国特色社会主义伟大事业紧密联系在一起，把实现国家繁荣富强和人民幸福安康的共同要求与实现性别平等的具体要求紧密结合起来，是中国特色社会主义道路在妇女发展领域的具体体现和生动实践。"三在"要求则对党委政府和妇联组织贯彻男女平等基本国策提出了明确具体的要求，为新时期妇女事业和妇联工作创新发展指明了方向。

（二）"三平等""三在"对实现家庭中性别平等权利的意义

"三平等"原则是实现家庭中性别平等权利的奋斗目标。社会政策的社会性别主流化程度是性别平等的决定因素，"三平等"原则确定了中国特色社会主义妇女发展道路的方向，也确定了社会政策对促进男女平等和妇女发展的明确导向。在"三平等"原则的影响下，中国的家庭政策必须更加注重考虑妇女的需求，实现妇女在家庭中应当享有的民主权利，帮助妇女对家庭事务和家庭财产拥有更多的权益，在家庭性别分工、夫妻权力模式、家庭责任和家庭地位等方面形成更平等的关系。

"三在"要求则对实现家庭中的性别平等权利提出了具体的实现路径。在立法决策中充分体现性别意识，要求以更积极的性别立法，以性别的角度去考量和改善立法，重新审视现有法律体系的内容，完善法律法规政策体系。在改善民生中高度关注妇女需求，要求关切妇女在家庭关系中的特殊地位，给予她们更多的支持与帮助，确保她们可以独立地处理家庭事务，可以获得安全体面的家庭生活。在社会管理中积极回应妇女关切，则要求各级政府将家庭政策纳入社会治理体系之中，采取积极有效的措施，促进社会性别平等在家庭领域的实现。

二　湖南在反家庭暴力工作中的经验回顾

家庭暴力是性别不平等在家庭中的极端表现，施暴者以暴力的方式来实现对受暴妇女的全面控制，遭受家庭暴力的妇女不仅遭受身体上的虐待，而且在精神上丧失自信与尊严，导致家庭权力结构失衡，并影响妇女在社会上的发展。因此，预防和制止家庭暴力是促进家庭中性别平等的重要举措。一直以来，湖南省党委、人大、政府、政协以及各职能部门和妇联组织高度重视反家庭暴力工作，敢于创新、勇于实践，建立起党委领导、政府执行、社会协同的工作模式，逐步创新和完善反家庭暴力法规政策体系，推动了家庭领域性别平等权利的实现。

（一） 在地方立法中纳入反家庭暴力议题

1996 年 1 月，长沙市委市政府出台了《关于预防和制止家庭暴力的若干规定》，这是中国地级市率先出台的反对家庭暴力的具有法律效力的党委政府行政文件。在此基础上，1996 年，湖南省妇联向省人大常委会呈送了《关于请求将制定我省反家庭暴力法规纳入 1996－1997 年地方立法规划的报告》，省人大启动立法论证程序，几经周折，2000 年 3 月 31 日，湖南省第九届人大常委会第十四次会议高票通过了湖南省人民代表大会常务委员会《关于预防和制止家庭暴力的决议》，这是中国第一部预防和制止家庭暴力的地方性法规。它第一次从法律定义上诠释了家庭暴力的概念，第一次对中国现有法律涉及家庭暴力行为的条款进行了集中表达，第一次明确了要对家庭暴力当事人给予帮助，第一次明确了家庭暴力责任人该负的责任。决议的出台从根本上打破了中国千百年来"清官难断家务事"的传统观念，把家庭暴力纳入了法治的范畴，把涉及家庭暴力的行为纳入了司法程序，对切实保护妇女人身权利，维护家庭和社会的稳定，具有十分重要的意义。

（二） 在社会管理中强化反家庭暴力工作机制

2001 年 5 月，长沙市芙蓉区开始率先实施创建"零家庭暴力社区"工程，建立了七大维权网络，并建立了系统的考核评估奖惩制度，探索建立社会化制度化防治家庭暴力的工作机制，探索反家庭暴力与社区工作相结合的工作模式。在芙蓉区经验基础上，2003 年 11 月，湖南省综合治理委员会将"家庭暴力现象"纳入《2004 年湖南省县市区社会治安综合治理考评办法》，并计 1 分的分值（总分 100 分）。2010 年起，湖南省综合治理委员会改变考评方式，在减分项目部分中规定"发生重大家庭暴力案（事）件，视情减分，以 1 分为限"，并规定由省妇联提供情况并提出减分建议。2012 年正式进入湖南省社会管理综合治理评分体系，占 1 分，由省妇联考评。反家庭暴力考评评分方式的改变标志着这项工作在社会管理综合治理体系中不断得以强化，通过探索建立反家庭暴力工作刚性评估机制，也不断强化政府在防治家庭暴力、促进家庭和谐方面的责任。4 年来，湖南省建立专业的培训团队，引入国外培训的成功模式，在法官、警察、司法所长、律师、妇联干部、社区工作人员等群体中开展反家庭暴力培训，培训各类骨干5000余人，"社会性别与反家庭暴力"成为湖南警察学院、湖南司法警官学院的正式课程。我们还编写出版了《预防和制止家庭暴力的探索与实践》中英文版，发行近20000册。设计发行"反家庭暴力促和谐"为主题的特色邮票及小型张，发行3000余套。

（三）在改善民生中关爱受暴妇女

2009年4月15日，湖南省高级人民法院正式出台《关于加强对家庭暴力受害妇女司法保护的指导意见（试行）》，这是中国首个由省级法院制定的家庭暴力案件审理制度性文件。其中，关于"证据认定规则""人身安全保护裁定""以暴制暴案件从轻减轻处罚"等规定，在反家庭暴力司法保护制度建设中有所突破。2010年5月27日，长沙市委政法委出台《关于深入推进预防和制止家庭暴力司法执法工作的若干意见》，成为全国首个由政法委牵头规范反家庭暴力司法执法工作的新模式，进一步强化了政法部门机构间的联动合作，明确在全市范围内推行"人身安全保护裁定"，细化公安机关、基层组织的协助职能。目前长沙市已发放"保护令"近40份，有效制止了诉讼期间的家庭暴力升级。2013年4月9日，湖南省公安厅制定下发《湖南省公安机关办理家庭暴力案件工作规定》，明确了公安机关办理家庭暴力案件的工作原则、职责和流程，强调风险评估，以受害人为本以及调解优先，这是中国首个由省级公安机关发布的警察处理家庭暴力案件规范性文件，进一步提高了湖南省基层民警接收和处理家庭暴力案件的能力和效率。

通过这些年的努力，湖南省反家庭暴力工作有了长足的进步，社会反家庭暴力意识明显提高，部门协作配合的力度显著增强，受暴妇女的社会支持网络进一步建立健全。目前，湖南省所有市州均已出台反家庭暴力多机构合作文件，建立反家庭暴力的多部门联席会议或领导小组，全省县以上反家庭暴力投诉站点、反家庭暴力庇护所、反家庭暴力法医鉴定中心实现全覆盖。湖南反家庭暴力工作经验写入《中国非政府妇女组织"北京＋15"报告》"反对针对妇女的暴力进展与成就"内容中，成为中国政府践行国际公约、履行国际义务的体现。

三　新形势下的思考

（一）立法决策对家庭领域的性别平等产生深刻的影响

在现代社会，立法决策对于公共利益的协调起着举足轻重的作用，对于家庭领域的影响也不可忽视。但"清官不断家务事"的传统思想，使得中国立法决策资源较少地分配在家庭领域，司法执法过程中也较少干预家庭内纠纷，导致妇女儿童的权利得不到及时有效的保护。1995 年世界妇女大会将"家庭暴力"引入中国时，全社会对这一问题的认识几乎为零。当1996 年长沙市第一份反家庭暴力政府文件出台时，报纸上甚至会展开"家庭暴力应不应该管"的大争论。当 2003 年湖南省政法委将反家庭暴力纳入综合治理考评时，有部分基层官员认为这不是政府的责任。但是，随着反家庭暴力法规政策的不断完善和持续执行，所有这些质疑和不理解都已经消失，反对家庭暴力深入人心，成为社会共识，而且深刻地影响到家庭领域的社会性别平等。通过预防和制止家庭暴力，打破了"清官不断家务事"的封建思想，宣传男女平等的基本国策，倡导多元均衡的家庭性别分工，改变传统婚姻的固化模式，树立了两性平等、独立、民主、和谐的家庭价值理念，也进一步强化了政府在促进社会性别平等主流化进程中的责任和义务。

（二）妇联组织在立法决策倡导中具有独特优势

在湖南的反家庭暴力工作中，妇联组织始终承担着倡导者、参与者和执行者的多重角色，充分发挥"党和政府联系妇女群众的桥梁和纽带"作用，调动体制内外的资源，影响涉及妇女权益和家庭性别平等的法规政策制定，力求扩大维护妇女权益和促进妇女发展的领域与范围。从参与渠道看，妇联组织不仅参与了相关法规政策的制定过程，还监督了已有法规政策的执行过程，不仅反映了社会关注和妇女需求，还回应解决了相关热点难点问题。从中可以看出，妇联组织在推动立法决策中具有独特的组织优势和政治地位，也形成了较为成熟有效的参与模式。在家庭政策和性别政策方面，妇联组织在决策者和社会大众中都拥有较高的认可度和美誉度。因此，妇联组织应该更深入地研究和推动家庭政策实施，促进社会性别主流化在家庭领域的实现。

（三）家庭领域的社会性别平等权利有待进一步完善

尽管我们在反家庭暴力中作出了有益的尝试，但制约家庭性别平等的因素依旧存在，女性在家庭资源的占有和经济收入的分配上，依旧处在相对弱势，男尊女卑、男强女弱的传统观念，男孩偏好的生育文化以及"男主外，女主内"的家庭分工依旧明显存在，甚至在社会转型期，还有"回潮"的现象出现。家庭暴力案件始终存在，恶性案件也时有发生，法规政策的贯彻落实不尽如人意，多机构合作需要更多的培训和演练。因此，在今后的工作中，还应该制定更为积极的法律法规政策，加大公权力机关对家庭事务的干预处理力度，建立有效的介入机制，畅通救济渠道和保障措施。同时，还应该加大社会宣传倡导力度，宣传男女平等基本国策和先进性别文化，倡导民主和谐的家庭性别分工和互动模式，鼓励家庭成员相互尊重信任，促进社会和谐与进步。

中国离婚法律制度的变迁与完善

◎薛宁兰　李　敏[*]

摘　要： 中国离婚法律制度包括协议离婚和诉讼离婚两方面。新中国成立 60 多年来，中国离婚法律制度紧跟时代步伐，不断变革发展。目前，离婚法律制度实施过程中仍存在一些不足和缺陷，无论是登记离婚程序，还是裁判离婚标准、夫妻共同财产认定与分割以及离婚救济措施等都亟待进一步完善。

关键词： 离婚法律制度　协议离婚　诉讼离婚

离婚法律制度是婚姻家庭制度的重要组成部分，它关涉婚姻稳定与家庭和睦，也会影响社会的和谐与稳定。随着改革的全面深化、经济的加速发展和人们婚姻家庭观念的变化，近年来，中国离婚率上升，各种婚姻家庭问题日益凸显，迫切需要检审现行离婚法律制度，提出符合"保障离婚自由，防止轻率离婚"立法宗旨的制度完善建议。

一　新中国离婚立法的沿革

新中国的离婚法律制度源于民主革命时期根据地的离婚立法，创始于

---

* 薛宁兰，中国社会科学院法学研究所研究员；李敏，中国社会科学院法学研究所法律硕士。

1950 年的《婚姻法》，经过 1980 年《婚姻法》的发展，在 2001 年获得重大修改与完善。它一直由协议离婚和诉讼离婚两项制度构成，具体表现形式主要是《婚姻法》和民政部有关婚姻登记（包括结婚登记和离婚登记）条件和程序的行政法规。它们关于登记离婚的条件和程序、裁判离婚的标准、离婚夫妻共同财产认定与分割、离婚救济措施等的规定因时代不同而有所变化。

（一）协议离婚制度

协议离婚制度是新中国成立之后即确立的具有中国特色的离婚方式之一。1950 年《婚姻法》以反封建和实行离婚自由为宗旨，其第 17 条规定"男女双方自愿离婚的，准予离婚"，并确立协议离婚的基本程序："男女双方自愿离婚的，双方应向区人民政府登记，领取离婚证；区人民政府查明确系双方自愿并对子女和财产问题确有适当处理时，应即发给离婚证。"

1980 年《婚姻法》颁布之后，民政部于 1986 年颁布《婚姻登记办法》，其第 7 条规定了离婚登记的条件和程序：只要男女双方自愿并对子女和财产问题达成协议即可申请离婚。1994 年民政部颁行《婚姻登记管理条例》，从其名称可见这一条例凸显婚姻登记机关的行政管理色彩。条例第 16 条对离婚登记的程序，增加规定离婚申请的审查期，并要求当事人提交"所在单位、村民委员会或者居民委员会出具的介绍信"。2003 年民政部新的《婚姻登记条例》实现了婚姻登记由行政监管到自我责任的跨越，体现了尊重个人意愿的理念。其名称去掉了"管理"二字，淡化了婚姻登记机关的行政管理色彩，突出了婚姻登记的民事特点。条例不再要求当事人离婚时须提交单位证明，也不再设立离婚的审查期限，规定当事人确属自愿离婚，并已对子女抚养、财产、债务等问题达成一致处理意见的，应当当场予以登记，发给离婚证。

（二）诉讼离婚制度

诉讼离婚，是国家对离婚进行干预、对离婚行为予以司法控制的有效途径。通过诉讼由法院裁决是否解除婚姻关系，对于维护婚姻稳定、平衡离婚当事人利益、确保未成年子女未来身心健康等尤为重要。

1. 裁判离婚标准

1950 年《婚姻法》在诉讼离婚制度方面，体现了不附加任何条件的离婚自由，根据第 17 条，对于男女一方要求离婚的，只要经区人民政府和司法机关调解无效的，法院便应准予离婚。可见，当时法律在诉讼离婚的程序要件方面较为严格，必须经过诉讼外和诉讼内的两种调解，但在实体要件方面，则没有明确法官裁判的标准。

1980 年新《婚姻法》用"夫妻感情确已破裂，调解无效，即准予离婚"取代 1950 年《婚姻法》中"调解无效，应准予离婚"的规定，第一次明确将"夫妻感情确已破裂"作为法官裁判离婚的实质要件。这一规定使得在学术界持续 30 年之久的"感情破裂论"与"正当理由论"的争论尘埃落定，中国由此步入实行破裂主义离婚立法的国家行列。

2001 年《婚姻法》（修正案）关于裁判离婚标准采取概括与例示性相结合的立法模式，在保留"夫妻感情确已破裂"原则性规定的基础上，列举若干足以表明"夫妻感情确已破裂"的具体情形，供法官判案时有所依据①。这一"例示主义"的立法方法，与先前审判实践中法官判离与否的"正当理由论"有着本质区别。在调解无效的情形下，夫妻一方的上述过错是法官推定夫妻感情是否确已破裂的事实和依据，而不是法官认定不准过错方离婚的理由（或标准）。中国裁判离婚标准由此从"单一破裂主义"过渡到包括过错主义和目的主义在内的"复合破裂主义"。

2. 夫妻共同财产认定与分割

1950 年《婚姻法》对夫妻财产制的规定很简单，仅有一条原则性规定，即第 10 条："夫妻双方对于家庭财产有平等的所有权与处理权。"按照中央人民政府法制委员会的解释，其所确立的法定夫妻财产制类型是一般共同制②，尚无夫妻约定财产制。离婚夫妻共同财产分割的原则主要有：对女方特殊照顾

---

① 现行《婚姻法》第 32 条第 3 款列举性规定了法官调解无效后，准予离婚的 5 种情形："（一）重婚或有配偶者与他人同居的；（二）实施家庭暴力或虐待、遗弃家庭成员的；（三）有赌博、吸毒等恶习屡教不改的；（四）因感情不和分居满二年的；（五）其他导致夫妻感情破裂的情形。"第 32 条第 4 款还列举了 1 种情形，即"一方被宣告失踪，另一方提出离婚诉讼的，应准予离婚。"

② 1950 年 6 月 26 日中央人民政府法制委员会《有关婚姻法施行的若干问题与解答》中认为，所谓家庭财产制包括男女婚前各自所有的财产、夫妻婚后共同生活时所得的财产（包括双方或一方在此期间劳动所得的财产和接受的遗产或被赠予的财产）和未成年子女的财产。"夫妻双方享有平等的所有权与处理权"的财产是指前两种家庭财产，而对未成年子女的财产只享有平等的管理权。

的原则①、照顾女方及子女利益和有利发展生产的原则②以及经济帮助原则③。

1980 年《婚姻法》对中国夫妻财产制结构作出重大调整，将法定夫妻财产制类型由一般共同制改为婚后所得共同制，同时允许夫妻通过约定确定财产制类型④。但它对于这两项财产制的构成规定过于原则和抽象，不能适应经济发展进程中人们对于夫妻财产制的需求。在离婚财产分割原则方面，1980 年《婚姻法》及其司法解释取消了对女方特殊照顾的原则，同时确立照顾无过错方原则⑤。

2001 年《婚姻法》（修正案）对夫妻财产制的完善体现在法定夫妻财产制和约定夫妻财产制两方面。在法定夫妻财产制方面，继续坚持婚后所得共同制，但通过列举夫妻共同财产范围和增加规定夫妻个人特有财产，限定并缩小了夫妻共同财产的范围⑥。在约定夫妻财产制方面，专条明确夫妻财产约定的主体、内容、形式以及债务清偿等问题。此外，离婚夫妻财产分割原则也得到丰富和完善，男女平等、照顾子女和女方权益、照顾无过错方、尊重当事人意愿、有利生产、方便生活等，都成为法官处理离婚财产分割问题时遵循的原则⑦。

3. 离婚救济

离婚救济，是为离婚当事人中的经济弱势一方、受损害一方提供的法律救助手段。它通过排除婚姻当事人因离婚而陷入生活困难的后顾之忧来

---

① 1950 年《婚姻法》第 21 条："离婚后，女方抚养的子女，男方应负担必需的生活费和教育费全部或一部，负担费用的多寡及期限的长短，由双方协议；协议不成时，由人民法院判决。"

② 1950 年《婚姻法》第 23 条："离婚时，除女方婚前财产归女方所有外，其他家庭财产如何处理，由双方协议；协议不成时，由人民法院根据家庭财产具体情况、照顾女方及子女利益和有利发展生产的原则判决。"

③ 1950 年《婚姻法》第 25 条："离婚后，一方如未再行结婚而生活困难，他方应帮助维持其生活；帮助的办法及期限，由双方协议；协议不成时，由人民法院判决。"

④ 1980 年《婚姻法》第 13 条："夫妻在婚姻关系存续期间所得的财产，归夫妻共同所有，双方另有约定的除外。夫妻对共同所有的财产，有平等的处理权。"

⑤ 见 1993 年最高人民法院《关于人民法院审理离婚案件处理财产分割问题的若干具体意见》。

⑥ 见现行《婚姻法》第 17 条和第 18 条。

⑦ 见《婚姻法》第 39 条第 1 款、1993 年最高人民法院《关于人民法院审理离婚案件处理财产分割问题的若干具体意见》。

保障离婚自由,实现法律的公平正义。中国 1950 年、1980 年《婚姻法》只
是确立了离婚经济帮助这一救济措施。前者规定对未再婚的生活困难一方
给予帮助①,后者则给予生活困难一方经济帮助②。两者在离婚经济帮助的
时间和程度上有所不同。2001 年《婚姻法》(修正案)第 42 条完善了经济
帮助制度,明确一方提供帮助的财产范围是"从其住房等个人财产中"给
予适当帮助。《最高人民法院关于适用〈中华人民共和国婚姻法〉若干问题
的解释(一)》则对《婚姻法》第 42 条所称的"一方生活困难"作出解
释③,在此基础上,《婚姻法》(修正案)还增设离婚损害赔偿,对具有法
定情形导致离婚的,赋予无过错方享有损害赔偿请求权④。

二　现行离婚法律制度剖析

(一)关于登记离婚程序

现行离婚登记程序具有简便快捷、无须审查、监管弱化等特点。由于
婚姻登记机关行政职能不断被弱化,私权和个人责任不断被尊重和强化,
在协议离婚方面,当事人的权利自由充分行使,国家的限制不足,法律制
度中缺乏适度的程序审查和监督,导致实践中轻率离婚有所增加,当事人
意思表示不真实的情况时有发生,未成年子女的利益则被忽视。中国内地
离婚统计数据显示,2001 - 2010 年登记离婚数逐年增加,2010 年全国民政
部门办理的离婚登记 201 万对,比 2001 年增加 148.2 万对,且呈持续上升
态势。在这些离婚"大军"中,有相当一部分当事人是不考虑婚姻所应承

---

① 1950 年《婚姻法》第 25 条明确规定:"离婚后,一方如未再行结婚而生活困难,他方应帮
　助维持其生活;帮助的办法及期限,由双方协议;协议不成时,由人民法院判决。"
② 1980 年《婚姻法》第 33 条对离婚经济帮助作出规定:"离婚时,如一方生活困难,另一方
　应给予适当的经济帮助。具体办法由双方协议;协议不成时,由人民法院判决。"
③ 《最高人民法院关于适用〈中华人民共和国婚姻法〉若干问题的解释(一)》第 27 条。
④ 修正后的现行《婚姻法》第 46 条规定:"有下列情形之一,导致离婚的,无过错方有权请
　求损害赔偿:(一)重婚的;(二)有配偶者与他人同居的;(三)实施家庭暴力的;(四)
　虐待、遗弃家庭成员的。"

担的责任和社会义务而草率离婚的①。

（二）关于裁判离婚标准

裁判离婚标准是诉讼离婚制度的核心内容，它是法官裁决是否准予当事人解除婚姻关系的原则界限。现行婚姻立法采用"例示主义"的立法方法，在"夫妻感情确已破裂"的原则基础上，列举若干足以表明"夫妻感情确已破裂"的具体情形，从而确定了裁判离婚的边界，使法官的自由心证有所依据，从而确保法律适用的一致性和法律权威性②。

但《婚姻法》第32条第3款所列情形及其顺序是否与当今中国诉讼离婚现状相符，是否已将司法实践中最常见的离婚理由例示出来，值得反思。国家社科基金项目"民法典体系中的婚姻家庭法新架构研究"课题组2010年在三市3个基层法院开展的离婚案件调查③发现，夫或妻为原告提起离婚的理由最多的是：①婚前缺乏了解，婚后矛盾不断；②双方性格不合，没有共同语言；③因感情不和分居满两年。其中，以双方性格不合为由的，在妻或夫作为原告的离婚理由中均最高，夫方为31.18%，妻方为23.6%。至于现行《婚姻法》第32条第3款所举的离婚理由，在女方、男方提出的所有离婚理由中并不多见。因此，《婚姻法》将一方重婚或与他人同居、一方实施家庭暴力或虐待遗弃家庭成员置于例示情形的重要位置，不仅与审判实践反映的离婚理由很不相符，也说明在中国现阶段，"离婚仍然具有某种道德和道德批判功能"④。而且，以"夫妻感情确已破裂"也不能囊括所有裁判离婚的理由。

（三）关于夫妻共同财产的认定与分割

现行《婚姻法》第17条、第18条在列举属于夫妻共有和一方个人所

---

① 张莹：《中国登记离婚法律制度的发展与完善》，《山东女子学院学报》2011年第6期。
② 夏吟兰：《离婚自由与限制论》，中国政法大学出版社，2007，第171页。
③ 课题组对三市3个基层法院2008年审结的一审离婚案件，采取按月抽样的方法，每月调取调解离婚案件2份、调解和好案件2份、判决不准离婚案件3份、判决准予离婚案件4份；考虑到基层法院离婚案件结案方式中调解结案所占比例较大的特点，为加大对《婚姻法》有关离婚夫妻财产分割、离婚救济制度规定实际应用的了解，课题组在每一调研点增加调取当年判决离婚案卷12份。最终，调阅离婚案件391件。
④ 马忆南：《婚姻法第32条实证研究》，《金陵法律评论》2006年春季卷。

有财产范围的基础上，都设兜底条款："其他应当归共同所有的财产""其他应当归一方的财产"。这种规定不科学、不严谨，一定程度上增加了司法实务中区分夫妻共有财产和一方个人财产的难度，容易造成个人财产和夫妻共同财产的界定不清①。特别是《最高人民法院关于适用〈中华人民共和国婚姻法〉若干问题的解释（三）》实施以来，涉及房产归属认定的3个条款②不断引发学界对于夫妻财产制的争议，更加凸显出法定夫妻财产制有待进一步完善。

关于离婚夫妻共同财产分割的原则，以前述调研为例，109件涉及财产分割的案件中，法官运用尊重当事人意愿原则分割夫妻共同财产的最多，为47件（占43.1%）。在当事人未能达成协议的另62起案件中，有36件适用男女平等原则，依次是照顾女方和子女利益原则（占11%），有利生产、方便生活原则（占6.4%），照顾无过错方原则（占2.75%）。后两项原则之所以适用比例低，是因为在司法实践中，法官会斟酌考虑夫妻共同财产的价值和实际使用情况，对财产进行分割，但绝大多数不将有利生产、方便生活作为财产分割的原则；法官适用"照顾无过错方原则"的前提需要分清是非，确定过错，鉴于实践中原告方举证困难，法官难以认定，故适用这一原则分割夫妻共同财产的情形非常少见。

目前离婚财产分割的"多原则"位阶不清，主次不分，降低了财产分割原则的地位③。以"尊重当事人意愿"原则为例，它实为法官对法定离婚调解程序的应用。尊重当事人的意愿符合私法自治理念，倾向作为一种财产分割过程中的程序和方法，有利于借离婚双方交流减少婚姻失败的痛苦，方便夫妻财产分割协议的执行，将之界定为财产分割原则有失妥当。

将男女平等作为离婚夫妻财产分割原则也是值得商讨的。我们认为，法官对夫妻共同财产均等分割，不是适用男女平等原则的结果，而是中国法定夫妻财产制的性质使然，因此，男女平等是中国宪法和法律的基本原则，而不是离婚财产分割的原则。另外，离婚财产分割仅适用均等分割原

---

①　高东云：《论夫妻共同财产》，《科技信息》2008年第31期。
②　具体指《婚姻法》司法解释（三）第7条、第10条、第11条。
③　夏吟兰：《离婚自由与限制论》，中国政法大学出版社，2007，第208页。

则，也存在欠缺考虑夫妻双方在婚内从事家务劳动、抚育子女、照顾老人的付出，以及一方离婚后的生存与发展等具体情形的缺陷，不利于社会公平的实现，有待注入新的原则，使之更加完善。

（四）关于离婚救济

破裂离婚主义被广泛采纳只是当代离婚法改革的开端，构建将离婚的危害最小化，保障经济上处于弱势一方及未成年子女不因离婚而致生活陷入困顿的离婚平衡机制，则是当代离婚法改革的进一步目标[①]。实证研究发现，中国的离婚经济帮助措施"呈现出寻求帮助者比例低、实际受助者比例低、获得经济帮助数额低的'三低'状态"[②]。究其缘由，主要是经济帮助制度存在着定性不准、适用条件苛刻、适用范围狭窄、笼统难操作等缺陷。司法解释对"生活困难"仅作狭义解释[③]，是造成司法判决中离婚经济帮助额不高的原因之一[④]。对于"经济帮助"的形式，究竟是给予一定数额的金钱、财物或者一方房屋的所有权或使用权，法律没有具体限定，甚至没有以金钱提供经济帮助的最低额度规定。

离婚损害赔偿措施在司法实务中与离婚经济帮助一样，也遭遇"冷落"的相似境遇。从立法层面上看，原告举证困难、可提起损害赔偿的法定事由规定过窄、无兜底条款，是其直接障碍。

三　离婚法律制度完善之构想

新中国建立以来协议离婚和诉讼离婚制度的变革呈现出体系化、制度化、人性化特点。在经济社会发展进程中，针对离婚法实践中出现的新情

---

① 薛宁兰：《无过错离婚在美国的法律化进程》，《外国法译丛》1998 年第 4 期。
② 夏吟兰：《离婚自由与限制论》，中国政法大学出版社，2007，第 244－245 页。
③ 2001 年《最高人民法院关于适用〈中华人民共和国婚姻法〉若干问题的解释（一）》第 27 条指出："婚姻法第 42 条所称'一方生活困难'，是指依靠个人财产和离婚时分得的财产无法维持当地的基本生活水平。一方离婚后没有住处的，属于生活困难。"
④ 夏吟兰、郑广淼：《离婚经济帮助制度之比较研究》，载夏吟兰、龙翼飞编《和谐社会中婚姻家庭关系的法律重构》，中国政法大学出版社，2007，第 301 页。

况和新问题，对其相关内容适时作出调整，将有利于保障妇女儿童权益，促进家庭和谐与社会稳定。

（一）加强离婚登记程序监督，防止轻率离婚

《婚姻登记条例》有修改之必要。首先，增加规定离婚考虑期，从程序上防止当事人因一时冲动而草率离婚。设立离婚登记的"审查期限"，一者可保障登记机关从容审查，作出正确的认定，二者也给申请人双方一个"冷静期"，使其可以在此期间内撤回离婚申请，避免因一时冲动草率离婚。社会生活经验表明，确有一部分当事人在达成离婚协议并向登记机关提出申请之后，尚有改变离婚意愿而重归于好的可能。《婚姻登记条例》取消"审查期限"，必然使部分当事人丧失重归于好的机会。而增设"审查期间"，可使那些并非真正恩断义绝，仅因一时冲动提出离婚申请的当事人，在此"法定期间"内撤回离婚申请，重归于好。这有利于实现中国"保障离婚自由，反对轻率离婚"的立法指导思想。

其次，为保证当事人意思表示的真实自由、维护公平正义以及保证离婚协议的有效性，建议参照民事行为无效的情形，建立登记离婚无效制度。婚姻登记机关宣布离婚登记无效后，收回离婚证，当事人恢复夫妻关系。

（二）以"夫妻关系确已破裂"为裁判离婚标准，调整法定离婚理由

夫妻感情破裂并非现实生活中导致婚姻关系解体的唯一原因，实践中导致婚姻关系破裂的非感情因素很多。比如，一方患难以治愈的精神病、传染病或者难以治愈的性无能，一方下落不明满两年，查找无果。以"夫妻关系确已破裂"作为裁判离婚的标准能更恰当和全面地囊括诉讼离婚的原因，也更符合社会发展的导向和司法实践的操作需求。

在法定离婚理由的列举上，建议改变目前以一方有婚姻过错（重婚、同居、家庭暴力、虐待、遗弃家庭成员、赌博、吸毒等）为主要情形的做法，增加列举过错以外的其他导致婚姻破裂的情形，如婚姻目的不能实现（双方分居、一方患法定禁止结婚的疾病、一方下落不明等），或没有共同语言，或因夫妻双方性格不合而致婚姻破裂的情形。据 2002 年中国法学会婚姻法学研究会"婚姻法执行中的问题"课题组在北京的调查发现，以双

方性格不合为离婚理由的高达 60.5%[①]。

（三） 确立夫妻财产归属认定的基本规则

鉴于现行《婚姻法》第 17 条第 1 款第 5 项和第 18 条第 5 项同时并存的弊端，笔者建议，取消第 18 条的兜底条款，严格限定专属于夫妻个人财产的范围，同时增加"婚后所得推定共有"规则，即对于法律没有明文规定、夫妻一方婚后取得的财产，应首先推定为夫妻共有财产[②]。这是认可夫妻之间存在着"协力"关系，目的在于维护婚姻稳定，引导婚姻当事人以家庭整体利益为重，鼓励配偶之间互相支持与扶助。

再者，在通常法定财产制为婚后所得共同制的基础上，增设非常法定财产制，完善中国夫妻财产制结构。随着中国市场经济的发展，家庭、个人参与市场投资理财的行为增多，一方破产或无力支付到期债务的潜在风险凸显，夫妻一方隐藏、转移、变卖、侵占、毁损夫妻共同财产的行为时有发生。在这种形势下，非常夫妻财产制作为通常法定财产制的补充，不仅能更加灵活全面地调整夫妻财产关系，保护个人财产利益，而且能有效防止侵害夫妻财产利益行为的发生。

（四） 改进夫妻财产分割原则，凸显社会公平正义

针对目前财产分割原则存在的上述问题，建议未来修法对之作相应调整，以"同等条件下的均等分割"原则取代现行的男女平等原则。这一原则是由中国法定夫妻财产制性质决定的，同时，也能彰显男女平等作为宪法和法律基本原则的宏观指引价值。此外，还需考虑夫妻双方在婚内从事家务劳动、抚育子女、照顾老人的付出，以及一方离婚后的生存与发展等具体情况，在均等分割原则基础上，增设公平分割原则[③]。用公平原则取代目前的两"照顾"原则，法官在对夫妻共同财产分割作出裁决时，对于经

---

① 巫昌祯：《婚姻法执行状况调查》，中央文献出版社，2004，第 4 页。
② 裴桦：《夫妻共同财产制研究》，法律出版社，2009，第 66 页；许莉：《夫妻个人财产婚后孳息之归属》，《法学》2010 年第 12 期；薛宁兰、许莉：《中国夫妻财产制立法若干问题探讨》，《法学论坛》2011 年第 2 期。
③ 夏吟兰：《离婚自由与限制论》，中国政法大学出版社，2007，第 209 页。

济上处于弱势的一方、与子女共同生活的一方以及婚内主要从事家务劳动的一方,适当多分财产①。如此,可凸显离婚法的公平正义观,维护婚姻的社会价值,促进家庭社会职能的实现。

(五)完善离婚救济制度,保障弱势一方权利

对于离婚经济帮助制度,笔者建议重新界定《婚姻法》第42条的"生活困难",对"生活困难"作适当的扩大解释,增加经济帮助的范围。除此之外,建议列举"经济帮助"的形式。比如,一定数额的金钱(限定经济帮助的最低数额)、财物或者一方房屋的所有权或使用权等,使其充分发挥对离婚时经济弱势一方的保障与救济功能,改变司法实践中的"三低"状态②。

在离婚损害赔偿制度中,原告举证困难和可提起损害赔偿的法定事由过窄,应在现有基础上作相应完善。例如,扩大其适用范围,增加如下情形作为无过错方提起损害赔偿的理由:①夫妻一方与他人发生婚外性行为尚未达到同居程度的;②夫妻一方使他方欺诈性抚养子女的;③夫妻一方因犯强奸罪被判入狱的。或者,从立法技术上作相应完善,增设兜底条款,以"其他导致离婚的重大情形"弥补现行法之不足③。

四 结语

法律不只是书本上的规则体系,更重要的是,它能够为当事人提供公正公平的利益分配机制。婚姻法律制度的一个重要作用就是引导人们正确对待婚姻家庭关系④。离婚法律制度在调节婚姻家庭关系、促进社会和谐稳定方面发挥着至关重要的作用,并最终影响民众的离婚观念和行为选择。

----

① 薛宁兰、邵阳、白晶:《夫妻财产制及相关制度的社会性别分析——以离婚财产权实现中的性别平等为目标》,载谭琳、杜洁《性别平等的法律与政策》,中国社会科学出版社,2008,第330页。
② 夏吟兰:《离婚自由与限制论》,中国政法大学出版社,2007,第244-245页。
③ 薛宁兰:《中国离婚损害赔偿制度的完善》,《法律适用》2004年第10期。
④ 蒋月:《婚姻家庭法前沿导论》,科学出版社,2007,第28-29页。

　　社会在发展变革，人们的婚姻家庭观念也在不断变化，面对现行婚姻法律制度的特点及在实践中暴露的不足，完善中国离婚法律制度，需继续秉承"保障离婚自由，防止轻率离婚"的指导思想，坚持保障与限制相结合，注意捕捉和把握婚姻家庭关系的时代特征与未来走向，进一步细化和完善现行离婚法律制度，作出有利于弱者权益保障，维护公平正义，促进和维护婚姻家庭稳定和谐的制度安排。

在尴尬中寻求出路

——浅析婚内侵权损害赔偿机制的建构

◎曹　玲*

摘　要：家庭暴力日益成为一个全球性的问题，中国近三成女性深受其害。当前，与家庭暴力相关的夫妻婚内侵权现象日增，婚内侵权损害赔偿纠纷的相关案例不断出现，然而中国婚姻立法对婚姻存续期间的夫妻间侵权行为规制付诸阙如，导致实务中屡现同案不同判的尴尬。本文基于婚内侵权案件审理现状，回应质疑和诘问，对婚内侵权损害赔偿机制建构进行反思和证成，并探讨实现路径，以期实现全面充分的司法救济。

关键词：家庭暴力　婚内侵权　损害赔偿

全国妇联、国家统计局联合发布的第三期中国妇女社会地位调查主要数据报告显示，在整个婚姻生活中曾遭受过配偶侮辱谩骂、殴打、限制人身自由、经济控制等不同形式家庭暴力的女性占**24.7%**[①]。家庭暴力成为婚内侵权最主要的形式，然而受传统伦理道德观念的影响，婚内侵权纠纷一直被视为家务事而为审判实务所忽略。在夫妻双方未提出离婚的前提下，

---

* 曹玲，厦门市思明区人民法院调解仲裁庭助理审判员。

① http://www.china.com.cn/zhibo/zhuanti/ch－xinwen/2011－10/21/content__23687810.htm，2014年4月28日访问。

夫妻之间的侵权纠纷往往通过调解息诉或直接驳回的形式解决。审判实践中出现的几起获得支持的"妻告夫"案件，引起了巨大反响和讨论，但未能形成统一的裁判标准，全国范围内夫妻间侵权案件同案不同判现象屡有发生。中国法律目前仅对离婚时夫妻侵权救济进行了规制，即离婚损害赔偿的 4 种情形，有关婚内侵权赔偿的规定几乎为零。"没有救济就没有权利"，夫妻关系并不能成为侵权责任豁免的理由，为保护婚姻关系一方，特别是弱势群体妇女方的权益，婚内侵权损害赔偿机制亟待构建。

一　尴尬——从两起婚内侵权损害赔偿案件说开去

案例一：中国首例夫妻婚内损害赔偿案。张女士因怀疑丈夫婚外恋引发家庭纠纷。丈夫杨某带人强行把她送进精神病医院，她被迫在医院里度过了紧张的 3 天。出院后，张女士以侵犯名誉权为由将丈夫杨某告上法庭，索赔精神损失费 5 万元。武汉市汉阳区法院审理查明，被告杨某的妻子张女士没有任何精神疾患，被告杨某强行将其送到精神病院的行为，侵害了原告张女士的名誉，并给其造成了极大的精神痛苦，判决杨某侵犯张女士名誉权成立，应向张女士赔礼道歉，并赔偿张女士精神抚慰金 5000 元①。

案例二：原告石权与被告邓国芬夫妻关系存续期间，邓国芬因偏执型精神分裂症发作，在不能辨认自己行为后果的情况下将石权砍伤。法院认为，石权住院期间所花的费用已从夫妻共同财产中支付，现石权起诉主张赔偿医疗费和精神损失费，缺乏事实根据和法律依据，故不予支持。石某不服提起上诉，海口市中级人民法院以邓某除与石某的夫妻共同财产外没有个人财产，邓某不存在对夫妻之间发生的损害进行婚内赔偿的前提条件和物质基础为由，判决驳回了上诉人石某的上诉，维持原审判决②。

---

① 范李瑛：《婚内损害赔偿与夫妻共同财产制的冲突和协调》，《烟台大学学报》2006 年第 3 期。

② 《石权诉邓国芬人身损害赔偿案》，http://vip.chinalawinfo.com/Newlaw2002/SLC/slc.asp?db＝cas&gid＝33621336，2011 年 5 月 12 日访问。

从上述案例可见，夫妻间侵权能否认定及如何担责问题在不同法院存在截然不同的裁判。同案不同判现象引起民众的强烈反应，审判人员在司法实务中面临两难困惑，理论界对婚内侵权赔偿机制的正当性也争议颇大。

二　现状——婚内侵权损害赔偿的严重缺位

婚内侵权系指在婚姻关系存续期间，夫或妻一方以作为或不作为的方式侵害另一方权益的行为。不同于一般民事侵权，婚内侵权具有其特殊性：①侵权主体为夫或妻一方，第三人与夫或妻一方共同侵害另一方权益的也可成为共同侵权人；②侵权行为发生在婚姻关系存续期间；③侵权客体主要包含两个方面，一是基于婚姻成立而产生的权利，二是夫妻作为平等的一般民事主体所享有的权利。囿于历史传统、风俗习惯的差异，各国婚姻立法对夫妻间权利义务的规定不尽相同。例如，《法国民法典》规定了夫妻同居权、忠诚义务、住所共同决定权及夫妻间的连带责任，《德国民法典》规定了夫妻姓名权、从业权、操持家务义务、同居义务等①。目前中国尚无配偶权的概念，只是在法条中原则性地规定了夫妻之间的部分权利和义务。就夫妻人身关系而言，《婚姻法》第 14、15、16、20 条中分别规定了夫妻平等地使用自己的姓名权，参加生产、工作、学习和社会活动的自由，双方均有计划生育的义务，双方具有相互扶养的权利和义务等，但对于同居权、生育权等缺乏明确规定；就财产关系而言，现行《婚姻法》规定了夫妻财产中共有及个人部分的范围及其处分，然而并不完备，个人财产范围窄小、约定财产制流于形式，使得夫妻之间彼此承担财产责任成为空中楼阁。因此，配偶权的具体内容有待进一步明确和完善，从而有利于在实务中对侵害夫妻法定权利的行为进行准确认定。

现实生活中，婚姻存续期间婚内侵权行为大量存在并演变为夫妻感情彻底破裂的直接诱因。与此形成鲜明对比的是，中国立法及实务中对婚内侵权行为救济的真空和无为。目前中国立法仅《婚姻法》第 46 条对离婚侵

---

① 杜江涌：《婚内侵权相关问题研究》，《西南民族大学学报》2005 年第 5 期。

权赔偿有所涉及。同时《最高人民法院关于适用〈中华人民共和国婚姻法〉若干问题的解释（一）》第 29 条规定："在婚姻关系存续期间，当事人不起诉离婚而单独依据该条规定提起损害赔偿请求的，人民法院不予受理。"实务中该条司法解释常被理解为是否提起离婚系夫妻侵权损害赔偿的前置条件，"不离婚则不赔偿"的做法客观上为加害方的侵权行为提供了保护伞，严重损害了另一方的合法权益，背离了《民法通则》对平等民事主体合法权益保护的立法精神。目前中国立法的缺位导致法律适用的不一，婚内侵权保护的真空成为民事主体权益救济的硬伤，为此，构建婚姻存续期间夫妻侵权损害赔偿机制显得尤为必要。

三　困境——婚内侵权损害赔偿的质疑与诘问

自中国首例婚内侵权赔偿案以来，国内学界和司法实务界对婚内侵权的可罚性争议颇大。有学者认为，婚姻关系是一种最广泛、最普通的社会关系，具有较强的伦理道德性质，法律不应过多干涉婚姻自由，夫妻关系存续期间夫妻侵权由双方自行解决为佳[①]。另有学者认为，现今中国家庭绝大部分仍实行夫妻财产共有制，即使应对侵权行为承担责任，对一个存续期间的婚姻而言，只是将钱从左口袋拿到右口袋，夫妻存续期间共同财产制会导致婚内侵权赔偿的目的落空，故没有构建该机制的必要[②]。还有学者认为，在夫妻关系存续期间判处一方向另一方承担赔偿责任会让夫妻关系更加紧张，不利于社会矛盾化解。以上的质疑可以归结为 3 点：一是夫妻间的侵权行为不应由法律来干预，而应当由双方自行协商解决；二是婚内夫妻财产一般处于共同共有状态，即使一方胜诉，也会因判决内容难以执行而致判决目的的落空；三是加剧夫妻矛盾，损害家庭的稳定，甚至导致婚姻关系的破灭。

---

① 王玫：《婚内侵权民事赔偿责任制度初探》，《法制与社会》2007 年第 1 期。
② 王玫：《婚内侵权民事赔偿责任制度初探》，《法制与社会》2007 年第 1 期。

四　反思——婚内侵权损害赔偿的必要性

如前文所述，基于传统家庭道德观念的影响以及夫妻财产长期一体的现状，婚内侵权损害赔偿机制一直广受质疑。中国婚姻家庭立法领域也采取了"道德为主，法律为辅"的调整方式，只作宣言性质的权利规定，而缺少保障权利实现的救济机制，这也是导致夫妻侵权大量无法得到解决、公民法定权利被践踏的弊端所在。本文将从以下 4 个方面对以上质疑分别进行回应，阐述分析婚内侵权赔偿机制构建的必要性。

（一）夫妻别体理论的契合

夫妻别体主义，发源于罗马万民法中的"无夫权婚姻"，该理论主张夫妻在婚姻关系中各为独立主体，双方人格平等，相应地，财产形式为统一财产制、联合财产制等①。夫妻别体主义已逐渐为现代社会所广泛接受，中国婚姻立法也顺应国际发展趋势，对夫妻之间平等的权利义务进行了规定。现代法治理念倡导无论男女法律面前人人平等，每个人均具有法律上的独立人格。即使结为夫妻，成为生活共同体，但夫或妻作为独立的理性人仍然具有法律上的独立人格。夫或妻一方在遭受另一方侵权时，一方有权自由选择是否寻求司法救济，利用法律的武器来捍卫自己的尊严和权利；相应地，另一方也不因自己夫或妻的身份而获得责任豁免权。

（二）公权力介入的正当性

家庭是典型的熟人社会，现代法律则大都是根据陌生人社会规则建立起来的，现代法律的很多规则并不适用于家庭纠纷的处置。正所谓"清官难断家务事"，国家法律对家庭事务也往往从操作的角度予以回避。诚然，

---

① 孙宏涛、朱淑杰：《浅析我国新〈婚姻法〉颁布实施后国内第一桩婚内索赔案》，《金陵科技学院学报》2005 年第 2 期。

每一个理性人都具有独立的人格，具有"自己决定权"①。放大到家庭，则体现为家庭自治权。家事一直都被视为纯粹的私事和个人事务，但任何自治权都不是绝对的，一旦涉及人的法定权利，家庭就必须让步于具有普适性的法律。国家法律对家庭事务的操作难度只能作为完善法律的依据，而不能成为其拒绝提供法律服务的理由。

（三）法律作用的彰显

法律通过预先规定行为模式和法律后果，让人们预先知道法律肯定什么和否定什么，从而选择自己的行为来避免遭受法律上的不利后果。夫妻侵权赔偿机制的建立，可充分发挥法的预测和教育功能，让夫或妻任一方知道对家庭成员权利的侵犯，并不能获得法律制裁的豁免。只要有侵权行为，该行为人就应当对自己的行为负责。如前文所述，每个理性人均有自己决定权，对自己的行为和利益具有独立的判断能力和决策能力，每一个人都是自己利益最大化的最佳判断者和决策者。正是基于此，夫或妻方即将实施侵权行为时，会更加理性地选择自己的行为方式，控制自己的恶意行为，趋利避害，减少夫妻关系中不和谐的违法因素。同时，夫妻间互相尊重彼此合法权益，也有利于夫妻关系的进一步和睦相处，维护婚姻家庭的稳定。

（四）现有法律体系的完善

《民法通则》第106条第2款规定："公民、法人由于过错侵害国家的、集体的财产，侵害他人财产、人身的，应当承担民事责任。"作为上位法的《民法通则》关于侵权责任承担的规定的效力无疑高于《婚姻法》及其司法解释。但是《婚姻法》及其司法解释却将侵权主体严苛地限制在离婚诉讼中夫妻无过错一方，这显然严重背离了上位法的精神，也与《婚姻法》本身保护弱势群体的立法精神相违。另外，《婚姻法》第14-20条就夫妻间

---

① 〔日〕长谷部恭男：《现代宪法》，日本评论社，1995，第200页。"自己决定权"是指"就与他人无关的事情，自己有决定权，仅仅对自己有害的行为，由自己承担责任"的权利，也就是说自己的私事自己自由决定的权利。

人身、财产关系作出明文规定，而对于夫妻一方侵犯哪些权利的责任承担则缺乏相应规制。在今后立法中增设婚内侵权赔偿的规定，和离婚赔偿机制一道构筑全面保护婚姻关系和公民权益的围墙，是解决法律规定冲突、填补法律空白、完善法律体系的迫切需要。

五　证成——婚内侵权损害赔偿的可行性分析

随着夫妻社会和家庭地位的不断变迁，夫妻之间侵权能否成立经历了从不承认到承认的过程。当今世界大多数国家已经将婚姻内侵权纳入侵权损害赔偿的范围内，然而中国立法对婚姻存续期间夫妻间侵权行为的究责未有明文规定，对夫或妻民事权益的保护明显缺位。庆幸的是，目前中国理论界讨论成果、经济物质基础的发展以及域外立法和实务经验为在中国建立婚内损害赔偿机制提供了可能。

（一）法理基础

如前文所述，婚姻当事人具有独立的主体性，不因婚姻关系而产生人格同一。夫妻共同生活的一体化不能掩盖夫妻人格的相对独立，具有法律效力的结婚证也不能蜕变成准许侵权的通行证[①]。故侵权行为事实成立，侵权方就应为自己的行为承担责任。另外，《民法通则》《最高人民法院关于审理人身损害赔偿案件适用法律若干问题的解释》等法律和司法解释的规定[②]并

[①]　孙勇：《论婚内侵权赔偿》，《理论界》2004 年第 2 期。

[②]　《民法通则》第 106 条规定："公民、法人由于过错侵害国家的、集体的财产，侵害他人财产、人身的，应当承担民事责任。"《民法通则》第 120 条第 1 款规定："公民的姓名权、肖像权、名誉权、荣誉权受到侵害的，有权要求停止侵害，恢复名誉，消除影响，赔礼道歉，并可以要求赔偿损失。"《最高人民法院关于审理人身损害赔偿案件适用法律若干问题的解释》第 1 条规定："因生命、健康、身体遭受侵害，赔偿权利人起诉请求赔偿义务人赔偿财产损失和精神损害的，人民法院应予受理。"《最高人民法院关于确定民事侵权精神损害赔偿责任若干问题的解释》第 1 条规定："自然人因下列人格权利遭受非法侵害，向人民法院起诉请求赔偿精神损害的，人民法院应当依法予以受理：（一）生命权、健康权、身体权；（二）姓名权、肖像权、名誉权、荣誉权；（三）人格尊严权、人身自由权。违反社会公共利益、社会公德侵害他人隐私或者其他人格利益，受害人以侵权为由向人民法院起诉请求赔偿精神损害的，人民法院应当依法予以受理。"

未将夫或妻的损害赔偿排除在侵权责任之外，中国《婚姻法》也从未确立"婚姻豁免原则"，以上对一般民事主体侵权责任的规定当然地适用于侵权夫或妻一方，成为婚内侵权损害赔偿机制确立的法律依据。

（二）域外经验

英国的《已婚妇女财产法》修正法允许夫妻间相互提起侵权行为诉讼。美国的《已婚妇女保护法》赋予妇女独立的人格和对个人财产独立的所有权后，许多州也准许夫妻间提起侵权之诉。《瑞士民法典》明确规定："配偶一方未履行婚姻共同生活的义务或其行为对他方有危险、污辱或损害时，他方可据此向法官提出诉请。"《法国民法典》规定："夫因不为适当保存行为致妻的个人财产受损害的，应负赔偿责任。"另外，中国台湾地区也在实务上认为夫妻间可以成立侵权行为[①]。以上各国和地区对夫妻间侵权救济进行了明确立法规定并积累了成熟的实务经验，中国目前在夫妻侵权行为的规制方面还处于起步阶段，应当借鉴各国的实务经验，顺应目前通过侵权法救济婚内侵权的趋势，建立婚内侵权损害赔偿机制，并逐步完善整个夫妻侵权赔偿机制。

（三）物质基础

中国现行《婚姻法》第19条规定："夫妻可以约定婚姻关系存续期间所得的财产以及婚前财产归各自所有、共同所有或部分各自所有、部分共同所有。约定应当采用书面形式。没有约定或约定不明确的，适用本法第十七条、第十八条的规定。夫妻对婚姻关系存续期间所得的财产以及婚前财产的约定，对双方具有约束力。"同时第18条还规定了夫妻个人财产的范围："有下列情形之一的，为夫妻一方的财产：（一）一方的婚前财产；（二）一方因身体受到伤害获得的医疗费、残疾人生活补助费等费用；（三）遗嘱或赠与合同中确定只归夫或妻一方的财产；（四）一方专用的生活用品；（五）其他应当归一方的财产。"夫妻财产的法定个人财产制和约定财产制，使得夫妻双方

---

① 方金华、蔡荣典：《建立夫妻间侵权责任制度的必要性和可行性》，《苏州教育学院学报》2007年第3期。

可拥有自行处分的财产有了法律支持。另外，随着社会经济的发展，夫或妻的经济能力不断提高，夫妻双方拥有各自独立的经济收入来源逐渐成为经济社会的常态。有独立经济能力的夫妻个人财产保护意识增强，婚前财产公证以及婚后约定财产现象不断增加，夫或妻约定各自拥有自己财产已司空见惯，这些都为婚内侵权赔偿机制的有效实现提供了物质条件。

六 出路——婚内侵权损害赔偿机制的程序设计

婚姻关系存续期间的夫妻侵权损害赔偿作为民事侵权的一种类型，应当依照民事侵权的构成要件进行认定，但考虑到夫妻关系的伦理性，在具体确定侵权损害赔偿时也应考虑到其不同于一般侵权原理的特殊性，本文主要从主体适格条件、审理机构、认定标准和责任承担4个方面来设计婚内侵权赔偿的特有路径。

（一）主体适格条件

《最高人民法院关于审理人身损害赔偿案件适用法律若干问题的解释》第1条规定："因生命、健康、身体遭受侵害，赔偿权利人起诉请求赔偿义务人赔偿财产损失和精神损害的，人民法院应予受理。本条所称'赔偿权利人'，是指因侵权行为或者其他致害原因直接遭受人身损害的受害人、依法由受害人承担扶养义务的被扶养人以及死亡受害人的近亲属。"婚内侵权损害赔偿的申请主体，一般是受害方，个别情况下也可为依法由受害人承担扶养义务的被扶养人以及死亡受害人的近亲属等。在婚内侵权中，如若苛刻地要求申请方必须是无过错方，将非常不利于保护家庭关系中受害的一方。因为在夫妻关系中，大部分都是双方有过错，但不能就这样免除了其保护自己权利的请求权，而是应该运用民法中过错相抵的原则，来综合评判各自应当承担的责任大小。另外，被告一般为侵权的夫妻一方，但如果第三人与夫或妻一方共同侵害另一方的权益时，该第三人也可成为赔偿义务主体。

（二）审理机构

婚内侵权不同于一般的侵权行为，其对责任的追究不仅仅是为了弥补受损利益，还兼具弥合婚姻家庭关系裂缝的功能，这对法院审理工作提出了更高要求。大部分法院将婚姻家庭类案件和其他民事案件一起分配至民事法庭审理，法官没有专业分工，难免会导致眉毛胡子一把抓，审理方式不当，容易导致个案审理效果的不理想。本文认为，可以将婚内侵权赔偿的案件交给专门处理家事案件①的家事法庭去审理。因为家事案件的裁判，不单纯以追求当事人孰是孰非为目的，而是重在调整人际关系，使当事人回复到生活常态，弥合紧张的家庭关系，维护社会和谐稳定。普通民事审判庭很难在繁重的一般民事案件审理中抽出精力和司法资源来满足家事案件审理的特殊需要，因此可以考虑再设置专门的家事法庭审理此类案件，达到事半功倍的效果。

（三）认定标准

侵权责任的认定是损害赔偿的前提，对于婚内侵权可以依据侵权法的一般原理，并结合婚姻关系的特殊性予以认定。①违法行为。即夫妻一方以作为或不作为的方式实施了违反法定的权利和义务的行为。②损害事实。必须存在一方因另一方的违法行为而权益受损的事实，其中包括财产损失、非财产损失即肉体痛苦以及精神痛苦。③因果关系。夫妻一方的违法行为与另一方权益受损之间具有因果联系，即违法行为导致了损害事实的产生，没有该侵权行为就不会产生该种损害结果。④主观故意。这也是婚内侵权的特殊要件，因为夫妻之间过失而为的行为危害性较小，若对共同生活的夫妻间过失行为究责的话，显得太过严苛且无必要。故意而为的侵权行为如具有严重危害性，不但违反了夫妻间的道德义务，也是对法定夫妻权利义务关系的践踏。正是基于此，法律才有必要对其进行规制。第三人共同侵权的构成要件如下。①违法行为。违法行为指法律明确规定的第三者负

---

① 所谓家事案件，即中国人民法院所称的婚姻案件、家庭案件、继承案件及其他亲属关系纠纷，主要包括亲属身份争议和以亲属身份为依据所生的财产争议两大类。

有不得作为的法定义务的行为，如通奸、姘居、重婚等。第三人只能是以作为的形式违反法律明确规定禁止的义务。②损害事实。第三方妨碍了配偶他方配偶权的实现，使其身份利益受到损害的事实。③因果关系。妨碍行为与配偶权损害事实之间具有引起与被引起的关系。④主观过错。第三者妨碍行为主观上必须是恶意，即属于故意，过失不构成侵权。这与配偶方侵权并无二致。

（四）责任承担

1. 赔偿金的量化方面

婚内侵权赔偿机制可以采取以补偿性为主、惩罚性为辅的原则。因为婚内侵权具有多发性、反复性的特点，特别是家庭暴力的发生，对于多次、反复或是情节恶劣的婚内侵权，仅仅是补偿性的赔偿，并不足以威慑侵权方。为了使得该机制充分发挥其作用，在个案中法官应当根据当事人的经济情况以及行为的情节，自由裁量，灵活地运用补偿性和惩罚性的赔偿机制相结合的方式，以达到所期望的效果。在执行的过程中，如若侵权人悔改态度好，夫妻关系和谐，另一方愿意不再追究其之前的侵权责任时，法院也可以根据当事人的申请，对赔偿金酌情予以减少或免除。

2. 赔偿金的执行方面

目前中国大部分家庭实行的是夫妻双方共同财产制，夫妻双方财产处于混同状态，在婚姻关系存续的前提下，判决夫妻一方承担对另一方的损害赔偿责任，无异于"将钱从左口袋拿到右口袋"，故此婚内侵权损害赔偿判决的执行一直被诟病。笔者认为，纯技术的问题完全可以通过执行方式的转变来解决。①对于约定财产制的，直接执行侵权方的个人财产部分。②对于共同财产制的，夫妻有其法定个人财产的，直接执行该财产；没有法定个人财产的，则采取非常财产制或债权凭证制度。其中非常财产制是指在特殊情况下，当出现法律规定的事由时，依据法律的规定或经夫妻一方的申请由法院宣告，撤销原依法约定或设定的共同财产制，改设为分别财产制①。在该种情形下，法院依申请对夫妻财产析分，继而执行侵权方个

---

① 陈秋玲：《论我国婚内侵权赔偿制度的建立》，《衡阳师范学院学报》2007 年第 2 期。

人财产部分。债权凭证制度则是指人民法院在执行程序中向申请执行人发放的具有法律效力的用以证明强制执行后申请执行人对被执行人享有尚未实现债权的权利证书。在夫妻关系存续期间，在没有实行非常财产制的情况下，执行机关发放债权凭证，可以在共同财产未分割的情况下，确定一方的可期待债权，待双方婚姻关系终止或被执行人因其他原因获得个人财产时再恢复执行①。

结　语

制裁不法行为人是法律对漠视社会利益和他人利益、违背义务和公共行为准则行为的谴责和惩戒，意味着法律依据社会公认的价值准则和行为准则对某种侵权行为所作的否定性评价，也是矫正不法行为的重要措施②。正是基于此，婚内侵权赔偿机制的确立将有助于预防和矫正不法行为，维护和谐安全的家庭关系。在厘清伦理道德和法律规制作用边界的基础上，建立健全中国婚内侵权损害赔偿机制，将应属于法律解决的部分还给法律，是全面保护公民合法权益的应有之义，也是推进中国法治进程的有力之举。

---

① 王春平、曲航黎：《婚内侵权赔偿可行性的探讨》，《工会论坛》2007 年第 1 期。
② 王家福：《民法债权》，法律出版社，1991，第 442 页。

平等与差异：《婚姻法》解释（三）有关房产规定的性别解读

◎尹旦萍*

摘　要：《婚姻法》解释（三）有关房产的规定在社会上引发了激烈争论，争论的实质是对女性应该平等对待还是差异对待。平等与差异的论争既是西方女性主义理论发展中永恒的主题，也是与女性日常生活和生命事件息息相关的实践问题。作为理论问题，平等派与差异派各有其产生的历史情境和理论关切，并在新的现实背景和理论背景下互为补充，共同为女性解放提供理论支持。作为实践问题，此解释注重形式平等的司法审判，可能导致女性权益的实质受损。

关键词：平等　差异　《婚姻法》解释（三）　女性主义理论

一　问题的提出

2011 年 8 月，《最高人民法院关于适用〈中华人民共和国婚姻法〉若干问题的解释（三）》［以下简称解释（三）］颁布实施。其中第 7 条规定："婚后由一方父母出资为子女购买的不动产，产权登记在出资人子女名下的……视为只对自己子女一方的赠与，该不动产应认定为夫妻一方的个人

---

* 尹旦萍，中南民族大学马克思主义学院教授。

财产。"

此规定如一枚重磅炸弹,在全社会引起了轩然大波。凤凰网推出了题为"男人获利多　女人伤不起"的解读专刊①,网易则直接以"让女人不高兴"为题,对解释(三)第 7 条进行了解读②。这些解读高度一致地达成了以下共识:男方买房、女方置办嫁妆是中国约定俗成的婚姻文化。按照解释(三),丈夫更有可能成为房产的所有者,妻子则可能丧失了以自己名字登记买房的机会成本;一旦离婚,妻子将面临"被扫地出门"的遭遇。因此,他们强烈反对解释(三)有关房产的规定。

从字面上理解,解释(三)中涉及性别的"子女""夫妻"等语词是并列表达,没有价值排序之分。根据解释(三),婚后女方父母出资为女儿购买的不动产,产权登记在女儿一方的,离婚时该不动产同样判归妻子一方。也就是说,解释(三)是基于男女平等的理念进行司法解释的。

由此可见,解释(三)所激起的强烈反响,实质是围绕着对女性到底是需要平等对待还是差异对待这一问题而展开,即是一场关于平等与差异的论争。平等与差异既是永恒的女性主义理论问题,也是与女性日常生活和生命事件息息相关的实践问题。本文试图从女性主义理论的发展以及解释(三)颁布实施两年多的实践两方面,对解释(三)涉及的性别问题进行再探讨。

二　平等还是差异:　女性主义内部的争论

女性主义是一种源于欧美的重要思潮,其要旨是基于两性不平等的事实,要求女性获得与男性平等的权利,推动女性更好地发展。200 多年间,基于不同的制度背景和性别格局,女性主义掀起了两次浪潮。由于在女性受压迫的原因以及性别平等的出路上出现了分歧,女性主义内部又分化出了平等派与差异派。

---

① 李惠:《婚姻法新解:男人获利多　女人伤不起》,http://fashion. ifeng. com/emotion/topic/detail __2011 __08/15/8409971 __0. shtml。

② 孙瑞灼:《婚姻法解释三:让女性不高兴》,http://lady. 163. com/special/sense/shiping49. html。

（一）平等派的主张

在女性主义开始崛起的 18 世纪末，鉴于女性没有被赋予与男性平等的社会权利的制度背景，女性主义者们奋起向不平等的社会制度宣战，提出了男女平权的诉求，从而掀起了女性主义的第一次浪潮。在第一次浪潮期间，争取女性与男性平等的、作为人的权利是女性主义的根本使命。女性主义者以启蒙时代的理性主义为理论依据，要求社会认可女性与男性同样的理性和"人"的身份，如玛丽·沃尔斯通克拉夫特（Mary Wollstonecraft）说："我将把妇女当作高贵的人来考虑，她们和男人一样，是被安置在这个世界上来表现她们的才能的。"[1] 此时期的女性主义者都赞成一个基本信条："坚信女人拥有和男人一样的灵魂和理智；换句话说，在本体论上，女人与男人是完全相同的。"在"女人是与男人一样的人"的理论基础上，女性主义者以天赋人权的时代精神为武器，提出男女平权的要求。美国女权运动的先驱领袖之一伊丽莎白·斯坦顿（Elizabeth Cady Stanton）在起草的《感性宣言》中，逐字逐句模仿美国《独立宣言》的句式，宣称女性与男性一样，具有不可剥夺的生命、自由和对幸福的追求的天赋权利[2]。

在此后的一个多世纪中，平等一直是女性主义理论和运动的基调，早期的贝蒂·弗里丹（Betty Friedan）、苏珊·奥金（Susan Okin）都是平等派的坚定倡导者。在男女平权的疾呼下，女性主义者们猛烈地向既有社会制度开战，要求社会确认女性与男性平等的社会权利。1920 年，美国国会通过了宪法第 19 号修正案，规定"合众国公民的选举权，不得因性别而被合众国或任何一州加以剥夺或限制"，美国女性的选举权终于被确认。通过一系列的行动抗争，到 20 世纪二三十年代，欧美国家基本上以法律的形式赋予了女性在教育、政治、法律等方面与男性平等的权利。

（二）差异派的观点

到了 20 世纪 50 年代，尽管女性的社会权利获得了制度保障，但女性在

---

[1] 〔美〕玛丽·沃尔斯通克拉夫特：《女权辩护》，商务印书馆，1995，第 5 页。
[2] 〔英〕约瑟夫·多诺万：《女权主义的知识分子传统》，赵育春译，江苏人民出版社，2003，第 9 - 12 页。

性别关系中仍然处于弱势地位,男女平等并未真正实现。于是,女性主义者们开始反思平等派的理论主张及行动策略。受当时美国的民权运动、青年运动和反战运动的影响,女权主义者们对两性不平等的原因及女性解放的路径进行了重新思考,提出了重视性别差异的主张,从而掀起了第二次女性主义浪潮。

生理性别差异是部分女性主义者如舒拉米斯·费尔斯通(Shulamith Firestone)和露丝·伊里加蕾(Luce Irigaray)等激进女性主义者建构其理论的根基,她们认为两性生理上存在的客观差异是导致妇女屈从地位的根源,因而主张通过消除生理差异[1],或高度评价妇女的生理特征[2],来实现女性解放。

社会性别(gender)差异则成为更多女性主义者建构理论的基石。西蒙娜·德·波伏娃(Simone de Beauvoir)提出了"女人并不是生就的,而宁可说是逐渐形成的"[3]著名论断,将妇女沦为"第二性"和他者身份的矛头直指男权制文明;琼·W.斯科特(Joan W. Scott)则提出了"社会性别"这一表示权力关系的分析范畴[4]。至此,在女性受压迫的根源上,这些女性主义者们共同指向了社会性别差异。基于这种分析,女性主义者们提出了女性解放的理论目标是解构社会性别差异,实践出路是给予女性特殊保护,"社会不仅应该为妇女过去所受的不公正待遇给她们以补偿,而且要清除阻碍今天妇女进步的社会经济及法律障碍"[5]。在通过特殊对待实现两性平等的理念下,联合国以国际公约的形式要求给予妇女特殊保护,如1951年通过的《男女工人同工同酬公约》,1952年通过的《妇女政治权利公约》,1955年通过的《产期保护公约》,1979年通过的《消除对妇女一切形式歧视公约》,这些公约有效地改善了女性的不利处境。

---

[1] Shulamith Firestone, *The Dialectic of Sex: The Case for Feminist Revolution*, New York: Willian Morrow and Company Inc, 1971, pp. 8 – 14.

[2] Luce Irigaray, *This Sex Which is Not One*, New York: Cornell University Press, 1985, pp. 23 – 33.

[3] 〔法〕西蒙娜·德·波伏娃:《第二性》,陶铁柱译,中国书籍出版社,1998,第309页。

[4] Joan W. Scott, "Gender: A Useful Category of Historical Analysis," *The American Historical Review*, 1986, 91 (5), pp. 1053 – 1075.

[5] 〔美〕罗斯玛丽·童:《女性主义思潮导论》,艾晓明等译,华中师范大学出版社,2002,第42页。

（三）性别公正：在平等与差异之上

女性到底应当被平等对待，还是被特殊对待？由于理论的分歧，女性主义一度陷入困境，"如果妇女作为一个群体被允许拥有特殊优惠，你就会让这个群体遭受它是低等群体的指责。但是，如果你否认所有的差异，正如妇女运动经常所做的那样，你就使注意力偏离了那些困扰妇女的不利条件"①。但出于女性主义理论自身发展的需要，女性主义者们从两派的分野中发掘了握手言和的可能，如艾莉森·贾格尔（Alison Jaggar）强调两派在目标上的一致性，"两者对于女权主义的终极目标并无异议，都是让女人在某方面同男人一样，无论这一样被解释成同样的待遇还是同样的机会"②。在这一共同目标下，琼·斯科特认为，平等与差异不是对立的，而是互为预设、互为蕴含的③；露丝·伊里加蕾也明确指出，妇女要达到的是差异中的平等④。这样，平等与差异的对立与紧张在女性主义理论发展的现实需要中逐渐消解。

而在新的理论建构上，社会正义论给予了女性主义者们极大的启发，特别是罗尔斯的正义原则"社会的和经济的不平等必须符合最不利者的最大利益"⑤，与女性主义为处于不利地位的女性争取最大利益的理想不谋而合，于是女性主义者们借用社会公正的概念，用性别公正来整合平等与差异这一对矛盾的统一体，"只有把蒙在公正头上的布全揭掉，允许她看到人类个体的全部特殊性，采取必要的区别对待，以同等对待真正相同的事例，区别对待真正不同的事例，我们才能使公正达到完全的平等"⑥。性别公正体现在制度设计上，就是在男女平等的基本原则下，尊重两性差异并对女性进行特殊保护。于是，追求平等、尊重差异的性别公正成为西方女性主

---

① John Leo. Are Women "Male Clones", *Time*, 1986, Aug., 18 (64).
② 王政、杜芳琴：《社会性别研究选译》，生活·读书·新知三联书店，1998，第206页。
③ 〔美〕史蒂文·塞德曼：《后现代转向：社会理论的新视角》，吴世雄等译，辽宁教育出版社，2001，第27页。
④ 刘岩：《女性主义、性别化权利与性别差异的伦理学：露丝·伊里加蕾访谈录》，《外国文学研究》2010年第3期。
⑤ 〔美〕约翰·罗尔斯：《正义论》，何怀宏译，中国社会科学出版社，1988，第196页。
⑥ 王政、杜芳琴：《社会性别研究选译》，生活·读书·新知三联书店，1998，第209页。

义理论发展的新阶段，也是指导当今西方女性主义运动的基本理念。

从西方女性主义理论发展的历程可见，追求平等是女性主义第一次浪潮的主旋律，平等派针对当时女性没有被赋予与男性平等的社会权利的情状，发出男女平权的呐喊。强调差异是女性主义第二次浪潮的基调，差异派针对女性无法真正实现法律赋予的与男性平等的社会权利的情形，提出给予女性特殊对待的要求。究其实质，两派的最终目标都指向男女平等，其中，平等派倚重形式平等，差异派偏向实质平等。在新的现实背景和理论背景下，平等派与差异派互为补充，相得益彰，在性别公正的新麾下，共同为女性解放提供理论支持和精神指引。

三　平等面纱下的女性遭遇： 解释（三）的司法实践

如前所述，解释（三）第 7 条是基于男女平等、性别中立的理念进行司法解释的。解释（三）自 2011 年 8 月颁布实施已三年多时间。仅以 2012 年为例，中国共有 310.4 万对夫妻办理离婚手续①，而绝大多数离婚都涉及房产的分割。因此，解释（三）第 7 条涉及的是一个极其庞大的女性群体。那么，在解释（三）第 7 条的司法实践中，它是否真正体现了男女平等原则？对女性会产生什么样的影响呢？

（一）北京首例妻子要求房产证加名案

2011 年 12 月，北京一法院审理了解释（三）出台后首例妻子要求房产证加名的案件。荆某（女）与李某（男）于 2006 年 8 月登记结婚，2007 年 1 月，由李某母亲支付首付，按揭购买了一套经济适用房，按揭款由夫妻二人共同承担。由于涉案房屋只能由持北京户口的人购买，而当时只有李某有北京户口，因此办理产权时登记的是丈夫李某的名字。解释（三）出台

① 民政部：《2012 年社会服务发展统计公报》，http：//www.gov.cn/gzdt/2012 - 06/21/content __ 2166922. htm。

后，荆某为了维护合法权益，要求在产权证上加上自己的名字，遭到男方拒绝。荆某遂起诉至法院，请求确认自己对房屋的共有产权。法院审理后认为，虽然涉案房屋是荆某和李某在婚姻关系存续期间购买，但购房首付款系李某的母亲支付，且产权登记在李某名下，根据解释（三）第7条的规定，法院判定该房产为李某父母对李某一方的赠与，属于李某的个人财产，原告荆某的请求被否决①。此案中，荆某在婚姻关系存续期间确认共同产权的努力折射出解释（三）第7条对已婚妇女造成的心理恐慌可见一斑。夫妻间在房产上经历一场官司，对婚姻无疑是一次重创。在女方的诉讼请求被驳回后，男方马上就提出了离婚诉讼。其后的离婚财产分割情形不得而知，但可以进行合理推断的是，法院即便为了保持前后判案的一致性，也会将此房产作为李某的个人财产进行分判。至于荆某如何得到5年中共同支付的按揭补偿，解释（三）并没有明确的表述。荆某付出了以自己名义购房的高昂的机会成本（5年间北京房价飞涨），以及离婚后居无定所、在再婚市场上"贬值"的潜在危险，却是确定无疑的。

（二）"出户"的离异女

2011年上半年，武汉市某区人民法院受理涉婚后夫妻一方父母出资购房的离婚案共139件，法院均按共同财产进行分配，其中判归男方的78例，占56%；判归女方的61例，占44%，对放弃房屋一方按照房屋的市价进行了补偿。而在2012年上半年，该法院受理同类离婚案例共117件，根据解释（三）第7条，房产判归男方的86例，占74%；判归女方的31例，占26%，女性分割获得房产的比例明显低于男性。

在这些房产判归男方的案卷中，有73例，即85%的女方提出了共同分割房产的请求，理由大致分为3类：一是按照双方约定，由男方购房，女方承担房屋装修以及家电等项支出；二是女方父母也有明确的购房意愿，但在男方的慷慨允诺下放弃了以女儿名义买房，转而以嫁妆的形式给予了新家庭钱物；三是女方父母虽然没有出资购房，但通过各种渠道补贴婚后按

---

① 王春霞：《密切关注〈婚姻法〉司法解释三对妇女权益的影响》，《中国妇女报》2012年2月2日。

揭的女儿女婿的生活。以上这些情形是长期沿袭并约定俗成的男方置办房屋、女方负责其他支出的婚姻文化的反映，但由于近年来房屋价格飞涨，而货币却不断贬值，其他物资折旧后的价值也严重缩水。按照解释（三）第7条，出资购买其他生活用品的女方父母的财产权得不到与出资购房的男方父母同等的保护。

这种披着平等面纱的法律解释对婚姻幸福的女性来说不会产生太大的影响，然而对于婚姻不满意的女性来说，在"丈夫成为房东"的情况下，只有两条出路。一是为有房可住而忍受不幸的婚姻。在与29位婚后由男方父母出资购房的女性访谈时，其中20位女性表示，在解释（三）的隐形压力下，她们不得不在婚姻生活中妥协；19位女性表示她们不敢轻易作出离婚抉择。二是以"扫地出门"为代价，摆脱不幸的婚姻。在与17位被判"出户"的离异女访谈中发现，她们几乎都面临着难以用房屋补偿款以自己名义购房的无奈结局，她们中有的选择了降低生活品质的租房居住方式，有的选择了与"有房男"再婚，再次走入"丈夫是房东"的婚姻，有的则选择了回娘家居住。

由此可见，秉持男女平等、性别中立立场的解释（三）在司法实践中，是以损害女方财产权为代价来实现对男方财产权的保护的，它以形式上的男女平等导致了实质上的男女不平等。

四　社会性别意识：立法者必须具备的基本常识

从解释（三）有关房产的规定及其司法实践来看，解释（三）的制定者显然是站在平等派一边，注重形式平等，忽略实质平等，试图以"性别中立"的法律解释实现平等。

形式平等强调在法律权利和义务上给以相同的对待，禁止有差别待遇的歧视性对待。实质平等是结果的平等，这是一种理想状态的平等。形式平等是实质平等的必要条件，但不是充分条件。由于特定公民在经济、社会、文化等方面与其他人群存在着客观差异，如果仅依据形式平等，会导致这部分公民实质上的不平等，因而需要采取适当的区别对待的方式和措施，缩小由于形式平等造成的差距，实现实质平等。因此，完备的法律制度既要强调形式的平等，又要注重实质的平等。现代国家的立法承认公民在法律面前一律平等的同时，又要考虑到特定群体的差异，对处于不利情境中的对象进行特殊照顾，这已成为普适性的现代立法理念。这一立法理念与追求平等、尊重差异的性别公正理念不约而同。

总体上看，在当代中国妇女已经制度性地取得了政治、经济、文化等社会权利，也就是基本完成了平等派所要求的权利使命。但是，男性与女性在事实上仍然存在着较大的差距。根据第三期中国妇女社会地位调查数据，在 18 岁及以上的任何年龄段，女性受教育年限均低于同龄段男性0.3 - 1.5 年；城镇女性在业率低于城镇男性20% 以上，农村女性在业率低于农村男性 15% 以上，且城乡在业女性的年均劳动收入仅为男性的 67.3% 和 56.0%；女性拥有存款、房产的比例分别低于男性 8.9% 和 29.2%①。可见，男女形式上的平等并未带来实质上的平等。

正是由于女性在事实上处于劣势，中国绝大多数与女性有关的法律在男女平等的基本原则下，对女性进行特殊保护。例如，《妇女权益保障法》总则明确提出"国家保护妇女依法享有的特殊权益"，《劳动者权益保护法》对女性特殊保护进行了更为详细的规定，《选举法》特别强调规定："全国人民代表大会和地方各级人民代表大会的代表中，应当有适当数量的妇女代表，并逐步提高妇女代表的比例。"《婚姻法》及其司法解释是与女性生命、生活息息相关的法律，尤其应该考虑中国当下社会背景下妇女的特殊处境，在男女平等的原则下对女性的权益加以特别的保护。这不仅是《婚姻法》及其司法解释与其他法律相配套的法律需要，也是实现性别公正的现实需要。

解释（三）对妇女特殊权益的漠视，反映了制定者社会性别意识的缺失。1995 年北京世界妇女大会通过的《行动纲领》提出了社会性别主流化的倡议，即将性别观点纳入所有公共政策和法律的决策主流的主张，它要

---

① 第三期中国妇女社会地位调查课题组：《第三期中国妇女社会地位调查主要数据报告》，《妇女研究论丛》2011 年第 6 期。

求评估所有立法、政策、方案对男女双方的不同含义，从而使男女双方受益均等，不再有不平等发生。中国政府是承诺社会性别意识主流化的 49 个国家之一。十几年过去了，欧美等发达国家在社会性别主流化方面取得了实质性的进展①，而解释（三）说明，社会性别意识并没有被纳入中国法律的决策主流，社会性别主流化在中国仍然没有实质的进展。为了兑现国际承诺，推进女性的发展，推动男女平等基本国策，中国政府面临的首要任务是对决策者进行社会性别及其主流化的宣传和教育。

对决策者进行社会性别的培训，最有效的途径是男女平等基本国策、社会性别意识等课程进入各级党校及干部培训学校的课堂，通过有规制的课堂教学，提高决策者的社会性别意识，促进他们将社会性别纳入决策主流。同时，还需要建立社会性别评估制度，即对所有立法、政策和项目对两性的影响进行科学评估，避免损害女性权益的法律、政策或方案出台。

---

① Bacchi, Carol Lee., *Mainstreaming Politics: Gendering Practices and Feminist Theory*, Adelaide: University of Adelaide Press, 2010.

社会性别视角下的 "单独二孩" 政策分析[*]

◎李桂燕[**]

摘　要："单独二孩"新政是中国计划生育政策的一个转折性调整，无论从国家、社会和家庭方面都有意义。但从社会性别视角来看，新政出台后若不配套一系列的措施，特别是针对女性的一些促进措施，在一定程度上可能会使职业妇女不得不由公领域再次向私领域回归，家庭利益最大化掩盖下的性别关系不公正将再次呈现出来。劳动力市场和家庭的相互作用不仅会加剧家庭内部的不平等分工，扩大两性社会地位的不平等，而且还会促使用人单位进一步抬高女性进入职场的门槛。第二个孩子的出生在一定程度上可能也会增加隔代家庭中女性老人的负担。

关键词：社会性别　单独二孩　公共政策

一　研究背景与问题提出

十八届三中全会通过的《中共中央关于全面深化改革若干重大问题的

---

* 本文是山东省高等教育学会课题"社会性别视角下社会工作专业实践教学研究"（课题编号：YBKT2011029）的阶段性成果。
** 李桂燕，山东女子学院社会与法学院副教授。

决定》提出，坚持计划生育的基本国策，启动实施一方是独生子女的夫妇可生育两个孩子的政策，逐步调整完善生育政策，促进人口长期均衡发展。对于启动"单独二孩"新政的意义，国家卫生和计划生育委员会总结出3个"有利于"：有利于保持合理的劳动力规模，延缓人口老龄化速度，促进经济持续健康发展，为实现中华民族伟大复兴的"中国梦"，创造良好的人口环境；有利于逐步实现国家政策与群众意愿的统一，提升家庭抵御风险的能力，增强家庭养老照料功能，促进家庭幸福与社会和谐；有利于稳定适度低生育水平，促进人口长期均衡发展，促进人口与经济、社会、资源、环境的协调和可持续发展①。

新政出台后，媒体和舆论几乎一边倒地将讨论重点放在"生"还是"不生"上，放在怎样结合实际"因时、因地、因家庭"放开政策上。媒体和舆论都在论述新政的意义以及预测新政实施后可能带来的经济和社会发展变化。一些大型网站和国家卫生和计划生育委员会等相关主管部门做了大量社会调查。中国网调查称超六成网友想生二胎，放弃多因"养不起"②。2013年11月18日，《人民日报》联合人民网强国论坛与《人民日报》法人微博，对"单独家庭"做了一项生育意愿的调查——40岁左右人群想"抢生"。专家认为，生育意愿与实际行动有差距，不会出现婴儿潮③。新浪博客转发调查：二胎，您想要吗？调查报告称大约78%的人暗示愿意生二胎，20%的人不肯生二胎④。在南昌街头随机调查对"单独二孩"的看法，结果显示，40人中17人盼生二胎⑤。

在议论中，个别媒体关注到承担生育使命的主体妇女。中国妇女研究网2013年11月25日发表文章，从企业人力资本的角度提及了二胎与女性的关系⑥。

---

① 《二胎新政，人性决策的一大步》，百度文库，http://wenku.baidu.com/view/d2cf2d18ee06eff9aef8073d.html? qq - pf - to = pcqq.c2c。
② 《中国网调查称超六成网友想生二胎 放弃多因"养不起"》，http://news.china.com.cn/shehui/2013 - 08/05/content __29621148.htm。
③ http://epaper.jwb.com.cn/jwb/html/2013 - 11/19/content __1037415.htm.
④ http://blog.sina.com.cn/s/blog __5980ec070102e4iw.html.
⑤ http://www.huaxia.com/jx - tw/zjjx/jrjx/2013/11/3625160.html.
⑥ 《单独二孩与女性：选择"再升"还是"再生"》，中国妇女研究网学术图片新闻，http://www.wsic.ac.cn/academicnews/84749.htm。

二　访谈分析

2013 年 12 月到 2014 年 1 月，笔者先后在城乡对 10 个符合二孩生育新政的家庭进行访谈，了解夫妻双方以及家庭老人对生二孩的看法。被访家庭的年收入从 3 万元到 200 万元，一孩有男孩也有女孩。夫妻年龄都在33 - 37 岁。本访谈侧重于新政出台后两性的不同表现，进而分析新政对女性的影响。

（一）　生育权利上的性别博弈

生育权利是指所有夫妇和个人均享有自由、负责地决定生育次数、生育间隔和时间，并获得这样做的信息和方法的基本权利以及实现性和生殖健康方面最高标准的权利①。

　　LJ：男，事业单位员工，34 岁，独生子。妻子也是事业单位员工。现有一个 4 岁的女儿，上幼儿园。女儿一直是公婆出钱找保姆照看，因为当时公婆都没有退休。LJ 是独生子，在父母抱孙子的期待下，一直鼓动妻子生二胎。妻子一开始动摇，考虑生，但后来和公婆商量的结果是，公婆还是不给看孩子，而是出钱找保姆。就是这一点，让 LJ 的妻子更加坚定地不生二胎。LJ 对妻子说："生吧！孩子的爷爷一辈子做官，在官场上可以说是呼风唤雨。唯一的遗憾、唯一抬不起头来的事情是别的同辈人无意或者有意地在他面前说孙子的事情。每每这个时候，孩子的爷爷觉得特没有面子。"妻子说："我要活命，生第一个孩子的痛苦对我来说是一辈子都不会忘记的。怀孕不是很麻烦，这个年龄怀孕也很容易，生下来也不是很困难，但是艰难的照看过程太漫长，老大要嚷嚷着写作业，老二还要换尿布。昼夜颠倒的生活，巨大的生活压力，公婆指望不上，自己的爸妈不可能指望，丈夫四体不勤，只

---

① 李宏规：《生育权利和义务问题》，《人口研究》2003 年第 1 期。

有自己，什么事情都是自己。孩子现在好不容易上了幼儿园，我刚刚要解放，现在再来一个。照看第一胎累得得了鼻炎，现在到外面空气一脏就难受得要命。要是第二个孩子公婆能全力去看，那还可以考虑。要是公婆对孩子的照看还是和第一胎一样的话，那打死我也不会生的。"

GCL：男，私企上班，会计主管，32岁，现在有一个3岁的儿子，妻子是"单独"，目前是全职主妇。GCL说："一直想再生一个女孩。要是儿女双全最好，我们再生一个就放回老家养着。"妻子是坚决不生。妻子说："给我多少钱我也不生。我自己带着孩子，很多时候我都吃不上饭。再要一个？自己给自己找罪受。将孩子送回老家养着？说得简单，哪个当妈的能狠心将孩子寄养在老家的农村！"妻子和公婆的关系非常僵，几乎是仇敌的状态，所以妻子是坚决不要，但GCL是铁了心想要。于是在生还是不生的问题上，两人一直在僵持着。同时两家的老人也是意见不统一。男方的老人和媳妇关系不好，在照看第一个孩子的时候发生了太多的不愉快，两个老人都不希望再要。但是女方的老人坚决想让女儿再生一个，但还是没有做通女儿的工作。

在生育权利上，访谈中的男女两性更多看重的是自己的利益。男人从自己的需要出发希望能生一个。但是男人光想生，并没有想替妻子分担照顾的责任。男人觉得子孙多了，家业兴旺，家族势力壮大。而在快节奏的社会压力下，在生育权利这个问题上，女人主体意识开始增强，认识到生育是自己的权利，女人不只是一个生育的机器或者传宗接代的工具。虽然生育的主体意识明显提高，但很多访谈的女性说得最多的一句话是"我才不愿意给他们家生二胎呢"，可以看出表面上的生育主体意识还打着潜意识的父权思想烙印。

（二）生育意愿上的性别差异

学界比较认可的定义是，生育意愿是指人们关于生育行为的态度和方法，包括有关生育目的（即为什么要生育子女）、数量（即理想子女数）及子女性别（即希望生育什么性别的子女）的看法。人们的生育意愿并不是一成不变的，其变化受到社会多种因素的影响①，特别是在生育子女的性别以及生育子女的数量方面，受访两性表现出明显的性别差异。

　　ZHR：男，个体企业主。夫妻共同创业，年薪100万元以上。妻子是"单独"。第一个孩子是男孩，7岁，一年级。已经偷着生了第二个孩子，也是儿子，孩子户口落到了外省。目前，表面上看还符合"单独二孩"政策。问及新政出台后的反应，他说："继续生，非常盼望继续生个男孩。我自己就是兄弟3个，现在有兄弟3个的很少了，同时我也希望自己的孩子也是兄弟3个。男孩不怕多，有这么多的家产，儿子多了，可以创设家族企业。要是女儿，最终还是外人的，非但不能帮自己创业，而且女婿还不劳而获地分享自己的创业成果。儿子越多越好，我已经做好了各项准备。现在烟酒都戒掉了，正在为造人而努力。万事俱备，只欠东风。"妻子虽然也想生，但她还是有一些顾虑的。她希望生个女儿。她说："生老二的时候，就希望有一个女儿，女儿是妈妈的贴心小棉袄啊！到时候要是再生1个，万一还是儿子，那这辈子就不会有女儿的命了。老了的时候，最凄惨的是落到3个儿媳妇的手中，无人问冷暖。还是有一个女儿比较好。万一3个儿子因为家产分配不公打起来，有时候给孩子留很多钱不一定是好事。3个儿子光争夺家产，无人养老那将是最可悲的。"

　　DZH：女，学校教师，35岁。一胎是女儿，7岁，一年级。丈夫是"单独"。"我一般会再生的。我和我对象正好相反，我丈夫希望能生一个男孩，但是我喜欢女孩。我不希望生男孩，虽然我自己也知道儿女双全最好。不希望生男孩不是因为自己性别观念多平等，也不是因为男孩以后要买房、买车，家庭经济负担不起，而是我觉得自己教育不了男孩，男孩子太顽皮。因为现在社会竞争压力太大，培养成一个精品比培养无数个废品要重要无数倍。我觉得我快40岁了，我更年期和他的青春期相遇的时候，我会不知所措，压力太大。"

---

① 佟新：《人口社会学》，北京大学出版社，2003，第74-75页。

在生育意愿方面，访谈中看到明显的性别差异。男性更多地将生育看作光宗耀祖的事情，将再生一个男孩看得很重要。特别是第一胎是女孩的，几乎都想方设法去生男孩，但是女性并没有表现出那么强烈的性别选择倾向。

三　"单独二孩"政策实施后两性地位可能发生的隐性变化

"单独二孩"政策的实施，对于两性的生活都有一定的影响是无疑的。但因为承担生育责任的主体是女性，所以对女性的影响要比对男性的影响大，特别是将会直接影响到女性在劳动力市场的发展。同时由于中国目前的孩子照料工作主要是由女性来承担，儿童的抚育工作主要由个体家庭来完成，所以除了对孩子的母亲在劳动力市场上有影响外，对隔代的老人，特别是女性老人的生活也会带来直接的影响。

（一）可能引起职业妇女由公领域再次向私领域回归

恩格斯说过，妇女解放的第一个先决条件就是让女性重新回到公共的劳动中去，而要达到这一点，就要求个体家庭不再成为社会的经济单位[1]。"而这只有依靠现代大工业才能办到。现代大工业不仅容许大量的妇女劳动，而且是真正要求这样的劳动，并且它还越来越要求把私人的家务劳动融化在公共事业中。"[2] 在原"一胎"政策下，有些女性为了照顾孩子，毅然辞职做家庭主妇。而"单独二孩"政策的施行，可能让本有可能从家庭中再次走进劳动力市场的机会变得更微乎其微，非但如此，还有可能引发小部分女性回归家庭私领域的小高潮。

在性别劳动分工中，女人总是处于被支配的地位，男人通过一系列等级组织和控制技巧将女人控制在家庭中或者是将女性配置在分工的底层。

---

[1]　李银河编《妇女：最漫长的革命》，中国妇女出版社，2007，第11页。
[2]　李银河编《妇女：最漫长的革命》，中国妇女出版社，2007，第11页。

ZR：女，32 岁，本科毕业，原来在一个民办高校任英语老师。孩子现在 8 岁，二年级。孩子出生后她毅然辞掉工作做家庭主妇。谈及自己的家庭地位时，她一脸的失望："还是工作好。想当初自己在高校当教师，不管是正式的还是聘任的，至少看起来有一份体面的工作。至少在丈夫看来，你是有地位的人。不管自己的工资够不够维持一家人的开支，但至少自己是挣钱的，是有谋生能力的。此生最后悔的事情是做了辞职的举动。现在每天变着花样给孩子做饭，报各种辅导班，每天累得一点儿自由的时间都没有，感觉整个人就几乎完全跟社会脱节了。丈夫是个律师事务所的合作人，现在丈夫很鄙视自己，他从来不带孩子，孩子俨然是在单亲家庭中长大的，从来没有接送过孩子，从来没有给孩子辅导过一次作业，他从来没有参加过家长会。正因为从来没有做过家务，没有带过孩子，所以根本不知道家庭主妇的辛酸。要是自己抱怨一下工作的辛苦，立刻会招来丈夫的讥笑："就是在家里做做饭，接接孩子，有什么累的啊！无病呻吟！再累也比不过男人，每天有那么多的应酬，容易吗！"现在婆婆吵着要二胎，但是 ZR 觉得自己快累死了，虽然符合政策，但是生二胎的欲望几乎被无休止的家务劳动和不被老公认可的价值贬损所湮没了，而且要是真的生了二胎，这一辈子就真的搭在孩子堆里了。现在她想等孩子小学适应后，自己找个单位去上班，ZR 认为要是生了第二个，一辈子将永无翻身之日。

（二）可能产生在家庭利益最大化掩盖下的性别关系不公正

人是理性的行动者，个体间的交往以利益最大化为原则。夫妻关系也是一种交换关系，各自占有一定的资源以满足对方的需求。丈夫因为掌握着更多的经济资源，妻子不得不承担较多的家务以补偿丈夫提供的经济利益，并认为这样的分工公平合理①。当将家庭视为基本生存单位时，家庭利

---

① 佟新：《社会性别研究导论》（第二版），北京大学出版社，2011，第 191 页。

益最大化掩盖的是性别利益的不公平。父权制的意识形态强调男女的不同分工模式，特别是在生育和家庭照顾方面。父权制利用男女生理分工的不同，将这种生理的分工过度差异化，从而让女性自愿和自觉地回归家庭做无报酬同时无休止的家务劳动。结果是家庭和劳动力市场的相互作用不仅加剧了家庭内部的不平等分工，而且还扩大了两性社会地位的不平等。

> HXM：女，34 岁，一胎是女孩，6 岁，一年级，后偷生二胎，现为家庭主妇。"因为单位效益不好，工资不高，想自己创业就辞职了。在犹豫生不生二胎的状况下没想到怀孕了，现在每天焦虑。老大一年级，现在因为两个孩子而焦头烂额。当初丈夫许诺生二胎后要承担多半的家务，现在丈夫非但将自己的承诺抛到脑后，还每天抱怨我在家里不挣钱，还那么大手大脚地花钱。"丈夫总是以她不挣钱为理由而呵斥她。HXM 生气的时候，会和丈夫理论，自己生了两个孩子，功劳是最大的，要是惹火了自己，哪天抱着小儿子领着大女儿离家出走。虽然 HXM 有时候很委屈，很无奈，但是每每看到躺在床上可爱的小儿子，再大的委屈也都忘记了。

（三）转嫁给女性老人的家庭照料负担

朱丽叶·米切尔（Juliet Mitchell）在《妇女：最漫长的革命》中指出，妇女受压迫的机制可以概括为四大类：生产、生育、性和儿童的社会化。只有改变紧密结合在一起的上述四大结构，妇女才能真正获得解放。如果改变其中的一个结构，则会被另一个结构的加强抵消掉，结果只是改变了剥削的形式[①]。目前中国的养老和儿童抚育工作主要由个体家庭来负担，而个体家庭又会将养育的负担转嫁给女人。要是孩子的父母都上班，那家庭照料的责任就会由老人来承担，或者由相应的家政服务部门的女性来承担。这对于女性老人的生活质量又是一个挑战。

---

① 李银河编《妇女：最漫长的革命》，中国妇女出版社，2007，第 1 - 23 页。

　　ZGZ：女，63 岁，两个儿子，目前只有孙女，没有孙子。小儿子符合生二胎政策。要是小儿子不再生孙子，他们家族至少在他们家这一支上就断了。在小儿子生二胎的事情上，老人和老伴特别开明，两位商量好了，要是生了让他们带，他们就去带孩子；要是不生，那更好不过。什么孙子孙女，现在的社会，无所谓了。生了孙子就是名义上一时开心。村里不光是这一家不再抱孙子心切，整个村子几乎很少有为了家族的香火而不停地生孩子的人，也很少有老人光看孙子不看孙女，或者不看外孙的了。哪个孩子需要帮助给哪个孩子帮助，在同等条件下虽然优先考虑男孩，但是女儿也能养老，而且现在村里女儿养老的比儿子还多。

四　生与不生的纠结

　　在二胎这个事情上，虽然生和不生的战斗仍在持续，但是生与不生的纠结点最根本的还是公共政策的制约力量。2014 年 5 月 30 日山东省正式放开"单独二孩"政策。对这些夫妇再次进行访谈发现，生与不生的纠结最终还是要看公共政策的保障作用。

　　前面的个案 LJ，一直盼望能生二胎，而且做足了准备。男方全家动员妻子生二胎。当问及 LJ 的妈妈的时候，她说："我们那个时候也没有婆婆给我带孩子，孩子就自己长大了。所以我也没有看孩子的经验，自己也 60 多岁了，好歹熬到退休应该歇歇了，虽然很希望能抱孙子，但是想到要给儿子看第二个，就头疼。生第一个的时候自己没有退休，可以支付保姆费用。以前集体大锅饭的时候真好，可以带着孩子去上班。单位妈妈们都带着自己的孩子上班，有时候干脆一个车间找一个看孩子的，所有孩子集中到单位的托儿所，孩子在集体中长得更快。孩子们小的有 3 个月的，大的有五六岁的，大的看小的，很开心。那个时候哪有保姆啊！我们结婚早，生孩子也不当回事，抱到单位托儿所就完事，中间去喂奶一次。有时候忙，忘记喂奶，别的同事还给自己的孩子喂奶，想想真值得回忆啊！那个时候单位虽然工资少，但是生活成本低。我上班的时候，孩子也就三四个月，孩子也在不知不觉中跟着单位长大了。现在单位效益好了，工资多了，托儿所都砍掉了，孩子都各回各家各找各妈了。妈妈们都有工作，生个孩子，几乎全部的责任都在妈妈身上。现代社会竞争压力太大，年轻妈妈们也不愿意太落后。年轻人的压力太大，一对夫妇看两个孩子真的是很难。年轻爸爸们更没有精力看孩子，也难怪年轻妈妈们不愿意生。要是能有一个我们那个时候的政策，单位给免费照看孩子，那就好了。"

在婆家人的狂轰滥炸下，最终 LJ 妻子摊牌，要是生就要离婚。当问及在什么条件下就愿意生的时候，妻子说："有人给我看护！现在二孩生很容易，像我们的单位，二孩的产假是一孩的一半。一孩的时候 5 个月，要是鼓励二孩生育，就应该相应地二孩的产假是一孩的两倍，而且什么时候男人也能放假就好了。二孩妈妈们产假一年，一年后男性要是也有一年的假期就好了。这样孩子最缠人的 2 岁期就很快过去了。往往是男人根本从骨子里不想看孩子，光想生，这是最要命的。女人的使命不光是生孩子。什么时候孩子们真的是祖国的花朵，祖国的花朵是需要祖国出力去培养的，要是真的祖国给抚养，那就好了。而且要是祖国养育，就要将 3 岁或者是几岁以下的小孩，无论性别、民族、单位都要均衡地养育。要是这样的话，估计我们符合政策的这些人都会乐此不疲地生。"

公共政策指的是政府等公共部门对公众利益和公众行为的规制和分配的措施。当社会一味地追求高效率的时候，势必会在一定程度上忽略公平，而女性这一群体往往会成为无意被忽视的群体，特别是针对幼儿的托管服务政策，"单独二孩"的出生使托幼的公共政策再次成为焦点。

五　结语

"单独二孩"新政的出台是顺应民心、符合国情的，有利于中国经济的发展，有利于人口的健康持续发展。对于延缓中国社会老龄化进程，推进中国人口可持续健康发展，缓解居高不下的出生性别比，解决独生子女情感心理问题等都有积极意义。但是一个政策的调整需要一系列配套措施出台。北京大学人口所教授穆光宗认为，光放开二胎还不够，应鼓励生育二孩，家庭养育成本应部分外部化、社会化，政府应承担更多的生育成本①。俄罗斯、日本、法国等很多国家都有一系列鼓励生育的国家津贴办法，我们在借鉴别国经验的同时要有新的保障政策出台。

新政出台后要是不配套相应的妇女权益保障措施，在一定程度上对部分女性发展来说是一个桎梏，特别是对女性的就业问题，因为孩子的照料会使更多的女性从公领域走进私领域，再次回归家庭。同时用人单位也会在二胎问题上，对女性就业进一步设置门槛。由于中国的育儿职能主要由个体家庭承担，所以对于双职工家庭，育儿的负担可能会相应地转嫁到老人特别是女性老人身上，这对中国老年女性来说，是一种额外的负担。因此，应采取措施，不要让"单独二孩"这个福利政策成为女性变成绝望的家庭主妇的推手，不要让女性在"先生"还是"先升"中纠结。

---

① 《"单独"可生二胎　准生还要敢生》，新浪新闻，http：//news. sina. com. cn/zl/zatan/2013 - 11 - 18/0959633. shtml。

社会契约与婚姻关系和谐

◎潘　萍*

摘　要： 作为当代性别关系调节的主要方式，社会契约已经成为和谐性别关系特别是和谐婚姻家庭关系构建的基础与规则。但是，对于丰富而感性的婚姻家庭关系的调控，社会契约始终存在着自身的功能限制。因此，必须综合历史与现实的考量对婚姻契约的不完全性所造成的妇女特殊劣势进行积极的纠正与必要的补偿。

关键词： 社会契约　婚姻关系　和谐

在现代各类社会关系调节的过程中，社会契约作为人类解决自身内部矛盾、协调各方利益关系的基本手段与方式，已呈现出其显著的合理价值与实践意义。将契约调节方式引入性别关系领域，这不仅是人类自我意识发展与社会文明积累的产物，同时也是女性群体摆脱荒谬的"劣等性别观"并确证她们在社会历史发展中的主体性地位的必然结果。

一　社会契约：性别关系调节的有效模式

诚如马克思在《1844年经济学—哲学手稿》中指出的，性别关系作为

---

*　潘萍，湖南省妇女干部学校副教授。

人与人之间直接的、自然的、必然的关系不仅包含着他/她对自己的自然规定，同时也"以一种感性的形式、一种显而易见的事实，表明了属人的本质在何种程度上对人来说成了自然界，或者，自然界在何种程度上成了人的属人的本质"①。性别关系在形式上是人类基于生理事实所普遍发生的必然关系，在内容上却是通过社会性别范畴而得到规定与调控的社会关系。作为构成人的本质的各种社会关系的一种，性别关系的具体状况不仅表现出人的自然的行为在何种程度上成为人的行为，同时也精确地映射着社会文明的现实发展状况。从某种意义上讲，正是通过对性别关系的自主调节与控制，促使其朝着更加"和谐"的方向不断发展，人类才使自身的本质获得了不断的丰赡与完善，才使社会文明实现了不断发展与跨越。

而从一般宏观意义上考察，人类至今已经实践过，或者说正在实践着的性别关系调节方式主要包括强制方式、情感方式与契约方式3种。其中，萌芽于母权时代终结之际、鼎盛于古代私有文明之时的强制方式是一种男性对女性实现全面束缚、普遍占有与深度压迫的性别关系调节方式。该方式的生理基础源自男性相对强壮的自然特性，社会历史基础则有赖于他们借助于父权社会发展所获得的各种优势社会性别地位。从形式上看，强制方式最初通常表现为男性对女性的直接强制。但是，随着社会的发展，性别间的直接强制已经逐渐演变成为男性借助于各种"物"的手段而对女性实现间接的强制。而无论是直接强制抑或间接强制，对被强制者——妇女的主体性，包括对她们的"自由"的硬性限定与剥夺始终是实现强制的必然前提。由此，不顾妇女本人的意愿，把她们置于完全被动和纯消极的地位便是强制方式调节下性别关系的根本特征。

与强制方式相对立，情感方式以两性的自主、自愿为前提，力图通过人情的感化和感情的沟通来处理调节性别间的关系。由于人类历史发展的世代流长、绵延不绝恰恰是建立在两性基于爱情、亲情以及友情等各种情感因素而普遍发生的和谐关系基础之上，因此从某种意义上可以说，情感方式正是性别关系调节过程中最自然、最本源的方式。但是，在性别关系调节中过分夸大情感方式的作用也是不现实的。这是因为，情感方式存在

---

① 马克思：《1844年经济学—哲学手稿》，刘丕坤译，人民出版社，1979，第72页。

它本身所不可避免的局限性，即模糊而不确定，富有弹性。并且，从历史的角度看，作为调节两性关系的手段，情感方式往往以男性为中心，并同时遵循着一种双重标准，因而不仅不一定能导致明确的、稳定的结果，同时也容易导致以男性为主导的主观随意性，甚至被父权社会从不同角度别有用心地加以利用。与此同时，情感的复杂性总会使人性既具有善和理性的一面，同时又有不完善和恶的一面。因此，两性关系中的许多实际问题和矛盾，仅靠良好的道德愿望和善良情感并不能得到圆满解决。

正是由于强制方式和情感方式具有自身明显的局限，所以第三种性别关系调节方式——契约方式便应运而生，并快速得到了现代社会两性群体的普遍接受与遵循。但是，从一般意义上讲，主要用来调节个人与社会、个人与国家各种矛盾关系的契约方式通常是被普遍应用于经济、政治和社会生活的公共领域之中，将其原封不动地引入性别关系领域，特别是引入私人领域的婚姻家庭内部必然面临着诸多的困难与障碍。然而，不可否认的是，伴随着婚姻家庭结构的历史嬗变，建立在夫妻平等法律地位与登记制度基础之上的现代婚姻家庭已经带有了日益明显的契约性质：两性合意下的结婚与离婚，国家法律从外部强加的对合法婚姻家庭关系的保护与制约，已经在完全形式意义上和部分实质意义上使婚姻家庭领域内的性别关系呈现出契约化的趋势与走向。

在当代，社会契约之所以在处理性别矛盾、规范婚姻家庭生活的过程中成为建构和谐婚姻关系的一个灵感源泉，并成为现代婚姻关系调节中可能是最有作为的现代模式，具有两方面的原因：其一，在规定了保证契约实现的各种措施基础上，社会契约能够在一定时间和条件范围内使具有不同关系和利益的两性个体联结起来，并以共同建立一个幸福家庭为目标而互补合作、协调行动，形成比较和谐的性别关系与比较稳定的婚姻家庭秩序；其二，社会契约力求在自愿平等关系的基础上合理解决两性的各种矛盾，内含着对两性价值、能力的双向承认和对两性双方人格的对等尊重，因而更加符合人类，特别是长期受到压抑与排斥的女性群体追求社会公平与正义以及个人自由的本性。将契约调节方式引入婚姻家庭关系领域，不仅表明人类已经充分意识到夫妻间客观存在着基于性别不同而产生的特殊利益矛盾，同时也表明人类已经自觉地把这种特殊矛盾置于关注的视野，纳入了"公平、正义"的价值框架，已经力图通过寻找婚姻关系协调的最佳契合点，在承认女性也具有理性选择需要与选择能力的基础上使和谐的家庭成为两性的共同要求。

二　和谐婚姻关系构建中社会契约的功能限制

人类追求自身解放、追求从必然国度向自由国度不断飞跃的历史同样也是一部追求性别关系和谐发展的历史。在这部感性而生动的历史中，原始经济时代两性间自发地生成了具有相互对称性质的和谐依赖关系；自然经济时代原始性别和谐关系中的对称性被打破，两性在不平等的基础上扭曲地实现着"和谐"；商品经济时代摧毁了性别间的人身依附基础，和谐性别关系的构建被置于"平等"的框架下考量，"性别平等"首度成为"性别和谐"的基本要义与必然前提。正是基于此，社会契约便在当代和谐性别关系构建历程中凸显出自身重大的理论意义与实践价值，或者说，正是因为两性在人格与社会地位上取得了至少是法律意义上的平等，性别关系才能以契约调节的方式在各领域尤其是婚姻家庭中实现具有时代意义的新型"和谐"。

毫无疑问，现代的婚姻家庭结构已经日益呈现出契约化的走向与趋势，私领域中的性别关系越来越具有某种契约的性质。这就像康德曾经说过的"婚姻是依据人性法则产生其必要性的一种契约"[①] 一般，强调"自主、自由、平等"原则的现代婚姻已然清晰地呈现出契约的三大典型特征，即须有双方当事人的合意，以设立、变更或终止民事权利义务为目的，必须是平等主体之间的协议。从某种意义上讲，现代婚姻家庭的建构基础不仅充分契合了契约的精神与本质，同时也在各方面反映了契约的原则与特征，两性婚姻关系的产生、延续及终止，实质就是两者间婚姻契约的缔结、履行和解除：首先，婚姻关系的成立建立在当事人双方的自由合意基础之上；

---

① 〔德〕康德：《法的形而上学原理——权利的科学》，沈叔平译，商务印书馆，1991，第218页。

其次，婚姻关系所指向的内容，包括夫妻间的人身关系与财产关系，大都可以通过契约的形式合法地予以约定；再次，导致婚姻关系终止的各种情形在本质上也都是婚姻契约的解除结果。其中，无效婚姻与可撤销婚姻是因为婚姻契约的本身违背了法律的禁止性规定，而使当事人之间无从产生夫妻间的权利义务关系，协议离婚与判决离婚则是当事人独立行使或通过第三方协助行使契约解除权的表现。

　　但是，在当代和谐婚姻家庭关系的建构过程中，尽管社会契约无论是在理论上还是在实践中都已发挥了令人瞩目的价值与功能，可过分夸大这种价值与功能同样也是不可取的。对于丰富而感性的婚姻家庭关系的调控，社会契约始终存在着由于多重原因而导致的功能限制。无视这些限制，过度扩张社会契约的功能领域，盲目夸大社会契约的功能效用，既可能遭遇在现实中落空的尴尬，也可能导致婚姻家庭关系中女性群体的弱势累积，进而不利于以"性别平等"为首要前提的现代和谐婚姻关系的形成。之所以如此，首先在于现代婚姻家庭既具有契约化的客观特征，又带有伦理性的鲜明色彩。这就像黑格尔所说的："婚姻是具有法的意义的伦理性的爱"，"婚姻不应当是双方利益的交换，这种结合，应当对本人、对方、家庭、社会负责，它应当是伦理化的，而不是商品化的"[①]。作为通过各种社会习俗与法规规范化了的两性结合方式，婚姻不仅是两性本能的自然结合，更是二者理性的社会结合。如果把婚姻仅仅看成两性间协商一致的表现与自由契约的结果，那么它就极有可能降格成为性别间出于各种动机谋算而借助契约形式订立的、以相互利用为目的的权宜结合。因此，即便现代婚姻通常都以契约的形式缔结，但由此而形成的夫妻关系并不一概都是简单的契约关系，契约作为现代性别关系的调节方式，在婚姻家庭生活的诸多细节与层面必然存在着形式与实质不能契合的功能限制。

　　另外，社会契约在和谐性别关系调节中存在功能限制的原因还在于，婚姻契约作为一种特殊形式的契约，本身具有明显的不完全性：缔结婚姻的双方并不能充分实现契约条款的完全性与契约执行的完美性，即夫/妻在订立婚姻契约之时通常并不能充分预见未来婚姻家庭生活的各种或然状态，

---

① 〔德〕黑格尔：《法哲学原理》，范扬、张企泰译，商务印书馆，1982，第177页。

无法通过契约条款的详尽磋商规约双方所有的权利与义务，当缔约双方对执行契约产生争议，第三方（比如法院）并不能通过强制执行的方式来实现婚姻契约完美执行的效果。婚姻契约之所以会具有不完全性，主要原因在于婚姻契约的缔结各方受到自身有限理性的限制，不可能预见婚姻契约在实际履行过程中可能出现的所有或然状态，因而无法详尽明确在未来长期的共同生活中所有需要明确的契约条款。同时，由于机会主义的客观存在，有限理性的缔约双方在签订、执行婚姻契约时还总会极其自然地从自身利益出发，甚至为了自己的利益不惜损害另一方的利益，从而导致婚姻生活中的"敲竹杠"现象发生，即一方试图从另一方对婚姻所进行的"专用性投资"中寻求"可占用性准租金"，婚姻契约自然难以完美执行。况且，对于某些或然状态，即使缔约双方已经确实有所预见，但要以一种双方没有争议的语言写入婚姻契约同样也是非常困难的。因此，基于婚姻契约必然不是一种具有条款完全性与执行完美性的完全契约，通过该契约所建立起来的婚姻家庭关系便极有可能因为各种不和谐因素的累积而导致根本解除。

从社会性别的视角审视婚姻契约可以发现，尽管婚姻契约必须以两性平等、独立、自由之人格为基础，但这种人格仅仅是法律意义上的抽象人格，仅仅是婚姻契约成立的逻辑起点而非现实起点。也就是说，婚姻契约的缔约主体并非实质意义上的平等主体，他/她并不是在完全自由、平等的条件下订立契约。现代解放运动虽然削弱、瓦解了传统父权的统治，却并未彻底摧毁不平等的社会性别秩序。在保留了父权运行各种规则与逻辑的现代社会，性别间的实质不平等使得女性在各种契约关系中都很难成为与男性对等的立约主体。在某种意义上，婚姻契约"只是以'契约'的形式，使女性的从属地位与依附身份得到制度的确认与保证。原因是，婚姻契约从来没有以两个平等的'个体'为前提，尤其是，女性没有权利独立自主地与男人进行谈判，她们不是在同意婚姻条款的基础上签订契约的"[①]。即便在现代最为标准的"契约"语境下，通过自由协商而订立的婚姻契约其实没有也不可能充分容纳女性的自由意志，她们在与拥有诸多社会性别优

---

① 郭夏娟：《为正义而辩》，人民出版社，2004，第57页。

势的男性立约之时往往会无意识地，或者虽然有意识却必须无可奈何地选择各种并非对己实际有利的所谓"好"的情况。在一个平等权利的行使本身受到性别支配结构阻碍的社会，由于形式意义上的平等权利价值对于女性来说几乎微乎其微，因而仅以形式平等为基础的契约调节方式对于现代和谐性别关系构建的功能意义也就必然会大打折扣。故此，"妇女要想从男性占支配地位的现代社会中获得解放，她们就必须面对将社会看作是自由平等的主体之间的一种契约性联合的观念"，必须充分认识"古典契约论者如洛克、康德和卢梭之所以要受到批评，不仅仅是因为他们公开地把妇女排斥在能够赞同政治统治的理性主体的范畴之外，同时也因为他们所提出的'个人是自由而平等的主体'思想本身就是一个特别的男性范畴……由于对家庭担负的责任和义务在两性之间不是平等分配的，所以当男人们名正言顺地成为自由而平等的主体的时候，女人们却由于她们不同的、缺乏理性的本性而不能或很少被视为权利的平等享有者"[1]。

三　和谐婚姻关系构建中社会契约的应用原则

在当代和谐婚姻关系构建的历程中，以主体间地位平等、各方意志自由表达并协商一致为基础价值与核心内容的社会契约理论拥有显而易见的广泛应用前景。人们很容易确信，"公共领域中的契约是平等的个人（或个体）之间进行的交换，以至于如果契约延续到私人领域，婚姻领域中的男人与女人之间的不平等就必然会消失"[2]。但是，正如卡罗尔·帕特曼（Carole Pateman）所说，经典契约理论的作家们"只是把夫妻权利融入他们的契约论中"，随之，"也把男性的性权利的法律融入现代契约的形式"[3]。从表面上看，各种关涉"契约"思想的理论与实践似乎正是建立在对传统父权的解构与对"父亲"权利的颠覆基础之上，可就实质而言，这种解构

---

① 〔英〕迈克尔·莱斯诺夫等：《社会契约论》，刘训练、李丽红、张红梅译，江苏人民出版社，2005，第452页。

② Carole, Pateman, *The Sexual Contract*, Cambridge：Policy Press, 1991, p. 167.

③ Carole, Pateman, *The Sexual Contract*, Cambridge：Policy Press, 1991, p. 167.

与颠覆在很大程度上依然保留了男性对于女性的各种权利。这就是说，"父亲"权利的被摧毁并不等同于男性权利的被摧毁，压抑女性的传统父权统治并未因社会契约的兴起而彻底终结。借助社会契约，传统父权不仅获得了更加"合理"与更加"公正"的外在形式，同时也使男性对于女性的诸多权利逐步演变为现代契约社会中合法的一部分。因此，在当代，如果希冀通过社会契约的途径来实现夫妻在平等基础上的婚姻关系和谐，那么必须面对的事实便是：基于两性实际所处的自然状态以及社会性别文化对他/她的实质理性所造成的不同影响，尚未根本摆脱从属地位的妇女在婚姻契约的订立过程中面临着无法实现彻底平等的现实困境，她们并不能像男子那般自由而充分地表达其立约意志。因此，契约调节模式下的和谐婚姻关系的建构必须始终坚持一项基本原则，即对妇女实行倾斜性保护。

对妇女实行倾斜性保护，并不是对婚姻契约关系内妇女作为平等主体与自由主体的地位否定与能力怀疑，而是在实质正义的视野下，综合历史与现实的考量对婚姻契约的不完全性所造成的妇女特殊劣势进行的积极纠正与必要补偿。现代婚姻已然具有契约化的诸多特征，并在很大程度上可以视为两性以家庭产品为对象而订立的长期合资契约。在该契约关系中，两性的关注焦点不仅在于他/她围绕家庭组建目的而可能采取的合作方式，即如何以彼此以为的最有效率的方式对婚姻进行各自的专用性投资，同时也包括他/她在面临家庭解体，即合资失败危机时，如何依据自身对于婚姻家庭的专用性投资多少而对合作的剩余收益进行适当的分割。而所谓婚姻的专用性投资，是指进入婚姻状态的双方当事人为提高家庭生产效率、增进婚姻价值所进行的各种有形或无形的投资。这种投资以当事人大量的感情、时间与精力付出为基础，并通常以各类具体、烦琐的家务劳动作为表现形式。对于投资者来说，只有在特定婚姻存在的情形下，他/她才可能平等享受到该投资所带来的实际收益，一旦婚姻关系解体，他/她便只有在该投资已然于婚姻存续期间取得了实际收益的情况下才可以通过平均分割家庭财产的方式收回投资。但是，倘若该专用性投资是作为人力资本投资而凝结在对方的人格身份之中，如一方帮助另一方获得了更强的职业技能或更高的学历资质等，那么这种专用性投资便会因为不能被重新配置于其他替代用途或被替代使用者重新调配使用，而在婚姻解体之际被另一方无偿占有。与此同时，以人力资本为投向的婚姻专用性投资必须以投资方某种程度上的"奉献""牺牲"为基础，因为一旦一方对另一方进行了大量的此种投资，那么，投资的直接收益将表现为一方的事业进步、地位提高与能力增强，作为代价的则是另一方因此而减弱乃至丧失自我发展的能力与机会。所以，即便在离婚之际确实坚持了最为严格的夫妻财产平均分割原则，现代契约式婚姻仍然明显地存在着不利于女性的经济弱点乃至潜在剥削——在现实生活中，由于劳动力的市场配置在根本上仍然以劳动的性别分工为基础，女性在家庭经济的普遍策略中通常被铆定为最为适合的家务劳动提供者，即相对于男性，女性在事实上往往是婚姻家庭合资体系中作出更多专用性投资的一方，这样，婚姻专用性投资无法在离婚之际充分得到补偿的风险，以及作出投资便面临自我能力发展受限的结果，更多的是由女性而不是由两性对等地承担。因此，离婚制度的设计应当充分正视家务劳动的经济重要性和婚姻中经常由女性作出的各种牺牲，正视这一切给女性带来的经济不平等在婚姻存续期间和离婚后都有可能产生。故而，法律也便非常有必要对离婚过程中的妇女提供倾斜性的特别法律救助手段，以使婚姻契约在切实保障两性平等的婚姻自由权的同时也能够真正实现离婚时两性间的经济正义。

从当前的法律制度看，中国现行的《婚姻法》已经通过离婚经济帮助、离婚经济补偿、离婚损害赔偿3项内容设立了较为完整且具相当进步意义的离婚救济制度体系。但是，从根本上讲，这一救济制度体系却并未能有效保护婚姻专有性投资，进而未能有效平衡离婚后两性间差异较大的经济境况。首先，离婚经济帮助制度将"经济帮助"视为帮助方"道义上的责任"，而不是被帮助方基于作出了更多的专用性投资所应当享有的合法权利，由此导致"帮助"成为一方对另一方的施舍与恩惠。同时，由于离婚经济帮助制度过分强调帮助的前提必须是一方困难到无法维持当地基本生活水平，帮助的内容也是通过一些短期的、少量的帮助以使被帮助者成为最低限度的自给自足者，故而帮助的水平远远低于进行婚姻专用性投资的机会成本。其次，离婚经济补偿制度要求严格适用在实行分别财产制度的夫妻之间，故而虽在理论上承认了婚姻专用性投资，尤其是家务劳动等协助工作的特殊价值，似乎可以弥补分别财产制度所造成的实际经济不平等，但基于中国目前夫妻间极少适用分别财产制的现状而几乎缺乏实际的功能意义。再次，离婚损害赔偿制度在司法实践中的运用存在着举证困难和赔偿数额极少等问题，立法目的侧重于对过错方的制裁与对受害方精神痛苦的抚慰与填补，并不重点关注离婚后一方生活的保障，无法保护在婚姻中因为作出更多专有投资而在经济上易受攻击的一方当事人的利益。因此，对于保护婚姻专用性投资，离婚损害赔偿制度的作用也是非常有限的。

当然，一般认为，现行《婚姻法》中以承认家务劳动与社会劳动的同等价值为前提的离婚时夫妻财产平均分割制度，已经妥善平衡了婚姻专用性投资各方的经济利益，婚姻专用性投资已有保护。可是，就实际而言，这种观点并未充分正视现实婚姻生活不同阶段所存在的两性投资、收益并不均衡的事实：在婚姻的早期阶段，妻子以牺牲自身发展的机会成本为代价，通过生养子女与承担多数家务劳动等对婚姻进行了大量的专用性投资。倘若婚姻能够持续保持稳定，该投资将以丈夫随着经验增多、职称技能提高而不断增加的挣钱能力在婚姻后期得到回报。倘若婚姻遭遇危机，特别是在妻子对丈夫人力投资收益还没有获得或者尚且很少获得之时便出现破裂情形，那么该投资收益的大部分就将被离婚后的丈夫独自侵占。所以，由于离婚时往往并没有形成足以达到妻子预期投资收益的可供分割的现实财产，因而仅仅通过共同财产平均分割的制度在事实上并不足以保护通常对婚姻作出了更多专用性投资的妻子们的利益。

因此，从实质性别公正的视角出发，现代契约式婚姻应当通过建立一种更为均衡的方法来对作出更多专用性投资的配偶一方进行积极的保护与正义的补偿，并以此实现微观领域内性别关系的平等与和谐。这种均衡的方法要求"对于一方因抚育子女、照料老人、协助另一方工作等付出较多义务的夫妻，可以自愿选择根据其结婚时间的长短，在离婚后一段时间内均衡当事人的生活水平；结婚时间与均衡离婚后收入时间的具体比例，可以采用累进比例的方法"①，即结婚时间越长，离婚后均衡收入时间则越长。依据这种方法，当事人要求获得补偿的权利基础来自作为长期合资契约的婚姻所具有的相互融合性与利益共享性，必须进行补偿的责任义务来自社

---

① 康娜：《论婚姻专有性投资的法律保护》，《妇女研究论丛》2010 年第 2 期。

会性别在现实婚姻关系中的特殊角色特征及由该角色特征确实带来的不利于某一性别的经济弱点。通过均衡离婚后某个时期内两性不平等的经济收入水平，一方面既肯定了前配偶有权获得她/他所期望分享的、作为其婚姻专有性投资回报的另一方配偶将来的经济收入，同时也肯定了前配偶有权对其为婚姻家庭作出的直接贡献，以及因为提高配偶的人力资本而使自身人力资本遭到减损的事实获得补偿。并且，从现实操作意义看，离婚后均衡收入的方法不仅体现了契约婚姻的共享性与当事人相互融合的特征，同时也肯定了婚姻生活中许多牺牲和贡献的不明显性；不仅正视了当事人摆脱婚姻失败的影响必然需要一个过程，同时也为当事人是否选择离婚提供了一个平等的经济动机；不仅避免了司法实践中补偿数额难于精确计算的困难，同时也避免了前配偶无限制地分享离婚后的收入，更为妥善地区分了婚姻家庭理性分工与劳动市场性别分工所造成的不同损失责任。这样，作为社会进步标志之一的婚姻契约便不仅能够最大限度地在两性相互宽容与合作的基础上，将夫妻间可能出现的各种不合作博弈转化成有合作结果的博弈，因而增进的不仅是婚姻，同时也包括整个社会生活关系的幸福与和谐。

论家庭文化的基本内涵
及其构建原则

◎丁　娟*

摘　要：家庭文化既是社会文化的有机组成部分，又是家庭建设的核心与灵魂。家庭文化具有特定的历史与社会属性。建设以平等为基础的先进家庭文化，一方面是培育践行社会主义核心价值体系的大势所趋，另一方面也是推进家庭文明建设、挑战家庭传统文化的内在要求。在先进家庭文化的推动下，家庭才能被健康营造成人们生活的幸福港湾，社会也会因此更加和谐。

关键词：家庭文化　内涵　构建原则

家庭文化是伴随新时期社会文化建设提出的一个时新概念，如同企业文化、学校文化、社区文化等一样，既是社会文化的有机组成部分，又具有特定的文化属性和丰富的文化内涵。家庭文化作为社会文化的子系统，不可避免地受到社会文化变迁的影响，并刻有明显的历史与社会烙印。构建社会主义先进家庭文化，应在科学发展观的指导下，坚持以人为本、平等公正以及推进家庭成员和谐相处、共同发展的基本原则。

＊　丁娟，全国妇联妇女研究所研究员。

一　家庭文化的定义、 基本内涵及主要功能

　　"文化"一词在西方来源于拉丁文 cultura，原义是指农耕及对植物的培育。15 世纪以后，逐渐把对人的品德和能力的培养也称为文化。英国人类学家泰勒早在 1871 年就指出："文化或文明是一个复杂的整体，它包括知识、信仰、艺术、伦理道德、法律、风俗和作为一个社会成员的人通过学习而获得的任何其他能力和习惯。"① 20 世纪 30 年代，英国人类学家马林诺夫斯基发展了泰勒的文化定义，提出文化应包括传统的器物、货品、技术、思想、习惯以及价值和社会组织等。他还进一步把文化分为物质文化和精神文化，即"已改造的环境和已变更的人类有机体"两种主要成分②。

　　在中国的古籍中，"文"既指文字、文章、文采，又指礼乐制度、法律条文等。"化"是"教化""教行"的意思。从社会治理的角度而言，"文化"是指以礼乐制度教化百姓。汉代刘向在《说苑·指武》中说："凡武之兴，谓不服也；文化不改，然后加诛。"此处"文化"一词与"武功"（武力、运用军事力量）相对，含教化之意。南齐王融在《曲水诗序》中说："设神理以景俗，敷文化以柔远。"其"文化"一词也为文治教化之意。在现代词典中，文化一般被解释为：人类在社会历史过程中所创造的物质财富和精神财富的总和，特指精神财富，如教育、科学、文艺等。

　　"文化"一词的中西两个来源，殊途同归，都用来指称人类社会的精神现象抑或泛指人类所创造的一切物质产品和非物质产品的总和③。但是，迄今为止，关于文化的定义依然争论不休。我们只能笼统地说，文化是指一个国家或民族的历史、地理、风土人情、传统习俗、生活方式、文学艺术、行为规范、思维方式、价值观念等。

　　正如关于文化、企业文化等的定义长期争论不休一样，给家庭文化下

---

① 〔英〕爱德华·B. 泰勒著《原始文化》，连树声译，广西师范大学出版社，2004。
② 〔英〕B. K. 马林诺夫斯基著《文化论》，费孝通等译，上海人民出版社，1986。
③ 新华词典编纂组编《新华词典》，商务印书馆，1982。

一个严格和精确的定义也是一件非常困难的事情。我们只能选择特定的角度，尝试对家庭文化进行定义。

家庭文化是指，与家庭相关的知识、信仰、艺术、伦理道德、法律、风俗和作为一个家庭成员通过学习而获得的任何其他能力和习惯。如果考虑到现代企业文化的一种定义，也可以从广义上将家庭文化定义为家庭所创造的具有自身特点的物质文化和精神文化；或者从狭义上将家庭文化定义为家庭所形成的具有自身个性的经营宗旨、价值观念和道德行为准则。

具体而言，我们还可以从家庭功能和家庭关系两个相对独立的系统来审视家庭文化的内涵。从家庭功能的角度，可以将家庭文化定义为关于家庭经济经营、生育、性、子女教育、抚养与赡养、感情交流、休息娱乐的文化；从家庭关系的角度，则可以将家庭文化解释为基于婚姻、血缘或法律拟制而形成的亲属之间的权利和义务关系的文化，主要包括夫妻关系、亲子关系以及其他家庭成员如婆媳、岳婿等关系的文化。

就像社会文化的功能一样，家庭文化具有整合、导向、维持家庭秩序和传承的作用。整合作用集中表现在协调家庭成员的行动方面，目的是使家庭成员之间能够在同一文化下有效沟通、消除隔阂、促成合作。导向作用是指文化可以为人们的行动提供方向和可供选择的方式，使行动者知道自己的何种行为在对方看来是适宜、积极并有效的。维持秩序的作用是指家庭用共同生活积累的经验或确立的价值观规范家庭成员的行动，并作为家庭秩序加以传承。从世系传承的角度看文化，就是文化的传续作用。

家庭文化繁纷复杂，任何划分都只能是服务研究或理论的需要。从实际角度看，家庭的各种功能、关系以及文化都是犬牙交错、互相交织的。如家庭的经营，就涉及家庭中的生产、分配、交换、消费等环节，而每一个环节又都不可避免地关联到家庭关系，如夫妻之间的性别分工、子女教育、老人照料等，并且，性、生育、情感交流和娱乐休闲又渗透于整个过程中。这种相互交织和多角度渗透、参与的属性，也是家庭文化存在和作用方式的显著特点。

家庭文化还与家庭结构、家庭成员的构成密切相关，不同的家庭会在生活的历程中打造出独特的家庭文化，或形成家庭的核心理念，对家庭建设和家庭成员成长发挥规范与导向作用。例如，中国长期流传的孟母三迁、岳母刺字、孔融让梨等故事，就是这些家庭核心价值观与文化理念在特定领域的集中表现。

二　家庭文化具有特定的历史与社会属性

家庭是一个历史与社会现象，家庭文化及其构建也势必带有显性的时代烙印。一般来说，包括家庭文化在内，社会各种文化普遍具有衍生性、后天习得性、共有性、动态性、民族性和阶级性等特征。衍生性是指文化是由人类进化过程中衍生出来或创造出来的。自然存在物不是文化，只有经过人类有意无意加工制作出来的东西才是文化。例如，石头不是文化，石器才是文化；等等。后天习得性是指文化不是先天遗传的本能，而是后天习得的经验和知识。例如，男男女女不是文化，是遗传。"男女授受不亲"或男女恋爱才是文化，是习得的。一般来说，文化的一切方面，从语言、习惯、风俗、道德一直到科学知识、技术等都具有后天习得性的特点。共有性是指文化是人类共同创造的社会性产物，它必须为一个社会或群体的全体成员共同接受和遵循。动态性是指文化一种连续不断的动态发展过程。文化既是一定社会、时代的产物，又是一个连续不断的积累过程。每一代人都出生在一定的文化环境之中，并且自然地从上一代人那里继承了传统文化。同时，每一代人又都根据自己的经验和需要对传统文化加以改造，在传统文化中注入新的内容，抛弃那些过时的不合需要的部分。民族性和阶级性是指文化不仅具有高度抽象的特征，如自由博爱等文化，也具有特定的阶级或区域性，如剥削阶级的文化、无产阶级的文化、北方的文化、南方的文化等。民族形成以后，文化往往是以民族的形式出现的。一个民族使用共同的语言，遵守共同的风俗习惯，养成共同的心理素质和性格，此即民族文化的表现。在分裂为阶级的社会中，由于各阶级所处的物质生活条件不同，社会地位不同，因而他们的价值观、信仰、习惯和生活方式也不同，出现了各阶级之间的文化差异。

具体到家庭领域，家庭文化发展的每一个阶段，总是与社会变化和家庭自身功能的变化与发展密切相关。与史前原始群婚家庭、私有制基础上的一夫一妻制家庭和公有制基础上的一夫一妻制家庭形态相适应，家庭文化便具有了明显的历史与社会特征。在史前社会，家庭功能与社会功能高度重合。与妇女崇高社会地位相一致，氏族生产、劳动果实和家庭财产的分配权都掌握在妇女的手中，家庭世系按母系传承，妇女从事的扶老育幼的家务劳动直接是氏族社会劳动的组成部分，并且与生产力水平的低下相适应，家庭文化也处于萌芽状态，极不发达。到了传统私有制社会，男性依仗在社会生产中的体力优势，首先在生产领域排挤了妇女，并且为私有财产的继承发动了婚姻革命，变母系制为父系制，家庭与社会也因此逐渐裂变为两个相对独立的生活领域，妇女从事的家务劳动不再是社会劳动的组成部分，而变为家庭的私人事务，妇女的地位一落千丈，成为家庭与社会的双重奴隶，其财产权、社会参与权以及受教育权被剥夺，家庭的藩篱束缚住了妇女的手脚，男人、丈夫由平等的氏族成员异化为妇女和妻子的主人，家庭关系也被规范为一夫一妻和一夫多妻并存的模式，父系大家庭成为家庭的主干，夫妻关系成为家庭的次生关系。

为了维系这种父权制家庭的稳定，满足父权—夫权家庭（族）利益的需求，封建儒教根据"内外有别""男尊女卑"和"男主女从"的原则，在道德、行为、修养等方面对妇女作出了规范要求，提出了所谓的"三从四德"，为奴役妇女打造了一整套精神枷锁，成为约束妇女精神和规范妇女行动的基本文化规则。在这个基础上，家庭功能的发挥和文化传承，便自然地突出了父系和男性主干的结构。在生产领域，经营技艺传男不传女。在生育和性领域，妇女沦为丈夫泄欲和生育的工具。在规范家庭关系的"七出"制度中，无后成为丈夫休妻的法定理由①。在家庭教育和赡养领域，养而不教父之过，母亲的权利被剥夺，养家糊口被教化为男子的职责，妇女的家务劳动异化为无足轻重的陪衬。在家庭祭祀和重大纪念活动中，女子不得参与或承担主持的职责。与此相应，婚姻大多依靠父母之命、媒妁之言，个人的感情不足为道，离婚成为男子的特权。家庭感情交流和休息娱乐的功能成为可有可无的摆设和点缀。

---

① "七出"包括："不顺父母""无子""淫""妒""恶疾""口舌""窃盗"。从西周时期确立，唐代开始正式归入律法。

　　到了工业化社会，伴随生产的工业化和社会化进程，传统的家庭农业和手工业生产逐渐为社会化大生产所替代，生育后代也开始由家庭的责任变为社会的需要，家庭教育和赡养功能也向学校教育和社会养老的方向转化。传统的大家庭走向解体，一夫一妻的核心家庭日渐普及，家庭功能和家庭文化重新建构。爱情和恋爱自由在家庭中的份额增加，感情交流成为家庭生活幸福与否的标志，家庭的休息与娱乐功能加强，并逐渐从单一型向多样型发展。

　　社会主义制度和社会主义家庭制度的建立进一步为现代文明家庭以及家庭文化的建构与发展开辟了新的道路。在新中国，《婚姻法》的废旧立新为家庭文化的构建开辟了广阔的前景。根据《婚姻法》的规定，中国调整婚姻家庭关系的基本原则有5条，即婚姻自由，一夫一妻，男女平等，保障妇女、儿童和老人的合法权益，实行计划生育。

　　《婚姻法》的基本原则是中国现代家庭文化的内核和基础，婚姻自由和基于姻缘与血缘的夫妻关系、亲子关系是家庭文化的重要领域，男女平等则是贯穿所有关系中的一条基本准则。

　　《婚姻法》规定男女婚姻自由，包括结婚的自由和离婚的自由。夫妻在家庭中地位平等，主要包括夫妻对于共同生活中的事务如住所、生活方式等拥有平等的决策权，夫妻拥有平等的姓名权、人身自由权，共同承担计划生育的义务，夫妻对共同财产拥有平等的所有权、管理权、处分权，对子女拥有平等的监护权，等等。

　　《婚姻法》也对家庭亲子关系作出了相应规定，主要内容如下。①父母对子女有抚养教育的义务。父母不履行抚养义务时，未成年或不能独立生活的成年子女，有要求父母付给抚养费的权利。②子女对父母有赡养扶助的义务。子女不履行赡养义务时，无劳动能力或生活困难的父母，有要求子女付给赡养费的权利。禁止溺婴、弃婴和其他残害婴儿的行为。③子女可以随父姓，也可以随母姓。④父母有管教和保护未成年子女的权利和义务。在未成年子女对国家、集体或他人造成损害时，父母有承担民事责任的义务。⑤父母和子女有相互继承遗产的权利。⑥子女应当尊重父母的婚姻权利，不得干涉父母再婚以及婚后的生活；子女对父母的赡养义务，不因父母的婚姻关系变化而终止。

　　《婚姻法》还对非婚生父母子女之间的权利义务、养父母和养子女间的权利和义务、继父或继母与继子女之间的权利义务、祖孙之间的权利义务以及兄弟姐妹之间的权利义务作了相应规定。这些规定体现了保护妇女、儿童和老人的时代要求，不仅具有强制性和普遍性的特点，也为当前中国家庭文化建设奠定了制度性的基础。

三　先进家庭文化的构建原则

　　家庭是社会的细胞，是最基本的社会单元。虽然伴随工业化的进程，社会对家庭功能的评价和期待已经日趋客观，但家和万事兴依然是人们梦寐以求的生活目标。

　　关于家庭功能以及家庭文化的研究不断发展。有两种基本的观点值得我们思考。一种是功能主义的观点。功能主义者认为，传统家庭自给自足，是可以满足家庭成员基本生理、心理需求的单位，融有经济生产、安全保卫、教育、社会化、宗教等功能，持续进行物质、人口、精神财富再生产。如今，家庭的部分功能虽然被教育、宗教等其他社会设置分化，但家庭社会化、感情陪伴、经济合作、性规范功能依然为社会的良性运行起到重要的作用。另一种是冲突论的观点[①]。冲突论者认为，家庭是性别不平等的主要场所，因而是社会中许多不平等的基础。例如，男性主导的家庭，就为社会提供了一些重要的不用付费的劳动形式，维持了妇女的从属地位。还有人认为，家庭是针对妇女的暴力和儿童虐待的大本营，主张削弱家庭的社会影响，抑制家庭的作用[②]。

　　但是，不管如何争论，不管家庭经历了多少变化，不管家庭有多少藏污纳垢的角落，它仍是人们生活中最重要的设置之一。其中，提供心理感情需要和个人发展完善的需要正日益成为家庭更加核心的功能。

---

① 哈拉兰博斯·希德尔著《家庭——功能主义的观点》，费涓洪译，《国外社会科学文摘》1988年第10期。

② 《家庭》，百度百科，http://baike.baidu.com/view/10659.htm。

在中国，受发展不均衡的影响，广大农村家庭和部分城市家庭依然具有经济等多重功能。加强家庭建设，发挥家庭作用，家庭文化建设应摆在重要位置，这不仅是家庭发展与和谐的需要，也是社会公正和谐，特别是繁荣社会主义文化，推动文化先进性构建的必然要求。构建先进家庭文化，需要进一步提高认识，以人为本，不断与传统观念决裂，并遵循多样性的构建原则。

1. 应不断提高认识，自觉加强先进家庭文化建设

列夫·托尔斯泰说过，幸福的家庭总是相似的，而不幸的家庭各有各的不幸。可以说，幸福家庭的相似点其实就一条，那就是每一个家庭都拥有健康积极的家庭文化。北京同仁堂健康药业有限公司是由一个家族产业发展起来的，之所以经久不衰，与这个家族的基本价值观具有密切联系。"炮制虽繁必不敢省人工，品味虽贵必不敢减物力"始终是这个家庭的核心经营理念，后来成为同仁堂企业文化的精髓，也是中国商业文化的宝贵原则。这个价值观不仅支撑了同仁堂家族药业的发展，也为后来企业文化和社会文化贡献了积极的因素，为中国文化的繁荣发展作出了贡献。

重视家庭文化建设，也是老一辈革命家的普遍追求。毛泽东曾经在亲属提出入住中南海时，劝退了亲属的要求，告诫他们中南海是人民的，权力也是人民的；在三年自然灾害期间，他同样要求小女儿吃大灶，不能分享父母的特权。陈毅则十分重视对子女的家庭教育，写下的《示儿》诗，告诫子女"手莫伸，伸手必被捉"。

重视家庭文化建设，言传身教同样是千万个普通家庭的追求。因"诚信如金"荣获第三届"河南省道德模范"称号并入选2010年"中国好人榜"的刘桂花一家，就是其中的杰出代表。

2003年，驻马店市烟草公司城区分公司员工刘桂花的丈夫张东亮为做生意的刘某担保贷款100万元。刘某做生意亏本后销声匿迹，银行就找张东亮催要这笔贷款。为此，张东亮找战友和朋友借了100多万元，分3次全部还清了贷款和利息。但天有不测风云，贷款还清不到一年，张东亮不幸患了肺癌，并在花费20万元医疗费后撒手人寰。

面对 100 多万元债务，刘桂花掷地有声："俺家老张人死了，但账不能烂。这钱我有责任来还，我还不完，让孩子接着还！"刘桂花主动找到债主改写借条，把丈夫的名字换成了自己的名字。有些没借条的，只要有借款事实，刘桂花全部认账。一个月后，她把丈夫的工资、保险、住房公积金等取出来，替丈夫偿还第一笔 6 万元的债务。为了还款，她甚至把原计划儿子结婚用的一幢价值 35 万元的自建小楼以 26 万元卖掉。欠条中有一张只写了"赵军平 10 万元"6 个字。刘桂花用两年多的时间终于打听到债主，把 10 万元钱送还。

2008 年，50 岁的刘桂花退休了。公司领导为她的诚信所感动，帮她开了一间名优卷烟门店。她的门店天一亮就开门营业，夜里很晚还不关门；店里摆放有报纸、杂志和茶具等，顾客进店，她笑脸相迎，赢得了大量的回头客。当年，儿子的工资、她的退休金和门店的赢利加起来近 20 万元全部用来还债。她经常咸菜就馒头、青菜煮面条，几年不买一件新衣服，夏天从不开空调。2010 年 4 月，她把最后一笔 6 万元借款交到哥哥手里，才还完了如山的欠款。

刘桂花的儿媳与儿子是大学同学，得知一家人的诚信故事后，果断地走进了这个家，共同担当风雨，续写生活的佳话。

可见，重视家庭文化建设，坚持家庭的核心理念，是这些家庭健康发展的基础，也是推进亿万家庭平等相处、社会和谐发展的精神财富。

2. 应坚持以人为本的理念，自觉与歧视妇女的传统家庭文化决裂

家庭文化源远流长，是一个复杂的系统。这个体系中的各个部分在功能上互相依存，在结构上互相联结，共同发挥社会整合和社会导向的功能。进步健康的家庭文化，将推动家庭的发展与和谐，落后过时的家庭文化，则会影响家庭的健康与和睦，对社会变迁和人类自身发展形成阻力。

目前，在家庭文化领域依然存在许多传统甚至腐朽的观念。第三期中国妇女社会地位调查数据显示，有 48.0% 的女性赞同"干得好不如嫁得好"，高于男性 7.3 个百分点。与 2000 年相比，认同比例有了明显上升，女性和男性的认同率分别上升了 10.7 和 10.5 个百分点。另外，有 61.6% 的男性和 54.8% 的女性对"男人以社会为主，女人以家庭为主"的观点持赞同态度，男性比女性高 6.8 个百分点，与 2000 年相比，男女两性分别上升了 7.7 和 4.4 个百分点①。这些旧文化和传统社会分工模式早已时过境迁，不符合现代文明走向，不仅影响妇女发展，也不利于家庭与社会的正义与公平。在这样的恋爱观、性别观念以及家庭分工模式下，家庭的根基难免有失牢固，家庭的分工也可能有失合理，并最终影响到家庭成员的均衡发展，形成夫妻发展的落差，进而冲击家庭的稳定与和谐，或激化家庭的矛盾，影响社会的安定团结。

与这些传统家庭文化决裂，是构建先进家庭文化和社会主义文化的必然要求。战胜这些落后腐朽的家庭文化，需要坚持科学发展和以人为本的现代理念。在家庭文化建设中，婚姻关系是诸种关系的内核。但是，夫妻冲突导致的针对妻子的家庭暴力问题依然十分突出。第三期中国妇女社会地位调查数据显示，有 1/4 左右的家庭存在家庭暴力问题，在如何处理家庭暴力问题上，有一种观点认为，暴力事小，家庭稳定事大，主张妇女为表面的家和放弃诉讼的权利或压抑离婚的诉求，甚至认为丈夫对妻子施暴是妻子有过错在先，是管教妻子的特权，信奉"娶来的媳妇买来的马""打倒的媳妇揉倒的面"，依然过时地坚守着封建家庭文化的传统，这无疑是男权文化和家庭本位的文化在现代生活中的具体体现，不仅影响家庭稳定，也对男女的身心健康发生着逆向的影响。在中国，家庭暴力一向被认为是家中的"隐私"，认为事情如果被捅出去，会加剧家庭的矛盾，造成家庭破裂，使孩子生活在不完整的家庭；也有的妇女忧虑一旦离婚就可能在生活上无着落，甚至没有住处；还有的人怕社会不理解；等等。因此，许多受害者常常逆来顺受，忍受暴力的摧残。这种忧虑与姑息又致使施暴者反复施暴，并强迫受害者听从其摆布。为了切实维护妇女儿童的合法权益，有效防止家庭暴力，制定反对家庭暴力的专项立法已刻不容缓。要树立以人为本的先进文化，将妇女权利、儿童权利和老人权利优先的原则确立起来，并贯穿在立法与家庭文化建设的进程之中。这些新文化，包括妇女的权利

<hr>

① 第三期中国妇女社会地位调查课题组：《第三期中国妇女社会地位调查主要数据报告》，《妇女研究论丛》2011 年第 6 期。

是人权，反对家庭暴力，给妇女儿童没有暴力的世界，以及反对家庭暴力人人有责等。

3. 先进家庭文化建设，应坚持与时俱进和形式多样的原则

目前，中国大约有 2.7 亿个家庭，既有完整的核心家庭，也有非传统的单亲家庭、单身家庭、重组家庭、"丁克"家庭、空巢家庭等多种家庭类型；既有传统的父权家庭，也有新型的母权家庭，以及新兴的平权家庭和母主家庭、通勤家庭①。在每一个家庭中，又有区域差异、民族差异、收入差异、年龄差异、城乡差异、受教育程度差异以及文化与性格的差异。因此，家庭文化建设的内容和方式也势必丰富多彩，各具特色。每一个家庭、每一个家庭成员都可以立足家庭的实际情况，推陈出新，打造和创新富有特色的家庭文化载体，还可以有重点、阶段性地将家庭文化建设与家庭成员的具体需求相结合，以提高家庭文化建设的信度和效率，满足家庭成员生存发展的多样性需求，提高家庭的幸福指数，增强家庭的凝聚力。

改革开放以来，随着社会流动性的增强，中国家庭的流动性也不断提高，平权家庭日益增多。家庭独生子女现象也随之增多，对儿童抚育和教育的要求提高，对学校的依赖加强，赡养老人的要求则在降低。同时，父母感情的稳定性则有减弱的趋势，离婚率持续提高。这些变化，都给家庭文化建设带来了新的挑战。

其中，家庭教育面临的新挑战十分突出。家庭教育中最有影响力和权威性的是以父母的品质、修养、能力、习惯和作风为基础的家庭文化环境，父母良好的文化素质和品质是任何显性教育所不能替代的。但在当前，家庭教育领域却因社会的流动和浮躁而出现了家庭文化的缺失和父母教育的缺位。一些父母忙于致富创收，忽视了对孩子的教育。有的父母认为，孩子进了校门，一切教育都依赖于老师，自己的责任只是改善孩子的经济条件，让孩子的衣食住行得到保证和满足；有的父母对子女的教育力不从心，但望子成龙、望女成凤迫切，教育孩子缺乏正确的方法，或放任自流，或

---

① 母主家庭指一位妇女成为家庭的核心和最主要成员，常发生在男性由于战争、外出、离婚、非婚生育等家庭，但不在家的丈夫、前夫、同居男友依然行使相当的权利；通勤家庭指夫妻在不同城市里工作，周末在其中一方的住处相处。

"棍棒教育"；另有一些家庭，对孩子溺爱有加，事事依从，使孩子生活在溺爱的环境中，不思进取；还有不少父母忽略言传身教的作用，垒长城打麻将成瘾，甚至将黄赌毒引进家庭，严重破坏了子女学习生活的环境。近年来，留守儿童的身心健康问题更是引起了社会各界的广泛关注。

解决这些问题是家庭教育研究的重大课题，各级妇联为此开展了多项研究，推动家庭教育面向基层面向农村，了解需求，提供服务。在先进文化建设与和谐家庭建设中，各级妇联还与时俱进，将构建先进家庭文化与文明家庭活动相结合，大力开展以爱国守法，热心公益、学习进步，爱岗敬业、男女平等，尊老爱幼、移风易俗，少生优育、夫妻和睦、邻里团结为内容的"五好文明家庭"评选活动，引导家庭成员爱国、爱家乡，拥护社会主义；遵纪守法，关心集体；助人为乐，努力为集体、为社会办实事、做好事。激励家庭成员好学进取，不断更新知识；钻研技术，提高业务素质；岗位成才，争先创优，建功立业。提倡家庭成员做到夫妻平等，小事谦让，大事协商；尊敬长辈，善待老人，街坊称道；爱护孩子，科学培育。号召家庭成员讲科学、破迷信，不参赌、不吸毒，自觉抵制邪教；热爱文体娱乐，崇尚科学新风；实行晚婚晚育，做到计划生育、少生优育。倡导家庭成员不争吵；邻里互助，团结无纠纷；室内外环境整洁，自觉保持公共卫生；城区阳台有绿化，农村家园要美化。为了突出文明和谐家庭活动的时代特质，北京市妇联与时俱进，将"五好文明家庭"评选条件修改为：爱国守法，明礼诚信；夫妻和睦，孝老爱亲；学习进取，科学教子；邻里融洽，友爱互助；低碳生活，热心公益。各级妇联"八仙过海，各显神通"采取群众喜闻乐见的方式，将环境保护、低碳生活、绿色家园建设以及家庭助廉等生活方式纳入家庭文化和家庭生活方式领域，通过开展家庭文艺会演以及社区文化周等活动，推动家庭学法、普法和倡导文明进步的生活方式。

党的十七届六中全会通过的《中共中央关于深化文化体制改革，推动社会主义文化大发展大繁荣》，强调建设社会主义文化强国，就是要着力推动社会主义先进文化更加深入人心，推动社会主义精神文明和物质文明全面发展，不断开创全民族文化创造活力持续迸发、社会文化生活更加丰富多彩、人民基本文化权益得到更好保障、人民思想道德素质和科学文化素质全面提高的新局面，建设中华民族共有精神家园，为人类文明进步作出更大贡献。推动社会主义文化和家庭文化的发展与繁荣，每一个家庭都责无旁贷，都应自觉地将家庭健康与社会发展相结合、家庭文明与社会和谐相连接，积极推动家庭内部的和谐、家庭与社会的和谐以及家庭与自然的和谐。

慈母、孝女、贤妻的时代价值与实现路径

◎叶文振　蒋颖荣[*]

摘　要：本文从认识慈母、孝女、贤妻的传统意义入手，全面评价慈母、孝女、贤妻的时代价值，最后提出中国女性扮演好慈母、孝女、贤妻等家庭角色的主要路径。分析结果表明，新形势下所提倡的孝女、贤妻和慈母，绝对不是对传统家庭角色的简单回归，而是女性全面发展意义下的家庭责任，用具有"四自"精神的时代新女性的发展引领和支撑家庭领域的孝女、贤妻和慈母的角色扮演，进而形成二者之间的良性互动和彼此促进，才是当代妇女全面发展的理性选择。

关键词：慈母　孝女　贤妻　传统意义　时代价值

从中国妇女第十一次全国代表大会上党中央的祝词到习近平总书记同全国妇联新一届领导班子集体谈话，再到最近习近平总书记对全国妇联上报的工作报告作出的重要批示，不仅集中体现了党中央对当前妇女工作的关心和指导，而且还全面展示了党中央对广大妇女所寄予的殷切希望与期待，即号召她们在争做自尊、自信、自立、自强的时代新女性的同时，充分发挥妇女在弘扬中华民族家庭美德、树立良好家风方面的独特作用，做

＊　叶文振，福建江夏学院教授，福建省妇女理论研究会会长；蒋颖荣，云南大学哲学系副教授。

新时期的慈母、孝女、贤妻①。积极传承与深刻认识妇女作为慈母、孝女、贤妻性别角色的传统价值和现代内涵也成为在全面深化改革时代妇女理论学者和妇联工作人员共同面临的新课题。本文将从重新认识慈母、孝女、贤妻的传统价值入手，全面评价慈母、孝女、贤妻的当代意义，最后提出中国女性扮演好慈母、孝女、贤妻等家庭角色的主要路径。

一 慈母、孝女、贤妻的传统意义

中华民族自古以来就特别重视亲缘关系。亲缘伦理是中华悠久文明的突出特点。个体因亲缘关系而在家族或家庭中具有天然的长幼辈分之序，这种中国传统社会宗法制度下的等级伦理秩序，费孝通先生称之为差序格局②。针对中国传统社会差序格局的特征，周代的统治者通过损益殷礼并统摄了血缘性的温情和宗法性、等级性的威严，制定了周礼。面对春秋战国时期的"礼崩乐坏"，以孔子为代表的先秦儒家继承和发扬了周代礼乐文化中宗法和亲缘伦理的基本精神，援仁入礼，确立了集"亲亲性"与"尊尊性"于一体的家国同构的伦理道德体系，将血缘亲情作为家庭伦理之发端，为家庭伦理提供了最稳固的人性保障。中国传统伦理文化以家庭为本位，将家庭伦理看成治国安邦的基础，"国尚礼则国昌，家尚礼则家大，身有礼则身修，心有礼则心泰"③。家庭成员之间的亲情之爱以及基于父母与子女、丈夫与妻子之间的双向亲情关系，是家庭伦理得以生长和发展的本源。在血缘关系和两性性别关系的支配下，个体在家庭中表现为不同的角色，被赋予不同的道德期望、道德权利和道德责任。

基于中国传统家庭的亲缘性沿着以父子关系为主轴纵向展开、以夫妻关系为辅轴横向展开，形成了以长辈对晚辈的关爱伦理、晚辈对长辈的孝敬伦理、丈夫与妻子之间的夫妻关系伦理为核心的家庭伦理。慈母、孝女、

---

① 叶文振：《慈母、孝女、贤妻的时代价值与实现路径》，《中国妇女报》2014 年 3 月 4 日。
② 费孝通：《乡土中国 生育制度》，北京大学出版社，2003，第 26 页。
③ 转引自闻学良《国尚礼则国昌》，光明网，2008 年 8 月 7 日。

贤妻是中国传统伦理文化对女性的伦理期待和要求，是中国几千年来绵延不绝、代代相传的家庭核心价值观，更是中华民族家庭体系发展中不断汇聚起来的性别道德力量，如孟（子）母教子、徐（庶）母大义、岳（飞）母刺字、孔（子）母授学、欧（阳修）母画荻、花木兰替父从军和穆桂英挂帅等，至今都还是我们做母亲、女儿和妻子的女性学习的榜样。家庭是社会的细胞，是社会发展的基础，家庭的和谐有利于推动社会的和谐。中国传统的家国一体、男权取向的家庭伦理，虽然有着严格的伦理秩序安排，个体的自主权利和独立人格都受到了一定的限制，尤其是对女性的家庭伦理约束导致她们"治国平天下"机会的丧失和自立自强意识的弱化，但是，不能因此而否认慈母、孝女、贤妻的家庭核心价值观和广大女性出色的性别实践在中国几千年的历史发展进程中对维护家庭和社会的和谐稳定所发挥的积极作用。

二　慈母、孝女、贤妻的时代价值

然而，慈母、孝女、贤妻这个贯穿女性整个生命周期、与婚姻家庭相关联的性别角色定位及其延绵几千年的传统价值，却在倡导男女平等的时代有点儿被淡忘，甚至有时候还受到批评。这种淡忘与批评让我们经常忽视妇女在弘扬中华民族家庭美德、树立良好家风方面所具有的独特性别作用，低估了妇女在人口再生产、家庭和美延续与社会和谐发展中所付出的性别代价和所作出的巨大贡献[①]，其结果往往削弱了慈母、孝女、贤妻作为中华民族家庭美德一个重要组成部分的传统价值及其传承意义，还影响与时俱进地给这些性别角色注入新的时代内涵，以发挥更大的家庭正面功能，并转化为整个社会和谐与进步的力量。新形势下重新强调广大妇女作为孝女、贤妻和慈母的性别角色，是对妇女在家庭建设方面不可替代的性别作用的理论支持，是对妇女贯穿一生的爱家、顾家和持家的家庭观念与奉献精神的历史肯定，更是从坚持和践行社会主义核心价值观、实现中国梦的

---

① 叶文振：《中国妇女百年发展与贡献》，《中国社会科学报》2010年3月4日。

高度，对妇女从家庭内部到社会进行双重的性别参与和贡献的政治期待①。概括起来，慈母、孝女、贤妻的时代价值主要体现在以下几个方面。

1. 民族家庭美德的时代传接

习近平在省部级主要领导干部学习贯彻十八届三中全会精神、全面深化改革专题研讨班开班式上发表重要讲话强调："要理直气壮地继承和弘扬中华民族传统美德。对先人传承下来的文化和道德规范，要在去粗取精、去伪存真的基础上，采取兼收并蓄的态度，坚持古为今用、推陈出新的方法，有鉴别地加以对待，有扬弃地予以继承。"② 什么是传统？希尔斯认为，从过去延传到现在的被人类赋予价值和意义的事物都可以看作是传统，"只要人类还天生就是人类，只要他们还具有爱的能力和性的欲望，只要父母的爱护仍为儿童的生存和成长所必需，那么这些传统都不会消亡"③。没有传统，人类便不能生存，人类的文化便不可能持续发展。在对慈、孝、贤这些传统家庭美德形成和发展的回顾中发现："在现实社会角色里面，不管经历和发生什么，作为女性来讲，内心还是希望做一个孝顺的女儿，当为人妻时做一个贤惠的妻子，慢慢年长时做一个善良的慈母。这也是理想中女性在完成不同时期角色中间的一个担当，和应该做的本分。"④ 女性这些美德对家庭稳定和幸福、对下一代的健康成长甚至对女性自身的性别完善和提升都发挥着非常重要的正面功能。其实，中国几千年家庭建设的实践还表明，这些家庭美德实际上已成为家庭健康运行的内在力量，在一定程度上有效地应对了由于经济或社会转型给家庭发展带来的外部挑战。忽视或者低估这些家庭美德的积极作用，甚至简单地把它们归并到封建礼教中去，都是缺乏实事求是的态度，不利于传统美德世代传承的。

当然，关于家庭美德的传承还需要一个科学的方法，这就是要避免缺乏男女平等意识的、只是针对女性的单性别要求，同时更要防止把对慈母、孝女、贤妻的角色强调理解为是"男主外，女主内"传统性别分工的回归

---

① 叶文振：《慈母、孝女、贤妻的时代价值与实现路径》，《中国妇女报》2014 年 3 月 4 日。
② 《习近平在省部级主要领导干部学习贯彻十八届三中全会精神、全面深化改革专题研讨班开班式上发表重要讲话》，共产党员网，2014 年 2 月 17 日。
③ 〔美〕希尔斯：《论传统》，傅铿、吕乐译，上海人民出版社，1991，第 428 – 429 页。
④ 谭琳：《著名编剧王丽萍：下部戏就拍"慈母孝女和贤妻"》，人民网，2013 年 10 月 31 日。

和对"三从四德"思想的强化。有了这样的科学把握,我们就会清醒地认识到,慈母、孝女、贤妻这样的慈孝文化传统,蕴含着中华民族伦理文化的"密码",是维系家庭和谐稳定的内在力量。随着历史的变迁,它们在表现形式上可能会发生演化,但其所代表的亲情之爱的伦理文化是不可能消失的,因为这是人类生存和延续所必需的伦理传统。虽然当今社会的家庭结构发生了重大的改变,家庭内部成员的权利与义务关系也以相互尊重和彼此平等为主要特征,但是,作为母亲应该慈爱,作为女儿应该孝敬,作为妻子应该贤惠,这样的伦理要求并没有过时,它们与男女平等的现代伦理并不相悖。女性广泛参与社会活动,已婚男性也多一些慈、孝和贤的美德,将十分有助于女性更好地扮演好慈母、孝女、贤妻的性别角色。这也进一步表明,在传承和弘扬中华民族家庭美德中,要有科学的社会性别意识作指导,既要防止以美德之名继续宣扬落后的性别文化,又要杜绝把许多被长年家庭生活实践证明是行之有效的传统美德都贴上性别不平等的标签。

2. 核心价值观念的家庭实践

慈母、孝女、贤妻的现代意义还体现在这些角色的成功扮演还是在家庭领域培育和弘扬社会主义核心价值观的重要实践。如前所述,包含慈母、孝女和贤妻在内的家庭道德文明是指调整家庭各成员之间的利益关系与情感关系的行为规范,它包括亲情、爱情、道德文明和邻里关系道德文明,在中央文明委颁布的《公民道德建设实施纲要》中,被凝练为20个字,即"尊老爱幼、男女平等、夫妻和睦、勤俭持家、邻里团结"。而社会主义核心价值观是指社会主义社会的民众共同为之努力奋斗的价值取向,主要由坚持马克思主义指导思想、坚持中国特色社会主义共同理想、坚持以爱国主义为核心的民族精神和以改革创新为核心的时代精神以及坚持社会主义荣辱观等4个"坚持"组成,在党的十八大报告中,被概括表述为24个字,即"富强、民主、文明、和谐、自由、平等、公正、法治、爱国、敬业、诚信、友善"。不论是从其早期起源和动态发展,还是从其时代内涵与社会功能来看,家庭道德文明和社会主义核心价值观之间都有十分密切的关系,都凝聚着非常鲜明的中华民族文化精髓,带有相当突出的民族特色,如和睦和谐；都经历过极其久远的历史变迁和时光锤炼，有着一以贯之的传统美德，如慈爱友善；都得益于马克思主义理论与中国特色社会主义实践的成功结合，是这种结合的经验总结与价值应用，如平等民主团结互助。所以，它们是一脉相承、与时俱进的，是全世界中华儿女都可以追求的共同理想和共同继承的精神财富！

由此可见，家庭美德中的慈母、孝女、贤妻的价值取向和行为模式就蕴含在社会主义核心价值观之中，是在处理家庭关系、建设幸福家庭中直接体现和践行核心价值观的，并成为社会主义家庭建设的一个美好理想。对年迈父母的孝是感恩或反哺，是文明与公正的最好展示；对配偶的贤是尊重与互助，是和谐、平等与诚信的综合反映；而对未成年儿女的慈是义务与责任，是法治与友善的集中体现。所以孝、贤和慈本身就是社会主义核心价值观的内在构成，强调慈母、孝女、贤妻这些传统性别角色的现代意义实际上是给社会主义核心价值观注入了社会性别意识，突出了妇女在培育和弘扬社会主义核心价值观中的时代责任和性别作用①。而且通过慈母、孝女、贤妻的积极示范还把培育和弘扬社会主义核心价值观从社会层面深入每一个婚姻与家庭，融入家庭生活的全过程与家庭系统的纵横关系，从家庭这个社会细胞的健康与活力、从孩子的成长源头、从与血缘姻缘关系的良性互动中认知与践行社会主义核心价值观，这不仅让社会主义核心价值观有一个非常重要的传播与培育载体，更重要的是形成了有利于宣传和弘扬社会主义核心价值观的生活情境和家庭氛围，使核心价值观的影响像空气一样无所不在、无时不有。从这个意义上来说，推动家庭道德文明建设，倡导慈母、孝女、贤妻的角色作用，就是在培育、塑造和弘扬社会主义核心价值观，而社会主义核心价值观的传播与坚持又反过来可以更好地发挥慈母、孝女、贤妻在弘扬中华民族家庭美德、树立良好家风方面的独特作用，提高家庭道德文明的水平，进而推动社会主义家庭制度的进一步完善，提升人民群众的家庭幸福感。

3. 中国家庭发展的现实需要

倡导慈母、孝女、贤妻的价值取向和行为表现还是当前社会主义社会

---

① 叶文振：《慈母、孝女、贤妻的时代价值与实现路径》，《中国妇女报》2014年3月4日。

发展阶段的现实需要，慈母、孝女与贤妻这些角色功能已经转化为有效解决中国现代家庭发展中出现的各种问题的内在力量。众所周知，中国正处于经济、社会和人口三大转型的历史阶段，婚姻家庭的外部支持也因为各种相关体制机制的不完善而相对弱化，婚姻的美满和家庭的幸福比以往更大程度上依赖于婚姻家庭内部的运行机制和文化氛围，特别是取决于包括孝女、贤妻和慈母在内的家庭成员之间的沟通方式和互动质量。但是，许多事实表明，家庭内部人际关系的质量没有及时跟进，反而在三大转型的共同影响下出现逐步走低的势态。究其主要缘由，从表面上看好像可以归因于慈母、孝女、贤妻等价值取向的迷失，但其根本原因却是整个社会性别文化与制度的滞后扭曲了新时期女性的"四自"意识与传统女性的家庭"三个角色"（慈母、孝女、贤妻）之间的关系，加剧了它们之间在价值取向和资源占有上的冲突与矛盾。

从慈母来看，母亲角色的定位与扮演更是关系到下一代健康成长，关系到国家的富强和民族的振兴。可是在今天，当独生子女尤其是城乡的流动和留守儿童需要更多的慈母的时候，像妇女做母亲的"慈"，在市场利益取向的挤压和婚姻关系波动的牵连下，在对女性歧视性的制度安排和资源配置下，却没有得到比较好的性别坚持与全社会的保护。在进行生育决策的时候，较少从孩子的福利需要角度出发，全面地考虑在生育中应该为孩子提供什么和自己是否具备这种供给能力，然后再思考是否行使和如何行使自己的生育权利。较多地把生育孩子演化为追求个人效用的一种"经济"行为。在进行教育选择的时候，由于应试教育所施加的压力，我们也是较少像习近平所指出的那样，在家庭美德教育中发挥慈母的作用，首先帮助孩子形成美好心灵，并和学校正规教育与社会社区教育保持密切的分工合作，促使他们健康成长，长大后成为对国家和人民有用的人。在婚姻面临危机的时候，或者急着想要个孩子，满心期待着孩子能够像纽带一样把自己的婚姻维持下去，却没有为孩子考虑如何面对可能解体的家庭生活，或者与孩子建立同盟，极力在孩子的心目中丑化丈夫的形象，如此，以责任为取向的离婚后的育人合作和母爱父爱的双重供给都很难形成和保持。这种作为母亲的"慈"在总量上的丢失和结构上的异化，导致母亲队伍在生育观念和育儿价值取向上出现偏差。加强对当代母亲的慈爱宣传与教育，提升她们为人父母的慈爱意识和质量已经成为不容忽视的一项社会工作!

　　从孝女来说，政策性的低生育率、"未富先老"的人口年龄结构变化以及跨区域的人口异地流动带来老年人口和空巢独居老年人口比重的增加，对传统的孝道、对儿女的感恩与回报产生巨大的需求。可是在西方"接力式"的代际文化影响下，社会的感恩与反哺意识却在淡化，甚至还出现规模不断扩大的"啃老族"。因此，恢复孝女的历史声誉、强化孝女的当代价值与扩大孝女的性别示范是重建代际反哺先进文化、衔接老年人口养老需求与供给关系不可或缺的一个重要途径。

　　从贤妻而论，在婚姻边际效用下降、离婚率逐年递升的今天，也需要更多的贤妻来提升婚姻质量和稳定夫妻关系。贤妻的忠诚温婉、自信独立、心平气和以及聪明智慧向来都是非常有效的婚姻关系的润滑油、黏合剂和排除外扰的重要武器。贤妻除了直接惠及婚姻外，还可以通过自身的人格力量影响、穿透和提升共同生活的配偶，在促使丈夫成为婚姻家庭建设更称职的合作者的过程中，传递支持和推动夫妻关系可持续发展的正能量。

　　"慈母、孝女、贤妻对促进家庭和美、社会和谐发挥着不可替代的作用"的论述①，非常贴近和切合中国当前的婚姻家庭实际，是对婚姻家庭在经济社会和人口转型中所产生的一系列问题的正确把脉和适时应对，也是对中国妇女在全面深化改革的新时期如何发挥新作用和作出新贡献的方向把握和领域拓展。

三　慈母、孝女、贤妻的实现路径

　　慈母、孝女、贤妻不仅是中国传统伦理文化对女性角色伦理的具体规范，是整个社会包括男性群体对现代女性的角色期待，而且也是女性自我完善、提升性别幸福感的伦理路径。但是，妇女要扮演好慈母、孝女、贤妻这些家庭角色也是需要前提条件的，那就是男女平等的文化氛围与制度环境的理解和支持，尤其是男性对家庭生活的一起担当与参与。因此，既

----

① 王岐山：《在中国特色社会主义伟大实践中撑起半边天》，新华网，2013年10月28日。

要继续强调女性做一个慈母、孝女、贤妻的传统价值和现代意义，也要设身处地地了解女性一个肩膀挑起家庭和社会两个重任的压力和辛苦，更要通过制度和文化的性别平等和支持善待、爱护每一个女性，用性别的平等、互爱和共同参与来重新唤起中国女性做一个慈母、孝女、贤妻的性别热情与自觉。

第一，要继续引导妇女提高对"四自"先进性别意识和慈母、孝女、贤妻传统家庭角色之间关系的正确认识，鼓励她们首先走出家门、投身社会，争当具有"四自"精神的时代新女性。从现实的情况来看，要做一个现代的慈母、孝女、贤妻不仅需要经济资源的物质支撑，更需要先进婚姻家庭观念和社会性别意识的精神支持。不通过丰富的正规教育和社会经历，掌握用于职业发展的专业知识和治理婚姻家庭的先进理念和能力，不通过稳定的社会劳动参与和就业能力的提升，获得一份充裕的经济收入和性别自信，不通过对公共事务和决策过程的全面参与，提高参政水平和扩大政治影响力，妇女即使有很高的性别意愿，也扮演不好现代孝女、贤妻和慈母这些家庭角色，甚至还会在各种资源、社会性别意识和女性性别自信缺失的情况下，继续接受在婚姻家庭等这些领域中不平等的性别安排，还有可能在质量低下的婚姻关系中失去自我，并危及与父母、孩子的代际关系。所以，对于当代女性来说，不论是退出职场重拾全职家庭主妇的角色，还是以工作为辅、以家庭为主的人生安排，都是不可取的，甚至还要注意不要因为对慈母、孝女、贤妻等家庭角色的强调而放松对男女同龄退休的性别权益的争取。总之，新形势下所提倡的孝女、贤妻和慈母，绝对不是对传统家庭角色的简单回归，而是女性全面发展意义下的家庭责任，用具有"四自"精神的时代新女性的发展引领和支撑家庭领域的孝女、贤妻和慈母的角色扮演，进而形成二者之间的良性互动和彼此促进，才是当代妇女科学发展的理性选择。

第二，慈母、孝女、贤妻需要全社会的爱护和支持。客观来说，妇女社会职业发展和家庭事业进步的并重在一定程度上加大了她们的心理压力，同时也给她们带来时间和精力配置上的困难。我们不希望其实也不应该让妇女为之付出身心健康的代价，降低自身的生活质量和幸福感！这也就是说，要让当代职业女性也通过成功扮演慈母、孝女、贤妻角色获取来自婚姻家庭生活的幸福,是有条件的,特别需要社会外部的舆论和制度支持。因此,有必要"坚决贯彻男女平等基本国策,在立法决策中充分体现性别意识,在改善民生中高度关注妇女需求,在社会管理中积极回应妇女关切,使男女平等真正体现到经济社会发展各领域、社会生活各方面"①。尤其要改变"男主外,女主内"的陈旧观念,不能再弹"让妇女回归家庭"的老调,要更加正确地认识妇女社会与家庭双重发展的性别意义和家庭价值,自觉地废除公共政策和乡规民约中与《妇女权益保障法》、男女平等基本国策相背离的各种条款,让妇女用效率的提高和对发展成果的平等分享来增加单位时间职业投入的产出,并通过一定的社会政策性别倾斜和完善社区支持功能,更加顺畅地把妇女户外的发展转化为对家庭的性别服务,以达到广大妇女社会发展与家庭服务的最佳组合与最优兼顾。

第三,孝女、贤妻和慈母还需要男性的性别支持与配合。更多"好男人"的支持与配合,可以把孝女、贤妻和慈母促进家庭文明建设的独特作用充分发挥出来。这就要求在培育和弘扬社会主义核心价值观中,在弘扬中华民族家庭美德和树立良好家风中,把教育和培养时代好男人也作为一个重要目标去追求,所以孝女、贤妻和慈母的角色任务与作用,不能被局限于传承家庭美德和树立良好家风,还应该通过性别示范和拉动,通过男女平等家庭环境的营造,有意识地延伸到对时代好男人的大规模培养。从这个意义上来说,如何把先进的社会性别意识和家庭性别互助观念纳入贤妻与丈夫的婚姻互动之中,贯穿到慈母与男孩的代际培育之中,是至关重要的。作为"娘家人"的各级妇联,还有关心和支持妇联工作的各级党委和政府都有义务和责任,既要创造各种机会培养妇女造就时代好男人的意识和能力,更要在全社会向所有男性提出争做时代好男人的要求,强化男性的家庭观念,提高他们对家庭事务的参与率和对家庭其他成员的服务质量,使社会主义家庭建设与发展拥有更强大的性别合力与更友好的两性互助合作②。

最后,为了"把引导妇女弘扬'四自'精神与弘扬中华民族家庭美德

---

① 王岐山:《在中国特色社会主义伟大实践中撑起半边天》,新华网,2013年10月28日。

② 叶文振:《慈母、孝女、贤妻的时代价值与实现路径》,《中国妇女报》2014年3月4日。

结合起来，把发挥妇女在中国特色社会主义事业中的'半边天'作用与发挥妇女在家庭生活中的独特作用结合起来"①，更好地推动中国女性的职业和家庭协调发展，还需要在充分发挥全国妇联群团组织作用的同时，把国务院妇女儿童工作委员会拓展为国务院妇女儿童家庭工作委员会，来统筹全国的家庭工作，整合社会各界的力量，协调好妇女发展与家庭稳定和谐之间的关系，处理好女性在职业发展与家庭服务同时并进中可能出现的各种问题；尤其是通过社会政策设计和制度安排，让中国男性不仅把更多的业余时间留给家庭，而且还能自觉地参与家风营造、家庭教育和家务劳动，与女性一起为家庭的和美发展、父母的幸福养老、孩子的健康成长付出心力与智慧。

---

① 宋秀岩：《团结动员广大妇女为实现中国梦而奋斗》，《求是》2014 年第 3 期。

经济理性下现代女性婚姻策略的困境

◎王郁芳[*]

摘　要： 经济理性是分析婚姻家庭的一个重要视角，"理性人"从婚姻选择到婚姻缔结都在权衡成本—效益，力求婚姻双方以及家庭效益的最大化。作为婚姻主体之一的女性，在一系列选择与权衡中也必然会自觉不自觉地遵循经济理性的"最大效益"原则，其权衡涉及两个层面：由婚姻组成的家庭整体效益和作为婚姻一方的个体利益。而女性作为妻子与作为个体"我"的利益并非完全一致，在思考家庭和婚姻整体利益所作出的选择与作为个体利益所作出的选择并非始终一致，甚至可能相互矛盾。

关键词： 经济理性　婚姻策略　成本　效益

"婚姻策略"这一概念来源于法国社会学家布迪厄的实践理论，指在当时"社会实践"背景下，行动者在"婚姻场域"中，在传统婚姻"惯习"的延续影响下，婚姻的缔结过程中所采取的方式、方法以及婚姻策略自身所体现出的功能等婚姻策略行为与社会发展的客观实践背景密切相关。贝克尔认为，从经济学角度看，人类的婚姻也是一种市场行为，人们会通过比较成本和收益来选择使自己获益最大的对象结婚。贝克尔的家庭经济理论分析是建立在完整的市场假设基础上的。他作了这样两个说明：首先，

＊　王郁芳，湖南省委党校、湖南省妇女干部学校教授。

现代社会的婚姻几乎都是出于自愿，故偏好理论以及理性经济人假设完全适用于此；其次，婚配过程像一般的市场模式一样，是在信息不完全的前提下由当事人进行选择与竞争的过程，所以，可以假定婚姻关系也是一种市场关系，在一般市场模式中的成本收益分析、效用价值分析等原理就也可以用于对婚姻状况的分析①。贝克尔的说明或许可以用来解释绝大多数的婚姻以及在不同社会和不同环境中人们的择偶标准为什么都比较注重财富、受教育程度等特征。

一　婚姻成本与效益的权衡：结婚抑或单身

按照贝克尔的理论，资源交换是婚姻的基础，婚姻实际上是将自己拥有的、对方稀缺的部分资源与对方所拥有的、自己稀缺的那些资源进行的一种比较稳定的部分交换②。既然是交换，就涉及平等交换以及投入和支出等问题，即男女是否决定结婚要考虑一定的成本，这包括法律手续上的费用、继续寻找配偶的成本等，这些成本将减少婚姻的收益。婚姻选择的前提是帕累托改进，即两个人的生活质量优于一个人生活，才会有结婚的动机。许多研究发现，只有男人或只有女人的家庭效率要低得多，因为他们不可能在比较有利的条件下从性别差异中获利，尤其是爱情和拥有自己子女所具有的不可替代性，更是独身者不能获取的最优收益。婚姻存在于各种社会和各个时期，当"合作"的预期收益超过保持独身或继续寻找配偶所付出的成本时，个人便会选择结婚；反之，就会单身。尽管婚姻的选择有着诸多共性，但不同时期适婚男女所采取的婚姻策略各不相同。现代社会独身的人越来越多，一个重要的原因就是现代人很忙，搜寻婚姻信息的机会成本很高。单身、推迟结婚、同居、试婚等形式的存在也许正是因为结婚和离婚成本太高，人们采取的另一种策略。在成本上升方面，由于在大部

---

① 郭利华、贾利军：《诺贝尔经济学奖经典理论——经济学茶座》，内蒙古人民出版社，2003，第133页。

② 巨东红：《全球化背景下中国婚姻的变迁与展望》，《曲靖师范学院学报》2006年第1期。

分时间段，人的收入通常随年龄增长而增长。当女方要求更多的嫁妆时，意味着婚姻成本上升，"持币待购"的时间将延长，被迫性的"迟婚"现象将出现。在相对收益下降方面，如现代人更看重"事业"，希望先立业后成家，意味着婚姻的收益相对"立业"出现下降，主动性的"迟婚"现象将出现。另外，社会约束条件的变化也会改变婚姻成本或相对收益，从而影响婚龄。比如，城市化建设出现障碍，城市住房价格上升，意味着成本上升，被迫性的"迟婚"可能出现；当未婚亦开始变得可以容易地获得性生活，意味着婚姻"性的满足"的效用相对下降，主动性的"迟婚"亦将增加。

就女性而言，选择了事业的单身女子会有更高的沉没成本，这使得婚姻的选择变得更加不容易。"三高女性"失婚现象（愁嫁）就是一个佐证。"三高女性"即"学历高、收入高、职位高"，其"高"是源于她们之前付出了巨大的成本。作为人力资本投入的重要方式——教育本身就是一种高额资金成本、年龄成本、机会成本的累积。假设我们用幸福＝效用÷期望值这样一个公式来度量幸福的话，很显然在效用一定的情况下，期望值越高，也就越不容易有幸福感。因此，要感到更加幸福，就必须提高效用值。表现在婚姻上，即是其婚配的对象必须能够给她带来更大的效用，而这往往只有优秀的男性才能符合这个条件。而按照中国传统文化男高女低的婚姻阶梯模式，在择偶中男性有更看重女性的自然资源的偏好，女性则有看重男性的社会资源的偏好，而女性身上较为重要的被男性看重的自然资源是随着时间的推移而不断贬值的。所以说，单身女性事业心越强，就越希望获得很好的感情补偿，但是期望值越高，婚姻就变得越不容易，这在经济学上叫作路径依赖，即一个女性因为投身事业而错过婚龄，又因放不下事业而在单身的路上走得更远。

二　择偶标准排序：资本还是爱情

择偶标准也叫择偶价值，即一个人选择婚姻伴侣所持有的主观条件。择偶标准是个体在社会化过程中逐渐形成的，总是受一定社会文化、道德观念、传统习俗、社会制度的影响。择偶作为一种经济行为也有成本与收益问题，遵循着经济学约束条件下效用最大化原则。《2012年全国婚恋调查报告》显示，男性和女性在择偶中都看重感情的投入。恩格斯指出："如果说只有以爱情为基础的婚姻才是合乎道德的，那么也只有继续保持爱情的婚姻才合乎道德。"① 爱情最核心的成分就是承诺。感情的问题，同样也是利益权衡的问题，只不过这里的利益包含了感情而已。爱情也像其他人类行为一样，寻求的仍然是实实在在的收益，必将经由理性选择，符合效用最大化原则。女性不仅要选择一个拥有能提供生活保障资源的男性，还要选择一个有责任心、爱她且爱其子女的男性。对于个人来说，讲究感情的婚姻应该更幸福。但是把感情作为基础的婚姻，是脆弱的、不稳定的，可能会导致以后的离婚，于是在这种不确定因素的影响下，有人转而寻求物质和经济的因素作为择偶的重要条件。这不能作为评价个人道德品质的标准，因为每个人都有选择自己生活方式的自由。作为个人要清楚的是自己希望得到什么，是更注重精神还是更注重物质？

从经济理性的角度出发，相似的经济基础和社会背景，是缔结婚姻以及维持婚姻稳定的重要条件，也进一步证明"门当户对"存在的合理性。贝克尔认为，当相近特征或相异特征能使所有婚姻的家庭商品总产出达至最大时，便会出现这种配对，而不管特征是金钱方面的（如工资率和财产收入）、遗传方面的（如身高或智力）还是心理方面的（如进取心或悲观主义）。"社会位置相近的人们的社会交往，要比其社会位置相差大的人们之间的交往普遍些。"② 可以相信，"两个家庭所接受的联姻的条件，往往是双方在经济上或社会上的门当户对"。"如果不考虑选择具有类似社会背景的人做配偶，婚姻就会缺乏坚实的基础。"③ 虽然强调交换以爱情为基础，但是正如一些学者所说，"爱不是无缘无故而产生的神秘的力，相反，爱只有在相似的社会特点和资源的人们中闪耀"④。因此，如果婚姻是一种交换行

---

① 《马克思恩格斯选集》第4卷，人民出版社，2012，第94页。
② 〔美〕彼特·布劳：《不平等和异质性》，王春光、谢圣赞译，中国社会科学出版社，1991，第395页。
③ 〔美〕威廉·J.古德：《家庭社会学》，魏章玲译，社会科学文献出版社，1986，第72页。
④ 〔美〕丽莎·斯冈茨尼：《角色变迁中的男性与女性》，潘建国等译，浙江人民出版社，1998，第141页。

为，那么"门当户对"是保证男女双方在交换过程中平等和互惠的基本条件。当然择偶的交换与对等也并非只是表面的物质交换，还有无形资源的交换，也正是因为有无形资源的参与，使得婚姻配对的相似和等价并不那么显而易见。

尽管男女两性在择偶中遵循着对等匹配原则，但男女在择偶方面侧重的条件却不尽相同。达尔文用性选择理论，解释那些有利于择偶成功的人类特性的进化过程。性选择理论和亲代投资理论在逻辑上得出这样一个假设：女性已经进化出了对资源富足的男性的特定偏好[1]。在女性的长期择偶策略中，女性总是偏爱那些能够也愿意为自己和后代提供资源并且能持续提供资源的男性。女性择偶中的经济资源偏好是由女性在生与育中的特殊责任决定的，女性对后代投资多于男性，女性更强调男性提供资源和保护资源的潜能，经济资源丰富的男性能为生育提供强有力的支持。女性对于社会地位高的男性的偏好，说到底也还是因为地位高的男性有机会获取更多的资源。甚至年长偏好也依然与资源相关，因为在所有的社会中，年长的男性拥有的经济资源和所处的社会地位都会高于年轻男性。但是年龄的差距不应太大，根据成本与效益理论，年长许多的男性在生育、健康等方面处于劣势，而且因为身体等原因还将直接影响其经济资源的增长。

三　家庭分工的帕累托最优：女性
"主内"　还是　"主外"

帕累托最优状态"即在该状态上，任何改变都不可能使至少一个人的状况变好而不使其他人的状况变坏"[2]，否则，不需要帕累托改进。这也就是波斯那所认为的："家庭是一个重要的经济生产单位（抚育子女、提供食品等等）。就像在市场中一样，婚姻如果不是为了互利，就创造不出效率

---

① Buss, D. M., "Sex Differenees in Human Mate Preferenees: Evolutionar Hypothes is Tested in 37 Eultures", *Behavioral and Brain Seienees*, 1989, (12).

② 高鸿业：《西方经济学》，第 2 版，中国人民大学出版社，2000。

来。"①"夫妻一体主义"认为："结婚是以永久共同生活为目的的，结婚者有理由相信，配偶一方的发展就是整个家庭的发展，自己也必然分享因发展所获得的成果及预期利益。一方牺牲自己的时间成本和机会成本从事家务劳动，为对方获得文凭、执照、资格在经济上和生活上予以支持，是因为从事家务的一方确信在婚姻生活中，自己可以分享对方获得的成果和带来的相应经济利益。"② 由此看来，只有家庭达到帕累托最优，夫妻双方才有可能在其中获取最大效益。

如何让家庭效益达到最大化？亚当·斯密在他的《原富》一书中曾列举过劳动分工的三大优越性，其第一个优越性是劳动分工节约了劳动者在不同工种之间转换工作的时间。一个家庭的各个成员的资源应该按照他们可比较或者相对的效率配置到各种活动上或用到家庭内部的分工中，以使家庭成员把他们的时间和其他资源配置达到最佳，使家庭商品产出最大，达到婚姻内帕累托最优。中国传统文化中大家接受的"男主外，女主内"家庭模式，明确区分了家务劳动和社会劳动的界限，减少了夫妻之间在家务劳动与社会劳动之间不断转换所付出的时间，从社会分工的角度看是合理的，符合此经济学理论。

但是传统的"内外分工"几乎在所有的家庭中还表现为性别分工，男女即便投入同样数量的人力资本，甚至妇女有超过男性的比较优势，一个效率高的核心家庭仍会将女性的时间主要分配给家庭，把男性的时间主要分配给市场。可见中国传统社会的"男主外，女主内"模式不仅是基于经济理性的选择，还是基于传统的社会性别文化的选择。

现代社会公领域中的性别平等赋权推进了家庭中分工的平等化。新中国成立以来，中国政府的政策推动和积极介入使"男女平等"意识深入人心，但是"男外女内"的性别分工模式仍然没有退出历史舞台。当夫妻双方感到工作与家庭二者难以兼顾时，其家庭理性决策的结果往往是：牺牲女性在工作中自我实现的机会，而鼓励男性投入更多精力和时间在事业发展和继续教育上。"男外女内"的家庭经营模式仍被沿袭，虽然夫妻双方都

---

① 沈宗灵：《现代西方法理学》，北京大学出版社，1992，第406页。
② 刘珊：《论夫妻共同财产的若干法律问题》，中国政法大学硕士学位论文，2004，第29－30页。

参与家庭式生产经营，也同时拥有家庭资产所有权，但是"丈夫集决策、管理、营销于一身，而妻子则是典型的'管家＋老板助理'角色。男人执掌的是生产经营中不可替代的关键环节，而女人占据被认为不那么重要、可以被替代的环节"①。农村家庭追求利益最大化的理性选择形成农户"男工女守"的家庭分工合作模式，"女性留守户"是现代城市化和工业化发展中"男外女内"在农村的最直观表现。

看似公平理性的家庭内性别分工，从整体上提高了家庭的收益，降低了家庭的支出成本。但是从性别视角来看，一旦进入个体层面就会发现，正是由于这种性别分工以及由此带来的价值等级评判，给家庭中的夫妻双方带来完全不一样的境遇与机会。男性凭借扮演养家糊口这一角色与公领域发生联系，获取女性在私领域无法获取的权力、金钱、物资、社会地位等有形和无形的资源和资本，从而更进一步确保了男性经济的独立性和在性别关系中的主动性。"生产系统增进了男人的团结，也使妇女愈益个体化，最终是妇女的亏损积累和男人的利益积累。"② 特别是农村留守妇女的家庭选择模式，其实质更是以牺牲女性（尤其是已婚妇女）利益为代价，以满足男性户主为代表的家庭整体利益最大化的需要。其结果势必导致农村留守妇女在不断变迁的现代社会生活中陷入诸多困境。一旦婚姻解体，作为整体的家庭将不存在，其整体的利益也将不复存在，那么女性作为个体的利益将受损。

四　家庭人力资本投入：
"重男" 还是机会均等

在家庭经营中还有一个重要的影响因素，那就是人力资本的投入。婚姻通过互相提供信用来协调人力资本投资的收益。人力资本是指通过投资

---

① 金一虹：《"男人生活"与"女人生活"——苏南农村工业化过程中的性别分工变化》，载李小江等《主流与边缘》，生活·读书·新知三联书店，1999，第119页。

② 〔澳〕马尔科姆·沃特斯：《现代社会学理论》，杨善华、李康等译，华夏出版社，2000，第297页。

形成的、寓寄在劳动者身上并能够为其使用者带来持久性收入来源的劳动能力，是以一定的劳动者的数量和质量为表现形式的非物质资本。婚姻在经济学上具有团队特征，其团队本质决定了夫妻间人力资本的相互依赖和协作关系，故此，家庭因性别劳动分工来决定家庭人力资本投资方向。按照前文分析的家庭中比较有利条件方面的专门化投资和时间配置，在工作和家庭的比较优势中女性总是趋向于后者。如果照料孩子和承担其他家务相对需要大量的时间和精力，那么负有操持家务责任的女性投入市场活动的精力和时间就会比男性要少得多，这样将导致已婚女性工资偏低和减少，进而影响女性的工作和职业。即便是她们的工作时间和已婚男性工作时间相同，甚至依然会减少女性对人力资本的投资。因此，已婚女性操持家务也许可以用来解释男女之间的工资差异和男女职业隔离的根源。

既然人力资本是与人身密不可分的技术和能力而不是财产，因此夫妻离婚时不能作为夫妻共同财产加以分割。从性别的视角分析，在中国当下的婚姻家庭生活中，大多数人仍然坚持"男人以事业为主，女人以家庭为主"的传统观念，大多数家庭依然遵循"男主外，女主内"家庭分工模式，当家庭和事业发展出现冲突时，大多都是女性放弃自我提升机会。中国现行的法律缺乏对婚姻关系中人力资本问题的规定和保护，且家务劳动的价值无论在立法上还是在市场上都没有予以承认，中国现有的离婚救济制度也并未对夫妻间负担较多家庭义务的协助一方权益加以保障。当婚姻关系终止时，由于妇女人力资本具有家庭专用性，其不可回收的资本的损失就在所难免，经济学上称为沉没成本。这样离婚就变成了一方对另一方（主要是妻子）的无情掠夺。不将人力资本纳入共同财产是对女性的掠夺，这与《婚姻法》致力于实现男女平等、保护弱者利益的基本原则相违背，使夫妻双方利益关系难以实现公平。

现代女性人力资本回报率中一个主要条件是建立理想的婚姻关系。离婚率的持续升高给家庭发出的信号是：婚姻和家庭越来越不稳定。对女性而言，如果她们仅仅考虑当前的家庭分工利益而放弃市场劳动和社会工作，就意味一旦婚姻破裂她们就很难重新工作或是只能从事低工资工作，她们在家庭分工收益的分配上也就处于不利地位。在预期到家庭稳定性下降后，理性的女性将会选择进行更多的人力资本投资，以提高其未来的冲突收益。

女性会选择更多地参与劳动，其形式是推迟进入劳动力市场的时间，接受更多的教育，提高未来就业能力。虽然预期未来市场工资和就业状况恶化，但是只要婚姻的不稳定状况不能缓解，就女性生命周期内最优决策而言，进行更多的人力资本投资仍是其理性的选择。当然女性由此可能面临另一个困境：越是提高人力资本的投资，越有可能难以实现其人力资本的女性教育回报的一个愿望——建立一个理想的婚姻。

五　生育选择："丁克"还是拥有孩子

最优的配置来自市场参与者的体验，选择"丁克"还是生几个孩子，夫妻常常是从使自己获得最大满足和获取最大效益出发。"子女是一种心理收入或满足的来源，按照经济学的术语，子女可以看成是一种消费商品，有些时候，子女还可以提供货币收入，所以子女既是一种耐用消费品又是一种生产品。"① 对孩子的要求，取决于家庭收入、父母时间的价值，特别是母亲时间的价值、孩子的"质量"以及其他家庭变量。

对于生育主体的父母而言，孩子的价值（或称成本—效用）也可以分为个体价值和社会价值。其个体价值主要体现在家庭内部，即通过生育孩子，父母可以从孩子那里获得经济支持、养老保障、心理愉悦、精神寄托等方面的效用；而社会价值则主要体现在外部社会，即父母通过生养孩子可以维护家庭的社会地位、体现人生价值、具有归属感，等等，更可以获得外部社会和他人的正面评价。

同时，孩子的生产和养育也是一种投资行为，需要花费成本，因此父母是否生育孩子以及养育孩子的数量和质量，同样要遵循成本—效益分析。一些高学历、高收入的夫妻会倾向于养育较少的孩子同时倾向于提高这些孩子的素质，而高质量的孩子需要高成本付出。如果孩子的养育必须占有父母时间的一个固定不变的比例，那么，随着经济发展和父母工资的增长，

---

① 〔美〕G. S. 贝克尔：《人类行为的经济分析》，王业宇、陈琪译，格致出版社、上海人民出版社，2008，第211页。

养育孩子便显得越来越贵，而孩子的收益却不是即时的，且具有不确定性。按照贝克尔的理论，家庭生育行为是一种符合经济理性的行为。理性人的任何行为都要进行投入（成本）—产出（收益）的衡量，以便实现自身收益（效用）的最大化。基于此，就出现了"丁克"一族。

"丁克"一词源于英文 DINK（Double Income No Kids）的音译，意即夫妻双方都有工作和收入，但却没有子女。在不少"丁克族"看来，生养孩子成本太高，父母对孩子的成本投入包括物质上的投入和精神上的投入，特别是精神成本是难以用金钱衡量的。同时"丁克"一族往往注重生活质量和自我发展，而生养孩子将花费大量的时间，因此在生养孩子和夫妻享有更多休闲时间之间，"丁克"选择了后者。所以，经济成本和时间成本过高是制约和影响夫妻生育、使一些家庭不要孩子而成为"丁克"的重要原因。

六　婚姻危机处理：　维持还是解体

"和其他一切生物一样，家庭也需要不断增添动力和资源才不会瓦解。"[1] 尽管用经济自利还不能说明婚姻的所有社会情感问题，但是根据贝克尔的婚姻理论，人们即使无法获取其伴侣的完全信息，他们也会结婚，随着结婚后彼此信息的暴露，离婚可能会成为一种最优的决策。然而，离婚还是维持婚姻，与婚姻期间作出的子女、财产以及其他方式的特殊投资相关。

从经济理性的角度看，婚姻危机的产生源于夫妻双方一方社会和经济地位改变导致的交换不对等。一对夫妻结婚是源于交换公平且能达到效益最大化，但是婚姻中夫妻双方的社会地位、经济收入处在不断变化之中。例如，许多中国夫妻认为"男外女内"是在各自有利条件方面的专门化投资和时间配置以及生物学意义加在一起形成的理性分工。依据这种分工，为了争取市场效益，往往导致家庭的人力资本更多投向市场一方。结果一

---

[1] 〔美〕威廉·J. 古德：《家庭社会学》，魏章玲译，社会科学文献出版社，1986，第 72 页。

方因获取更多人力资本而得到发展，导致夫妻双方地位发生变化，各自所拥有的资本不再平衡，平衡一旦被打破，极易在夫妻之间产生权力效应，导致更大的不平衡产生。当经济收入差距使婚姻双方原本平衡的资本不再平衡时，不平衡的资本会进行不平衡的交换，从而使夫妻一方拥有了对另一方的权力。权力拥有者与服从者之间存在着冲突。当超过他（她）的承受能力时，就会对家庭权力进行反抗。经济学上有一条"边际效用递减规律"的假定，婚后每天大部分时间都要面对同一个人，如果对方没有从其他方面来提高自己，那么这时就会出现人们通常所说的"审美疲劳"，而"审美疲劳"正是边际效用递减规律的体现。特别是有些婚姻一开始遵循的是男性的社会资源与女性的自然资源的互补性匹配，而随着时间的推移，女性青春美貌不再，边际效益递减，而男性一方的社会资源却呈上升态势，这样导致夫妻双方的资源交换就会失去平衡，可能从根本上动摇婚姻稳定，导致婚姻出现危机。还有一方面不能忽视，已婚女性从事工作的动力不断增加，离婚的可能性随着离婚的成本降低而升高。

　　婚姻危机处理结果——维持还是破裂？每个人在选择离婚之前都或多或少地权衡利弊，因为离婚仍然受其成本和收益的影响。作为婚姻主体的夫妻双方都会考虑到离婚成本的问题。来自家庭和社会的压力使得离婚对多数人来说仍是成本高昂的行动，因此才有"懒得离婚"之说。依照经济学的解释，婚姻中某种特殊的投资越重要，夫妻离婚的可能性就越小。子女是婚姻中最特殊的投资，孩子也成为父母离婚最大的成本之一。家庭出于经济考虑会降低生育率，同时中国实行严格的计划生育政策，这样一来，孩子作为女性离婚的最大成本，也就被人为控制降低。但是子女依然成为夫妻离婚的重要障碍。除此之外，经济成本、时间成本、精神成本、女人的特殊成本都是夫妻"懒得离婚"的重要因素。

　　依据前文分析，因为各自所拥有的资本不再平衡，不平衡的资本会进行不平衡的交换，导致婚姻出现危机。在一个共同的家里，夫妻双方达成的是一种口头或者习惯的长期契约，以便能生产孩子、食物和其他商品。女性在婚姻中由于过多地把时间和精力投入家庭，失去获取人力资本而改变社会和经济地位的机会，而婚姻交易与真正市场交易最大的不同在于：婚姻交易并非即时兑现，这样一旦婚姻出现危机特别是离婚，女性无法从婚姻中获取应有的收益，使得女性成为婚姻中的受损一方。女性为了维护其自身利益，即便是感情破裂，依然想维持婚姻，或者离婚但要求婚姻赔偿。

　　尽管理性、务实的婚姻观容易带来婚姻与情感的背离，但是女性作为"理性人"，从是否选择婚姻到在婚姻中的家庭策略，再到对婚姻风险的规避，既会在价值偏好与约束条件下追求自身效用最大化的权衡与选择，也会考虑婚姻以及由婚姻而产生的家庭效用的最大化。而女性作为妻子与作为个体"我"的利益并非完全一致，在思考家庭和婚姻整体利益时所作出的选择与作为个体利益所作出的选择并非始终一致，女性由此而困惑。同时，女性因为历史和文化的影响以及特定的生理特征，在婚姻中处于不利的地位，其利益也将更容易受到侵害。只有经济理性存在于婚姻中，而感情等非理性因素也是婚姻中必不可少的因素，人们才能在婚姻中享受到真正的幸福。

男性气质多样性对和谐家庭
建设的影响分析[*]

◎方　刚^{**}

摘　要：长期以来支配性男性气质被认为是唯一正统的男性气质，它直接影响着男性在公领域和私领域的角色实践。支配性男性气质破坏家庭和谐。本文提出男性气质实践的多种趋势理论，认为刚柔相济/关系均衡趋势的男性气质最有助于促进家庭和谐。男性气质多样性影响着亲密关系的建构，决定着男性对家庭事务的参与程度、父职角色的实践强度，家庭暴力同样与男性气质实践有着无法割离的关系。在倡导和谐家庭建设的过程中，应该充分重视男性气质的影响因素，并利用可行方式倡导男性气质多样性的实践，从而促进家庭和谐、社会进步与性别平等。

关键词：男性气质　男性参与　父职　家庭暴力

中共十八届三中全会通过的《中共中央关于全面深化改革若干重大问题的决定》明确指出：家庭在健全城乡发展一体化机制和推进社会事业改革创新中发挥重要作用；中国人口发展"十二五"规划也明确提出建立和

* 本文是联合国人口基金"促进男性参与推动社会性别平等项目"（项目编号：UNFPA CHN7U 511 Activity84IEC/BCC）研究成果之一。

** 方刚，北京林业大学人文社会科学学院副教授。

完善提高家庭发展能力的政策体系的要求。推进家庭和谐建设对于促进社会全面进步，深化改革开放，促进男女平等和妇女发展，均具有重要意义。

但是，长期以来，社会更多地强调女性在家庭和谐建设中的作用而忽视了男性责任。作为家庭中的重要成员，男性必须而且能够对家庭和谐建设发挥重要作用。本文试图从男性气质研究的角度，分析男性与家庭和谐的关系。

一　支配性男性气质与男性气质的多样性

在20世纪80年代之前，最流行的男性气质（masculinities）理论是性角色理论（sex role theory），它基于生理差别对男女的不同角色进行强调，主张作为一个男人或一个女人就意味着扮演、落实人们对某一性别的一整套期望。与男性联系在一起的是权力、进取心、主动、竞争力等等，而与女性气质联系在一起的是自然感情、亲和力、被动、柔顺等等。性角色理论忽视了个人对男性气质和女性气质的定义与再生产，同时这个理论很少谈男女间的权力，它的框架掩盖了权力和物质的不平等①。

1982年，"支配性男性气质"（hegemonic masculinity）这一概念被提出，认为性角色理论所定义的单一的男性气质，实际上是一种"支配性男性气质"，而除"支配性男性气质"之外，还有各种各样的男性气质②。不同的男人建构了不同的男性气质，社会建构的机制与过程进入了男性气质研究的视野。

本文提出，任何男性气质的实践都是一种变化中的趋势，而不是静止的状态。男性气质存在多种趋势，从个性的角度，可以分为刚性趋势、柔性趋势、刚柔相济趋势；从权力关系的角度，可以分为支配趋势、从属趋

---

① Brannon, R., "The Male Sex Role: Our Culture's Blueprint of Manhood, and What it's Done for Us Lately", in: D. S. David & R. Brannon eds., *The Forty-nine Percent Majority: The Male Sex Role*, MA: Addington-Wesley, 1976, pp. 11–35.

② Kessleor, S. J., Ashenden, D. J., Connell, R. W. & Dowset, G. W., *Ockers and Disco-maniacs*, Syden: Inner City Education Center, 1982.

势、权力均衡趋势，而它们之间还存在着各种组合，如刚性/支配趋势、柔性/从属趋势等等①。

　　如果我们在性角色理论下思考男性气质与家庭的关系，因为男性被要求是有进取心的、主宰的、支配的，他们必然要更多关注个人事业成功，在家庭中也扮演主导和支配性的角色，而这是无助于家庭和谐的；如果从男性气质实践的多种趋势角度思考，则会发现，实践不同男性气质的男人在家庭中扮演的角色是不一样的。刚柔相济/权力均衡趋势的男性气质，强调既不过于阳刚，也不逆来顺受；既不试图强力支配，也不会被控制，从而凸显了一种重视责任、温和、平等的气质类型，这将最有助于促进男性在私领域更多分担传统上女性承担的责任，也更有助于家庭和谐的实现。

二　男性气质与家庭中的男性参与

　　1994 年开罗国际人口与发展大会通过的《行动纲领》中关于"男性的责任和参与"部分，提到了男性在家庭中的责任："应作出特别努力，强调男子应分担职责，促使他们积极参与负责任的生育、性和生殖行为，包括计划生育、产前和妇幼保健；防止性传播疾病包括生殖道感染；防止非意愿妊娠和高危妊娠；共同管理和创造家庭收入，共同致力于子女的教育、健康和营养；确认和促进男女儿童的平等价值；防止对妇女的暴力。"②

　　在家庭领域中承担了如上责任的男性，无疑是家庭和谐的建设者。但是，传统的支配性男性气质对男人的要求与之相左。支配性男性气质对男性的塑造，最核心的便是"刚强"二字，由刚强演绎出硬汉、强者、粗犷、勇敢、事业成功、健壮等诸多概念。这样的男性气质鼓励男人在亲密关系中占据主宰、支配的地位；在行为上粗暴、占有，以自我为中心；在职场上不断追求"成功"，忽视家庭领域的责任。男人不做家务，很少有时间关爱孩子，都是由支配性男性气质决定的；而在生活中照顾孩子、做家务，

---

① 方刚：《男性气概实践的多样性分析》，《暨南学报》2007 年第 6 期。
② http://www.china-gad.org/ReadNews.asp? NewsID = 869.

关注女性的健康与需要等，会有损支配性男性气质关于男人阳刚、主宰的定义。

支配性男性气质还要求男人有烦恼和心思都要闷在心里，而不能像女性那样倾诉，这不仅阻碍了男性的情感表达，也影响了和伴侣的交流，给双方造成很多误解；支配性男性气质诱导男性轻视健康，扮演硬汉，有病也撑着，从而也给家庭生活中的女性带来苦恼和负担；支配性男性气质鼓励重男轻女，颠覆支配性男性气质将有助于改变社会文化对生男孩子的执着，有助于改变女童的弱势处境，避免女性在家庭中受歧视。

可见，只有摆脱支配性男性气质主导的亲密关系，性别平等才可能在家庭中实现，家庭和谐才有可能。实践刚柔相济/关系均衡趋势男性气质的男人将有更多的时间和家人在一起，更多的时间做家务，更多的时间关心孩子，更多的时间分担女性的劳作，更坚决地拒绝家庭暴力，使女性可以从性别体制的压制下解放自己。

三 男性气质与父职

满足家庭和谐对男性的要求，离不开更好地承担父职。

很多成年男人希望从有一个孩子这件事上得到男性气质的满足，成为家庭和孩子的养护者和保护者。如果男人失业或收入不足，他们就很难觉得自己是一个好父亲，因为这损害了支配性男性气质。金钱能够带来权力，男人需要足够的收入来促进他们的父亲角色认同、父亲身份实践以及家庭安排，这样他们就可以在对家庭的贡献中实践他们的男性气质[1]。并不是所有的男人都拥有这种支配性的男性气质，并且在生活中让其占主导，成为父亲的男人既可以以支配性男性气质行事，也可以在日常生活中颠覆这种男性气质。

父职研究者依据父亲对家庭事务的参与方式，将其分为新的参与型的

---

[1] W. Marsiglio, J. H. Pleck, "Fatherhood and Masculinities", *The Handbook of Studies on Men and Masculinities*, Edited by Kimmel et al. , Thousand Oaks, CA: Sage, 2005, pp. 249 – 269.

父亲、好的养家者父亲、游手好闲的爸爸、父子关系自由的父亲。新的参与型父亲（New Involved Fathers）被认为是理想父亲，他们参与孩子生活中的许多方面，积极主动地照料、养育孩子以及料理家务。这类父亲使用一种更亲密的和更富于表达的方式参与到他的孩子的生活中①。他们显然是刚柔相济/关系均衡趋势男性气质的实践者，比其他男人更容易激发起像女性那样的养护能力和兴趣，并不将"赚钱"视为唯一的父亲责任。实践这种男性气质的父亲有更多的时间与孩子一起待在家里。

有学者提出"回应度"的概念，用以指父亲对他们的妻子和孩子的需要表示认可和关注的程度。根据"回应度"将父亲分为 3 种类型：低回应度父亲、中回应度父亲和高回应度父亲②。显然，回应度越高的父亲，越有助于促进家庭和谐。回应度高的父亲不符合支配性男性气质的要求，而是本文提出的刚柔相济/关系均衡趋势男性气质的体现。

当然，妻子对丈夫承担父职的期待与鼓励，社会文化对男人父职角色履行的倡导，也推动着男人们向某种占主导地位的父亲类型转变。而伴侣和社会对父职的态度，同样反映着他们对男性气质的理解。只有在一个对刚柔相济/关系均衡趋势男性气质被高度认可的社会中，高参与型的父亲才会普遍出现。

四　男性气质与家庭暴力

家庭暴力与男性气质有着紧密的关系，但并非所有的男性气质都鼓励暴力，不同趋势的男性气质与暴力的关系极为复杂。支配性男性气质为暴力的实施提供支持，而其他多种男性气质则是家庭暴力的克星。

支配性男性气质在强调男性强者形象时，还要求男性勇敢、粗犷，凌驾于女人之上。当男人无法通过事业成功及其他方式做到这一点的时候，

① L. Marks, R. Palkovitz., "American Fatherhood Types: The Good, the Bad and the Uninterested", *Fathering*, 2004, 2 (2), pp. 113 – 129.

② D. Shawnmatta, C. Martin, "Father Responsivity: Couple Processes and the Coconstruction of Fatherhood", *Family Process*, 2006, 45 (1), pp. 19 – 37.

他实际上被父权文化贬损为"不像一个男人"了。家庭暴力本质上是为了维持"硬汉"形象的一种表现,实施家庭暴力的男人潜意识深处埋藏着对"不像一个男人"的深深恐惧,他以暴力来显示自己的强者形象,从而使女人蒙受伤害。

因为职场失意,如下岗、无法晋升、被领导训斥等等,都可能带来针对自身缺少支配性男性气质的"男性气质焦虑",也都可能转而向配偶和孩子施以暴力,在施暴的过程中展示其支配性男性气质的一面,以解决其男性气质焦虑。但是,柔性/从属趋势的男性气质、柔性/关系均衡趋势的男性气质、刚柔相济/关系均衡趋势的男性气质等等,都不需要通过暴力来获得①。

明确了支配性男性气质实践与家庭暴力的紧密关系,也就清楚:越是远离这种男性气质的实践,实施家庭暴力的可能性也就越低。既然不同男性具有不同的男性气质实践,而且男性气质是实践中变化的趋势,不是僵死的状态,这就要求我们采取开放的、多元的视角,来看待男性、男性气质与家庭暴力的关系,鼓励非支配性男性气质实践。

五 改造男性气质, 促进家庭和谐

从前面的分析可以看出,以支配性的男性气质作为标准,不仅是对男性多元发展可能性的伤害,更是对家庭和谐、社会和谐的伤害。

男性气质是在情境当中的建构,因此男性气质是可以改造的。即使同一个人的男性气质也会因为年龄、情境等因素而处于变化中②。既然男性气质是变化中的趋势,是可以改变的,那么,就应该引导、改造那些有损家庭和谐的男性气质,向有助于家庭和谐的男性气质发展。鼓励、促进刚柔相济/关系均衡趋势男性气质的增长,是促进家庭和谐的一个可用策略。

具体说来,就是要帮助男性认识到,支配性男性气质所鼓励的男人在

---

① 方刚:《"反家庭暴力立法"应有的男性气质视角》,《妇女研究论丛》2011 年第 6 期。
② 方刚:《从男性气概的改造到促进男性参与》,《妇女研究论丛》2007 年第 6 期。

亲密关系中居主导、支配地位是造成性别不平等关系的重要原因，帮助他们认识到这种男性气质其实也在伤害着男人自己，推动男人们主动行动起来反思和挑战支配性男性气质。例如，让男人认识到支配性男性气质强迫自己过多投入工作而牺牲与孩子在一起的时间，不仅对孩子是一种伤害，对他们自己也同样是一种伤害，因为他们既面临工作的压力又遭遇亲情的缺失①。

男性气质的转变可以发生在"通过仪式"中的阈限阶段，因此把握住生命中每一个转变的契机来塑造参与型男人不失为一个好办法。例如，在新婚伊始便就家务分工在伴侣间达成一致态度；邀请经常缺席的父亲参加孩子的升学典礼，与孩子有一个难得的近距离接触；在父亲节让被父亲冷落的孩子给父亲朗读一篇写自己父亲的文章，把孩子对父亲的期望融入进去，这可能会对在场的父亲造成心灵的触动，从而对自己的父职实践进行反思。

在讨论通过改造男性气质来促进和谐家庭建设的时候，还要警惕强调个人改变而忽视体制改变。应该检查个人和社会在转变性别和性别政策中所扮演的角色，如果只注意个人的改变而忽视对政策的关注，常常会导致过多社会资源流向心理方面，从而降低了对男性的政治措施。

既然男性气质可以在社会中形成，社会便有责任通过政策、法律、舆论倡导，通过一定的社会改造手段，促进支配性男性气质的改变。政策、法律、舆论对刚性/支配趋势男性气质的改变，本身也将直接挑战、颠覆父权体制。这是相辅相成的关系。

在法律与政策层面，可推动男性"侍产假"制度，使他们能够在家中照料新生的孩子和妻子；雇用机构可根据实际情况制定"亲职假"，鼓励男人们去学校参加家长会，而不把它只当作母亲的事情；甚至还可以考虑规定父亲带孩子去公园、旅游场所门票减免等措施，以鼓励父亲更多地和孩子在一起。

在宣传倡导层面，媒体应该积极推动刚柔相济/关系均衡趋势的男性气质实践，促进男性参与。比如，更多呈现和塑造男人温柔体贴的正面形象，

---

① 方刚：《男性研究与男性运动》，山东人民出版社，2008，第 165 – 171 页。

呈现男性在公领域和私领域挑战传统社会性别角色的形象，表彰高参与型的男性个案，利用父亲节宣传男性参与，等等。

以男性为主进行的倡导与行动无疑对男性更具有影响力，目前在国际上非常有影响的白丝带运动便属于此类。中国白丝带志愿者网络自成立以来，一直致力于针对家庭暴力当事人的心理辅导、社会倡导等活动，还选择在推进社会性别平等领域作出杰出贡献的男性进行"男人讲故事"的系列公共演讲，都是"以男性带动男性"的倡导活动。

总之，为促进家庭和谐，应该利用一切手段，挑战支配性男性气质，倡导、促进刚柔相济/关系均衡趋势的男性气质实践。

论消解女性婚恋拜金主义的
男性情感努力

◎董海峰*

摘　要： 在女性婚恋拜金主义所导致的对性别和谐的破坏中，男性并不仅仅是"受害者"，事实上，男性也是这一困局的"导演"——男性对情感婚姻的态度与行为间接地刺激了女性对配偶经济物质条件的高要求。因此，消解女性婚恋拜金主义，不可忽视男性所起的重要作用，而男性的作用应更多地体现在情感方面，如给予妻子、女友更多的情感关怀和安全感。

关键词： 消费社会　女性婚恋拜金主义　性别和谐

21 世纪以来，随着市场经济的繁荣发展，中国逐渐进入消费社会，层出不穷的商品、服务及其背后的符号意义不断刺激着人们的消费欲望。于是，拜金主义现象渐渐滋生蔓延，其中，女性婚恋标准的金钱化是一种突出的表现——部分女性将男性现实的经济实力作为婚恋的首要甚至唯一标准，有的甚至被多金人士包养，不惜成为他人婚姻的第三者。在社会各阶层收入差距拉大的大背景下，女性婚恋拜金主义，一定程度上加剧了性别矛盾，并对社会和谐产生了负面影响。

男性总是被看作女性婚恋拜金主义的"受害者"——女性对经济条件

---

* 董海峰，厦门大学博士研究生，福州大学马克思主义学院讲师。

的高追求使男性承受着巨大的经济负担和精神压力，一些经济收入不高的男性甚至难以拥有平静美好的爱情和婚姻。但是，不能忽视的是，在这样的困局中，男性自身也有着不可推卸的责任，因为男性对情感婚姻的态度与行为间接刺激了女性对配偶经济物质条件的高要求——不同阶层男性对情感的背叛使女性形成了男性天生喜新厌旧的认识，正是这一认识使女性择偶时持有现实主义而非理想主义的态度，同时，男性对女性情感关怀缺失的现实，也使女性追求物质替代的满足。

　　本文论证所使用的一些数据，来源于 2012 年 7 – 8 月笔者所进行的主题为"女性消费与情感婚姻"的问卷调查，调查对象为福建省城市中低收入已婚育青年女性和青年男性，回收女性有效问卷 100 份、男性有效问卷 98份。受到研究条件的限制，问卷调查采用非随机立意抽样法，即根据一些重要的自变量，如婚育状况、受教育程度、职业、收入、年龄等发放问卷。本文论证所使用的部分资料还来源于笔者的深入访谈。

一　男性 "情感付出" 对消解女性婚恋
拜金主义的有效性

　　男性给予爱人以关怀与忠诚，这样的情感性付出，是否可以有效消解女性的物质消费欲望呢？这需要探讨人的物质需求与情感需求的关系，美国心理学家马斯洛提出的需求层次理论，可以作为探究这一问题的理论依据。马斯洛认为，人的需求有 5 种，从低级到高级依次为生理的需求、安全的需求、情感和归属的需求、尊重的需求和自我实现的需求。一般来说，某一层次的需求相对满足了，就会追求更高层次需求的满足。各层次需求相互依赖和重叠，高层次的需求发展后，低层次的需求仍然存在，只是对行为影响的程度大大减小了[1]。

　　有人认为，根据马斯洛的需求层次理论，男性的情感付出不可能削减或替代女性的物质消费欲望，因为，女性的物质消费欲望属于最低级别的

---

　　[1]　〔美〕马斯洛：《动机与人格》，方士华编译，燕山出版社，2013。

"生理需求"，如果低一级的需求还没有满足，女性就不会追求更高层级的"情感需求"的满足。但是，笔者认为马斯洛所说的"某一层次的需求相对满足了，就追求更高层次需求的满足"，是"相对满足"了低一级的需求就会追求更高层级需求的满足，而非"绝对满足"了才追求。而且，马斯洛还认为，各层次的需求相互依赖和重叠，高层次的需求发展后，低层次的需求仍然存在，只是对行为影响的程度大大减小了。也就是说，当物质需求得到一定的满足但还未完全满足的时候，情感的需求就会产生，并与物质需求共存，而此时，物质的需求作为低一层级的需求，对行为影响的程度减小了。因此，一个家庭只要具备基本的物质经济基础，女性就会有情感的需求，而其情感需求的满足，可以在一定程度上削减低层级的物质需求，来自爱人的关爱和忠诚就能够使女性获得情感的满足，但如果不能得到情感上和精神上的满足，更低层级的物质需求就会膨胀。

如果丈夫能够在情感上忠诚于妻子，并懂得在日常生活中关心和爱护妻子，愿意主动与妻子交流，注意培养与妻子共同的兴趣爱好，妻子那种被冷落、被背叛的失落情绪就能大大减少、减轻甚至不复存在，取而代之的是对丈夫的体谅、理解和爱护，并愿意适当多承担教育子女和家务劳动的责任，还很可能会自觉地降低自己的消费需要，以不给丈夫增加心理上和经济上的负担——这并非乌托邦式的空想，而是对曾经有过的无数类似美好现实案例的记忆，是基于一般女性重情重义、温和善良天性的逻辑推演，是马斯洛需求层次理论的启示，也是统计数据理性分析的结果。

根据笔者问卷调查数据进行的双变量相关分析，变量"女性对物质的欲望"与变量"丈夫对待妻子的态度""与丈夫沟通交流的情况""在妻子偶尔不能完成家务劳动时丈夫的态度"都存在一定的负相关关系，皮尔森相关系数分别为：-0.253、-0.217、-0.204，都在0.05水平上显著。根据变量赋值情况，这说明，丈夫对待妻子态度越好，丈夫与妻子沟通交流越好，丈夫在家务方面越能体谅关爱妻子，则其妻子的物质欲望也就越低。

变量"对男人在感情上容易喜新厌旧说法的认同程度"与变量"女性对物质的欲望"存在相关关系，皮尔森相关系数为0.209，在0.05水平上显著。根据变量赋值情况，这说明，女性越不认同"男性天性喜新厌旧"，其对物质的欲望就越低，也就是女性对男性情感忠诚越有信心，则其对物质的欲望就越低。

笔者的问卷调查显示，50% 的女性认为，如果一位已婚女性抱怨丈夫收入水平低是因为丈夫不够体贴。这一结论表明，对于诸多女性而言，丈夫的体贴关爱可以在很大程度上替代物质享受，相当一部分的女性重情感和精神胜过物质、金钱。因此，男性对妻子的情感付出对于削减女性的婚恋拜金主义是具有逻辑和现实的双重合理性的。所以，要使女性不再拜金、降低消费欲望，男性所能付出的努力就在于——男性要学会在婚姻生活中给予妻子情感上的交流、关切和爱护，不必热烈、浓烈但需要绵延不断、细水长流，更要在精神上和感情上忠诚于妻子，不能放纵身心、移情别恋。特别是工薪阶层的男性，要对妻子付出更多的关怀与忠诚来弥补经济条件欠佳带给女性的缺憾感，而且要使女性认识到，世间万物总难完美，正是因为经济状况不好，她才能享受到如此多的丈夫之爱。那么，在爱与物质之间，聪明的女性懂得应该做怎样的选择。

接受笔者深度访谈的 X 就是一位在婚恋方面重精神和情感甚于物质经济条件的未婚女性。X，23 岁，福州市某服务行业技师，月收入 3000 元左右。X 一共有过两段恋情，目前的男友还是一位在读的大学生，经济条件较为拮据，而且男友的母亲还明确表示不接受 X。X 虽然因此备受困扰，但她表示很舍不得放弃男友，因为男友虽然经济条件不好，对她却十分体贴照顾。比如，男友在外省上大学，只要放假回来每天都接送她上下班，风雨无阻，无怨无悔；在她来例假不能洗衣服时，他总是默默地替她洗好衣服。最感动她的是男友的细心，有一天深夜，她起夜时不小心碰到了坚硬的家具，第二天下班回家发现男友已经在所有可能碰伤她的家具上包上了柔软的海绵垫，以免她再次意外受伤。当笔者询问 X 是否会因男友经济拮据而感到遗憾时，她轻柔但坚定地说：一点儿都不。她的第一任男友是个有钱人，但却是个花花公子，伤透她的心了，从那以后，她就深深地明白，对于一个女性而言，情感忠诚和体贴爱护远比物质金钱重要得多。而她的母亲也认同她的观点，并支持 X 与其男友的恋情。

服装专卖店导购员 W，23 岁，未婚。购衣时，一件颇有意味事情的发生使笔者与 W 开始谈论择偶标准。当时，一位 30 岁左右的男子走进专卖店，询问一件衣服的价格后随即离去。W 看着这位男子离去的背影说：这个男人是来给自己的妻子买衣服的，而且他妻子几乎所有贵一些的衣服都是他亲自来挑选的，而她则很少出现。据他说，这是因为他们家的经济状况不算太好，妻子舍不得到专卖店来买衣服，所以都是他来买了送给她。听到这样的故事，笔者深受触动，就问了 W 一个问题："这样的男人，没有什么钱，你愿意嫁吗？" W 的情绪还陷在刚才的故事里，面带陶醉之情，纯真地说："当然愿意，我要嫁的男人，不能太穷，但也不需要很有钱，有钱人扔一把钱给我让我随便花却总不能陪我，那有钱有什么意思？我想要的婚姻是两个人守在一起，互相关心爱护的那种，就像刚才那个男人和他老婆那样的，互相体谅、互相关爱，多好呀！"

以上调查数据和深度访谈资料说明，要使女性消费欲望不再无限膨胀并因此在婚恋中破坏性别和谐，男性对爱人的关爱、忠诚等情感方面的努力不可或缺。

二 新集体无意识的培育与男性"情感付出"的有效性

但在现代消费社会中，男性对恋人、妻子忠诚痴情、呵护备至，却因为经济条件不佳而被爱人无情抛弃的事例也并不鲜见，这是不是对男性"情感付出"救赎之道的否定呢？笔者以为并不尽然。这些案例的出现，一方面固然说明女性婚恋时对物质经济条件追求的顽固性，但另一方面也说明女性关于自身容颜易逝而男人天性喜新厌旧的认识已经根深蒂固，成为一种集体无意识，无形但深刻地影响着女性关于恋爱和婚姻的思想和行为。

集体无意识是瑞士心理学家荣格提出的一个概念。在荣格看来，个体人格的发展并不完全取决于个人的成长经历，个人所处的生活背景，如国家、民族的文化、历史、习俗等同时也对个人的人格发展产生影响，那是整个民族经验的总和，在漫长的历史进化过程中逐步沉淀下来的东西。这些内容成为个体先验的无意识，就是集体无意识。

集体无意识概念的提出，意味着个体的心理发展历程并不是纯粹个体私有的经验，也是整个民族心理进化历程中的一段。而且，集体无意识区别于个体无意识的重要一点在于，前者的存在不取决于个人后天的生活经历，后者则是由那些曾经被个体意识到，后来又被遗忘的心理内容组成①。

男性贫穷时与妻子同甘共苦，发达时忘恩负义、喜新厌旧的案例在中国从古至今层出不穷，并通过文学作品、戏剧传说、舆论媒体等方式广为流传，从而在女性的心理上形成了相关的集体无意识，无形、深刻、长久地影响着女性的婚恋观和婚恋行为。要想消除这种集体无意识的影响，去除女性在婚恋生活中的物质化和功利化趋向，只能形成新的集体无意识予以替代。因此，需要大多数的男性普遍的、持续的"情感付出"，形成一种持久、强大的文化观念、文化现象，久而久之才能对广大女性的婚恋观普遍产生良性的影响力，使女性婚恋时不再"拜金"、不再物质。如此，男性也才能减轻心理上和经济上的重压，获得情感的抚慰，使两性之间的关系回归到情感的正确轨道。

三　男性"情感付出"的可行性

如果从长远来看，男性的"情感付出"对消除女性婚恋时的"拜金"心理具有逻辑合理性和现实有效性，那么这一救赎之道的可行性如何呢？

相较于女性而言，一般男性对情感不太敏感、不太细腻，要求男性在日常生活中主动保持与妻子的情感交流，并关心、爱护妻子，是否违背了男性的天性，成为无法持久坚持的难为之事？即便男性坚持这么做了，是否就销蚀了男性气质，使之转变为多愁善感、优柔寡断的类女性？还有，在情感上喜新厌旧究竟是不是男性无法改变的天性？

① 〔瑞士〕荣格：《荣格文集》，冯川译，改革出版社，1997。

（一）双性化气质——成功人生的必需

对于男性体贴关爱妻子是违背男性天性的顾虑，其实来源于对性别气质的刻板印象，这样的刻板印象总是将刚性气质等同于男性气质，将柔性气质等同于女性气质，并且认为男性不能具有柔性气质，女性也不能具有刚性气质，否则就是性别气质偏差，对女性和男性个体发展以及两性关系都会带来负面影响。但是，国内外的性别研究成果表明，无论男性、女性，几乎每个人身上都兼具刚性气质和柔性气质，只不过是这两种气质在每个人身上的比例构成不同，而两种气质在一个人身上所占的比例越接近，这个人就越受欢迎，生存发展的能力越强。

1974 年，斯彭斯和赫尔姆里奇（Spence & Helmreich）编制了贝姆（Bem）性别基模测量表，用这一量表对美国得克萨斯州大学的 75 名大学生的调查表明，男性、女性截然不同的性别气质模式已经发生改变，多呈现双性化人格及其积极的效果。中国的李少梅在 20 世纪末对 319 名中国大学生的研究也表明了类似的结论①。

女性不乏热情泼辣、豪爽刚烈、精明强干，而男性同样可以温柔细腻、感情丰富、体贴入微，具有刚性与柔性双性化特点的男女没有严格意义上的性别角色限制，能够更加灵活、有效地应对各种情境，这使得双性化的人具有更高的心理健康和自尊，自我评价更为积极，并可获得更高的成就②。

因此，过去认为男性要成就大事业就一定是举止大气、情感粗糙、不拘小节，不能儿女情长、温和善良、敏感多情，是对性别气质的简单化和狭隘化认识，导致男性和女性之间的情感交流障碍。而一旦对性别气质有了新的认识，不再排斥男性具有柔性气质，并在家庭教育、学校教育和社会教育中贯彻双性化性别气质观的教育，假以时日，男性的情感敏感度就会大大提高，乐于并善于与爱人进行日常情感交流，懂得给予爱人温暖的体贴与关爱。而随着时光的沉淀，这将成为新的"集体无意识"，从而对女

---

① 李方强、郑寒方：《双性化人格理论及其对学校教育的启示》，《东北师范大学学报》2002 年第 4 期；李少梅：《大学生双性化性别特质与人格特征的相关研究》，《陕西师范大学学报》1998 年第 12 期。

② 佟新：《社会性别研究导论——两性不平等的社会机制分析》，北京大学出版社，2005。

性的婚恋观念和行为产生良性影响，性别和谐的实现也就更为自然、普遍和持久。

（二）喜新厌旧——并非不可改变的天性

男性在情感上表现出的喜新厌旧倾向，更多是传统社会性别文化建构的结果，是男性长期在社会生活和家庭生活中处于优势地位的结果，但绝非不可改变的天性。因为，如果说在感情方面喜新厌旧是男性的天性，女性未必就没有如此天性，既然女性的这一天性可以被社会性地改变，那么男性的这一天性为什么就没有被改变的可能呢？

恩格斯在《家庭、所有制和国家的起源》中，根据人类学研究成果总结了人类社会婚姻制度的演变过程（群婚制—对偶婚制——夫一妻婚制），揭示了女性由"多夫"转变为"同一时期只对一个男性忠贞不渝"的深刻原因[①]。

群婚制向对偶婚制过渡，是因为亲属之间禁止通婚等婚姻禁例日益复杂，使群婚日益不可能。而对偶婚制向一夫一妻婚制过渡，是因为随着社会生产力的发展、私有财产的出现以及男性在生产中所起的作用日益超越女性，男性需要确定自己的子女以继承他的财产。

在一夫一妻婚制建立起来之后，在男性普遍拥有社会和家庭中优势地位的大背景下，男性不断强化自己对女性的约束权力，在这一过程中，女性也逐渐将这种约束内化，使"忠贞"近乎成为女性的天性，而男性则继续保持事实上的性自由，使"喜新厌旧"看起来是男性的专利。

可见，从群婚制到对偶婚制，再到一夫一妻婚制的演变，男性、女性的个体情感取向其实并非决定性因素，文明的进步和社会生产力的发展才是根本原因。而男性与女性在情感忠贞方面事实上极不平衡的地位，根源在于两性财富、权力实力极不平等的事实，假若女性自身在劳动技能、社会贡献、财富地位等方面获得更大发展，从而能够与男性并驾齐驱，那么，重新建构平等的两性文化是完全可能的。

西方社会婚姻内两性贞操义务的演变就是最好的例证——在古罗马时

---

① 马克思：《马克思恩格斯选集》第4卷，人民出版社，1972，第31-80页。

期，由于女性在家庭、社会中的弱势地位，法律规定，在有夫权的婚姻中，女性如果犯通奸罪，不仅会被逐出家门，甚至有可能被丈夫及其家族联手处死，但如果丈夫有通奸行为，虽也被认为是不端行为，却不受任何惩罚①。而到了近代，随着工业革命使女性能够更广泛、更深入地参与到社会生产中，从 19 世纪末开始，女权运动发出了男女平权、反对事实上的"一夫多妻"等强烈呼声。两百多年来，通过女权运动，西方女性逐步获得与男性平等的各项权利，其中就包括婚姻中夫妻双方相互的贞操义务②。

　　而女性家庭、社会地位的提高，是否就意味着一夫一妻制由原本事实上的"一夫多妻制"可能会变成"多夫多妻制"呢？恩格斯认为，此时，在历史婚姻制度演变过程中未能起决定性作用的男性与女性个体之间的爱情将发挥作用，那时，他们之间平等的关系将使他们在情感方面相互约束，而不仅仅是男性约束女性，这也有助于一夫一妻制事实上的真正实现。总之，男性在感情上喜新厌旧的表现，是可以逐渐改变、改善的。

　　综上所述，笔者所指的用以消解女性婚恋拜金主义的"男性努力"，颇有"功夫在诗外"的意蕴，因为并非指男性努力挣钱以备恋人、妻子消费之用，而是指一种非物质性的方式——男性给予爱人足够的关爱和情感的忠诚。比起男性的物质性努力，男性情感性的努力，也许更为有效、更为可行，毕竟，男性是否能够拥有更好的经济条件不仅取决于个体的努力，还受制于众多不可控的社会性因素。而男性情感性的努力，则只在于男性自身的"一念之间"。

---

① 徐海霞：《论罗马法中夫妻的贞操义务》，《法制与社会》2009 年第 11 期。
② 李银河：《女性主义》，山东人民出版社，2005。

新时期知识分子家庭父性教育
缺失原因新探

◎白军芳*

摘　要：父性教育的缺失在家庭教育中是一个世界性的问题。之前的研究者多从社会现象研究，笔者从知识分子的家庭教育入手进行研究，发现父性教育的缺失和女性家庭意识强化有关，而夫妻关系矛盾会加剧这种趋势的发生，父亲的"儿童心理"也延宕了他们主动接触孩子的积极心理。本文提出了全方位建构家庭中父性教育地位的对策。

关键词：父性教育缺失　知识分子家庭　母性教育

父性教育的缺失是指在家庭教育中，父亲在认识或行动上没有重视、给予孩子很少父爱或自动放弃教育孩子权利的行为。在中国传统文化中，父性教育处于重要的位置。"养不教，父之过"是《三字经》中对父性教育发出的振聋发聩的声音。父性教育是指对孩子充满父亲角色性的教育，主要是帮助孩子建构顽强、独立担当责任的人格。在《红楼梦》中，贾政对贾宝玉大打出手，就是父亲对孩子不能继承振兴家族职责的"教育"。身为贵族，冒不孝之名对孩子如此严厉，可见贾政认为自己在父性教育一角的职责是不能替代的。

在中国传统教育理念中，缺乏父性教育的孩子，是一个意志薄弱、难

---

*　白军芳，西安工业大学人文学院副教授。

当重任的人，长大后多半缺乏竞争意识，有胆小怕事、懦弱孤僻等性格特征，这就意味着父性教育是传统儿童教育的重要组成部分。但是，随着经济的发展，拜金主义和享乐之风在社会上潜滋暗长，财富成为衡量一个男人成功与否的标准。男人们纷纷在商海中搏杀，在职场上奋斗，在成功路上全力出击，于是，家庭成为女人独立支撑的领域，孩子的教育自然主要落在母亲肩上。在孩子的幼儿期缺乏父性教育，会影响到孩子探索人格的建构。母亲对孩子一味地娇惯，不仅让孩子不能接受"磨难训练"，而且使丈夫觉得自己在家庭教育中没有位置，产生心灰意冷的感觉。长期以来，对于这一教育现象没有进行分阶层的深入研究。知识分子是社会的精英阶层，他们的价值观、婚姻家庭观展示了中国良性家庭教育的状态，同时，也代表了社会发展的方向。

一　新时期知识分子家庭父亲角色缺失的现状

这是一组百度调查得来的数据：在家庭中，父亲负责教育的比例占20%，母亲负责教育的占60%，爷爷奶奶负责的比例是20%。这组数据表明，持有"教育孩子是女人的事"的观念大有市场。这种状况与传统的"男主外，女主内"观念有关，也与婚姻质量、夫妻教养等有联系。在我们做的调查中，在知识分子家庭，一般父亲的学历都高于母亲，虽然男性在教育孩子方面有优势，但他们往往在父性教育上存在缺失。

在中小学生中进行的一项调查显示，孩子每天和父亲单独相处的平均时间不到15分钟，而且绝大部分时间属于单向询问式，即警告或斥责孩子的过错[1]。另一项调查显示：父亲在家的业余时间安排中，教育孩子被放在第四位，前三位分别是看报、看电视和做家务[2]。种种迹象都说明这样一个现象：父亲正在从家庭教育中消失。

---

[1]　张亮、徐安琪：《父亲参与研究：态度、贡献与效用》，上海社会科学院出版社，2008，第23页。

[2]　张洁：《父性教育对儿童身心发展的影响》，《太原城市职业技术学院学报》2012年第9期。

《白虎通·三纲六纪》中云："父者何谓也？父者，矩也，以法度教子。"自古以来，父亲的角色在家庭中都是威严而有分量的。随着当代经济的发展，越来越多的女性参加到社会建设中来，原来封建家长式的家庭模式渐渐解体，现代民主家庭逐步建立。这一时期，父亲有可能在家庭中扮演开拓孩子视野、传授知识、塑造孩子人格的角色，与母亲合力构建平等家庭关系。美国儿童教育专家迪恩·雷丁（Dean Radin）1994 年设计的"父亲照顾儿童的指标"包括 4 个方面：照看责任、社会教育责任、影响力和儿童独立教育，在孩子发展的不同时期，给予不同的教育功能引导[1]。学者张亮提出：父亲参与是一个多面体，并随着孩子不同的年龄阶段而变化，包括对孩子的日常照料、关怀陪伴、学习辅导、沟通教导 4 个方面[2]。理论上的构建总是理想的，在现实生活中，父性教育的缺失是不争的事实。那么，在知识分子家庭中，造成父性教育缺失的原因有哪些呢？

二　新时期知识分子家庭父亲角色缺失的原因

随着经济的发展和拜金观念的盛行，"男性在外打拼，女性在家教育孩子"的新型"男主外，女主内"结构再次成为主要的家庭理念。在知识分子家庭，父性教育缺失的因素有哪些呢？2014 年 3 月，笔者就知识分子家庭父亲角色缺失现象做了调查，以探索父性教育缺失的原因。

1. 新时期母亲角色的进一步扩张

从现有的文献来看，国外对于父亲教育领域的研究主要集中在 20 世纪 80 年代。1987 年，美国政府召开儿童委员会，专门解决家庭中父亲缺席的问题，随后出版了《父亲：孩子发展过程中被遗忘的贡献者》。该书从 20 世纪六七十年代的妇女解放运动入手，分析妇女地位的提高、在家庭中话语权的强化而造成的父职的弱化，"父亲仅仅成为家庭中的一个养家者

---

[1] 陈建翔：《应该重视的父性教育》，《中华家教》2007 年第 1 期。
[2] 张亮、徐安琪：《父亲参与研究：态度、贡献与效用》，上海社会科学院出版社，2008，第 28 页。

（breadwinner）"①。笔者调查知识分子家庭中父性教育缺失问题过程中，首先碰到的是"母子（女）联盟"的问题。在母亲和子女的亲昵结构成熟的境况下，父亲教育的缺失被认为是"天然如此"。笔者在调查中发现：知识分子家庭回答"母子关系亲密，会不会影响父子关系"和"父亲的介入会损伤母子关系吗"两个问题时，男性（父亲）和女性（母亲）的回答差异很大：在第一个问题上，父亲认为会的占 63.4%，认为不会的占 32.1%；母亲认为会的占 42.1%，认为不会的占 40.7%。在第二个问题上，父亲认为会的占 54.4%，认为不会的占 22.8%；母亲认为会的占 48.3%，认为不会的占 31.7%。

这表明，在知识分子家庭中，父亲和母亲共同认为，在母子关系中，父亲的介入会影响母子亲昵关系的感觉。相应地，在核心家庭中，在"迫不得已"的情况下，母亲才会把孩子给丈夫"带"。在"家庭铁三角关系"中，父亲和孩子的关系是比较疏远的。经验告诉我们，知识分子的家庭关系要比一般的家庭更具有"母系"特征。一般情况下，具有良好教养的男性会对女性骄纵一点（这也和女性良好的教育背景有关），但是，女性权力的张扬失之过度，亲密的母子（女）关系会本能地排斥异体，哪怕是父亲的爱也会被抑制。以中国当代文坛中女作家笔下的母子关系为例，毕淑敏的《跳级》《福尔摩斯妈妈》《孩子，我为什么打你?》《送你一张红地毯》等作品，池莉的《怎么爱你也不够》，叶广芩的《琢玉记》，张洁的《从森林里来的孩子》《世上最爱我的那个人去了》等作品几乎没有父亲角色，在描写家庭教育孩子的时候，父亲总是缺席的。于是，在知识分子家庭中开始萌生"父亲只是养育儿女的伴随者，几乎不参与育儿事件"的家庭模式。调查显示，家里的"孩子事件" 60% 的决定权来自母亲。这是中国知识分子家庭教育中令人担忧的事情。

2. 父亲缺席教育遮蔽夫妻关系的矛盾

知识分子家庭因为知识素养较高，在交流沟通上可能更含蓄、委婉。夫妻之间发生矛盾时，直接冲突很少，多半是及时沉静下来，等以后有时间找合适的机会再交流。但是，孩子的介入打破了这种"平静"，使他们不

---

① 张洁：《父性教育对儿童身心发展的影响》，《太原城市职业技术学院学报》2012 年第 9 期。

能有充足的时间、空间、氛围达成充分交流的效果。调查数据表明，夫妻之间的摩擦随着孩子的降临而加剧。父亲认为"夫妻矛盾随着孩子的降临"而增多的占 86.2%，母亲认为"夫妻矛盾随着孩子的降临"而增多的占 80.5%。父亲认为"夫妻交流困难的原因"中，"工作忙"占 78.2%，母亲认为"夫妻交流困难的原因"中，"照顾孩子忙没时间"占 75.7%。对于孩子问题的解决方法，父亲认为"听父亲的"占 28.3%，"听母亲的"占 71.7%；母亲认为"听父亲的"占 12.5%，"听母亲的"占 87.5%。父亲认为"听母亲的"原因中，父亲工作忙、没空占 60.2%，"听父亲的"原因中，"男孩子要有坚强的人格"占 48.5%；母亲认为"听母亲的"原因中，"从婴儿期就一切听母亲的，习惯了"占 68.7%，"听父亲的"原因中，"男孩子要有坚强的人格"占 41.2%。

可见，管理孩子是母亲"躲避"交流的主要理由，而"尊重"妻子管理的"领域"也是丈夫能够接受的事情。于是，父亲从教育孩子的事情上走开，也是躲避夫妻关系冲突的一种方式。

但是父性教育缺失的原因往往与夫妻矛盾不能及时化解有关。没有孩子，夫妻商量解决的比例较大；有了小孩，夫妻之间的沟通就会有很多障碍。比如：妻子太累懒于沟通；丈夫受妻子忽略，不愿意和她沟通；有孩子在性生活方面受影响；等等。这样一来，夫妻之间出现问题没有进行良好的交流和沟通，往往会导致男性以工作为借口逃避问题，女性则以照顾孩子为由掩盖问题。

于是，在家庭成员关系上，一方面，孩子被母爱过度包围，和爸爸的关系疏远；另一方面，夫妻关系发生变化，在沟通上产生障碍，这种不良的循环促使母亲更多地关注孩子，而丈夫却渐渐疏离孩子教育。在座谈中发现，丈夫抱怨妻子过度关心孩子的比例比较大。尽管这方面的数据难以统计，但是，对于家庭离婚状况的调查也可以说明这些问题。2010 年一项调查结果表明，在孩子诞生后的 1－4 年夫妻离婚比例提高[①]。这个时期是夫妻矛盾的高发期，也是女性母爱泛滥、丈夫渐渐"出轨"的诱因期。

---

① 欧爱华、邓冰、朱焱：《中年知识分子心理健康状况调查》，《广州中医药大学学报》2002年第 2 期。

最终，家庭教育形成一个"母性教育"怪象，表面看风平浪静，实际上，丈夫借用"回避"方式来掩饰婚姻交流上的危机，这绝对不是有弹性、有活力的家庭应有的模式。

3. 知识分子男性的"儿童"心态

"社会从来没有像今天这样，由外向内地对家庭中的男人施加这么强大的金钱、权力、名分的压力，家庭也从来没有像今天这样，由内向外地对立足社会的男人角色提出如此众多的精神、情感和责任的需要。"在与爸爸们座谈时，一位爸爸代表这样说。一定程度上，正是由于来自外界及家庭内部的压力逼迫着父亲们放弃了家庭教育的重任。但是，我们调查发现，在新时期成长起来的父亲有"畏惧"孩子的心理。很多父亲在心理上还是孩子，很难承担父亲的角色。知识分子男性一般学习能力强，受父母亲姊妹关心比较多，一般都有比较好的家庭环境，接受的教育内容就是狭隘的应试教育，因此，他们很适应作为"孩子"的角色。在自己孩子降临后的3－5年，他们都假装自己是"欢迎"孩子的，极力掩盖内心的不成熟，于是，"大男孩"和"孩子"的关系不仅尴尬而且生涩。"我经常半夜醒来，看见旁边睡着的小孩，心里就异常恐惧。因为我自己还是孩子，怎么能养活他？尤其在他生病的时候，我总害怕他死了。我妻子这个时候比我勇敢，她知道给孩子吃什么。这个我很佩服她。孩子也很听她的。我也不大肯和孩子说话，因为不知道说什么。"在座谈会上，某高校老师坦诚地说出自己的"儿童"心态。

丈夫对自己"孩子式生活"被打断是不适应的。他们一般都有少儿期的快乐被突然中断的挫败感，婚后的"甩手大掌柜""油瓶子倒了都不扶"的作派受到妻子批评；贪玩儿、由妻子"伺候"生活、过分自我中心的思维方式都受到指责。于是，他们的消极抵触就是回避家庭责任，远离"母子联盟"。从精神分析的角度看，这种"大男孩儿"在潜意识里把妻子当成了父母，而妻子因孩子诞生而忙碌的生活会唤起他内心的不快。他因童年、少年接受应试训练而造成的生活能力低下，在此时全部暴露。在少数家庭中，母亲在孩子面前贬损父亲形象，降低了父亲的诚信，这就使得父亲想教育孩子也无法发挥积极作用。

这种父亲性格上的缺陷在知识分子家庭中普遍存在。尤其在孩子诞生的 3 - 5 年，父亲对孩子的抚摸、拥抱以及与孩子交谈、玩耍的时间都不多。这是知识分子家庭中男性最终必须克服的心理障碍。

4. 新时期性别角色发展造就的新态势

调查还发现，知识分子家庭中新的历史时态也会影响父性教育缺失。比如，在性别角色分工中，一个家庭是按"妻子提供家庭劳动，丈夫享用家庭劳动"的组织原则建构的①，但因为孩子的降临形成了"丈夫和孩子共同争夺妻子之爱"的格局。作为有一定自省能力的成年人，故意避免与孩子的"争宠"心理，采用故意疏远和冷淡表达自己的感情，这是导致父亲缺失的社会心理原因之一。

另外，在传统的父亲角色中，父亲总是冷淡、不苟言笑的一方，他们粗线条、脾气粗暴、喜欢命令和征服，总是用斩钉截铁的语气斥责而缺乏阐释的耐心。于是，从小接受母性教育方式的孩子也会躲避父性教育。为了避免争吵，父亲渐渐到工作和公共领域中寻找自信和加大精力投入，从家庭教育中逐步消失。

传统上"男主外，女主内"的劳动分工为父性教育缺失提供了文化解脱的借口。父亲说，现在男人压力太大了，既要挣钱养家，还要干家务活，还得带孩子，而且经常几头不落好。有一个 9 岁女儿的王先生说："做人难，做男人难，做父亲更是难上加难。"

不过，父亲角色在家庭中仍然会得到子女的关注。调查表明，子女认为父亲在社会上的角色会影响他们对于父亲的向往和期待，并且，子女在 9 - 14 岁年龄段，会渴望和父亲交流，因为父亲在工作岗位上是成功的。

三　知识分子家庭父性教育缺失的对策

父性教育的缺失是值得关注的现象。从理论上看，父性教育缺失与男性在家庭责任承担方面松懈有关。封建家长制赋予父亲比较强势的心态。

---

① 〔法〕西蒙娜·德·波伏娃：《第二性》，陶铁柱译，中国书籍出版社，2004，第 233 页。

但随着女性权力的增长，父亲的责任渐渐消减，父亲教育方式粗暴也使孩子对其敬而远之，但归根结底是男性在教育方面的投入不足所致。男性的角色缺失，其责任应当由男性自身承担，这是不可推卸的责任。

第一，应建立全方位的教育机制。如果割裂地追究某一方面的责任并进行改造的话，会激起被改造一方的反感，不仅不利于问题的解决，而且会激化矛盾。加之，孩子的教育是系统工程，如果仅仅指责父亲，而母亲、爷爷奶奶的观念不改变的话，效果是难以预料的。因此，弱化"男主外，女主内"的家庭分工，母亲"退"一点儿，父亲"进"一点儿，就有可能改善家庭教育环境，容纳父性教育的介入。

第二，应借鉴国外实践经验，建立"爸爸学习小组"，唤起家庭"父爱"。美国研究员肯·坎莫尔德于1997年创办了"国家父亲中心"，还发起了"国家父亲资格首创运动"。1995年1月瑞典开始实施《父亲法》，该法规定父亲在婴儿出世后，必须请一个月的假，以便能在家帮助妻子照顾婴儿，如果父亲不履行这一义务，他将不能享受政府所给予的一个月薪水津贴；而那些由父亲或母亲一人请假来照顾婴儿的夫妇，只能得到11个月的政府津贴。这些在美国、法国等国家中实验的父性教育方法，在中产阶级中已经取得一定的进展，有很多经验可以学习。

第三，疏通夫妻交流渠道，构建新型的家庭成员关系，减少母性教育的"亲昵""宠爱"做法，强调父性教育的重要位置。在现代知识分子家庭教育中，虽然民主或平等的呼声很高，但实际上，母亲的权力要大于父亲。于是，在家庭中，支持父亲教育孩子要成为一个明确的理念。应该看到，"父亲"的权威对于一个"男孩"成长来说是需要的，无论对于丈夫还是妻子，都要把构建"父性和母性教育合力"才能培养优秀子女的理念作为现代家庭必备的认知思维结构。

增权视角下的 "同妻" 现象分析

◎ 张璐滢[*]

摘　要：随着"同妻"群体问题的凸显，"同妻"群体成为人们需要特别关注和帮助的弱势群体。本文运用质性研究和文献整理的方法揭示"同妻"群体的生活状况，并从社会工作的增权视角对"同妻"群体就如何增进个人的自我效能进行分析，呼吁政府相关部门和社会的关注，提高"同妻"群体的自我效能感，为其提供一个宽容的社会环境。

关键词：同妻　增权理论　社会工作方法

所谓"同妻"，就是男同性恋者（以下简称"男同"）的妻子。在传统性别文化期待的背景下，许多中国男同性恋者迫于中国传统文化以及家庭、社会等外界的压力选择与异性进入结婚殿堂，这一不负责任的选择结果使"同妻"成为男同性恋者婚姻里的牺牲品。据有关专家估计，中国男同有近2000万人，其中约有80％，即1600万"男同"会选择结婚。因此，"同妻"人数可估算为1000万人[①]。可以预见，"同妻"的数量将日益扩大。从笔者目前掌握的资料来看，大部分学者都聚焦于同性恋人群的相关问题研究，有关"同妻"群体的研究尚不多见。对"同妻"群体的研究多停留在

---

* 张璐滢，龙岩学院辅导员。
① 邢飞：《同妻生存报告》，时代出版社，2012。

现状调查及原因探析方面，缺乏系统的理论支撑。本文将运用增权理论分析"同妻"群体的无权状态，运用个案、小组、社区 3 种典型的社工介入方法，以期能进一步挖掘"同妻"潜能，提高其个人的权力意识和自我实践能力，达到个人生存状况改善的目的。

一　增权理论

"增权"概念的提出者巴巴拉·所罗门（Barbara Solomon）认为，增权是一个过程，由此，社会工作者和案主一道参与一套活动，目的在于减少作为被耻辱烙印化之群体成员由负面评价造成的无权。"无权"是人们将缺乏能力或资源的状态进行内化后产生的结果，这种结果会让无权者产生消极自我评价、对生活的掌控能力和自信心下降以及仇视社会等不良心理状态，不利于对社会生活的适应。对于无权者的介入分为 3 个层次。首先，对个人层面上的增权，通过提高个人的权力感和自我效能感改变消权状况；其次，对人际层面上的增权，强调个人与其他人相互合作，发展影响他人和解决实际问题的能力；最后，对政治层面上的增权，通过社会行动改变不利于自我发展的制度障碍环境[①]。

目前，中国"同妻"群体在生理和心理方面都面临着巨大的困苦，因而可将增权理论应用于"同妻"的社会工作中。本文针对"同妻"目前的无权状态，通过增权途径从"同妻"群体的内外部环境进行介入，让"同妻"群体在社会工作者的支持和帮助下释放压力，提高自我效能感，通过自身努力和外界支持真正实现"自助"。

二　调查方法

本文采用理论研究与实证研究相结合的方法，对百度贴吧、天涯社区、

① 陈树强：《增权：社会工作理论与实践的新视角》，《社会学研究》2003 年第 5 期。

搜狐新闻等有关"同妻"的网络资料和学校的专著、期刊等文献材料进行整理和分析，并结合访谈法和问卷调查法对"同妻"群体的生活情况进行了解与评估。笔者通过加"同妻"QQ群与多名"同妻"进行交流和互动并建立了良好关系，本次调查采用的是随机抽样的方式，在征得"同妻"本人的同意后，笔者对3个"同妻"群中的130名"同妻"进行问卷调查，3个群一共152人。本调查共发放问卷130份，回收问卷119份，其中有效问卷113份，有效回收率为86.9%。此外，为了弥补问卷调查的不足，笔者还采用了访谈法，对30名"同妻"进行个别访谈，掌握了较为全面的信息。本文以一年来访谈整理的例子来进行阐释，为了保护"同妻"隐私，文中以编号代替当事人的本名。以下除非有特别说明，数据均来源于本次调查。

三 "同妻" 在婚姻中的无权状态

在传统文化影响下，社会成员对同性恋和"同妻"的认识存在偏差，导致不同形式的社会排斥，使得"同妻"群体对于健康家庭环境缺乏选择权，致使其长期处于无权状态。无权状态主要体现在3个方面，即个人能力缺乏、社会资源缺乏以及个体的主观无权感。对于"同妻"来说，个人能力和社会资源缺乏的双重因素导致其自我评价过低、自尊自信感差，逐渐内化形成主观上的无权感。在被调查的113名"同妻"中，大专以上文化程度的高达79.6%，在政府部门或企业工作的占68.1%，83.2%的"同妻"经济独立。由此可见，大部分"同妻"的文化程度及个人工作能力方面还是很高的，不存在个人能力的无权。因此，笔者将着重从"同妻"群体社会资源缺乏的客观无权状态和心理上的无权感两方面分析。

（一）"同妻"群体客观上的无权状态

社会资源是通过社会关系所获得的资源，个体通过多元化的社会联系获取物质财富、名声、地位等各种资源。社会关系的构建存在于个人之间、个人与群体之间、个人与国家之间，因此，社会支持网络和司法制度等外部环境成为影响"同妻"获得社会资源的重要客观条件。若上述外部环境缺乏支持，就会造成"同妻"在社会资源方面的缺乏，从而导致"同妻"在客观上的无权状态。

1. 情绪倾诉所需的社会支持网络缺失

社会支持网络使得个人能维持社会身份并且获得情绪支持、物质援助和服务、信息与新的社会接触，个体所拥有的社会支持网络越强大，就能越好地应对来自环境的各种挑战。然而，在社会舆论的压力下，"同妻"群体普遍存在自卑心理，不愿向家人或朋友倾诉、很少与外界交流，情绪低落甚至抑郁。这就造成了"同妻"在社会支持网络方面的缺失，进一步引发"同妻"心理亚健康，更极端的则是走上自杀的道路。

> 个案 1：有点儿恨自己为什么没早点儿看到这个群（指"同妻"QQ 群——笔者注），早点儿看到我就不用把所有的事都放在心里那么久，好累。我骂他没人性，他说是天生的，我应该理解，应该让他快乐！不敢跟家人、朋友说，没亲身经历过真的不会体会其中的苦味。

2. 司法制度建设不完善

（1）同性恋骗婚事实无法律依据。中国《婚姻法》在婚姻双方性取向方面并没有作出明确规定，没有形成强制性的法律依据，导致社会只能以道德来衡量同性恋者骗婚事件。以 2012 年四川大学教师罗洪玲坠楼事件为例，这位"同妻"在经历丈夫程某出轨、骗钱包"小三"、公开身份等一系列刺激举动之后，选择轻生，结束了年轻的生命。罗洪玲父母的代理律师认为死者的死源于丈夫隐瞒自己同性恋倾向进行骗婚。但法院认为，对公民的同性恋倾向及行为，法律尚无禁止性规定。因此，无论罗洪玲与程某婚前是否知悉对方或者双方有同性恋倾向，均不影响双方自愿登记的法律效力，法院驳回原告诉讼①。这一判决反映了中国法律在同性恋骗婚方面的界定还处于空白，这一问题如果不解决，不利于"同妻"及其家庭关于人权保护和财产安全的保障。

---

① 《法院：同性恋丈夫不是骗婚》，《成都商报》2013 年 1 月 7 日，http：//e. chengdu. cn/html/2013 - 01/07/content _371855. htm。

（2）证实同性恋骗婚证据难获取。大多数"同妻"选择离婚的时候面临一个现实困境，那就是在法庭上如何证明丈夫性取向有异，如何证明丈夫是过错方，证明是因其"冷暴力"致使夫妻感情破裂。

> 个案2：我问过律师，他说QQ聊天记录及录音光盘只能作为辅证，无法证明他是同志。但是，他说QQ聊天记录虽然属于个人隐私，但已婚者如果通过聊天和网友发生性关系，这种隐私就不该得到保护。可以作为证据使用，能说明一些问题。他说官司的胜算概率很低。中国还没有对同性恋问题专门立法，也没有立法给予同性恋配偶特殊保护，可能只能依据一般离婚案件处理。

（3）离婚补偿难实现。目前，无论是在中国还是国外，法律上都没有设立有关"同妻"权益保障的相关法律条文，因此，如果"同妻"想以丈夫是同性恋者为由要求法院判决对方为婚姻过错方，并以此要求对方负责过错赔偿金是很难得到法院支持的。

"同妻"阿红在丈夫阿文用两个女儿威胁她的情况下，以放弃婚后双方共同财产为条件签下协议，这份共同财产价值超过300万元，包括房产、汽车等。此外，协议还要求双胞胎女儿归阿红抚养，男方不必承担赡养费[①]。这样一来，"同妻"不仅搭上了青春成本，还赔付了原本不该其承担的物质补偿。

也有"同妻"是幸运的，她们的同性恋丈夫无条件还给其婚姻自由，为了弥补内心的愧疚还提供了经济补偿。但类似这样能获得离婚赔偿的个案只占少数，绝大多数的"同妻"还得为这场无爱、无性、无情的婚姻埋单。

（二）"同妻"群体心理上的无权感

1. 未发现阶段的寂寞、自怨自艾和自卑

同性恋者在婚姻生活中表现为对"同妻"排斥、冷淡、漠不关心等，这些对"同妻"的精神和心理都造成了极大伤害，让"同妻"产生不自信、自我魅力怀疑的主观无权感。

---

① 《"同妻"之悲》，《羊城晚报》2012年9月3日，http://baike.baidu.com/view/3047.htm。

个案3：婚前他对我的照顾细致入微，婚后就变得奇怪。人家都说新婚燕尔，小两口肯定天天腻腻歪歪的。可是，他却经常说要加班，不然就是朋友聚会，很迟才回家，晚上都很少见到人，一大早又去上班了。我经常花心思打扮自己，可还是改变不了。

就像一位"同妻"比喻的，男同像是参加了同一个培训班，对自己的妻子天天打击，什么都不好，家务也不行，什么都不行，就是你不好才不能过性生活的。这些类似行为让"同妻"在饱尝寂寞感之后慢慢陷入自卑的心理，产生不相符的低自我评价，她们更多地采取隐忍的方式，不再为自己争取权力。

2. 真相曝光阶段的震惊、恐惧和茫然

不管同性恋者掩藏得多深，只要他不能抑制住自己对同性爱的渴望，真相早晚都会浮出水面。面对残酷现实的一瞬间，"同妻"当初的自尊感和自我控制感荡然无存，内心充满了震惊、恐惧和不知所措。

个案4：当时我吓一跳，认为他变态。他解释说是天生的，说别人老婆知道后都能接受，也同意他们去玩。我就问玩什么，他说唱歌吃饭打牌，我就信了。知道真相后，我哭得昏天黑地，他都没回来看我，连一个电话也没有，我真希望是在做梦，还是希望他安慰我拥抱我，他一直都没有，想死的心都有了。

受社会大环境的影响，"同妻"因为担心受他人的歧视，对社会、家人、朋友等都存在普遍的不信任感。在这种丈夫不理睬又无旁人支持的情况下，她们茫然不知所措，陷入客观和主观的无权。

3. 身份适应阶段的纠结、悲愤和无助

即使知道伴侣是同性恋，大部分"同妻"仍不遗余力地想去拯救他们，想用关心改变伴侣的性取向。经过反复的抗争无效后，部分"同妻"的失败经历内化为负面的自我评价，降低了自我意识且甘于现状。而另一部分

"同妻"则鼓起勇气，战胜离婚需面临的艰难险阻获得新生活。

> 个案5：两个卧室我们一人一间，我都觉得恶心，我挺庆幸没怀孕。我要占着茅坑不拉屎，就不离婚。现在房子、车还有店面都是我的名，我怕谁。如果我真的需要性，男人有的是，我长得还可以。我现在想开了，只要自己高兴就 OK 了，想玩就玩，想干嘛就干嘛。我让他绝后，这辈子不找也认了。

个案中的"同妻"才25岁，风华正茂的年纪却因为恨而形成了负面的自我概念。由此可知，身份适应阶段将"同妻"置身于社会和家庭的双重压力之下，如果没有正确的心理辅导和思想引导，有可能导致"同妻"失去内在的自我控制，最终把这种感觉内化并逐渐把自己看作无助的女人，更加无法改变自己的困境，甚至选择自杀来解决问题。

4. 婚姻维系阶段的愤怒、抑郁和麻木

由于"同妻"维持婚姻的原因各不相同，所以每个人对婚姻生活、对丈夫和对自己的态度和评价也会有所不同，但主要的情绪还是以愤怒、抑郁和麻木为主。

> 个案6：对我老公而言，有了孩子，我就更没有什么价值了。我想离婚，他不让离，还威胁如果我要离婚的话，就杀我全家。这种变态、畜生，让我怎么离得了！我彻底放弃了！我是不想自杀，我想把他杀了！也就想想！没那么大勇气。

上述个案反映了部分"同妻"维系婚姻是源于离婚受到丈夫的阻碍，同性恋丈夫通过造谣、索要金钱、威胁"同妻"家人安全等不正当手段逼迫"同妻"不能离婚。这样的行为必然加深夫妻之间的矛盾，"同妻"想要婚姻自由却不能解脱的愤怒情绪也随之产生。采访中，很多"同妻"都认为：惹不起，我还躲不起吗？为什么他们不能放我们一条生路呢？这让她们感觉对自己的生活失去了掌控能力，无法改变她们所在的环境，具有严重的失败感和无能感。

有些"同妻"是在非胁迫的情况下，为了孩子、老人或面子选择继续维系婚姻。这时，同性恋丈夫在婚姻生活中的态度和行为决定了"同妻"的生活情绪和生活态度。如果同性恋丈夫尚存一丝愧疚之心，他会为了弥补对妻子的亏欠，除了无法满足性生活和爱情需求外，在亲情、物质方面满足"同妻"的需要，让"同妻"在家庭系统中拥有部分的自我控制感和自我效能感，缓解"同妻"不良的负面情绪。

四 "同妻"群体的增权途径

增权实践的展开过程体现为 3 个层次，即个体层面、人际关系层面和社会参与层面。3 个层面的增权不仅有助于提高案主的自我接纳程度和个人权力感，还能帮助案主从社会支持网络中获取所需资源，改变案主边缘化和社会排斥的被动地位。鉴于此，笔者认为可以通过这 3 个层面的增权介入来提高"同妻"的自我效能感和自尊自信的个人权力感，并为其提供丰富的社会资源、强有力的社会支持和较为完善的制度保障，使"同妻"最终有帮助自己的能力，实现助人自助。

（一）个案工作介入，实现个体层面的增权

从个案中可以发现，大多数"同妻"从得知伴侣是同性恋者的那一刻起，生活便充满了痛苦、恐惧和彷徨，都存在自卑、愤怒、无助的主观无权感。面对这种情况，社会工作者应采用心理与社会治疗模式的直接治疗技巧。社会工作者的了解、接纳和支持获得"同妻"的信任，缓解"同妻"的不安情绪。在个案辅导中，让"同妻"描述并分析自身面临的问题，通过耐心聆听、适时表达同感和细微的肢体暗示提高"同妻"的自我接纳感，让"同妻"的心理压力得到释放，并通过自我分析更为全面地认识自己。在整个交流过程中，社会工作者可以针对"同妻"已产生的不良行为及错误观念表达个人态度和意见，通过直接影响给予"同妻"建议或忠告，遇到后果比较严重的需采取干预治疗技巧。以个案 5 的"同妻"为例，个案 5

的"同妻"（以"同妻"A代称）因为恨而通过不工作、不生孩子、乱搞男女关系等偏激做法来发泄内心的不满情绪，浪费了个人的大好青春，以下是主要谈话内容。

"同妻"A：我对他一点儿留恋都没有，我们已经两年没在一起了。

笔者：那你平常都做什么？

"同妻"A：我现在除了玩就买衣服。

笔者：工作没有？

"同妻"A：我们都没工作，他家条件好，我们光靠吃房租就够了。

笔者：你还打算和他过一辈子？你总归要找个能托付终身的吧？

"同妻"A：没想过。我现在对男人已经没什么好感了。我要让他绝后，这辈子不找也认了。

笔者：你做的这些都伤害不到他，你不给他生，他如果真想要孩子他可以去找其他人或抱养来解决问题。他现在需要你，就是维持门面而已。

"同妻"A：嗯，感觉是这样。

笔者：你还年轻又没孩子，完全可以走出这段婚姻。你内心的恨和痛我都能理解，你这样的做法可能是一种自我保护，但也是一种过度自我防卫的表现。憎恨的消极情绪已经蒙蔽你的理智，如果你不能放下，你就只能一辈子困在里面，碌碌无为一辈子。难道这就是你的追求吗？

"同妻"A：我曾经也有一份体面的工作，我也曾幻想过有个温暖的家。以前感觉没有被爱的感觉，内心很痛，很想自杀。后来想开了，但我就是恨他，恨他的无情欺骗，憎恨现在的一切，我想报复。

笔者：如果你真的为这个男人耗费一辈子，痛苦的除了你自己还有你的父母，你真的具体想过这些吗？

"同妻"A：呃，没想过。只是觉得报复他，我就会满足。让我再想想。

笔者：送你一句话，痛苦与幸福并生，绝望和希望共存，人生总是双重而至，却又只能择一而行！希望你能从中走出来，早日获得幸福。

"同妻"A：嗯，谢谢你。

（二）小组工作介入，实现人际关系层面的增权

由于"同妻"是一个特殊的群体，彼此内心的痛苦只有面临同样境地的人才能了解。因此，社会工作者作为服务提供者和资源整合者，可以通过网络或新兴媒体的宣传，将类似经历且自愿加入的成员集中起来，在网络社区和现实中的社区或相近地域范围内建立分享小组和互助小组。

（1）社会工作者可以通过参与、赋权、意识提升等来鼓励"同妻"团结合作，通过交流和活动互动让"同妻"群体增强归属感，感受到自己是一个被关注的个体，能以饱满的热情重新投入家庭生活中。以笔者所在的QQ群为例：

"同妻"B：真谢谢群主能为我们建立这样一个平台，只想找个能倾诉的地方，虽然知道谁也都不上忙。

"同妻"C：刚开始的时候我也好迷茫，不知道怎么办才好，我几乎不在别人面前哭，难受就忍着。我是因为认识这个群才彻底放下，还要谢林姐和小方（笔者代称）的指点。

笔者：不客气，我们是一个大家庭，姐妹都是彼此互相支持。

"同妻"D：我也想谢谢大家，现在的勇气是这个群里的姐妹给的。人真的要为自己活，挺胸抬头，别天天窝囊颓废，前怕狼后怕虎，豁出去了有什么呀！谁怕谁，只是要给自己留好后路，不然死得很惨，怎么死的都不知道。

笔者：呵呵，是啊。要拿得起放得下。只要努力，一切都会好起来的。

（2）社会工作者可以通过成员间经验和情感的分享，让小组成员对同性恋者有更深的了解，帮助尚未陷入太深的年轻"同妻"纠正错误的思想意识。以笔者所在的QQ群为例：

笔者：娜娜，我知道你非常爱他也非常痛苦，我觉得你可以先听听其他姐妹的建议再决定你是否要继续这段婚姻。

"同妻"E：我先来说吧！刚开始我也闹、吵，为了孩子，为了所谓的面子，也忍，也幻想他改，后来发觉根本不奏效，所以能做的就是改变自己，让自己变得成熟、坚强，我找工作，后来自己创业，这是我"同妻"十余年的经历，共勉。人生短短数载，姐妹们，多为自己考虑吧！

"同妻"F：妹妹，我已经知道他五六年了，就是为了孩子，才忍受的。我现在比较看得开了，觉得还是自己最靠得住。关键是让自己开心就好，男人只是个锦上添花的东西。

通过上述的个案，可以发现，通过互助小组中的"同妻"经验分享以及受心态较好的"同妻"或志愿者的影响，部分"同妻"能慢慢转变观念，逐步改变为别人而活的错误世界观，能够积极参与决策和行动来改变自己的不利处境，不知不觉提升了能力，避免"同妻"标签效应的负面影响，有助于"同妻"群体自决自助的实现。

（3）社会工作者组织的互助小组不仅要为"同妻"群体提供经验和情感的分享平台，还应致力于拓宽"同妻"群体的生活兴趣，引导成员发现自己与其他成员的兴趣和所擅长的技能。以笔者所在群为例，群里的"同妻"也经常交流各自的不幸生活，都围绕着咒骂丈夫残酷无情、埋怨家人不理解和国家不支持等话题，而且越讨论就越激起"同妻"原本早已平复的心情。针对这一问题，笔者平常在群里交流时会有意识地引导"同妻"转移话题，让"同妻"参与到女性保健、时政热点、心理健康等话题的讨论中，让"同妻"通过话题参与提高自我调整和保护意识，同时也增加了对社会热点的了解，以免与现实社会脱节。

（三）社区工作介入，实现社会参与层次的增权

1. 建立赋能中心社区

"同妻"群体也属于女性弱势群体的一部分，在法律、就业、家庭地位等方面都处于弱势。因此，可以通过建立社区赋能中心为"同妻"整合来

自政府、企业以及社区居民三方的资源。首先，社会工作者可以联合街道工作人员和小区物业的力量共同建立街道文化站和小区文化站。文化站不仅为居民提供合唱、舞蹈、太极等传统项目，还应增添有关同性恋、"同妻"的相关国内外书籍以供居民学习，拓宽居民了解同性恋知识的途径。同时，社会工作者应扮演好公共教育者的角色，通过分发宣传手册、展示社区黑板报以及发动社区志愿者等办法向公众宣传，增进公众对同性恋、"同妻"问题的关注，鼓励他们参与到帮助同性恋、解救"同妻"的行动中，共同推动社会政策的完善。其次，"同妻"也面临着就业难的问题。企业及中心可以为"同妻"提供合适的就业信息、技能培训，帮助"同妻"群体再就业，在经济上实现独立，帮助其更好更快地度过困难时期。社区赋能中心的建立增强了"同妻"与社区居民之间的交流互动，提高了"同妻"的社会参与度，促使其能更勇敢地表达利益诉求。

2. 充分发挥社区媒体的作用

社会工作者可以充分发挥资源整合作用。邀请在同性恋及"同妻"领域较为资深的学者参与到媒体宣传活动中，通过涉同节目向社会提供有关同性恋研究最新的调查成果以及公众所需的知识。通过对同性恋群体和"同妻"群体生活的客观报道让公众逐渐尊重同性恋者的性别身份选择权。这样，就能促进同性恋者的社会认同，降低他们进入异性婚姻的可能性，进而避免部分无辜女性的牺牲。

空巢家庭夫妻关系与婚姻质量

◎李　宁[*]

摘　要：对空巢家庭来说，夫妻生活成为家庭日常生活的主题，家庭是他们今后人生的主要活动场所。当下城市家庭多数夫妻发生从"个人为家庭存在"到"家庭为个人存在"的转变，夫妻关系及其互动模式逐渐转变。在当前城市空巢家庭增多且年轻化的情况下，本文从理论与实践方面探讨影响空巢家庭夫妻关系的因素，提出提高婚姻质量的思考与建议。

关键词：空巢家庭　夫妻关系　婚姻质量

一　空巢家庭及其年轻化引发婚姻危机

按照家庭生命周期理论，空巢期是指从子女离开、父母共同居住开始到父母中的一方死亡的时期①。虽然"空巢"这个词并不是在 20 世纪 90 年代才出现的，但是对其进行的相关研究是从 90 年代才开始的②。相对于西方家庭生命周期研究的成熟度，中国对空巢家庭的研究尚处在初始阶段。

在现代化进程中，社会、经济、教育的快速发展，给家庭结构、家庭

---

* 李宁，北京市人口发展研究中心、北京行政学院社会学教研部副教授。
① 潘金洪：《独生子女家庭空巢风险分析》，《西北人口》2006 年第 5 期。
② 符琼：《中国空巢家庭研究综述》，《经营管理者》2009 年第 18 期。

成员带来了很大的影响。首先，空巢家庭正在逐渐增多。2012 年全国老龄工作委员会办公室的资料显示，中国城市老年人"空巢家庭"比例已达49.7%，接近一半①。由北京大学中国社会调查中心完成的《中国民生发展报告 2012》数据显示，全国 13.2% 的家庭夫妇已生育子女但不与子女同住②。伴随中国人口老龄化和城市化的快速发展，生活理念和住房条件的改善，再加上独生子女政策的实施，空巢家庭日益成为人们的一种自觉选择。

"空巢家庭"的逐渐增多还伴有年轻化趋势。当前中国空巢家庭因生育数减少，出现不用照料子女的时间延长、家庭整体时间延长等特点。随着中国城市第一代独生子女逐渐离家求学、就业和结婚，中年夫妻的空巢家庭增多，出现不少年轻的空巢家庭。据 1992 年上海市老年人生活经历及生活现状的抽样调查和 1986 年中国生育节育抽样调查结果，60 岁及以上的女性老年人多子女家庭的抚养期为 27.7 年，1986 年处于育龄期妇女的独生子女家庭为 20.5 年，相差 7 年左右。在抚养期结束时，老一代父母的年龄为49.9 岁，新一代为 44.5 岁，后者比前者小 5.4 岁③。与传统理论不同，不少"年轻"的空巢家庭，夫妻尚未退休，或夫妻一人就业工作，许多人在还不到 50 岁时就已置身于空巢家庭。按照当今人们健康的平均寿命预测，"人生八十年"的空巢家庭未来可能存在 20 - 30 年，甚至更长④。

现代化进程对家庭的另一个重要影响是带来了家庭成员个性的空前发展。社会的开放、思想的解放、个性的张扬必然影响家庭生活。多数人发生从"个人为家庭而存在"到"家庭为个人而存在"的转变，在婚姻满意度、夫妻交流、解决冲突的方式等方面更趋向个性化。民政部发布的《2011 年社会服务发展统计公报》显示，中国离婚率已连续 7 年攀升。仅2012 年第一季度，全国就有 46.5 万对夫妻劳燕分飞，平均每天有 5000 对夫妻离婚，离婚率达到 14.6%，北京、上海等大城市的离婚率已超过 1/3。"世界上婚姻最稳定的国家"正经受着"中国式离婚"的强烈冲击。其中

① 全国老龄工作委员会办公室：《中国城市老年人"空巢家庭"比例达 49.7%》，中国广播网，2012 年 9 月 23 日。
② 《"空巢"家庭占比升 13.2%》，《北京日报》2012 年 8 月 6 日。
③ 穆光宗：《家庭空巢化过程中的养老问题》，《南方人口》2002 年第 1 期。
④ 金晓霞：《城市空巢家庭研究现状》，《学理论》2013 年第 13 期。

50 岁及以上人群离婚率比例上升①。由于空巢家庭的家庭关系从以前的亲子关系转变为以夫妻关系为中心，夫妻的日常生活成为家庭生活的主题，离婚难免乘虚而入。离婚有多方面原因。例如：虽然孩子离家，许多夫妻还要担负上有老下有小的经济任务；加上一些人尚未离职，工作压力大，高压与繁忙让不少夫妻渴望并寻找解压的个人空间和自由，家庭变成"家庭宾馆"，家庭成员各自为政，晚上才回来睡觉，家庭可能变成一个没有人的空壳②；不少夫妻不再具有年轻时候的激情和新鲜感，如果彼此之间出现摩擦，没有孩子在中间起缓冲作用，很有可能演化成正面冲突，使得看上去比较稳定的家庭存在很大危机。因为儿女的离开造成心理失衡，有的家庭出现夫妻一方把自己的大部分感情放在配偶身上、过分依赖配偶的现象，这易给对方造成一定的压力，极有可能影响夫妻感情，甚至走向分手。

空巢家庭中夫妻关系的好坏决定了夫妻二人不是更亲密，就是渐渐疏远，夫妻关系的优劣不仅建构关系框架，而且为拥有退休后 20 - 30 年高婚姻质量的生活奠定基础。空巢夫妻特别是 50 岁左右的夫妻增加了问题的复杂性，因此空巢家庭夫妻关系与其婚姻质量引起人们的关注，成为家庭学、人口学等学科研究的热点。

二　夫妻关系与婚姻质量

空巢家庭夫妻关系的形成和婚姻质量高低的评判涉及多种因素，与家庭功能密不可分。学界对家庭的存在发展有着不同的声音，主张回归家庭的学者认为，家庭在促进社会发展、个人成长方面起着积极促进作用。

以塔尔科特·帕森斯（Talcott Parsons）为代表的家庭结构功能理论提出，家庭在个性成熟和情感需求等方面影响婚姻质量。帕森斯指出，家庭本来的功能包括孩子的社会化和成人性格的稳定③。帕森斯提及的家庭稳定

① 《民政部最新统计显示我国离婚率连续 7 年攀高》，新华网，2012 年 7 月 4 日。
② 〔日〕望月嵩：《家庭关系学》，中国大百科全书出版社，2002，第 45 页。
③ 〔日〕望月嵩：《结婚与家庭》，中国大百科全书出版社，2002，第 198 页。

成人性格的任务，对于从传统中国文化走过来的中青年夫妻来说，如何妥善解决家庭生活中的个人化而非"个别化"等问题，是他们需要加强学习的一个重要任务。

另一位美国社会学者布拉德（F. Boulard）提出新功能发展理论，认为家庭发展有以夫妻为中心的两个新功能：一是伴侣性功能，是指夫妻之间相互转告信息，有共同的朋友，夫妻结伴外出行动等行为；二是精神性功能，指在人性容易受到伤害的现代社会生活中，家庭成员对受到伤害的心灵进行抚慰，医治创伤，成为对方生活烦心事的倾诉对象等的行为。显然，布拉德的家庭功能发展理论为空巢家庭夫妻发展良好关系、提升婚姻质量，提供了很丰富的内容。

婚姻质量内容架构对评判夫妻关系有直接影响。综观国外婚姻质量的研究，主要分为个人感觉学派和婚姻调适学派。个人感觉学派认为，婚姻质量是一个主观概念，它主要是已婚者对自己婚姻的感性认知和体会，指当事人对配偶及婚姻关系的态度和看法。每对夫妇的婚姻质量就是当事人自己对婚姻的主观感知质量。调适学派则强调婚姻质量的客观性，认为它是夫妻之间关系的结构特征或这种特征的具体存在和统计表现。已婚者对婚姻关系的调适性质、方式、频率和效果构成了婚姻质量的基本内涵，婚姻质量应该是婚姻关系的客观调适质量[1]。

国内学者则把婚姻质量定义为夫妻的情感生活、物质生活、余暇生活、性生活、夫妻双方的凝聚力在某一时期的综合状况。它以当事人的主观评价为尺度，并以夫妻调适的方式和结果的客观事实来描述。高质量的婚姻表现为当事人对配偶及其相互关系的高满意度，具有充分的感情和性的交流，夫妻冲突少及无离异意向。"中国婚姻质量研究"课题设计的婚姻质量多维组合量表，从夫妻关系满意度、物质生活满意度、性生活质量、双方内聚力、婚姻生活情趣和夫妻调适结果等6个侧面进行考察[2]。还有一些学者把影响婚姻幸福的因素大致归纳为3个方面：①个体因素，包括文化背

---

① 郭霞、李建明、孙怀民：《婚姻质量的研究现状》，《中国健康心理学杂志》2008年第7期。
② 徐安琪等：《婚姻质量：婚姻稳定的主要预测指标》，《上海社会科学院学术季刊》2002年第4期。

景、价值观、对婚姻的期望以及在婚姻中承担的责任、义务、自尊等；②婚际因素，包括夫妻间角色、权力的分配、夫妻间交流、夫妻间解决冲突的方式和能力、性生活等；③外界因素，包括经济状态，与子女、父母、亲友的关系等①。也有学者认为影响婚姻质量的 3 个直接因素分别是当事人的社会及个人资源、对生活方式的满意度以及来自夫妻互动中的收获。赵孟营考察了婚姻质量的 3 种维度。一是夫妻间婚姻生活的各种客观状况，包括共同社会生活状况和私生活状况，如夫妻经济收入、消费水平、闲暇生活、冲突状况、两性生活等，从数量和合作两个方面考察。二是夫妻关系确定和维系的原因。诸如夫妻结婚动机、夫妻双方亲缘网络对婚姻的支持状况、双方家庭背景差异性、夫妻拥有子女的状况、夫妻的健康状况、社区的稳定性等，主要是围绕夫妻生活的现实和夫妻关系以外影响夫妻间婚姻生活的各种因素进行考察。三是夫妻双方对婚姻关系各个层面的满意度和承受度。满意度是主观评价，承受度是行动的主观选择。满意度越高婚姻质量越高，承受度高则婚姻稳定性强②。该研究较为全面地揭示了影响婚姻质量的主客观因素，为确定和维系夫妻关系、提高空巢家庭婚姻质量指明了发展方向。

上述研究揭示了夫妻关系与婚姻质量受多方主客观因素影响，有其复杂的静态评判体系。但是作为完整人生，还应该加入一个动态发展的视角，特别是需要研究当年迈的夫妻进入空巢，展开以两人为主的家庭生活的婚姻质量。为此，应重视空巢家庭的夫妻婚姻质量的研究。空巢家庭的夫妻关系建立在已有婚姻基础上，仍然需要不断的调整、适应和完善，它构成婚姻质量的重要内容，是人生发展不可忽视的一个问题。

处在空巢家庭早期的夫妻双方依然有着调整改善发展的必要。此时的夫妻个人心智成熟，经济条件达到一定水平，社会关系相对稳定，彼此相对熟悉。对他们而言，一些夫妻已不再具有年轻时候的激情和新鲜感，夫妻双方在生活和事业上可能出现一定的差距；若双方因缺乏及时交流出现感情隔阂、矛盾积累，再加上没有孩子的缓冲，夫妻交往关系在某种程度

① 洪芳等：《基于心理控制源视角的女公务员婚姻质量研究》，《应用心理学》2010 年第 1 期。

② 赵孟营：《新家庭社会学》，华中理工大学出版社，2000，第 90 - 93 页。

上容易变得苍白、敏感、脆弱，致使以往的夫妻互动模式及双方心理平衡逐渐被打破。严重的冲突将会导致婚姻的破裂和出现无法修复的裂痕。因此在婚姻下半场，需要在原有基础上，在主观方面特别是在双方情感、夫妻关系方面加入新鲜内容，从个人、家庭、家际等3个方面重组夫妻彼此的交往理念、交往模式，强化夫妻沟通，以提升空巢家庭婚姻质量。

从个人、家庭、家际等3个方面展开夫妻关系的调整与改变有现实意义。一是重组夫妻本人对待婚姻的态度和行为，它直接导致影响双方对关系的认知、情感的投入、维系的持久力。二是强化夫妻关系，空巢家庭的夫妻关系是在其原有基础上，在有危机、有空白等特殊性方面展开，有很大的挖掘潜力和发展空间。夫妻之间的沟通交流是影响婚姻质量的关键内容。婚姻不是一个人的游戏，更不是一个人的战争，任何婚姻关系离开彼此互动均无法实现交流。三是加入家际交流内容。对空巢家庭来说，家庭的开放性与否对婚姻质量有不同影响。家庭的开放性是以家庭为核心，以夫妻双方的朋友为中心展开交往活动，扩大家际关系，加强社会联系，丰富生活。

三　提升空巢夫妻关系质量的几点设想

成功度过空巢阶段的夫妻，提升的是其对家庭的适应能力，获得的是个人与家庭的双双成长。进入空巢家庭，调整3人为2人的家庭结构，知晓夫妻双方须付出相应的努力，才能建立高质量的夫妻二人关系，为此本文提出3方面的思考与建议。

1. 重建"关系"意识

高质量的婚姻不仅要求配偶双方的婚姻资源具有较高的对等性，还要求其婚姻资源的各要素具有较高的契合性。离开夫妻任何一方，只凭借一人实力，无论他（她）在政治、经济、心理等方面多么强大，都无法满足夫妻双方要求。一份来自对女公务员的调查显示：不同职级女公务员心理控制源差异显著，但婚姻质量差异不显著。此结果体现出，婚姻和职场是不同的生活环境，女公务员的自信和内控对职场成就有显著预测作用，但职级高低、职场成就并不一定带来高满意度的婚姻。影响女公务员婚姻满意度的因素主要是婚际因素和外界因素、个人实力等因素贡献不显著①。此项调查表明，高质量的婚姻需要夫妻互动，而不只是家庭成员的个人实力，夫妻是合二为一、彼此相连、不可或缺的关系。

空巢家庭夫妻关系更需要调整完善，此阶段夫妻关系的性质应该是比时间短比爱情长，营建强固紧密的联系，需要注意以下几点。

（1）"我们俩"意识的建立和维护，尽快适应空巢家庭的新变化。夫妻年轻时期，女性往往这么排序家庭成员：父母、先生；进入中年阶段的排序会调整为孩子、父母、先生。而进入空巢家庭，家庭成员的排序会有所改变，各种主客观因素令夫（妻）的位置会越来越提前，最后难分彼此，"我们俩"相依为命。因此进入空巢期，夫妻要高度重视强调夫妻关系在家庭中的地位，明确夫妻是相互影响的整体，个人都要用心维护婚姻，像珍惜好朋友一般爱护彼此，享受和配偶相处的时光，获取高婚姻质量和夫妻身心健康。美国一项调查显示，在各年龄段里都说婚姻里最好的方面是伙伴关系，而且年龄越大，伙伴关系越重要，50岁以下的人中，有31%表示伴侣关系是他们婚姻里最好的方面，但50岁及以上做此表示的人，高达43%②。

（2）建立保持相互"依恋"的意识，减少疏远行为。婚姻存在并不就意味着良好关系的存在，需要双方付出相应的努力。在已有婚姻基础上，双方要重视常年厮守、彼此熟悉、日子平淡等现实生活的存在，相信之间多年选择配偶的正确性，守护拥有多年的婚姻资源。美国社会心理学家戴维·迈尔斯（David G. Myers）在《社会心理学》中提出促进伴侣亲密关系的因素：一是依恋，双方的理解，提供和接受支持，重视并享受和相爱的人在一起；二是公平，双方觉得相互关系是平等的，他们的付出和回报是成比例的；三是自我表露，双方愿意敞开心扉，分享秘密，而不用担心失

---

① 洪芳等：《基于心理控制源视角的女公务员婚姻质量研究》，《应用心理学》2010年第1期。

② 〔美〕大卫·亚普：《婚姻下半场——中老年夫妇面临的八个挑战》，团结出版社，2010，第73页。

掉对方的友谊和爱情，信任取代焦虑[1]。

多年生活在一起的夫妻往往易出现快节奏生活下交流的匮乏。对于夫妻而言，无论处在家庭生命周期的哪个阶段，夫妻之间的依恋与话题自己不去充实，就会被其他的"人"和"事"占领，非常好的夫妻关系都是靠不断的欣赏、重视、交流等养分去滋润的。在不断增多的诱惑和选择面前，不断成长的话题，契合双方的"沟通模式"，适合对方的交流时空，才能保持夫妻同步迈进新生活的步伐。许多人有这样的观念，认为只要找对了人就能永远幸福。婚姻一旦出现了问题，人们就感觉之前找错了人。他们要么会放弃努力，在失败挫折中了度余生，要么再找一个"合适的人"，造成夫妻离异。根据天津社会科学院社会学所和广东家庭杂志社 1991 年对中国城市家庭的调查结果，夫妻冲突的最主要原因是"性格不合"（占35.4%）。如果再加上"爱好"（7.4%）、"文化素质的差异"（4.2%）、"职业和其他社会活动"（3.7%）以及"感情问题"（3.5%）等几项，则半数以上的夫妻冲突都是由配偶缺乏理解而引起的[2]。

（3）强调"共同体"活动意识，调整个人活动方式，增加以夫妻为单位的共同活动。进入空巢期，夫妻需要增加以夫妻为单位的各种活动，开辟休闲新生活，填补空巢夫妻以往有基础但目前有空白的家庭生活。生命周期理论中有一种观点认为，空巢家庭中的夫妻有了更多的交往空间，进入了家庭生命周期的"第二新婚期"[3]。此时夫妻应找出可以一起做的事情来建造彼此之间的友谊，以填补孩子离开的空白，重新设计生活。休闲新生活可以挖掘经济生活、生活时间、生活空间、人际关系、能力等 5 类资源[4]，增加共同参与的活动，找到夫妻的共同兴趣点，强化共同参与。不少研究者发现，夫妻共同参与休闲活动有助于增加婚姻的满意度；而单独的休闲方式则和婚姻满意度呈负相关。另外，休闲活动会缓解妻子过于沉重的生活压力，进而改进婚姻关系的质量，但这种作用对丈夫不产生影响。

---

① 〔美〕戴维·迈尔斯著《社会心理学》（第 8 版），侯玉波等译，人民邮电出版社，2006。
② 易松国：《影响城市婚姻质量的因素分析——根据武汉千户问卷调查》，《人口研究》1997 年第 5 期。
③ 〔日〕望月嵩：《结婚与家庭》，中国大百科全书出版社，2002，第 58 页。
④ 〔日〕望月嵩：《结婚与家庭》，中国大百科全书出版社，2002，第 74 页。

需要注意的是缺乏高水平的休闲和互动，即使是夫妻共同参与休闲也未必对婚姻满意度具有积极意义，甚至还可能降低婚姻满意度①。

2. 开辟彼此的独立空间

空巢家庭孩子的离去，家务劳动的相对减少，使夫妻各自拥有了更多的时间和空间，也为彼此个性发展提供了一个前所未有的良好机会。为此，目前不少家庭中夫妻出现睡眠分居，表现出对拥有一个仅属于自己的独立空间的渴望。

为保持更平衡、健康的生活方式，夫妻需要营造彼此独立、和谐的空间，调整好各自的距离。要清醒地认识，首先要照顾好自己，保证身心健康才是对双方的积极贡献。为此，双方要力争做到：照顾自己，减少对对方的各种依赖；特别是男性应提高生活自理能力，尽量减少过去繁忙工作将家事大部分推给家人的状况，时常给自己和对方独处的时间和空间，互相尊重对方的个人领域；调整做事的步伐，放慢节奏，享受过程；营建并保持友谊；扩大眼界，不停地塑造自我、完善自我，不断更新知识，优化知识结构，拓宽学习交流的渠道，努力提高综合素质，紧紧跟上社会前进的步伐；积极生活，将个人的成长完善坚持到底；等等②。

在空巢家庭中，女性通常是体验变化较大的一方，当孩子拥有了母亲所无法进入的世界时，妻子会有不同程度的孤独、寂寞和不安，容易有心理上的空白。因此，在强调家庭关注重心从孩子转移到夫妻关系的同时，女性在日后生活中还要注意重点强化减少对丈夫的心理依赖，多交朋友，丰富个人精神生活；其中特别需要增强自立，自立包括经济自立、能力自立、思想自立等。对城市多数女性而言，充分利用好周边文化资源学习知识，经常读书、去博物馆，做几件自己喜欢的事情，保持一颗开放积极向上的心，要让自己成为一个内心充实丰富、有追求的人③。当妻子心理健康时，可以减少无所事事而导致的空虚寂寞、无望、敏感等心理问题，减少

---

① 郭霞、李建明、孙怀民：《婚姻质量的研究现状》，《中国健康心理学杂志》2008年第7期。
② 〔美〕大卫·亚普：《婚姻下半场——中老年夫妇面临的八个挑战》，团结出版社，2010，第127页。
③ 张淑印：《从和谐家庭角度看女性在和谐社会中的责任与权利》，《山西高等学校社会科学学报》2011年第12期。

对对方的过度依赖。

3. 增强家际联系

正如人们进入职场要重视人际关系一样，当夫妻进入空巢家庭阶段，同样要重视建立家际关系。进入空巢家庭的夫妻应注意保持、建立与其他家庭的联系，充分利用旅游、购物、派对等机会结识新朋友，保持社会交流，扩大社会联系，这是发展空巢家庭社会交往的一个重要内容。开展家际联系，一方面，要加强家庭与家庭之间的联系，针对女性更喜欢"谈话"、男性更喜欢"做事"等不同性格特点，或交流生活经验，或增加各类信息，或联系更多伙伴，或开展各种户外活动，以此克服空巢家庭易有的单一重复、单调乏味，日益远离社会的易孤独、寂寞、忧郁等问题。另一方面，家际活动也是密切夫妻关系的重要内容，共同参与一些刺激、有冒险色彩的运动，营造活动情趣，便于进一步加深了解和密切感情。

在培养具有相同品位的家庭联系中，人们多愿意与交往多年的朋友在一起，但是由于大城市交通问题，出现与老友的聚会因成本过高而减少的趋势，造成一些家庭的外联断裂。所以空巢家庭在保持原有老朋友、老关系的基础上，还要加强建立新的家际关系，特别是要在周边社区拉近邻里距离，促进邻里情感交流，既实现邻里和谐又结交新朋友。组成与亲属、朋友、邻居老友新朋多方面的朋友圈子，避免"出门一把锁，进门一盏灯"的情况。一项调查研究的结果提示，夫妻同对生活持积极乐观的态度，则他们的朋友较多，与家人的关系也较和睦[1]。

---

[1]　赵力俭：《中国"空巢老人"生活现状及对策研究》，《长春教育学院学报》2013 年第 3 期。

妇女社会地位与家庭结构的关系研究[*]

◎ 贾云竹[**]

摘　要： 本文利用第三期中国妇女社会地位调查数据，考察了妇女社会地位状况与其家庭结构之间的关系。首先对当前中国的家庭结构现状以及家庭成员流动对家庭结构的影响进行简要描述，并对各省区妇女的社会地位与该地区核心家庭的比例之间的关系进行了分析，发现家庭核心化程度与妇女社会地位之间存在较为显著的统计相关性。建议在推动妇女发展时，将其家庭结构作为一个基础性的背景因素加以考虑。

关键词： 家庭结构　家庭核心化　妇女社会地位

一　问题的提出

半个世纪前，美国著名的家庭社会学研究者威廉·J. 古德（Jack Goody）在家庭现代化理论中就指出，现代社会妇女独立就业人数的增加，妇女教育程度、权利意见的提高会导致婚姻和生育模式的变革，是家庭结构和

* 本文为国家社科基金项目"丧偶老人的居住安排研究"（项目编号：13BRK006）的阶段性成果。

** 贾云竹，全国妇联妇女研究所副研究员。

制度变迁的重要影响因素①。在对当代中国家庭结构变化的解释中，也有不少学者关注到了妇女地位对家庭结构的影响。但这些结论多是基于对农村某一村落的人类学研究得出的；更多的是学者的思辨和理论性的推导，缺乏定量的实证研究验证。本文将利用第三期中国妇女社会地位调查所获得的相关数据，考察各省的妇女社会地位状况与该地区家庭结构之间的关系，对上述命题进行验证。

二　文献回顾

1. 家庭结构类别的划分标准

家庭结构是指具有血缘、姻缘等关系成员所组成生活单位的类型和状态。从国内已有关于家庭结构的研究文献来看，学者们对家庭结构的分类、每一种家庭结构的内涵还存在较大的分歧，这突出表现在不同学者对家庭结构有不同的划分标准。例如，对于中国家庭结构中最重要的"核心家庭"这一概念，有的学者将其界定为"一对夫妻与未婚子女组成的家庭"，强调由父母双亲与未婚子女共同组成②；而有的学者则认为只要是父母（一方或双方均可）与未婚子女组成的家庭均为核心家庭③，后者实际上范围更广，除了完整的夫妻双方和未婚子女的情况外，还包含了离异、丧偶及分居的夫妻与未婚子女等 3 种家庭形式，有的学者甚至将仅有夫妻两人的家庭也冠以"夫妻核心家庭"之名④，将其也归于核心家庭的大旗之下；有学者将父母与已婚但未生育第三代子女组成的家庭也视为核

① 〔美〕威廉·J. 古德：《家庭》，魏章玲译，社会科学文献出版社，1986，第 2 页。

② 阎云翔：《私人生活的变革：一个中国村庄里的爱情、家庭与亲密关系（1949－1999）》，上海书店出版社，2006，第 104 页；费孝通：《论中国家庭结构的变动》，《天津社会科学》1982 年第 3 期。

③ 马有才、沈崇麟：《中国城市家庭结构类型变迁》，《社会学研究》1986 年第 2 期；马春华等：《转型期中国城市家庭变迁——基于五城市的调查》，社会科学文献出版社，2012，第 40 页。

④ 彭希哲：《中国家庭模式变迁的现状及趋势》，载《第六次人口普查研究论文集》，中国统计出版社，2014，第 643 页；王跃生：《中国城乡家庭结构最新变动、特征和影响因素分析》，载《第六次人口普查研究论文集》，中国统计出版社，2014，第 733 页。

心家庭①。

直系家庭（有的也称主干家庭）的定义更是五花八门，对这一概念所涉及的家庭成员在代与代关系和婚姻关系中的界定各持己见。例如，绝大多数学者都认同"夫妻与已婚子女组成的家庭"为直系家庭，但对于这类家庭中是否必须是夫妻双方均健在、已婚子女是否必须是处于在婚有偶，或者离婚、丧偶状态，家庭成员的代与代关系是仅限于两代还是包含三代及以上，代与代之间是否必须无间断等诸多问题，不同的学者也有不同的主张，有时甚至出现同一位学者在不同文章中对同一种家庭结构的定义也不尽相同的情形。表1罗列了国内在家庭结构领域具有较大影响的几位学者对直系家庭的定义，从中可窥见国内学术界对该概念理解的分歧。

表1 部分学者对"直系家庭"概念的界定比较

学者	代际关系		婚姻关系
	代数	代与代间隔	
彭希哲等②	仅两代	无间隔	各代仅一对夫妻，且均健在
马春华等③	两代及以上	无间隔	各代夫妻均健在
马春华④		无间隔	各代夫妻不一定均健在
王跃生⑤		可有间隔	各代夫妻不一定均健在
阎云翔⑥		未限定	父代夫妻不一定均健在，但子代夫妻健在
马有才等⑦		未限定	各代夫妻不一定均健在

笔者认为，学者们之所以要根据家庭成员的婚育状况对家庭进行结构类型的划分，实质上是受结构功能主义的影响，即每一种不同的家庭结构

---

① 陈铭卿：《对家庭结构类型的探讨》，《社会学研究》1986年第6期。

② 彭希哲等：《中国家庭模式变迁的现状及趋势》，载《第六次人口普查研究论文集》，中国统计出版社，2014，第643页。

③ 马春华等：《转型期中国城市家庭变迁——基于五城市的调查》，社会科学文献出版社，2012，第40页。

④ 马春华：《变动中的东亚家庭结构比较研究》，《学术研究》2012年第9期。

⑤ 王跃生：《中国城乡家庭结构最新变动、特征和影响因素分析》，载《第六次人口普查研究论文集》，中国统计出版社，2014，第733页。

⑥ 阎云翔著《私人生活的变革：一个中国村庄里的爱情、家庭与亲密关系（1949－1999）》，上海书店出版社，2006，第104页。

⑦ 马有才、沈崇麟：《中国城市家庭结构类型变迁》，《社会学研究》1986年第2期。

相应地承担着不同的社会功能：如核心家庭的主要功能是夫妻共同养育未成年/未婚子女，主干家庭则是上养老下养小，空巢家庭则是夫妻陪伴互助照料。但是随着社会的发展，特别是个体主义的兴起，在人们的生活方式越来越多元化、婚姻状况的差异性和变化性都显著增长、人口流动性大大提高等情况下，人们的家庭组织结构也相应地呈现出更加复杂和多样的组合，并且其稳定性、功能等都有了许多新的特点。在吸纳上述研究的基础上，本文将对上述有争议的几种家庭结构类型进行重新界定，作为本研究分析的基础。

2. 当代中国家庭结构的变迁

1982 年以来每 10 年一次的全国人口普查为了解中国的家庭结构状况提供了最权威和全面的数据资料，是我们了解改革开放 30 多年来中国家庭结构变化的重要依据。中国社会科学研究院等开展的有关婚姻家庭的几次专项调查以及部分省、区、市的小型调查也进一步丰富和发展了我们对中国当代家庭结构状况的认识和了解。马春华等在对相关文献的回顾中指出，就中国家庭结构的研究发现而言，学者们在家庭人口规模逐步缩小、以核心家庭和直系家庭为主的结论上达成了基本的共识，且城乡之间存在较显著的结构性差异[①]。

表 2 是王跃生和彭希哲的研究团队基于历次人口普查数据，分别对 30 多年来中国家庭结构的一个梳理。正如前文所说，由于研究者对家庭结构的划分标准存在差异，故而在结论上也有一定的出入。如果将彭希哲等划分的夫妻和二代核心都视为王跃生等划分的核心家庭范围，则两个团队对中国家庭结构的分析在大的格局上是基本一致的，即当前中国的家庭结构中，核心家庭占据了绝对的主导地位，若以王跃生的界定为依据，核心家庭在过去的 30 年间呈现出逐步缩减的态势；而彭希哲等的分类则揭示出夫妻家庭在稳步增长、二代核心则在逐步缩减；相对而言，在过去的 30 多年间直系家庭所占的比例基本稳定在 20% 左右，变化不大；单身家庭所占比例有一定幅度的提高。

---

① 马春华等：《中国城市家庭变迁的趋势和最新发现》，《社会学研究》2011 年第 2 期。

表2　1982－2010年中国家庭结构的变化状况　　　　单位:%

年份		1982	1990	2000	2010
A 王跃生等	单人	8.0	6.3	8.6	13.7
	核心	68.3	70.6	68.2	60.9
	直系	21.7	21.3	21.7	23.0
	其他	2.0	1.7	1.5	2.4
B 彭希哲等	单人	8.0	6.3	8.3	10.0
	夫妻	4.7	6.4	12.7	18.5
	二代核心	65.7	67.6	57.6	51.3
	隔代	0.7	0.7	1.9	2.3
	扩展	20.9	19.0	19.5	18.0

资料来源:王跃生等:《中国城乡家庭结构最新变动、特征和影响因素分析》,载国家统计局人口与就业统计司主编《发展中的中国人口——2010年全国人口普查研究论文集》,中国统计出版社,2014,第735页;彭希哲等:《中国家庭模式变迁的现状及趋势》,载国家统计局人口与就业统计司主编《发展中的中国人口——2010年全国人口普查研究论文集》,中国统计出版社,2014,第629－623页。

3. 妇女地位对家庭结构的影响

妇女社会地位是一个综合性的概念,内涵极其丰富,中国妇女社会地位调查课题组将其界定为"不同群体的妇女在社会生活和社会关系中与男性相比较的权利、资源、责任及其作用被社会认可的程度"[1],分别从健康、经济、社会保障、婚姻家庭等9个不同领域对其进行了测度和考量。已有研究指出,中国女性社会地位的提高,特别是女性婚姻及生育自主权的增强[2]、非农就业机会和经济创收能力的增长[3]、家庭事务决策中话语权的增长等[4],是家庭结构核心化[5]的重要推动力[6]。

---

[1]　宋秀岩主编《新时期中国妇女社会地位调查研究》(上卷),中国妇女出版社,2013,第6页。

[2]　曹锦清等:《当代浙北乡村的社会文化变迁》,上海远东出版社,1995,第362－363页。

[3]　王金玲:《非农化与农民家庭观念的变迁——浙江芝村乡调查》,《社会学研究》2005年第6期。

[4]　王跃生:《中国当代家庭结构变动分析》,中国社会科学出版社,2009,第20页。

[5]　国内学者对于中国家庭结构"核心化"存在较大争议,相关的争议可参见沈奕斐《个体家庭:中国城市现代化进程中的个体、家庭与国家》,上海三联书店,2013,第12－20页;唐灿:《家庭现代化理论及其发展的回顾与评述》,《社会学研究》2010年第3期。

[6]　阎云翔:《私人生活的变革:一个中国村庄里的爱情、家庭与亲密关系(1949－1999)》,上海书店出版社,2006,第240页;〔加〕宝森:《中国妇女与农村发展——云南禄村六十年的变迁》,江苏人民出版社,2005,第409页。

三　数据说明

第三期中国妇女社会地位调查是全国妇联和国家统计局在 2010 年 12 月联合开展的一次既有全国代表性又有跟踪性和权威性的抽样调查，第一、第二期中国妇女社会地位调查分别是在 1990 年、2000 年进行。本期调查对全国除港澳台外的 31 个省、区（直辖市）的近 10 万户家庭进行了入户调查，最终采集到 94734 份有效样本。

本文主要利用第三期中国妇女社会地位调查采集到的所有入户调查家庭户的"户内成员情况表"数据资料，该表采集了被访家庭中所有家庭成员（无论是否在本户常住）及常住在本户内的其他非亲属人员的相关信息，包括与户主的关系、性别、年龄、婚姻状况、户口性质及是否在本户常住等 6 个方面的信息。

为了增强研究数据的稳定性，本文所使用的数据为 30 个省、区、市的独立省级样本与全国样本中的西藏样本合成的总体为 87838 户的全国数据库。为使本数据对全国的情况具有代表性，根据第六次人口普查各省、区、市家庭户人口在全国家庭户人口中所占份额，在各省、区、市独立省级权数的基础上进行了进一步的调整，数据在城乡结构及地区分布上与第六次人口普查数据基本一致。

在全部 87838 户被访家庭中，有 25.6% 的家庭有 1 个及以上家庭成员不常住在本户内，为了更清楚地揭示出当前中国家庭结构的现实状况，本文将从包含外出的家庭成员及仅包含常住家庭成员两个口径进行比较，以揭示人口流动对中国家庭结构所带来的影响。

1. 家庭结构的界定

以人口普查数据为基础的家庭结构研究由于数据本身的限制，只能是基于家庭常住人口来确定其家庭结构。但在现实中，由于受到中国城乡、地区间就业机会、教育资源等分布的不均衡影响，不少家庭都有家庭成员长期在其家庭户之外居住，形成规模庞大的"不完整"家庭。但考虑到这些不常住在家中的成员通常都与其家庭保持极为密切的经济、情感等多维度的交流和支持，家庭的归属感、认同感也都非常强，故而本文对家庭结构的分析是基于被访者所提供的所有家庭成员来确定的，也即所谓"心理家庭"或"概念家庭"，而非常住人口构成家庭。

同时对于家庭结构，本文也在综合国内有关家庭结构研究文献的基础上，按照家庭户内人口的婚姻状况及代与代关系，将家庭结构区分为以下 9 种类型。①单身家庭：户内仅 1 位成员的家庭，无论其婚姻状况如何。②标准核心家庭：一对夫妻仅与未婚子女组成的家庭。③类核心家庭：一对夫妻与离婚或丧偶的子女两代人共同组成的家庭。④夫妻家庭：仅有一对夫妻的家庭。⑤主干家庭：由两代及以上的夫妻组成，每代最多不超过一对夫妻，中间无断代且夫妻均健在的家庭。⑥隔代家庭：由三代及以上的家庭成员构成且中间至少有一代缺失的家庭。⑦单亲家庭：仅父母一方（含离婚、丧偶和实际分居）与未婚子女组成的家庭。⑧其他缺损家庭：家庭户中常住人口在两人及以上，但成员之间不存在完整的夫妻关系。⑨其他家庭：不属于上述任何一类的家庭。

本文将分别从所有家庭成员及仅包括常住家庭成员两个口径对中国家庭结构状况进行分析，以揭示人口流动对家庭结构的影响。

王跃生提出将标准核心家庭所占比例作为考量一个地区家庭核心化的指标[①]，而马春华等则是将标准核心、夫妻家庭和单身家庭的比例都纳入家庭核心化程度的范围之内[②]。考虑到中国当前单身家庭的增长更多是由于人口老龄化所致，其与妇女社会地位提高之间的关系并不十分明朗，故而本文将某一省区标准核心家庭和夫妻家庭占本省家庭的比例作为考量该省区家庭核心化程度的指标。

2. 妇女社会地位的测度指标

如文献回顾所述，妇女社会地位的内涵极其丰富，本文仅选取已有研究指出的对家庭结构产生影响的以下 3 个指标来进行研究。①女性非农就业

---

① 王跃生：《中国当代家庭结构变动分析》，中国社会科学出版社，2009。

② 马春华等：《转型期中国城市家庭变迁——基于五城市的调查》，社会科学文献出版社，2012。

率：各省区非农就业女性占所有女性就业人口的比例。②女性平均受教育年限。③妇女在家庭事务决策中的话语权。

四　主要发现

1. 家庭结构现状

数据显示，中国当前的家庭结构总体上呈现出三足鼎立、多元共存的格局。在不考虑家庭成员外出的情况下，由一对夫妻加上未婚子女构成的核心家庭是当前中国家庭的主体，占总体的43.5%；其次是由两代及以上的夫妻组成的主干家庭（27.7%）、一对夫妻组成的夫妻家庭（14.0%），上述3种家庭占到了中国家庭的85.2%。在余下的各类家庭中，仅有1人构成的单身家庭所占比例相对较大，为4.5%，其次是父母与离婚或丧偶子女构成的类核心家庭（3.8%），单亲家庭及家庭户成员之间不存在完整的夫妻关系的其他缺损家庭也占有一定比例，而隔代家庭所占比例则不足1%。

数据显示，城镇和农村的家庭结构存在一定差异：城镇核心家庭（47.1%）所占比例明显高于农村（40.1%），而后者的主干家庭（35.0%）比例则远远高于城镇（20.0%）。而就其他家庭结构类型来看，城镇地区单身、夫妻、单亲等家庭类型的比例略高于农村，而农村地区隔代家庭的比例则明显高于城镇（见表3）。城镇和农村家庭结构所呈现的差异，与其社会经济发展程度，特别是城乡居民的婚姻家庭观念、养老观念、社会养老保障制度、人口流动等诸多因素相关，国内外已有大量的研究进行过探讨和分析，本文不再赘述。

表3　分城乡家庭结构及规模

	城镇（%）	农村（%）	总体（%）
单身家庭	5.6	3.4	4.5
核心家庭	47.1	40.1	43.5
夫妻家庭	15.9	12.2	14.0
主干家庭	20.0	35.0	27.7

续表

	城镇（%）	农村（%）	总体（%）
隔代家庭	0.9	1.0	0.9
单亲家庭	4.1	2.7	3.4
缺损家庭	2.8	1.6	2.2
类核心家庭	3.5	4.0	3.8
其他	0.1	0.0	0.1
合计	100.0	100.0	100.0
家庭规模（人）	3.0	3.4	3.2

2. 家庭成员的外出对家庭结构的影响

自20世纪80年代改革开放以来，大规模的人口流动已经成为中国社会经济发展的一股重要动力。调查显示，在本次被访的87838户家庭中，有25.6%的家庭有1位及以上的家庭成员不常住在本家庭户内，其中城镇的相应比例为17.7%，而农村则高达33.2%。与此同时，由于户籍管理、就业、就学机会的地区差异等多种因素的影响，人口的大量流动也导致了家庭结构的改变。

在不考虑家庭成员是否外出的情况下，中国家庭结构从多到少的分布格局为：核心家庭（43.5%）、主干家庭（27.7%）和夫妻家庭（14.0%），而由于受到家庭成员外出的影响，上述核心家庭和主干家庭分别减少了8.0和5.4个百分点，而夫妻家庭则增加了9.0个百分点；此外单身家庭也因家庭成员的外出而有较大的增幅（＋2.9个百分点）。家庭成员的外出对城镇和农村家庭结构的影响在总体的格局上基本一致，但对农村地区的影响幅度相对更大（见表4）。

表4　分城乡家庭成员外出对家庭结构的影响

	城镇		农村		总体	
	常住人口（%）	变化百分点	常住人口（%）	变化百分点	常住人口（%）	变化百分点
单身家庭	8.2	2.6	6.5	3.1	7.3	2.9
核心家庭	39.9	−7.2	31.4	−8.7	35.5	−8.0

续表

	城镇		农村		总体	
	常住人口 （％）	变化 百分点	常住人口 （％）	变化 百分点	常住人口 （％）	变化 百分点
夫妻家庭	23.2	7.4	22.7	10.5	23.0	9.0
主干家庭	17.7	-2.3	26.6	-8.4	22.2	-5.4
隔代家庭	1.2	0.3	3.9	2.9	2.6	1.6
单亲家庭	4.6	0.5	3.7	1.0	4.2	0.8
缺损家庭	2.6	-0.1	2.9	1.4	2.8	0.6
类核心家庭	2.4	-1.1	2.2	-1.8	2.3	-1.5
其他	0.1	0.0	0.1	0.1	0.1	0.0
合计	100.0	0.0	100.0	0.0	100.0	0.0
家庭规模（人）	3.0		3.4		3.2	

数据显示，江西、湖南、重庆、安徽、广东、四川及湖北等 7 个省区农村地区隔代家庭的比例达到了 5.0% 以上，远高于其他省区的相应比例。

不在家常住的家庭成员以在外县市工作（39.0%）及在外学习/培训（36.5%）为主，其中城镇地区以在外学习/培训（44.6%）为主，在外县市工作次之（27.7%）。而农村则是在外县市工作（47.6%）为主，在外学习/培训次之（30.3%）（见表 5）。从不同外出原因人口的平均年龄来看，外出工作人员的平均年龄男性为 25 岁左右，女性略低；而外出学习/培训人员的平均年龄则不足 18 周岁，无显著性别差异。

表5 分城乡不在家常住家庭成员的状况   单位:%

	城镇	农村	总体
在外县市工作	27.7	47.6	39.0
在外县市生活	7.3	6.2	6.7
在外学习/培训	44.6	30.3	36.5
在本市别处居住	16.9	12.4	14.4
其他	3.5	3.5	3.5
合计	100.0	100.0	100.0

3. 家庭结构的省际差异

中国各个省区的社会经济制度特别是婚姻家庭和人口的管理制度具有较强的同质性，但各省区的家庭结构状况依然表现出较为显著的差异性，而各省区妇女的社会地位状况也存在一定的差异性[①]，这为检验中国妇女地位与家庭结构之间的关系提供了可能。此前有关各省区人口和家庭结构差异的文献，更多的是从经济发展水平、自然地理环境[②]、家庭文化制度及习俗的地域差异等角度来展开的[③]，而对妇女发展的地域差异与家庭结构之间是否存在显著相关性，则较少涉足。

从各省区家庭类型的分布情况来看，标准核心家庭在各省区均占据绝对的主体地位，但具体的比例则呈现较大的差异：内蒙古和新疆两个少数民族地区的核心家庭比例超过了 50%，位居各省区之首。绝大部分省区标准核心家庭所占比例均在 40% 以上，仅有四川、湖南、重庆及北京 4 个省市核心家庭的比例不足 30%，新疆和重庆核心家庭比例的差距达到 17.8 个百分点（见图 1）。

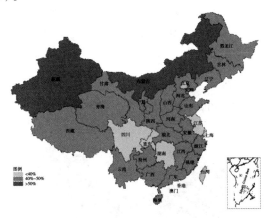

图 1　标准核心家庭的比例

相对而言，各省区夫妻家庭的比例则呈现较大的差异性，并且表现出较

---

① 谭琳主编《2008－2012 年中国性别平等与妇女发展报告》，社会科学文献出版社，2013。

② 费孝通：《三论中国家庭结构的变动》，载乔健主编《中国家庭及其变迁》，香港中文大学社会科学院暨香港亚太研究所，1991。

③ 王跃生：《华北农村家庭结构变动研究——立足于冀南地区的分析》，《中国社会科学》2003 年第 4 期。

强的地域性：东三省、内蒙古、山东及北京等7个省区的夫妻家庭比例超过了20%，而夫妻家庭比例不足10%的省区则相对集中在东南沿海，西藏和河南的夫妻家庭比例也不足10%，大部分省区则处于10%－20%（见图2）。

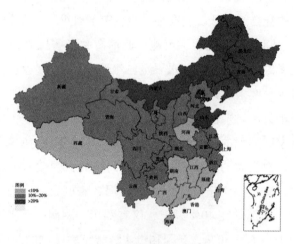

图2 夫妻家庭的比例

图3是标准核心家庭、夫妻家庭和单身户家庭加总后得到的各省家庭核心化程度。内蒙古一枝独秀，其家庭核心化程度高达75%，远远领先于其他省份；东三省、京津冀、山东及位于西部的新疆、宁夏和中部的陕西等10个省份核心化程度达到了60%－70%；而西藏、重庆和湖南3个省份的家庭核心化程度则不足50%，相对而言处于较低的水平。

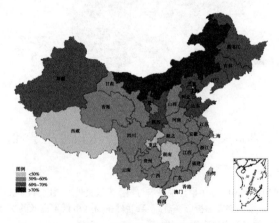

图3 类核心家庭的比例

注：此处的类核心家庭指的是标准核心家庭＋夫妻家庭＋单身户家庭的总和。

　　主干家庭一直以来被视为相对传统的家庭结构类型，也被视为更具有东方集体主义精神和文化传统的一种理想或者典范的家庭结构类型，承担着上扶老人、下携幼子的社会功能。本次调查数据显示，中国各省区主干家庭的比例呈现明显的地域特点，从东南向西北逐步递减。福建等省区主干家庭的比例超过了30%，而北方的内蒙古、新疆等省区的相应比例则不足20%（见图4）。

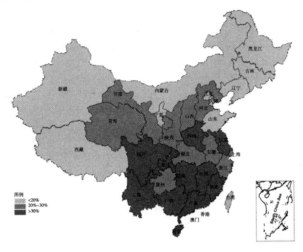

图4　主干家庭的比例

4. 妇女地位与家庭结构核心化的关系探讨

　　为了检验妇女地位与家庭核心化之间的关系，本文使用了以下变量作为妇女权利和地位的指标：①"谁在家庭中更有实权"，将"妻子"与"差不多"两项合并，以家庭中女性的实权不低于男性作为衡量女性在家庭中话语权的指标；②女性平均受教育年限；③女性的非农就业率，即非农就业女性占本省所有就业女性的比例。以省为单位，计算上述3个指标的平均值。

　　同时考虑到家庭结构可能会受到各地的社会性别文化观念，特别是父权制文化的影响，故增加了是否愿意子女随母姓及对男女平等继承财产权利的认同情况两个指标作为各省区的社会性别文化指标。儿童抚养比和老年抚养比是衡量各地人口结构的基础性指标，人均GDP是衡量各地经济发展水平最常用的指标，也将其纳入考察的视野。

　　表6是上述各变量与各类家庭比例之间的两类相关系数及统计显著性情

况。数据结果显示，妇女在家庭中的实权与各省区夫妻家庭的比例呈显著正相关，同时与包含单身家庭在内的家庭核心化指标也具有显著相关性；女性平均受教育年限也与夫妻家庭呈显著的正相关，与核心化程度也呈显著的相关性；而女性非农就业率则未表现出与任何一种家庭结构状况有显著的相关性；在考虑的其他变量中，儿童抚养比、人均 GDP 和赞同男女平等继承权利等指标也表现出与各类家庭结构比例较强的相关性。

表6　妇女社会地位状况与家庭结构的相关系数比较

	标准核心家庭比例	夫妻家庭比例	主干家庭比例	核心化程度	核心化程度（含单身家庭）
家庭中实权不低于丈夫	- 0.112	0.413 *	- 0.010	0.303	0.383 *
女性平均受教育年限	- 0.167	0.530 **	- 0.260	0.375 *	0.460 **
女性非农就业率	- 0.345	0.248	- 0.264	0.022	0.156
愿意子女随母姓	- 0.406 *	- 0.090	- 0.103	- 0.313	- 0.216
赞同男女平等继承权利	- 0.358 *	0.505 **	- 0.612 **	0.240	0.328
儿童抚养比	0.296	- 0.656 **	0.506 **	- 0.411 *	- 0.500 **
老年抚养比	- 0.429 *	0.241	0.313	- 0.030	- 0.003
人均 GDP	- 0.262	0.517 **	- 0.379 *	0.308	0.430 *

注：* 表示 P < 0.05，** 表示 P < 0.01。

五　结论和讨论

对家庭结构的了解，有助于更深刻地理解生活其间的人的社会生活状态，是家庭研究的重要基础。数据显示，中国家庭结构所呈现出的核心为主，主干、夫妻家庭为辅的三足鼎立且多种家庭结构形态并存的特点，无疑应该成为国家制定相应家庭政策的一个重要依据。特别值得关注的是，受到剧烈的社会转型、大规模人口流动、住房情况及人们生活观念等诸多因素的影响，中国当前的家庭结构呈现日益多元化的态势，而家庭成员因求学、就业导致的长期或短期的流动以及婚育状况的改变，又使得一个家庭的成员结构处于不断改变之中，家庭结构也因此而变得更加扑朔迷离，一些新的家庭形式还有待于我们深入去了解研究。

　　一个区域内家庭结构的形态及其变化，受到诸多因素影响，如住房条件、文化及法律制度、人口因素等，妇女社会地位仅是社会因素中的一个重要内容。本文通过对省级数据，仅就妇女社会地位与本地区家庭结构之间的关系进行了简单的相关分析，发现在当前的社会经济条件下，某一个省份妇女社会地位的高低的确在一定程度上与其家庭结构之间存在显著的相关性，似乎可以在一定程度上证实以往定性分析研究所提出的两者之间存在显著相关性的推论。

　　但需要特别指出的是，这种相关性不能武断地得出所谓女性社会地位的提高一定会促进家庭结构的小型化、核心化。两者之间并非简单的线性相关，而是可能互为因果、相互影响和制约。国内外一些考察不同家庭结构对妇女社会劳动参与影响的研究发现，居住在所谓相对传统大家庭中的中青年妇女，其社会劳动参与率反而比居住在"现代化程度"高的核心家庭中的女性更高①。这些新的研究发现将有助于加深我们对妇女社会地位与家庭结构之间关系的认识，同时也启迪我们在分析研究影响妇女个体社会发展的因素时，将家庭结构这样的背景因素考虑进去，以更全面地了解当下妇女发展的机遇和挑战。

---

① 沈可等：《中国女性劳动参与率下降的新解释：家庭结构变迁的视角》，《人口研究》2012年第5期；Ogawa, Naohiro, John F Ermisch, "Family Structure, Home Time Demands, and the Employment Patterns of Japanese Married Women", *Journal of Labor Economics*, 1996, 14（4）；M Sasaki. , "The Causal Effect of Family Structure on Labor Force Participation among Japanese Married Women", *The Journal of Human Resources*, 2002, 37（2）；Oishi, Akiko S, Takashi Oshio, "Coresidence with Parents and a Wife's Decision to Work in Japan", *The Japanese Journal of Social Security Policy*, 2006, 5（1）.

经济因素与文化因素对女性
家庭地位的影响

——基于第三期中国妇女社会地位调查数据的研究

◎马冬玲*

摘　要: 针对影响女性家庭地位的到底是经济因素还是文化因素的争论,本文通过第三期中国妇女社会地位调查数据进行了实证检验。研究发现,二者不存在非此即彼的关系,而是都在一定程度上起作用:经济因素方面,女性原生家庭的相对优越经济状况、女性本人经济收入的提高和女性对家庭相对更大的经济贡献均有利于女性家庭地位的提高,但女性与丈夫的收入差、女性自己的职业社会经济地位(ISEI指数)及其与丈夫职业社会经济地位之差并无统计上的显著影响;文化因素方面,女性受教育程度的提高、性别观念的现代化以及居于城镇,都有利于提升女性的家庭地位。

关键词: 家庭地位　经济因素　文化因素

一　问题的提出

2010 年第三期中国妇女社会地位调查数据显示,近六成的人认为“丈

---

* 马冬玲,全国妇联妇女研究所助理研究员。

夫的发展比妻子的发展更重要"，女性与男性在这一问题上具有较高的共识，而且女性的认同率还略高于男性；48.0%的女性和40.7%的男性认同"干得好不如嫁得好"，且比2000年的认同程度分别高10.7和10.5个百分点；有17.6%的女性经常和有时"为了家庭而放弃个人的发展机会"（比男性高6个百分点）①。

这些认为女性可以为了丈夫发展与家庭利益牺牲自己职业发展、认为女性干得好不如嫁得好的男性和女性，与四次"妇女回家"论争中的支持派一样，表明了对女性工作和家庭两个相互关联的认识：女性的社会劳动不重要，家庭是作为一个整合的利益体和庇护所存在的。不管这些认识是出于性别歧视与成见，还是出于对父权关爱的信心，这两个认识背后隐含着一种认为公（工作）私（家庭）分属独立的两个领域的假设，认为女性的天然位置在家庭这个私人领域之中，并且其利益和福祉可以在家庭中得到补偿和满足。显然，不少人相信，传统文化自有其逻辑，可形成对妇女的保护，即便她们不外出工作或者不必在社会劳动中投入太多，只要在家庭中承担义务，也足以确保其家庭地位。

但是，作为中国社会主义妇女运动指导理论的马克思主义理论则强调，经济基础决定上层建筑，妇女解放的先决条件是参加社会劳动。那么，经济因素和文化因素对女性家庭地位的影响到底孰轻孰重？或者说，是否存在非此即彼的关系？对这个问题的回答，既有助于探讨公私领域之间的关系、社会地位与家庭地位的关系等理论问题，又可以回应"妇女回家"论、"干得好不如嫁得好"等现实问题的讨论，对女性职业发展也有一定的参考意义。

二　文献综述

研究者多从家庭权力（自我发展的选择权、家庭中的决策权、流动权

---

① 丁娟、李文：《性别认知与态度和妇女地位》，载宋秀岩主编《新时期中国妇女社会地位调查研究》，中国妇女出版社，2013。

等)、① 家庭情感关系（角色关系、沟通、冲突等)② 和家务分工③等角度对家庭地位进行考察。目前关于女性家庭地位研究的主要理论解释包括资源假说、交换理论、文化规范论、相对的爱和需要理论等④，而有研究者将西方对夫妻平等研究的理论解释划分为经济决定论和文化决定论两大派⑤，分别强调经济因素和文化因素的重要性。前述理论解释也可大致划分到这两派之中。

强调经济因素重要性的代表是马克思主义理论，认为经济基础决定上层建筑，妇女解放的先决条件是参加社会劳动。女权主义也对公私领域的分割和对立进行了批判，认为二者无法分割，家庭中的男性统治是广大男性权力的一部分⑥。实证研究也表明，"我国妇女的家庭地位同她们在其他领域的地位状况在本质结构上是同步的"⑦。女性的家庭地位和其他领域尤其是职业领域的发展紧密相连⑧。强调经济因素的流派认为，女性社会经济地位的提升有助于女性家庭地位的改善⑨。在家庭权力分配方面，研究者认为夫妻地位（经济地位、政治地位、职业地位等）差越小，女性自我发展的独立性和选择权越大，夫妻共同拥有决定权的比例明显递增，而以丈夫

---

① 韩贺南：《中国城市女性家庭地位与社会地位的关系》，《中国妇女管理干部学院学报》1995 年第 1 期。林聚任、谭琳：《夫妻地位差与性别分层》，《妇女研究论丛》1999 年第 1 期。

② 徐安琪、叶文振：《家庭生命周期和夫妻冲突的经验研究》，《中国人口科学》2002 年第 3 期。

③ 徐安琪：《女性的家务贡献和家庭地位》，载孟宪范等主编《转型社会中的中国妇女》，中国社会科学出版社，2004。周旅军：《中国城镇在业夫妻家务劳动参与的影响——第三期中国妇女社会地位调查的发现》，《妇女研究论丛》2013 年第 5 期。

④ 徐安琪：《女性的家务贡献和家庭地位》，载孟宪范等主编《转型社会中的中国妇女》，中国社会科学出版社，2004。

⑤ 左际平：《从多元视角分析中国城市的夫妻不平等》，《妇女研究论丛》2002 年第 1 期。

⑥ 郑丹丹：《无法分隔的公私领域——以下岗女性为例看职业地位和家庭地位的交织关系》，《妇女研究论丛》2003 年第 6 期。

⑦ 张永：《当代中国妇女家庭地位的现实与评估》，《妇女研究论丛》1994 年第 2 期。

⑧ 郑丹丹：《无法分隔的公私领域——以下岗女性为例看职业地位和家庭地位的交织关系》，《妇女研究论丛》2003 年第 6 期。

⑨ 杨玉静、郑丹丹：《婚姻家庭中的妇女地位》，载宋秀岩主编《新时期中国妇女社会地位调查研究》，中国妇女出版社，2013；吴帆：《相对资源禀赋结构中的女性社会地位与家庭地位——基于第三期中国妇女社会地位调查数据的分析》，《学术研究》2014 年第 1 期。

为主作决定的比例明显递减①。在社会地位和资源对家庭情感关系包括家庭暴力的影响方面，有研究者认为夫妻地位差越小，其角色关系越平等，夫妻越易沟通，冲突较少②。在资源与家务劳动分工方面，个体与配偶给婚姻带来的资源（通常是收入）多少决定了双方所应承担的家务劳动的数量③，个体的高收入能够转化成婚姻中的权力，以此成为不从事家务劳动的砝码④。

相比之下，强调文化因素（文化规范）的研究者更强调夫妻的角色互动及其家庭所处的社会环境，如当地的文化和亚文化对谁是权威的认同、性别规范、宗教信仰和一般社会准则等，认为发展中国家更多地受到文化环境的影响。女权主义则更认同父权制文化规范对家庭权力分配的影响⑤。由此，中国的夫妻平等问题要放在中国的历史、文化、经济和社会背景中进行探讨⑥，文化规范论更适合解释女性家庭权力感的来源⑦。很多强调文化因素的实证研究也得出了与强调经济因素的流派不同的结论，认为家庭中的夫妻地位与经济因素关联不大，乃至呈负相关。有研究发现，在家庭权力方面，夫妻相对资源—权力变量的影响主要在城镇样本中显著，在乡

---

① 林聚任、谭琳：《夫妻地位差与性别分层》，《妇女研究论丛》1999 年第 1 期。

② 林聚任、谭琳：《夫妻地位差与性别分层》，《妇女研究论丛》1999 年第 1 期。

③ Blood, R. O. and D. M. Wolfe, *Husbands and Wives: The Dynamics of Married Living*, New York: Free Press, 1965.

④ 张会平：《女性家庭经济贡献对婚姻冲突的影响——婚姻承诺的调节作用》，《人口与经济》2013 年第 5 期。

⑤ Hill, Wayne, John Scanzoni. "Approach for Assessing Marital Decision-Making Processes", *Journal of Marriage and the Family*, 1982. Rank, Mark R., "Determinations of Conjugal Influence in Wives' Employment Decision Making", *Journal of Marriage and the Family*, 1982, (11). Mirowsky, John., "Depression and Marital Power: An Equity Model", *American Journal of Sociology*, 1985, 91 (3). West, Candace and Zimmerman, Don H., "Doing Gender", *Gender & Society*, 1987, (1): 125 – 151. Burr, W. R., L. Ahern and E. Knowles, "An Empirical Test of Rodman's Theory of Resources in Cultural Context", *Journal of Marriage and the Family*, 1977, 39 (3): 505 – 514. Warner, R. L., Gary R. Lee, and Janet Lee, "Social Organization, Spousal Resources, and Marital Power: A Cross-Cultural Study", *Journal of Marriage and the Family*, 1986, 48 (1): 121 – 128.

⑥ 左际平：《从多元视角分析中国城市的夫妻不平等》，《妇女研究论丛》2002 年第 1 期。

⑦ 杨玉静、郑丹丹：《婚姻家庭中的妇女地位》，载宋秀岩主编《新时期中国妇女社会地位调查研究》，中国妇女出版社，2013。

村样本中，更具有影响力的反而可能是文化规范①。在家庭情感关系（包括冲突、暴力等）方面，西方很多学者支持夫妻在家庭和劳动力市场上的鲜明角色分工有利于婚姻稳定和效益最大化的假说，认为女性的就业和家庭经济贡献会破坏夫妻关系，进而导致严重的婚姻冲突②；国内也有实证研究发现，妻子资源明显优于丈夫更易诱发冲突③；夫妻相对资源因素中的相对职业阶层、收入等对家庭暴力的影响没有统计上的显著相关④。在家务劳动方面，国内外均有研究发现，不平等的家务分工与双方的资源状态并无直接关联⑤，社会性别刻板效应使得拥有资源优势的妻子为避免破坏家庭和夫妻关系和谐，而选择做更多家务⑥。

已有实证研究往往关注经济因素或者文化因素之一端，并倾向于在二者对家庭地位影响的程度之间进行孰轻孰重的取舍。但是，对此目前尚未得出一致的结论。因此，不仅需要采用新数据、新方法，在变量的选取和构建方面进行新的探讨，还应该转变思路，考虑将二者同时纳入模型，以进一步就女性家庭地位的影响因素进行定量取向的深入分析。

---

① 王捷：《夫妻权力的资源基础对"顾妻家"经济赡养的影响及城乡差异研究——基于"华人家庭动态资料库"2004 年上海、浙江、福建三省市的调查》，南京大学社会学系硕士学位论文，2013。

② Parsons, T. , "The Social Structure of the Family", R. Anshen, *The Family: Its Function and Destiny*, New York: Harper and Brothers, 1949, pp. 173 – 201; Becker, G. S. , *A Treatise on the Family*, Cambridge, MA: Harvard University Press, 1981.

③ 徐安琪、叶文振：《家庭生命周期和夫妻冲突的经验研究》，《中国人口科学》2002 年第 3 期。张会平：《女性家庭经济贡献对婚姻冲突的影响——婚姻承诺的调节作用》，《人口与经济》2013 年第 5 期。

④ 李成华、靳小怡：《夫妻相对资源和情感关系对农民工婚姻暴力的影响：基于性别视角的分析》，《社会》2012 年第 1 期。马春华：《性别、权力、资源和夫妻间暴力——丈夫受虐和妻子受虐的影响因素分析比较》，《学术研究》2013 年第 9 期。

⑤ Brines, Julie. , "Economic Dependency, Gender, and the Division of Labor at Home", *The American Journal of Sociology*, 1994, 100 (3). Hardesty, Constance, and Janet Bokemeir, "Finding Time and Making Do: Distribution of Household Labor in Nonmetropolitan Marriages", *Journal of Marriage and the Family*, 1989, (51). McAllister, Ian. "Gender and the Household Division of Labor: Employment and Earnings Variations in Australia", *Work and Occupations*, 1990, (17).

⑥ 杨玉静、郑丹丹：《婚姻家庭中的妇女地位》，载宋秀岩主编《新时期中国妇女社会地位调查研究》，中国妇女出版社，2013。

三　数据来源与研究设计

（一）数据来源

本文使用 2010 年第三期中国妇女社会地位调查数据对影响女性家庭地位的经济因素与文化因素进行研究。该调查由全国妇联和国家统计局联合组织开展，自 1990 年开始每 10 年进行一次，以全国除港澳台外居住在家庭户内的 18 周岁至 64 周岁的中国男女公民作为个人问卷调查的对象，对各项反映中国妇女社会地位现状的资料进行了全面系统的收集。为了对女性家庭地位与配偶进行比对研究，以及运用 ISEI 指标[①]对本人和配偶的职业地位进行赋值[②]，本文选择已婚在业女性且夫妻双方职业在 ISEI 范围内的样本，共获得 7614 个有效样本。

（二）研究思路

1. 研究设计

本文探索经济因素和文化因素对女性家庭地位的影响。以细化的经济因素和文化因素作为自变量；在因变量方面，本文用家庭实权拥有情况来测量家庭地位。尽管对家庭地位的测量主要包括家庭权力、家务劳动和家

---

① ISEI 是指 International Socio-Economic Index of Occupational Status，即职业的国际社会经济地位指数。该指标是包括 ISEI、Treiman's SIOPS 和 EGP 职业分类在内的国际标准职业社会经济地位测量指标中的一套，是由甘泽卜等人（Ganzeboom, Harry B., Paul M. De Graaf, and Donald J. Treiman, "A Standard International Socio-Economic Index of Occupational Status", *Social Science Research*, 1992, 21：1 - 56.）对邓肯社会经济地位指数（Duncans'SEI）（Duncan, Otis Dudley, *A Socioeconomic Index or All Occupations*. pp. 109 - 138 in Occupations and Social Status, edited by Albert J. Reiss, Jr., New York：Free Press, 1961.）的改进，是基于职业的平均受教育水平和收入计算而来。它是连续性指标，其数值的大小反映了职业间在社会经济维度上相对地位的不同。

② 由于原始调查数据没有直接给出职业地位对应的 ISEI 值，本文先根据调查员手册将现有的职业编码转换为 ISCO - 88 编码（International Classification of Occupation），最终依据 Ganzeboom 和 Treiman 提供的对应表生成与各职业地位变量相应的 ISEI 变量。Ganzeboom, H. B. G. and D. J. Treiman, "Internationally Comparable Measures of Occupational Status for the 1988 International-al Standard Classification of Occupations", *Social Science Research*, 1996, (25)：201 - 239.

庭情感等几个方面，但由于家务劳动是责任问题还是地位问题尚存在较多争议，家庭情感关系过于主观且相关变量不理想，本文主要以家庭权力关系作为家庭地位的测量指标。

研究框架见图1。

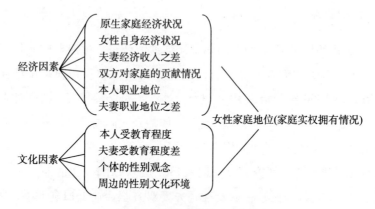

经济因素
原生家庭经济状况
女性自身经济状况
夫妻经济收入之差
双方对家庭的贡献情况
本人职业地位
夫妻职业地位之差

文化因素
本人受教育程度
夫妻受教育程度差
个体的性别观念
周边的性别文化环境

女性家庭地位(家庭实权拥有情况)

图1　女性家庭地位研究框架

根据文献和研究框架，本文确定了如下研究假设。

研究假设1：女性拥有的经济资源越多，家庭越可能出现"平权或妻子更多实权"现象。

研究假设2：文化观念与文化环境越现代，家庭越可能出现"平权或妻子更多实权"现象。

2. 因变量

关于家庭实权拥有情况。目前，不少研究使用多维指标描述夫妻权力模式，但这种做法存在性别偏差、缺失值过高或概念未必涵盖婚姻权力实质等诸多缺陷，以致难以通过加权或变量简化提取共同因子等方法复合为一个反映夫妻实际权力的综合性指标，受到不少质疑，而"家庭实权测量说"即以"夫妻比较而言，谁拥有更多的家庭实权"作为测量婚姻权力的综合性指标具有相当的稳定性和可靠性[①]。因此，本文也沿用家庭中谁拥有更多实权这项指标对家庭权力关系进行测量。问卷中的问题是"你们夫妻

---

① 徐安琪：《婚姻权力模式：城乡差异及其影响因素》，《台大社会学刊》2001年第29期；徐安琪：《夫妻权力和妇女家庭地位的评价指标：反思与检讨》，《社会学研究》2005年第4期。

比较而言，谁在家庭中拥有更多实权：1. 丈夫；2. 妻子；3. 差不多"。本文将 2、3 选项合并后归类为"平权或妻子更多实权"，以此种现象是否发生为因变量，即因变量的选项为：1 表示"平权或妻子有更多实权"发生，0 表示"丈夫有更多实权"发生。

3. 解释变量

分为经济因素和文化因素两类，细化如下。

（1）经济因素：考虑了原生家庭经济状况、女性自身经济状况、夫妻经济收入之比、双方对家庭的贡献情况、本人职业地位、夫妻职业地位之差。

原生家庭经济状况。如果结婚时女性家庭经济状况更好，其在婚后与丈夫谈判的资本更多。"结婚前，双方家庭相比谁家的经济状况更好？1. 男方家；2. 女方家；3. 两家差不多"。以"1. 男方家经济状况更好"为参照类。

女性自身的经济收入。女性收入越高，越可能拥有家庭平权或更多实权。由于收入的分布存在极大的偏态，把"本人去年总收入"[1]（劳动收入、租赁收入和现金补贴等之和）加 1 后取自然对数[2]。

夫妻经济收入[3]之差，即将丈夫收入减去妻子收入得到的差值。

双方对家庭经济的贡献。对家庭经济贡献越大，话语权越大，越可能拥有家庭平权或更多实权。"夫妻比较而言，谁对家庭的经济贡献更大：1. 丈夫；2. 妻子；3. 差不多"，以"1. 丈夫贡献更大"为参照类。

本人职业地位。从职业地位来看，本人职业地位越高，越可能拥有家庭平权或更多实权。职业地位是社会地位中的首要地位[4]，且具有更高的综合性。本文使用 ISEI 指数对个人职业地位进行测量。

夫妻职业地位之差。布劳指出，地位之差反映的是夫妻地位的平等程

---

[1] 年收入。下同。

[2] 个人的去年总收入虽无缺失值，但部分个案取值为 0，无法进行对数化，因此先将所有个案的原始总收入加 1，这样做可以使原本为零值的总收入在取对数后仍为 0，从而保持原有的意义不变。

[3] 其中本人的经济收入是去年总收入的自然对数值（预先进行了加 1 处理）。

[4] 韩贺南：《中国城市女性家庭地位与社会地位的关系》，《中国妇女管理干部学院学报》1995 年第 1 期。

度，是夫妻在家庭资源及权力等方面的控制与分配关系①。有实证研究以夫妻资源的差距来解释权力的高低，认为相对资源有更高的解释力②。国内也有研究考虑到家庭地位的相对性，使用夫妻地位差③，或是用配偶的相对教育水平、相对经济收入来测量夫妻的相对资源禀赋④。本文假设，夫妻职业地位差距（夫高于妻）越大，女性越不可能拥有家庭平权或更多实权，即丈夫拥有更多实权的可能性越大。操作中用丈夫的职业地位 ISEI 取值减去妻子的职业地位 ISEI 取值。

（2）文化因素：考虑了本人受教育程度、夫妻受教育程度差、个体的性别观念、周边的性别文化环境。

本人受教育程度。不少研究将受教育程度作为社会地位的表征进行分析，而第三期中国妇女社会地位调查数据显示，受教育程度越高，赞同传统性别分工与传统家庭责任观念的比例越低，赞同现代分工观念和家庭责任观念的比例越高⑤。因此，本文用受教育程度作为个体文化观念的一个测量指标，假设本人受教育程度越高，性别观念越现代，越可能拥有家庭平权或更多实权。问卷中的题目是："您目前的受教育程度是：01 不识字或识字很少，02 小学，03 初中，04 高中，05 中专/中技，06 大学专科，07 大学本科，08 研究生，09 其他。"对个案数较少的选项进行了合并，重新分类为：1. 小学及以下；2. 初中；3. 高中/中专/中技；4. 大学专科及以上。以"1. 小学及以下"为参照类。

① 〔美〕布劳：《不平等和异质性》，王春光、谢圣赞译，中国社会科学出版社，1991。
② Blood, Robert O. Jr. and Donald M Wolfe, *Husbands and Wives*. New York：The Free Press, 1960；Centers, R. B. et al., "Conjugal Power Structure：A Re-examination", *American Review*, 1971, 36（2）. McDonald, Gerald W., "Family Power：The Assessment of a Decade of Theory and Research", *Journal of Marriage and the Family*, 1980, 42（4）：841 – 854. Eshleman, J., Ross, *The Family：An Introduction*, Edition Allyn and Bacon, Inc, 1981.
③ 韩贺南：《中国城市女性家庭地位与社会地位的关系》，《中国妇女管理干部学院学报》1995 年第 1 期；林聚任、谭琳：《夫妻地位差与性别分层》，《妇女研究论丛》1999 年第 1 期；谭琳、蒋永萍：《总论》，载宋秀岩主编《新时期中国妇女社会地位调查研究》，中国妇女出版社，2013。
④ 吴帆：《相对资源禀赋结构中的女性社会地位与家庭地位——基于第三期中国妇女社会地位调查数据的分析》，《学术研究》2014 年第 1 期。
⑤ 丁娟、李文：《性别认知与态度和妇女地位》，载宋秀岩主编《新时期中国妇女社会地位调查研究》，中国妇女出版社，2013。

夫妻受教育程度之差。夫妻（夫—妻）教育程度之差越有利于女性，女性越可能拥有家庭平权或更多实权。丈夫的受教育程度选项与本人受教育程度选项同，用丈夫受教育程度的取值减去妻子受教育程度取值，对取值进行分类：1. 丈夫更高；2. 妻子更高；3. 夫妻一样。以"1. 丈夫更高"为参照类。

个体的性别观念。个体的性别观念越进步，男女平等理念越深入，女性的独立意识越强，在家庭照顾与个人职业发展时更偏向于选择个人职业发展。用两道题进行测量。A. 是否同意："男人应该以社会为主，女人应该以家庭为主"：1. 非常同意；2. 比较同意；3. 不太同意；4. 不同意，为简化结果，合并为两类：1. 同意；0. 不同意（以"0. 不同意"为参照类）。B. 是否同意："挣钱养家主要是男人的事情"：1. 非常同意；2. 比较同意；3. 不太同意；4. 不同意，为简化结果，合并为两类：1. 同意；0. 不同意（以"0. 不同意"为参照类）。

周边的性别文化环境。对城乡进行对比测量，认为生活在城镇的女性比生活在农村地区的女性，无论是性别观念还是周边的性别文化环境方面都更为平等，从而更有利于女性提高家庭地位。1. 城镇；2. 农村；以"1. 城镇"为参照类。

4. 控制变量

（1）年龄。处于不同生命周期的女性，家庭地位可能不同。

（2）家庭生命周期。使用"婚龄"进行了测量。

（3）夫妻年龄差。现实生活中年龄差距带来的心智、阅历等可能影响双方家庭地位，在此纳入分析。

针对研究假设 1、2，因变量为"平权或妻子更多实权"现象发生与否，使用二元 Logistic 模型进行分析。

对基本变量的描述性统计结果见表 1。

表 1　基本变量的描述性统计

变量名称与选项	百分比	均值	标准差
结婚前，双方家庭相比谁家的经济状况更好			
男方家	16.6		
女方家	20.7		

续表

变量名称与选项	百分比	均值	标准差
两家差不多	61.7		
本人去年的总收入		8.9666	1.34775
夫妻去年的总收入之差（N = 7441）		0.2925	1.67316
本人职业地位赋值（N = 7581）		34.3626	15.34992
夫妻职业地位之差（N = 7581）		0.6524	14.55113
谁对家庭的经济贡献更大			
丈夫	62.0		
妻子	7.3		
差不多	30.2		
本人受教育程度			
小学及以下	35.4		
初中	32.7		
高中/中专/中技	17.4		
大学及以上	14.5		
夫妻受教育程度差			
丈夫更高	39.5		
双方一样	43.8		
妻子更高	16.7		
是否同意"男人应该以社会为主，女人应该以家庭为主"			
同意	56.9		
不同意	41.4		
是否同意"挣钱养家主要是男人的事情"			
同意	54.6		
不同意	44.4		
城乡			
城镇	42.4		
农村	57.6		
年龄（N = 7614）		41.40	9.489
婚龄（N = 7600）		18.4514	10.08014
夫妻年龄差距（N = 7586）		2.0007	3.02464
总样本数	7614		

四　主要发现

文献综述部分介绍了已有实证研究对经济与文化因素影响女性家庭地位的结论。本文对经济与文化因素影响女性家庭实权拥有情况的 Logistic 回归模型见表 2。

表 2　经济与文化因素对女性家庭地位的影响

	Exp（B）	S. E.	显著性
经济因素			
结婚前，双方家庭相比谁家的经济状况更好（以男方家更好为参照类）			
女方家更好	1. 572	0. 086	0. 000
两家差不多	1. 437	0. 071	0. 000
本人去年的总收入	1. 113	0. 027	0. 000
夫妻去年的总收入之差	1. 032	0. 020	0. 103
本人职业地位 ISEI 值	1. 000	0. 003	0. 879
夫妻职业地位 ISEI 值差	0. 997	0. 002	0. 277
谁对家庭的经济贡献更大（以丈夫贡献更大为参照类）			
妻子	2. 281	0. 120	0. 000
差不多	2. 595	0. 065	0. 000
文化因素			
本人受教育程度（以小学及以下为参照类）			
初中	1. 162	0. 074	0. 041
高中/中专/中技	1. 371	0. 107	0. 003
大学及以上	1. 430	0. 143	0. 012
夫妻受教育程度之差（以丈夫更高为参照类）			
双方一样	1. 140	0. 063	0. 037
妻子更高	1. 168	0. 093	0. 094
是否同意"男人应该以社会为主，女人应该以家庭为主"（以不同意为参照类）			
同意	0. 863	0. 065	0. 025

续表

	Exp（B）	S. E.	显著性
是否同意"挣钱养家主要是男人的事情"（以不同意为参照类）			
同意	0.773	0.064	0.000
城乡（以城镇为参照类）			
农村	0.753	0.073	0.000
控制变量			
本人年龄	1.011	0.009	0.238
婚龄	0.979	0.009	0.034
夫妻年龄差	0.999	0.009	0.954
Pseudo R^2 = 0.147			
有效个案数 N = 7124			

（一）经济因素对女性拥有家庭实权的情况具有显著影响，研究假设 1 得到支持

在原生家庭经济状况对女性家庭实权拥有情况的影响方面，相对于男方家庭经济条件更好的情况，如果女方家经济状况更好，在控制其他变量后，女性拥有家庭平权或妻子更多实权的可能性为前者的 1.572 倍；如果双方家庭经济状况差不多，则女性拥有家庭平权或妻子更多实权的可能性为男方家庭经济条件更好情况下的 1.437 倍。总之，女方如果结婚时自己家庭条件不逊于男方，则婚后家庭平权或妻子拥有更多实权的机会更多。

女性自身的经济收入若能增加 2 倍左右，家庭平权或妻子有更多实权的可能性增加 11.3%[①]。从双方对家庭经济贡献来看，相对于丈夫对家庭经济贡献更大的情况，如果女方对家庭经济贡献更大，则家庭平权或妻子更多实权的可能性为前者的 2.281 倍；如果双方贡献差不多，则家庭平权或妻子更多实权的可能性为丈夫对家庭经济贡献更大时的 2.595 倍。

---

① 由于对收入变量进行了自然对数化处理，因此在 Logistic 模型中，相应的参数是与 e 倍的自变量原取值相联系的发生比之比。自然对数的底 e = 2.718281828459。

从职业地位来看，本人职业地位和夫妻双方职业地位 ISEI 值的差在统计上均无显著作用，表明职业及夫妻间职业差距对女性家庭地位没有直接影响，这一结论与其他研究一致。

（二）文化因素同样影响女性拥有家庭实权的情况，研究假设 2 得到支持

总体而言，本人受教育程度越高，拥有家庭平权或妻子更多实权的可能性越高：教育程度为初中者，拥有家庭平权或妻子更多实权的可能性是小学及以下者的 1.162 倍；教育程度为高中/中专/中技者，拥有家庭平权或妻子更多实权的可能性是小学及以下者的 1.371 倍，大学及以上受教育程度者拥有家庭平权或妻子更多实权的可能性是小学及以下者的 1.430 倍。

夫妻受教育程度差方面，如果夫妻教育程度一样，则女性拥有家庭平权或妻子更多实权的可能性是丈夫教育程度更高时的 1.140 倍。妻子教育程度高的情况与丈夫教育程度更高的情况相比没有统计上的显著差异。

在传统性别观念上，女性同意"男人应该以社会为主，女人应该以家庭为主"时，拥有家庭平权或妻子更多实权的可能性是不同意者的 86.3%；同意"挣钱养家主要是男人的事情"观念时，拥有家庭平权或妻子更多实权的可能性仅为不同意者的 77.3%。也就是说，性别观念越传统，家庭平权或妻子拥有更多实权的可能性越小。

按地区来看，相对于城镇女性，农村女性拥有家庭平权或妻子更多实权的可能性只有前者的 75.3%。

五　结论与讨论

研究表明，经济因素和文化因素对女性的家庭地位均产生影响。

在经济因素方面，女性结婚时原生家庭的经济状况对女性婚后能够拥有家庭实权意义重大，娘家实力可以转化为女性权力。女性自己经济收入的绝对提高也能显著增加其实权感，但并不是越高于丈夫越好。女性自己的职业地位 ISEI 指数以及与丈夫的职业地位 ISEI 指数之差对其拥有家庭实权的情况没有统计上显著的相关性。虽然其他研究也有相似结论，但这个结论也可能与 ISEI 指数本身在中国的适用性有关，需要进一步探讨。

在文化因素方面，受教育程度的增加有利于女性家庭实权的拥有感。夫妻教育程度一样可以提高女性的家庭实权感，但妻子受教育程度高于丈夫则没有这种效应。本人的性别观念也影响其家庭实权地位：越认同传统"男主外，女主内""男人是家庭的主要赚钱者"的观念，拥有家庭实权的可能性越低。这表明现代化的性别观念有利于女性在家庭中增强自信。从地区来看，在性别意识形态相对现代的城镇，受访者更容易觉得自己在家庭中有实权。这些发现也提示我们，女性在家庭中的地位与文化（如教育、观念、环境）的现代化程度相关，而不是如一些观念和实践所信奉的，传统文化可以确保女性在家庭中的地位。

本文的研究表明，对于女性家庭地位影响因素的讨论必须采取经济与文化双因素影响论，既要承认经济基础的重要作用，也要认识到性别文化的影响。朱丽叶·米切尔在《妇女：最漫长的革命》一文中将妇女受压迫的机制概括为生产、生育、性和儿童的社会化四大类，认为只有改变紧密结合在一起的这四大结构，妇女才能真正获得解放。如果改变其中一个结构，则会被另一个结构的加强抵消掉，结果只是改变了剥削的形式①。本文的结论表明，妇女受压迫的机制确实是多种因素的结合。研究的结论也支持了公私领域不可分割的观点。在社会领域取得的成就是女性在性别关系中取得平权的前提，经济资源仍是影响家庭权力和家庭地位获得的重要因素。促进家庭领域的性别平等，推动女性在社会领域的发展依然至关重要。这就驳斥了那些鼓励妇女回家、鼓吹"干得好不如嫁得好"的观念，并为进一步促进女性职业发展提供了基础。同时，对男女平等、妇女社会参与进行宣传倡导也至关重要。

本文的创新之处在于，一是将经济因素和文化因素同时纳入方程进行

---

① 〔美〕朱丽叶·米切尔：《妇女：最漫长的革命》，陈小兰、葛友俐译，载李银河主编《妇女：最漫长的革命——当代西方女权主义理论精选》，生活·读书·新知三联书店，1997，第 8－45 页。

考虑；二是尽量多维地考虑了夫妻地位的相对性并建构相关变量进行测量。但是，由于文化因素的难以操作以及问卷设计中的相对有限，相较于经济因素变量的丰富性，在文化因素的考虑方面还存在变量有限、与理论探讨的贴切性不足的局限。这些都需要在以后的调查和研究中加以考虑。

中国女性的家务劳动价值研究

——对第三期中国妇女社会地位调查的数据分析

◎杨 慧[*]

摘 要：家务劳动是所有劳动的必要条件，国民收入中不考虑家务劳动的价值，会严重低估妇女的经济贡献。本文基于第三期中国妇女社会地位调查数据，运用机会成本法、行业替代法、综合替代法和加权平均法，对18-59岁城乡女性的家务劳动价值进行了测算。发现城乡女性家务劳动的总价值非常可观，分别达到2.31万亿至2.95万亿元，占GDP的比例在5.75%-7.35%。受女性小时工资偏低的影响，男女两性家务劳动价值的性别差异明显缩小。建议政府及社会各界充分肯定家务劳动价值，倡导男女共同承担家务劳动，积极为妇女平等参与经济社会发展、平等享有改革发展成果创造条件。

关键词：女性 家务劳动 价值测算

一 研究背景

妇女是推动社会进步和人类发展的伟大力量，在家庭和社会发挥着不

---

* 杨慧，全国妇联妇女研究所助理研究员。

可替代的作用①。习近平总书记在同全国妇联新一届领导班子集体谈话时，要求广大妇女弘扬吃苦耐劳的传统美德，尊老爱幼、勤俭持家、科学教子，为促进家庭和美、社会和谐贡献力量②。

长期以来中国妇女承担了绝大部分家务劳动，不但为家庭和美、社会和谐作出了巨大贡献，而且也为支持配偶事业、促进经济发展发挥了重要作用。然而，在统计国内生产总值（GDP）时，由于家务劳动没有交换价值而被排除在外③，使得妇女的经济贡献被大幅度地低估。美国经济学家贝克尔认为，家务劳动不但应该包含在 GDP 的统计之内，而且还会在 GDP 中占有较大比重④。

那么，中国妇女的家务劳动价值究竟有多大？在 GDP 中占有多大比重？如何通过完善相关社会政策，促进承担家务劳动妇女的全面发展？本文对妇女家务劳动价值进行测算，不但有助于推进中国在改善民生中高度关注妇女需求⑤，而且还有助于在完善家庭支持政策、提高妇女福利、推动妇女工作家庭平衡方面提供数据支持。

二　文献回顾

自从安·奥克利（Ann Oakley）1974 年出版的《家务劳动社会学》（*The Sociology of Housework*）在社会学领域得到认可后，越来越多的学者开

---

① 《展巾帼之志 成梦想之美——热烈祝贺中国妇女第十一次全国代表大会开幕》（社论），《人民日报》2013 年 10 月 28 日。
② 《习近平在同全国妇联新一届领导班子集体谈话时强调坚持男女平等基本国策　发挥中国妇女伟大作用》，新华社，2013 年 10 月 31 日。
③ Kuznets S., "National Income and Its Composition", *National Bureau of Economic Research*, 1941, pp. 1919 – 1938; Clark C., "The Economics of Housework", *Bulletin of the Oxford University Institute of Economics & Statistics*, 1958. (May); Donahoe D. A., "Measuring Women's Work in Developing Countries", *Population and Development Review*, 1999, 25 (3): 543 – 576.
④ Becker, G. S., "Human Capital, Effort and the Sexual Division of Labor", *Journal of Labor Economics*, 1985, (3); Goldschmidt-Clermont L. "Household Production and Income: Some Preliminary Issues", *Bulletin of Labour Statistics*, 2000, (2).
⑤ 王岐山：《在中国特色社会主义伟大实践中撑起半边天——在中国妇女第十一次全国代表大会上的祝词》，2013 年 10 月 28 日。

始研究家务劳动，截至目前，国内外已经在家务劳动价值的测算意义和测算方法等方面取得了丰硕的成果。

（一）家务劳动价值的测算意义

女性主义经济学家认为，家务劳动是家庭经济福利的重要组成部分[①]，妇女的家务劳动是所有劳动的必要条件[②]，其价值应该等同于有酬劳动[③]。国民收入中不考虑家务劳动的价值，会严重低估女性的经济贡献[④]。不仅如此，测算家务劳动的价值，还有助于为妇女在离婚和不当伤害等诉讼时提供补偿标准[⑤]。

国内学者认为，妇女的家务劳动价值不但尚未得到应有的补偿和社会承认，而且还可能因为家务劳动价值难以测算而被否认[⑥]。研究家务劳动的科学定价法，对于维护妇女的经济利益具有深远意义[⑦]。承认并确定妇女家务劳动的价值，既是最值得我们检讨的问题，又是每天面对但又长期忽视的问题[⑧]。不对家务劳动进行价值测算，不但抹杀了家务劳动的经济贡献，而且在家庭和社会造成了事实上的男女不平等[⑨]。同时，不将家务劳动的价值纳入 GDP 统计，男高女低、男尊女卑的传统观念就不可能有实质性变

---

① Folbre N. and J. A. Nelson. , "For Love or Money-Or Both?", *Journal of Economic Perspectives*, 2000, 14 (4), pp. 123 – 140.

② Mariarosa Dalla Costa, Selma James, *Women and the Subversion of the Community*, Falling Wall Press, 1973.

③ Hefferan C. , "Workload of Married Women", *Family Economics Review—US Department of Agriculture*, Agricultural Research Service, 1982.

④ Ironmonger D. , An Overview of Time Use Surveys. New Delhi, India: Ministry of Statistics and Programme Implementation, 1999; Walker, K. , W. H Gauger. "Time and its Dollar Value in Household Work", *Family Economics Review*, 1973, 37 (2) .

⑤ Kwon T H. , *Economic Valuating Household Work in Korea*, 1999 and 2004, Paper for the IARUR Conference "Work vs Play: Competing Models of the Proper Use of time", Washington, D. C. University of Maryland, 17 – 19 October, 2007.

⑥ 孙乐：《正视城镇在业妇女家务劳动价值》，《人口与经济》2009 年增刊。

⑦ 沈尤佳：《如何衡量妇女家务劳动的价格？——对加里·S. 贝克尔单人户居民时间分配理论的发展》，《生产力研究》2010 年第 11 期。

⑧ 长平：《家庭主妇的劳动价值真需要重估》，《中国妇女报》2010 年 3 月 16 日。蒋永萍：《"家国同构"与妇女性别角色的双重建构——计划经济时期中国社会的国家与妇女》，第 18 届中国社会学年会"改革开放 30 年与女性发展论坛"论文集，2008。

⑨ 汤群英：《妇女解放的一个重要问题——评介〈家务劳动价值论〉》，《妇女研究论丛》1995 年第 4 期。

化①。因此，有学者认为应当参照国外立法，建立家务劳动价值评估制度，规定家务劳动补偿的最低标准②。

（二）家务劳动价值的测算方法

1. 国外对家务劳动价值的测算方法

如何才能更好地参照社会劳动测算家务劳动的价值是测算过程中面临的主要问题③。斯坦利·史蒂芬森（Stanley P. Stephenson）认为家务劳动的定价主要包括机会成本法、行业替代法和综合替代法3种。其中，机会成本法是以个人在劳动力市场获得的小时工资来替代家务劳动者的工资水平；行业替代法是假定雇用不同行业的专业人员完成不同类型家务劳动所需要支付的工资；综合替代法是假定通过雇用家政工来完成所有的家务劳动，并按家政工工资水平所支付的工资④。

上述3种测算方法究竟哪一种更好，学界尚未达成共识⑤。有学者认为家务劳动价值的具体测算方法与研究目的密切相关，在研究配偶因家务劳动而作出牺牲时，在离婚或不当伤害等诉讼中，普遍使用机会成本法来测算家务劳动的最低价值⑥。由于该方法对家务劳动的价值测算过于保守，受到查尔斯·费希尔（Charles C. Fischer）的批评⑦。此外，墨菲（M. Murphy）及美国国家统计委员会更倾向于用行业替代法测算家务劳动的价值⑧。

---

① 胡苏云：《妇女在 GDP 中的贡献率》，《检察风云》2008 年第 5 期。
② 黄璞虑：《婚内家务劳动补偿制度研究》，华东政法大学硕士学位论文，2011。
③ 胡苏云：《妇女在 GDP 中的贡献率》，《检察风云》2008 年第 5 期。
④ Stanley P. Stephenson, *Determining the Value of Household Production as a Component of Economic Damages*, Valuation Strategies, May/June, 2006, pp. 2 - 7.
⑤ Kulshreshtha A C, Singh G. , *Valuation of Non-Market Household Production*, Central Statistical Organization, New Delhi, India, 1999.
⑥ Baker, Wm. Gary, and Michael K. Seck. , *Determining Economic Loss in Injury and Death Cases*, Chicago：McGraw-Hill, 1987.
⑦ Charles C. Fischer, "The Valuation of Household Production：Divorce, Wrongful Injury and Death Litigation", *American Journal of Economics and Sociology*, 1994, 53 (2), pp. 187 - 201.
⑧ Murphy M. , "The Value of Nonmarket Household Production：Opportunity Cost versus Market Cost Estimates", *Review of Income and Wealth*, 1978, 24 (3), pp. 243 - 255. Barbara M. Fraumeni. Household Production Accounts for Canada, Mexico, and the United States：Methodological Issues, Results, and Recommendations, Paper Prepared for the 30th General Conference of the International Association for Research in Income and Wealth, Portoroz, Slovenia, August 24 - 30, 2008.

随着无酬劳动与公共政策的关系越来越密切，经济合作与发展组织（OECD）国家在 1990 - 1992 年开展时间利用调查的基础上，分别运用上述 3 种方法测算了家务劳动的经济价值[1]。欧洲委员会认为联合国及其成员已开始致力于无酬劳动特别是妇女对家庭照料的价值测算，社会政策也已开始关注包括家务劳动在内的无酬劳动[2]。

截至目前，不但欧美、大洋洲各国均已通过上述方法测算了家务劳动的价值，而且日本、韩国、印度、尼泊尔等亚洲国家和部分非洲国家也分别测算了家务劳动价值。尽管如此，仍有学者认为，虽然各国已在家务劳动测算方面取得了实质性进展，但若引起决策者的重视，并且使得 GDP 和家务劳动价值成为公共政策的基础，仍有很长的路要走[3]。

2. 国内对家务劳动价值的测算方法

与国外家务劳动价值测算相比，国内在这方面的研究明显滞后。截至目前国内仅有 4 位学者通过使用二手数据，运用上述测算方法，对浙江省、广东省、厦门市和北京市的家务（或无酬）劳动价值进行了测算，发现浙江省居民无酬劳动的价值达到 1848 - 4636 亿元[4]，广东省居民家务劳动价值为 10236 - 13521 亿元[5]，厦门市居民无酬劳动的价值为 323 - 379 亿元[6]，彭刚使用机会成本法、综合替代法、调和替代法[7]测算的 2010 年北京市人均家务劳动的补偿标准为 8954 - 20478.9 元[8]。

---

[1]　Oeck. *Defintion*, *Sources and Methods*, http：//www. oecd. org/std/na/2674378. pdf, 2013 年 11 月 9 日. Ironmonger D. S. "Counting Outputs, Capital Inputs and Caring Labor：Estimating Gross Household Product", *Feminist Economics*, 1996, 2（3）, pp. 37 - 64.

[2]　European Commission. *Household Production and Consumption Proposal for a Methodology of Household Satellite Accounts*, 2003.

[3]　Barbara M. Fraumeni. Household Production Accounts for Canada, Mexico, and the United States：Methodological Issues, Results, and Recommendations, Paper Prepared for the 30th General Conference of the International Association for Research in Income and Wealth, Portoroz, Slovenia, August 24 - 30, 2008.

[4]　张一波：《住户部门无酬服务产值几何？——以浙江省为例》，《统计科学与实践》2011 年第 6 期。

[5]　戴秋亮：《关于家务劳动产出核算的研究》，江西财经大学硕士学位论文，2010。

[6]　吴燕华：《住户无付酬服务核算与时间使用调查研究》，厦门大学硕士学位论文，2008。

[7]　即对机会成本法和综合替代法的加权平均法。

[8]　彭刚：《基于家务劳动补偿制度的住户无酬服务核算研究》，江西财经大学硕士学位论文，2012。

　　然而，上述研究存在以下 4 个方面的局限。一是浙江省、厦门市无酬劳动的价值测算，包含了对外提供的服务或社区及公益活动等内容，测算结果无法准确反映家务劳动的经济价值。二是所用二手数据缺乏对研究对象的年龄界定，使得测算结果的准确性和可比性受到影响。三是由于缺乏性别视角，对于上述四省市女性的家务劳动价值不得而知。四是对于全国范围内的女性家务劳动价值及其在 GDP 中所占份额，以及应如何为承担大部分家务劳动的妇女提供政策支持，目前学界尚未对其进行全面系统的研究。这些正是本文需要研究回答的问题。

三　数据与方法

（一）　所用数据

　　中国妇女社会地位调查是全国妇联和国家统计局联合开展的重要国情、妇情调查，第三期中国妇女社会地位调查以 2010 年 12 月 1 日为调查时点，在全国 31 个省、区、市采用多阶段 PPS 抽样方法和调查员面谈调查方法，共回收18－64 岁个人主问卷 29698 份（全国样本）。鉴于城镇有 87.57% 的 60－64 岁被访者都已经退休或未工作，无法直接计算他们的小时工资，因此本文将研究对象的年龄确定在 18－59 岁。在符合条件的被访者问卷中，18－59 岁就业人员问卷 20650 份，占 79.08%；未就业人员问卷 5463 份（含曾经就业和从未就业人员问卷），占 20.92%。该调查数据质量高、代表性强，能够较好满足本研究需要。

　　此外，在计算 18－59 岁城乡男女就业人员、未就业人员及不同受教育程度的人口规模时，分别使用了《中国人口与就业统计年鉴 2012》、第六次全国人口普查的相关数据；在按照行业替代法计算家务劳动的构成时，参考了国家统计局《2008 年时间利用调查资料汇编》。

（二）　概念界定

　　家务劳动是指所有包含在家庭内部的、无报酬的劳动。结合 2008 年时间利用调查和 2010 年第三期中国妇女社会地位调查，家务劳动具体包括准备食物及清理（含做饭、洗碗）、环境清洁整理、洗衣与整理衣物、购买商品与服务（含日常家庭采购、买煤、换煤气/砍柴等）、饲养宠物、动手修理维护和调试（日常家庭维修）、照顾家人（含照料孩子生活、辅导孩子功课、照料老人）、家庭事务的安排与管理。

家务劳动价值是指家务劳动体现在经济上的、可以用货币来衡量的价值。

（三）研究方法

在上述家务劳动价值测算方法的基础上，为了使测算结果更为准确，同时也为了明确不同女性群体的家务劳动价值，本文分别使用了城乡、性别和受教育程度 3 个分类标准，因这 3 个分类标准已被证明为影响收入的最重要因素[①]。

在家务劳动价值的测算过程中，首先通过计算年均劳动收入和年均工作时间计算单位时间的经济价值，即年均小时工资。其次需要计算年均家务劳动时间。此外，在计算城乡女性年均家务劳动的总价值时，还需要计算不同女性群体的人口规模。

第三期中国妇女社会地位调查发现，虽然很多被访者在工作日和休息日都工作，但是在工作日和休息日的工作时间差异较大。为了更加准确地计算工作时间，本文分别对工作日和休息日的工作时间按照 5∶2 的比例进行了加权处理。同时，依照《国务院关于修改〈全国年节及纪念日放假办法〉的决定》，扣除全体公民放假的 11 天节日，每年的工作日和休息日共计 354 天。年均工作时间的计算公式为：

$$Wwtim_a = (Wtim_a \times 5 + Rtim_a \times 2) \div 7 \div 60 \times 354 \qquad (1)$$

其中，$Wwtim_a$ 为第 a 类受教育程度的被访者年均工作时间，$Wtim_a$ 为第 a 类受教育程度的被访者在工作日的工作时间；$Rtim_a$ 为第 a 类受教育程度

---

① 蒋永萍、杨慧：《妇女的经济地位》，载宋秀岩主编《新世纪中国妇女社会地位调查研究》，中国妇女出版社，2013。

的被访者在休息日的工作时间。由于第三期中国妇女社会地位调查的时间单位为分钟，为了将时间单位转化为小时，需要将分钟除以60。在将日均工作时间转化为年均工作时间时，需要乘以354。

1. 机会成本法

家务劳动时间的机会成本（即小时工资）为就业人员的年均劳动收入除以年均工作时间，测算公式为：

$$Opche_a = Incoe_a \div Wtime_a \tag{2}$$

其中，$Opche_a$ 为第 a 类受教育程度的就业人员机会成本，$Incoe_a$ 为第 a 类受教育程度的就业人员年均劳动收入，$Wtime_a$ 为第 a 类受教育程度的就业人员年均工作时间。

就业人员的年均家务劳动价值测算公式为：

$$Hvoe = \sum_{a=1}^{n} (Popue_a \times Htime_a \times Opche_a) \tag{3}$$

其中，$Hvoe$ 为按照机会成本法测算的就业人员年均家务劳动价值，$Popue_a$ 为第 a 类受教育程度的就业人员规模，$Htime_a$ 为第 a 类受教育程度的就业人员年均家务劳动时间，$Opche_a$ 为第 a 类受教育程度的就业人员的机会成本，n 表示受教育程度的类别，取值范围为 $1 - 4$[①]。

由于未就业人员没有劳动收入和工作时间，无法直接计算其家务劳动的机会成本，因此，本文以就业人员的机会成本作为替代。具体计算公式为：

$$Hvou = \sum_{b=1}^{n} (Popuu_a \times Htimu_a \times Opche_a) \tag{4}$$

其中，$Hvou$ 为按照机会成本法测算的未就业人员年均家务劳动价值，$Popuu_a$ 为第 a 类受教育程度的未就业人员规模，$Htimu_a$ 为第 a 类受教育程度的未就业人员的年均家务劳动时间[②]，$Opche_a$ 和 n 同上。

2. 行业替代法

本文结合中国国民经济行业分类标准，借鉴国外行业替代法研究思路，

---

① $n = 1$ 时，表示初中及以下，$n = 2$ 时，表示高中/中专，$n = 3$ 时，表示大学专科，$n = 4$ 时，表示本科及以上。

② 家务劳动时间按照每年365天计算。

将家务劳动中的准备食物及清理归为住宿和餐饮业；将环境清洁整理、洗衣与整理衣物、购买商品与服务、饲养宠物、动手修理维护和调试，归为居民服务和其他服务行业；将照顾家人归为卫生和社会福利保障业；将家庭事务的安排与管理归为公共管理和社会组织①。根据上述 4 个行业大类的年均劳动收入与工作时间，可以计算出上述行业就业人员的年均小时工资。

鉴于第三期中国妇女社会地位调查只询问了被访者总体家务劳动时间，未能针对家务劳动的具体类别进行逐一调查；虽然 2008 年时间利用调查详细记录了每一项家务劳动的时间，但是，由于《2008 年时间利用调查资料汇编》缺乏对应的收入及个人详细信息，因此，本文按照 2008 年时间利用调查的各项家务劳动时间构成情况，对第三期中国妇女社会地位调查中的总体家务劳动时间进行按比例分配。

上述四大行业类别的年均小时工资计算公式如下：

$$Opch_b = Inco_b \div Wtim_b \tag{5}$$

$Opch_b$ 为第 b 类行业被访者的年均小时工资，$Inco_b$ 为第 b 类行业被访者的年均劳动收入，$Wtim_b$ 为第 b 类行业被访者的年均工作时间。

行业替代法的年均家务劳动价值测算公式为：

$$Hvs = \sum_{b=1}^{n} (Popu \times Htim_b \times Opch_b) \tag{6}$$

Hvs 为按照行业替代法测算的年均家务劳动价值，$Popu$ 为 18 - 59 岁分城乡、分性别的人口规模，$Htim_b$ 为第 b 类行业人员的年均家务劳动时间，$Opch_b$ 为第 b 类行业的年均小时工资，n 为行业类别，取值范围为 1 - 4。

3. 综合替代法

综合替代法是假定所有家务劳动都可以通过委托保姆和家庭服务人员来完成，同时以保姆和家庭服务人员的市场平均工资作为家务劳动的小时工资。

保姆和家庭服务人员的年均工作时间同公式（1），保姆和家庭服务人

---

① 戴秋亮：《关于家务劳动产出核算的研究》，江西财经大学硕士学位论文，2010。

员年均劳动收入的计算公式同公式（2），用综合替代法测算年均家务劳动价值的公式为：

$$Hvt = \sum_{a=1}^{n}(Popu_a \times Htim_a \times Opch_a) \tag{7}$$

Hvt 为按照综合替代法测算的年均家务劳动价值，$Popu_a$ 为第 a 类受教育程度的人口规模，$Htim_a$ 为第 a 类受教育程度人员的年均家务劳动时间，$Opch_a$ 为第 a 类受教育程度人员的家政工年均小时工资，n 表示受教育程度的类别，取值范围为 1 – 4[①]。

4. 加权平均法

加权平均法既考虑了就业人员年均劳动收入对家务劳动价值的影响，也考虑了不同行业小时工资及保姆和家庭服务人员的小时工资影响，测算结果更加客观准确。本文借鉴以往研究对加权对象使用相同权重的方法，对按照以上 3 种方法测算的年均家务劳动价值赋予相同的权重，均为 1/3，然后对加权后的年均家务劳动价值求和，加权平均法的计算公式如下：

$$Hvw = 1/3 \ (Hvoe + Hvou) \ + 1/3 Hvs + 1/3 Hvt \tag{8}$$

Hvw 为根据加权平均法测算的年均家务劳动价值，$Hvoe$、$Hvou$、Hvs、Hvt 同上。

四　主要研究结果

2010 年全国 18 – 59 岁女性规模为 43088.97 万人，就业女性占 70.05%[②]，据此可推算出该年龄就业女性规模达 30184.69 万人。在就业女性中，城镇女性占 45.70%，农村女性占 54.30%[③]，城乡就业女性分别为

---

①　$n = 1$ 时，表示住宿和餐饮业，$n = 2$ 时，表示居民服务和其他服务行业，$n = 3$ 时，表示卫生和社会福利保障业，$n = 4$ 时，表示公共管理和社会组织。

②　根据《中国人口和就业统计年鉴 2011》中表 2 – 1 的相关数据计算整理，计算结果在保留四位小数的情况下为 70.0520%，为了统一为两位小数，只能写到 70.05%。

③　根据第六次全国人口普查资料的 4 – 2a、4 – 2b、4 – 2c 全国分年龄、性别的 16 岁及以上人口的就业状况计算整理。

13794.41 万人和 16390.29 万人。结合第六次全国人口普查中就业人员的受教育程度，可以计算出城乡不同受教育程度的就业人员规模（见表1）。

表1　2010 年城乡就业人员的受教育状况

	就业人员规模（万人）				就业人员受教育程度构成（%）			
	城镇		农村		城镇		农村	
	男性	女性	男性	女性	男性	女性	男性	女性
初中及以下	10570.08	8097.32	16910.14	15315.09	56.63	58.70	88.91	93.44
高中/中专	4320.98	2805.78	1757.39	852.30	23.15	20.34	9.24	5.20
大学专科	2135.29	1688.44	277.68	175.38	11.44	12.24	1.46	1.07
本科及以上	1638.80	1202.87	74.18	47.53	8.78	8.72	0.39	0.29
合计	18665.15	13794.41	19019.39	16390.29	100.00	100.00	100.00	100.00

注：不同受教育程度人数根据第六次全国人口普查资料中表 4-3a、4-3b、4-3c 全国分受教育程度、性别的 16 岁及以上人口的就业状况、中国妇女儿童状况统计资料 2012 年相关数据计算整理，下同。

（一）机会成本法

为了分别掌握就业人员、未就业人员的家务劳动价值，分别按照就业状况测算了就业人员和未就业人员的家务劳动价值。

1. 就业人员的家务劳动价值测算

本文在运用机会成本法对女性家务劳动价值测算时，首先计算了分城乡、分性别、分受教育程度的就业人员年均小时工资，其次分别计算了不同就业人员的家务劳动时间，最后计算了不同就业人员的人均家务劳动价值及全体就业人员的家务劳动总价值。

（1）不同受教育程度的就业人员年均小时工资。

2010 年城乡女性就业人员年均小时工资分别为 8.76 元和 4.59 元，分学历来看，受教育程度越高，年均小时工资越高；受教育程度越低，年均小时工资也越低。其中，本科及以上学历的城乡就业女性的年均小时工资，分别是初中及以下学历女性的 2.57 倍和 2.69 倍。

分性别来看，城乡女性就业人员年均小时工资分别低于同类男性 5.08 元和 2.87 元，换言之，城乡女性年均小时工资分别仅占同类男性的 63.29% 和 61.53%。小时工资的性别差异使得基于年均小时工资测算的女性家务劳动价值随之减小，男性家务劳动价值随之扩大，大幅缩小了男女家务劳动价值的性别差异。不同受教育程度的就业人员年均小时工资见表2。

表2　2010年城乡就业男女年均小时工资　　　　　　单位：元

	城镇		农村	
	男性	女性	男性	女性
初中及以下	11.33	6.22	7.11	4.40
高中/中专	13.74	8.36	8.98	6.17
大学专科	18.39	15.58	13.22	6.70
本科及以上	20.48	16.01	14.13	11.83
均值	13.84	8.76	7.46	4.59

资料来源：年均工作时间、年均劳动收入数据根据第三期中国妇女社会地位调查原始数据计算得来，下同。

（2）就业人员的年均家务劳动时间。

2010年城乡就业女性年均家务劳动时间分别为739.54小时和987.61小时。分学历来看，受教育程度越低，年均家务劳动时间越长，反之，家务劳动时间越短。其中，在城镇就业女性的年均家务劳动时间中，本科及以上比初中及以下少近200个小时；在农村就业女性中，家务劳动时间的学历差异达到500个小时以上。

分性别来看，城乡女性年均家务劳动时间分别是同类男性的2.05倍和2.64倍，总体表现为受教育程度越低年均家务劳动时间的性别差异越大。这既表明低学历城乡就业女性家务劳动时间偏长、负担偏重，又表明城乡就业男性无论受教育程度高低，家务劳动时间都明显偏少（见表3）。

表3　2010年城乡就业人员的年均家务劳动时间　　　单位：小时

	城镇		农村	
	男性	女性	男性	女性
初中及以下	394.96	822.73	386.26	1028.45
高中/中专	354.75	748.35	341.18	770.01
大学专科	346.43	692.84	281.30	624.17
本科及以上	331.65	628.68	209.29	502.67
均值	360.49	739.54	373.87	987.61

（3）就业人员的年均家务劳动价值。

2010 年城乡就业女性的人均家务劳动价值分别为 6500 元和 4500 元左右，城乡就业女性的家务劳动总价值高达 16369.22 亿元，占当年 GDP（401512.8 亿元①）的 4.08%。在城乡就业女性的家务劳动时间大幅高于同类男性的情况下，城乡就业女性的家务劳动总价值分别仅是同类男性的 0.96 和 1.40 倍，其原因主要为女性机会成本偏低、性别差异偏大。这一方面明显低估了城乡就业女性家务劳动的经济价值，另一方面又缩小了城乡男女就业人员家务劳动价值的性别差异（见表 4）。

表4　2010年就业人员的家务劳动价值

| | 人均经济价值（元） | | | | 经济价值总额（亿元） | | | |
| | 城镇 | | 农村 | | 城镇 | | 农村 | |
	男性	女性	男性	女性	男性	女性	男性	女性
初中及以下	4474.90	5117.38	2746.31	4525.18	4730.00	4143.71	4644.05	6930.35
高中/中专	4874.27	6256.21	3063.80	4750.96	2106.16	1755.35	538.43	404.92
大学专科	6370.85	10794.45	3718.79	4181.94	1360.36	1822.58	103.26	73.34
本科及以上	6792.19	10065.17	2957.27	5946.59	1113.10	1210.71	21.94	28.26
均值	4987.70	6475.34	2790.67	4537.36	9309.62	8932.35	5307.68	7436.87

2. 未就业人员的家务劳动价值

在 12904.28 万人城乡未就业女性中，初中及以下未就业女性达到 9694.86 万人，占未就业人数的绝大部分（75.13%），接受过高等教育的未就业女性超过 1124 万人，占未就业女性的 8.72%，其他受教育程度的城乡未就业女性规模见表 5。

表5　城乡未就业人员的受教育状况

| | 未就业人员规模（万人） | | | | 未就业人员构成（%） | | | |
| | 城镇 | | 农村 | | 城镇 | | 农村 | |
	男性	女性	男性	女性	男性	女性	男性	女性
初中及以下	1627.11	3682.84	2612.09	6012.02	47.91	62.45	75.48	85.80
高中/中专	972.33	1351.65	627.41	732.93	28.63	22.93	18.13	10.45

① 国家统计局：《中国统计年鉴2012》，中国统计出版社，2013。

	未就业人员规模（万人）				未就业人员构成（%）			
	城镇		农村		城镇		农村	
	男性	女性	男性	女性	男性	女性	男性	女性
大学专科	382.75	449.37	151.58	182.88	11.27	7.62	4.38	2.61
本科及以上	414.00	413.40	69.56	79.18	12.19	7.01	2.01	1.13
均值	3396.19	5897.26	3460.64	7007.02	100.00	100.00	100.00	100.00

资料来源：未就业人员规模根据《中国人口和就业统计年鉴2011》中的表2-1和第六次全国人口普查资料中的表4-3计算整理；未就业人员受教育程度构成根据第六次全国人口普查资料中表4-22a、4-22b、4-22c相关数据计算整理。

（1）未就业人员的年均家务劳动时间。

2010年城乡未就业女性的家务劳动时间分别为894小时和1359小时以上，分别比同类男性多500小时和1020小时以上。未就业人员家务劳动时间的学历差异与就业人员相同，也表现为受教育程度越低，家务劳动时间越长，反之，家务劳动时间越短。分性别来看，受教育程度低的城乡未就业人员家务劳动时间的性别差异大于受过高等教育者（见表6）。

表6　2010年未就业人员的家务劳动时间　　单位：小时

	城镇		农村	
	男性	女性	男性	女性
初中及以下	504.98	1464.38	361.24	1552.79
高中/中专	365.21	688.51	187.30	408.45
大学专科	217.23	434.25	286.86	438.66
本科及以上	127.81	280.99	437.36	278.27
均值	357.45	894.79	339.67	1359.39

（2）未就业人员的年均家务劳动价值。

表7显示，2010年城乡未就业女性的人均家务劳动价值分别为7800元和6200元以上，城乡未就业女性的家务劳动总价值为8994.60亿元，比同类男性家务劳动的总价值多6437.58亿元。城乡未就业女性家务劳动的总价值占到GDP的2.24%。

表7　2010年未就业人员家务劳动的经济价值

	人均经济价值（元）				经济价值总额（亿元）			
	城镇		农村		城镇		农村	
	男性	女性	男性	女性	男性	女性	男性	女性
初中及以下	5721.42	9108.44	2568.42	6832.28	930.94	3354.49	670.90	4107.58
高中/中专	5017.99	5755.94	1681.95	2520.14	487.91	778.00	105.53	184.71
大学专科	3994.86	6765.62	3792.29	2939.02	152.90	304.03	57.48	53.75
本科及以上	2617.55	4498.65	6179.90	3291.93	108.37	185.97	42.99	26.07
均值	4947.07	7838.37	2533.92	6239.61	1680.12	4622.49	876.90	4372.11

2010年全国43088.97万18－59岁城乡女性，共创造了25363.82亿元的家务劳动价值，占全年国内生产总值的6.32%。分学历来看，初中及以下受教育程度的女性创造的家务劳动价值最多（占73.08%），其原因主要与初中及以下受教育程度的女性所占比例较高（76.83%）有关。

如果男女都按照男性小时工资进行测算，城乡就业女性创造的家务劳动价值将会达到26099.61亿元，城乡未就业女性家务劳动的总价值将高达10749.81亿元，均比以女性小时工资测算的结果高出近六成，由小时工资的性别差异对低估女性家务劳动价值带来的影响再一次得到印证。

（二）行业替代法

本文在按照家务劳动的4个行业大类进行家务劳动价值测算时，所需各行业大类的人口规模，分别根据城乡男女人口规模及4个行业大类家务劳动时间构成计算得来。

1. 分行业的年均小时工资

2010年城乡4个行业大类的就业女性小时工资分别为7.64元和5.79元，低于同类男性3.58元和4.50元。分行业来看，在居民服务和其他服务行业就业的城乡女性小时工资最低，在卫生和社会福利保障业、公共管理和社会组织就业的城乡女性小时工资最高。分性别来看，住宿和餐饮业、居民服务和其他服务行业的城乡男女小时工资的性别差异最大（见表8）。

表8　4个行业大类的就业人员小时工资

单位：元

	城镇		农村	
	男性	女性	男性	女性
住宿和餐饮业	11.06	7.04	10.45	5.68
居民服务和其他服务行业	10.02	6.62	10.30	5.11
卫生和社会福利保障业	14.43	12.22	9.95	7.36
公共管理和社会组织	14.59	11.50	10.35	8.80
均值	11.22	7.64	10.29	5.79

2. 年均家务劳动时间

2010年城镇女性的家务劳动时间为945.54小时，比农村女性的家务劳动时间少163.50小时。在4个行业大类的家务劳动时间构成中，城乡女性准备食物及清理的时间均最长，对家庭事务的安排与管理时间都最短。分性别来看，城乡女性家务劳动时间分别是同类男性的2.52倍和2.86倍，性别差异非常明显（见表9）。

表9　2010年城乡男女家务劳动时间及其构成

	家务劳动时间（小时）				对应的家务劳动构成（%）①			
	城镇		农村		城镇		农村	
	男性	女性	男性	女性	男性	女性	男性	女性
住宿和餐饮业	152.74	411.12	153.64	585.63	40.66	43.48	39.62	52.81
居民服务和其他服务行业	156.87	392.87	160.97	336.85	41.76	41.55	41.51	30.37
卫生和社会福利保障业	61.91	137.01	73.18	186.56	16.48	14.49	18.87	16.82
公共管理和社会组织	4.13	4.54	0.00	0.00	1.10	0.48	0.00	0.00
合计	375.65	945.54	387.79	1109.04	100.00	100.00	100.00	100.00

---

① 根据2008年时间利用调查数据中表4-1按城乡和性别划分的非SNA生产活动平均时间计算得来。

3. 年均家务劳动的经济价值

表 10 显示，用行业替代法测算的 2010 年城乡女性平均每人的家务劳动价值为 7220 元和 6420 元以上，城乡女性家务劳动的总价值高达 29499.95 亿元，比同类男性的家务劳动总价值高 11188.94 亿元，城乡女性家务劳动总价值占 GDP 的 7.35%。即用行业替代法测算的家务劳动总价值远远高于用机会成本法测算的价值，由此可以再次印证费希尔批评用机会成本法测算家务劳动价值过于保守的正确性。

表 10　2010 年按照行业替代法测算的家务劳动价值

	人均家务劳动价值（元）				家务劳动价值总计（亿元）			
	城镇		农村		城镇		农村	
	男性	女性	男性	女性	男性	女性	男性	女性
A	1689.30	2894.28	1605.54	3326.38	4025.13	6626.91	3325.75	6716.77
B	1571.84	2600.80	1657.99	1721.30	3745.24	5954.93	3434.40	3475.73
C	893.36	1674.26	728.14	1373.08	2128.62	3833.48	1508.29	2772.59
D	60.26	52.21	0.00	0.00	143.57	119.54	0.00	0.00
合计	4214.76	7221.56	3991.67	6420.76	10042.57	16534.87	8268.44	12965.08

A 为住宿和餐饮业，B 为居民服务和其他服务行业，C 为卫生和社会福利保障业，D 为公共管理和社会组织。

（三）综合替代法

在第三期中国妇女社会地位调查样本中，保姆和家庭服务人员共有 89 位，由于男性保姆和家庭服务人员只有 3 位，农村保姆和家庭服务人员只有 13 位，为了避免由于人数过少而影响测算结果的稳定性，本文仅对城镇女性保姆和家庭服务人员的小时工资进行测算，并以此替代城乡、男女的保姆和家庭服务人员小时工资。

表 11 显示，2010 年城镇女性保姆和家庭服务人员的平均劳动收入为 10556 元左右，平均小时工资为 6.07 元，不但小时工资的学历差异低于机会成本法和行业替代法的学历差异，甚至出现了高中/中专学历的保姆和家庭服务人员的小时工资低于初中及以下受教育程度者，除了与样本量偏少有关外，具体原因还有待进一步研究。

表 11　保姆和家庭服务人员的小时工资

	劳动收入 （元）	年均工作时间 （小时）	小时工资 （元）	样本数 （个）
初中及以下	10973.08	1707.17	6.43	49
高中/中专	9089.96	1779.85	5.11	20
大学专科	13895.70	1928.24	7.21	3
均值/合计	10556.12	1738.09	6.07	72

表 12 显示，按照综合替代法测算，2010 年城乡就业女性家务劳动总价值分别为 6745 亿元和 10559 亿元以上，加上未就业女性家务劳动的总价值，2010 年按照综合替代法测算的城乡女性家务劳动的总价值达到 27701.63 亿元，占 GDP 的 6.90%。

表 12　用综合替代法测算的家务劳动总价值　　单位：亿元

	就业人员的家务劳动总价值				未就业人员的家务劳动总价值			
	城镇		农村		城镇		农村	
	男性	女性	男性	女性	男性	女性	男性	女性
初中及以下	2684.37	4283.60	4199.89	10127.76	528.33	3467.74	606.73	6002.67
高中/中专	783.30	1072.95	306.39	335.36	181.46	475.55	60.05	152.98
大学专科	533.35	843.44	56.32	78.92	59.95	140.70	31.35	57.84
本科及以上	391.87	545.24	11.19	17.23	38.15	83.75	21.93	15.89
合计	4392.88	6745.23	4573.79	10559.28	807.88	4167.75	720.06	6229.37

注：本研究在样本中没有本科及以上受教育程度的保姆、家庭服务人员的情况下，在计算家务劳动价值时，只好用大学专科受教育程度的保姆和家庭服务人员小时工资进行替代。

（四）加权平均法

为了有效消除按照机会成本法、行业替代法和综合替代法这 3 种方法在测算家务劳动的总价值中产生的差异，本文按照加权平均法，进一步测算出城乡女性家务劳动价值总额为 26764.49 亿元，占 GDP 的 6.67%。即无论使用哪种方法进行测算，女性的家务劳动总价值都在 2.31 万亿至 2.95 万亿元，占 GDP 的比例在 5.75% - 7.35%（见表 13）。

表 13　用加权平均法测算的家务劳动总价值

| | 城镇（亿元） | | 农村（亿元） | | 家务劳动的总价值（亿元） | | 占 GDP 比例（%） | |
	男性	女性	男性	女性	合计	其中女性	合计	其中女性
A	10885.08	12787.27	6050.20	10304.62	40027.17	23091.89	9.97	5.75
B	10042.57	16534.87	8268.44	12965.08	47810.96	29499.95	11.91	7.35
C	5200.76	10912.98	5293.85	16788.65	38196.24	27701.63	9.51	6.90
D	8709.47	13411.71	6537.50	13352.78	42011.46	26764.49	10.46	6.67

注：A 为机会成本法，B 为行业替代法，C 为综合替代法，D 为加权平均法。

　　将 2010 年妇女创造的家务劳动价值与国民经济的分行业增加值进行比较发现，即使是按照机会成本法测算的妇女家务劳动价值，也与中国房地产业的增加值（22782.01 亿元）较为接近。而按照行业替代法测算的妇女家务劳动价值与教育，科学研究、技术服务和地质勘查业，卫生、社会保障和社会福利业，居民服务和其他服务业 4 个行业的增加值（29761.40 亿元）较为接近。在国家对于上述行业的投资与扶持方面，2010 年国家在房地产业的固定资产投资达到 64877.29 亿元，在教育、科学研究等 4 个行业的固定资产投资达到 8645.93 亿元。相比之下，女性家务劳动的经济价值之大、获得的社会支持之少，形成了巨大的反差。在全面建设小康社会过程中，上述情况应该引起政府及社会各界的高度重视。

　　不但 18 - 59 岁女性的家务劳动总价值十分可观，而且不同家务劳动类型的价值仍然可观：其中照料孩子和照料老人的家务劳动价值分别高达 3546.29 亿元和 230.17 亿元[①]。美国研究发现，家庭对老年人的照料为美国医疗系统节约了可观的资金，如果没有家庭或朋友的援助，美国每年对老年人的有偿家庭护理费用可达 940 亿美元[②]。此外，从加权平均法计算的人均家务劳动价值来看，城乡女性年均创造的家务劳动价值可以达到 6810.86

---

①　2008 年时间利用调查中表 4 - 1 按城乡和性别划分的非 SNA 生产活动平均时间显示，女性平均每天照料未成年人和成年人的时间分别为 31 分钟和 2 分钟，占家务劳动时间的 13.25% 和 0.86%。用表 13 中按照加权平均法测算的家务劳动的总价值 26764.49 亿元分别乘以 13.25% 和 0.86%，即可得出 3546.29 亿元和 230.17 亿元。

②　Laplante, M. P., Haarriington, C. and Kang, T., "Estimated Paid and Unpaid Hours of Personal Assistance Services in Activities of Daily Living Provided to Adoult Living at Home", *Health Services Research*, 2002, 37, pp. 397 - 415.《社会老年学：多学科的视角》，周云等译，中国人口出版社，2007。

元和 5706.97 元，在城乡女性 18－59 岁的 42 年时间里，共创造家务劳动价值 28.61 万元和 23.97 万元。城乡妇女通过家务劳动为家庭创造的价值，也应该得到家庭成员的认可与支持。

五　结论与讨论

（一）主要结论

本文基于第三期中国妇女社会地位调查数据，运用机会成本法、行业替代法、综合替代法和加权平均法对 18－59 岁城乡女性的家务劳动价值进行了测算。研究发现，虽然城乡女性的家务劳动时间远远大于同类男性，但是由于女性家务劳动的小时工资较低，导致男女家务劳动价值的性别差异减小。尽管如此，18－59 岁城乡女性家务劳动的总价值仍然非常可观，达到 2.31 万亿至 2.95 万亿元，占 GDP 的比例为 5.75%－7.35%。如果按照男性小时工资对女性家务劳动价值进行测算，其价值总额可提升六成左右。

此外，对上述不同测算方法获得的家务劳动价值进行比较发现，运用行业替代法测算的城乡女性家务劳动总价值最大，运用机会成本法测算的家务劳动价值最小，其原因主要与上述两种方法的小时工资有关，再次印证了机会成本法测算的家务劳动价值最低的研究发现。

（二）讨论

一直以来，妇女承担着绝大部分家务劳动，不但为家庭和谐、社会稳定发挥了重要作用，而且也为社会创造了巨大财富。然而，长期以来家务劳动的经济价值并没有得到认可，一些妇女甚至因承担生育等家庭责任遭到用人单位的歧视，许多职业女性在平衡工作与家庭方面左右为难，影响个人发展，甚至产生焦虑和自卑的心理。

第三期中国妇女社会地位调查发现，在老年人的首要照料者中，城乡分别有45.5%和38.7%的女性未能就业①；在料理家务的未就业女性中，因家里有孩子需要照料的占73.3%，有老人或病人需要照料的占26.4%②。在社会照料服务与公共支持不足的情况下，广大妇女把自己的劳动贡献给了子女、丈夫和长辈，为了照顾孩子、老人和病人而放弃个人工作与自身发展，通过家务劳动创造的经济价值不但理应得到认可，而且政府和社会还应该通过加大对妇女家务劳动的支持力度，促进广大妇女继续发挥发扬勤俭持家的传统美德，平衡工作家庭，实现女性全面发展、男女协调发展的重要目标。

基于上述分析，结合十八大以来全面深化改革的新形势，为了贯彻落实党中央提出的积极为妇女平等参与经济社会发展、平等享有改革发展成果创造条件，本文提出以下建议。

首先，继续提高城乡女性受教育程度，尊重妇女在工作与家庭之间的选择，通过倡导男性主动承担家务，从家庭内部为女性平衡工作与家庭创作条件。

其次，加强劳动力市场监管，消除用人单位由于女性承担绝大部分家务劳动而产生的就业性别歧视，同时鼓励用人单位为女性平衡工作与家庭提供必要的支持，为女性职业发展创造公平的就业环境。

再次，政府应加大对家政服务、托幼和养老机构的投入，通过提供质优价廉的公共服务，减少家务劳动对女性就业的冲击。

最后，政府在完善社会保障政策过程中，为由于家务劳动而未能就业的妇女提供社会保险参保费用补贴；同时，将遗属养老保险纳入社会保障范围，通过雇主、雇员、政府三方筹措资金的方式，为丧偶女性提供经济保障。

（三）研究的不足之处

由于第六次全国人口普查汇总数据未能提供分年龄、性别、受教育程

---

① 贾云竹：《老年妇女的社会地位》，载宋秀岩主编《新世纪中国妇女社会地位调查研究》，中国妇女出版社，2013。
② 蒋永萍、杨慧：《妇女的经济地位》，载宋秀岩主编《新世纪中国妇女社会地位调查研究》，中国妇女出版社，2013。

度的就业人员与未就业人员的数据，无法准确统计 18－59 岁就业人员、未就业人员的受教育程度构成情况，本文只能以 16 岁及以上就业人员与未就业人员的受教育程度进行替代。

此外，第三期中国妇女社会地位调查未对就业人员是否为全职就业进行调查，本文无法对此作进一步分析。

女性家庭经济贡献与其性别分工观念及家务承担

◎李　文[*]

摘　要： 在现代社会，女性的广泛就业和经济独立在一定程度上打破了"男主外，女主内"的传统分工格局。其中，一部分女性对家庭的经济贡献已经与丈夫相当甚至超过了丈夫，成为家庭的重要经济支柱。研究表明，对家庭经济贡献较大的已婚女性，其性别分工观念呈现更加进步和平等的特点，但她们在与丈夫共同承担养家责任的同时，仍未摆脱"女主内"的劳动分工和角色期待。在国家对家庭支持不足以及丈夫未能平等分担家务的情况下，对家庭经济贡献较大的已婚女性，承担社会生产劳动和家务劳动的时间总和更长、劳动负担更重。

关键词： 家庭经济贡献　性别分工　家务承担

一　引言

在中国传统社会，"男主外，女主内"被看作一种理想的性别分工模式长期延续下来并不断固化，使女性失去经济独立的基础而不得不依附于丈

＊李文，全国妇联妇女研究所助理研究员。

夫和家庭。这种不平等的性别分工，将妇女长期束缚在家庭领域，不仅直接导致男女两性在经济上的不平等，还成为其他领域两性关系不平等的深刻根源，严重阻碍了妇女的全面发展及其家庭和社会地位的提高。

新中国成立后，广大女性纷纷走出家庭，积极参加社会生产劳动，实现了经济独立，在一定程度上打破了"男主外，女主内"的性别分工格局，但家务劳动女性化的状况并未发生根本性改变。男女不平等的性别劳动分工，历经数千年依然顽固地存在于人们的思想和现实生活中，有着深刻的历史和社会原因。对此，研究者从经济、文化、制度等不同角度进行了阐释。20世纪80年代，贝克尔利用比较优势理论对性别劳动分工作出了解释，"由于男女在生理上的差异以及经验和人力资本投资的不同，女性在家庭部门较之男子有比较优势"[1]，因而女性把主要时间配置到家庭部门，而男子则把主要时间配置到市场部门，从而实现家庭产出的最大化。同时他也指出，这种"有效"分工与父权和夫权制度下妇女受剥削、受压迫密切相关，它减少了妇女的福利及其对生活的驾驭能力，也牺牲了妇女在社会领域的发展机会和权利。费孝通则认为，"两性分工只是社会利用两性差别所安排出来的分工体系，并不完全是男女生理和心理上的差别而引起他们所能做的工作的不同"，尽管如此，男女分工"却可以分得很严，甚至于互不侵犯"，而且"分工的用处并不只视为经济上的利益，而时常用以表示社会的尊卑，甚至还带一些宗教的意味"[2]。还有研究提出，对于当今社会依然存在的家务劳动分工的性别不平等现象，生理上的"比较优势"论很难作出令人信服的解释，"家务劳动负担的女性化，是一种由男权主导的性别体制的产物"[3]。

根据马克思主义妇女理论，参加社会生产劳动是妇女解放的先决条件。当前，随着受教育程度和技能水平的提高，中国女性的就业领域不断拓宽，职业层次有所提升，对家庭经济的贡献份额也趋于增加。其中，一部分女性对家庭的经济贡献已经与丈夫相当甚至超过了丈夫，成为家庭的主要经

---

① 〔美〕加里·斯坦利·贝克尔：《家庭论》，王献生、王宇译，商务印书馆，1998，第40页。
② 费孝通：《生育制度》，商务印书馆，2008，第66－67页。
③ 王宁：《家务劳动负担女性化》，《南方日报》2004年6月17日。

济支柱。那么，女性经济独立性增强、对家庭的经济贡献增大，对她们在家庭中的地位以及劳动分工状况将会产生怎样的影响？关于夫妻相对收入的高低对家务劳动分配的影响，已引起一些学者的关注并开展了相关研究。一些研究结果显示，相对资源理论对夫妻之间的家务分工具有较好的解释力，无论男性还是女性，如果配偶的收入超过自己，则自身承担的家务劳动时间将会增加[①]。但也有研究认为，受传统性别观念的影响，夫妻相对收入的高低对女性的家务劳动时间没有显著影响[②]。还有研究提出，当妻子的收入高于丈夫时，妻子反而会从事更多的家务劳动，以弱化夫妻收入上的非常态组合[③]。

　　无论从理论层面还是实践层面来看，男性在经济收入和家庭经济贡献方面所处的优势地位，常常成为他们逃避承担家务劳动责任的一个理由，也是男女不平等的分工模式得以维持和强化的重要依据。那么，女性对家庭的经济贡献与其性别分工观念具有怎样的联系？经济上的优势地位，能在多大程度上帮助她们减轻家务劳动负担？本文利用第三期中国妇女社会地位调查数据，根据家庭经济贡献的不同，分群体对已婚男女的性别分工观念、时间资源配置和子女照料责任进行比较分析，试图阐述和探讨以上问题。

二　数据来源与样本特征

　　本文的数据来源于第三期中国妇女社会地位调查。在本次调查中，个人调查主问卷的调查对象为 18－64 岁的男女中国公民，调查内容包括健康、教育、经济、社会保障、政治、婚姻家庭、生活方式、法律权益和认知、性别认知与态度 9 个方面。调查共回收有效全国样本个人主问卷 26171 份。本文的研究对象为已婚女性和男性，经筛选共获取有效女性样本 10864 个，

---

① 杨菊华：《从家务分工看私人空间的性别界限》，《妇女研究论丛》2006 年第 5 期。
② 宋秀岩主编《新时期中国妇女社会地位调查研究》，中国妇女出版社，2013，第 372 页。
③ 张会平：《女性家庭经济贡献对婚姻冲突的影响——婚姻承诺的调节作用》，《人口与经济》2013 年第 5 期。

有效男性样本 10770 个。

从样本分布来看，已婚女性对家庭的经济贡献小于丈夫的占 64.5%，与丈夫差不多的占 27.4%，大于丈夫的占 7.5%；已婚男性对家庭的经济贡献大于妻子的占 65.4%，与妻子差不多的占 26.7%，小于妻子的占 7.9%。考虑到样本分布的均衡性，本文将"对家庭的经济贡献和丈夫差不多"以及"对家庭的经济贡献大于丈夫"两类女性群体，合并为"家庭经济贡献等于或大于丈夫"；将"对家庭的经济贡献和妻子差不多"以及"对家庭的经济贡献小于妻子"的两类男性群体，合并为"家庭经济贡献等于或小于妻子"。

根据对家庭经济贡献的大小，已婚女性群体呈现以下特征：城镇女性、受教育程度较高和职业层次较高的女性以及京津沪地区的女性，对家庭的经济贡献等于或大于丈夫的比例相对较高。分城乡看，城镇女性对家庭的经济贡献小于丈夫的比例为 58.3%，农村女性的这一比例为 71.5%，高于前者 13.2 个百分点。分受教育程度看，小学及以下文化程度女性对家庭的经济贡献小于丈夫的比例最高，为 70.8%；初中、高中/中专/中技、大专及以上文化程度女性相应的比例分别为 69.1%、59.8%、44.4%。分职业看，女性负责人对家庭的经济贡献小于丈夫的比例最低，为 47.1%；其次是专业技术人员（47.4%）和办事人员（51.2%）；女性务农人员相应的比例最高，为 73.7%。分地域看，京津沪地区女性对家庭的经济贡献小于丈夫的比例最低，为 55.7%；东部、中部和西部女性的这一比例分别为 64.7%、69.5% 和 61.8%。

三 数据分析结果

（一）家庭经济贡献与性别分工观念

人的认识、观念和态度是在劳动实践中形成的，是对客观世界的真实反映，同时又能动地反作用于社会存在。因此，性别观念与妇女的教育、经济、政治等现实社会地位也密切相关。研究发现，女性家庭经济贡献与其性别分工观念呈现如下特点：家庭经济贡献小于丈夫的女性，其性别分工观念相对传统和落后；而家庭经济贡献与丈夫差不多或大于丈夫的女性，其性别分工观念则呈现更为进步和平等的态势。

对家庭经济贡献不同的男女两性对"男主外，女主内"的看法和态度也有着明显的差异。其中，家庭经济贡献等于或大于丈夫的女性，对"男人应该以社会为主，女人应该以家庭为主"的认同程度最低（47.6%），比家庭经济贡献小于丈夫的女性低15.3个百分点。对已婚男性而言，家庭经济贡献大于妻子的群体，对这一分工模式的认同比例达66.6%，比家庭经济贡献等于或小于妻子的群体（53.8%）高12.8个百分点（见表1）。

表1　已婚男女对家庭的经济贡献与其性别分工观念　　　　单位：%

		男人应该以社会为主，女人应该以家庭为主	挣钱养家主要是男人的事情	丈夫的发展比妻子的发展更重要	男人也应该主动承担家务劳动
女性	经济贡献小于丈夫	62.9	61.3	68.8	90.4
	经济贡献等于或大于丈夫	47.6	41.6	48.8	92.7
男性	经济贡献大于妻子	66.6	66.7	64.2	81.0
	经济贡献等于或小于妻子	53.8	48.6	46.7	84.3

在中国传统文化观念中，男人是家庭的顶梁柱，承担着养家糊口的主要责任。当前，社会上仍有相当一部分人，特别是家庭经济贡献小于丈夫的女性以及家庭经济贡献大于妻子的男性，对"挣钱养家主要是男人的事情"持赞同观点。表1显示，家庭经济贡献等于或大于丈夫的女性，认同该说法的比例为41.6%，比家庭经济贡献小于丈夫的女性低了近20个百分点。可以看出，女性经济独立性的增强，在一定程度上弱化了对传统性别角色的刻板印象。

在"丈夫的发展比妻子的发展更重要"的问题上，已婚男性和女性的态度也呈现类似的特点。如表1所示，家庭经济贡献等于或大于丈夫的女性、家庭经济贡献等于或小于妻子的男性，对男性（丈夫）优先发展的认同程度较低。相比较而言，家庭经济贡献小于丈夫的女性以及家庭经济贡献大于妻子的男性，对传统夫妻发展观的认同率明显提高，其中前者的认同比例已接近七成。

在男人承担家务劳动的问题上，传统分工观念出现了一定程度的松动。调查发现，无论家庭经济贡献大小，九成以上的女性和八成以上的男性都对"男人也应该主动承担家务劳动"持赞同观点。但是，在现实生活中男女平等分担家务劳动的美好愿景远未实现。这也说明，在家务劳动的分担方面，人们行为的改变相对于观念的更新表现出一定的滞后性。

尽管对家庭经济贡献较大的女性，其性别分工观念更为平等，表现出相对的进步性。但值得注意的是，她们对"男主外，女主内""丈夫的发展比妻子的发展更重要"等传统分工观念的认同比例仍接近半数。这说明，虽然现代女性的经济独立性增强，对家庭的经济贡献份额增大，但其思想深处仍然没有彻底摒弃男强女弱、男主女从的传统性别观念。

（二）家庭经济贡献与时间资源配置

根据对家庭的经济贡献大小，分工作日和休息日，对已婚在业男性和女性从事有酬工作、承担家务劳动以及休闲的时间配置状况进行分析，有助于窥见不同群体家庭内部的性别分工和劳动负担状况。

表 2 显示，在工作日，家庭经济贡献等于或大于丈夫的女性，每天的工作时间为 453 分钟，比经济贡献小于丈夫的女性多 40 分钟；其家务劳动时间为 115 分钟，比后者少 21 分钟；休闲时间为 129 分钟，比后者少 12 分钟。数据表明，家庭经济贡献较大的女性，其在工作日的总劳动时间（包括工作时间和家务劳动时间）约为 9.5 小时，比家庭经济贡献小于丈夫的女性多 20 分钟左右。对男性而言，无论对家庭的经济贡献大小，其在工作日的工作时间和休闲时间都不存在明显差异。但是，家庭经济贡献大于妻子的男性，从事家务劳动的时间相对较少。

表 2　已婚在业男女对家庭的经济贡献与其工作日的时间资源配置　　单位：分钟

		工作时间	家务劳动时间	休闲时间
已婚在业女性	经济贡献小于丈夫	413	136	141
	经济贡献等于或大于丈夫	453	115	129

续表

		工作时间	家务劳动时间	休闲时间
已婚在业男性	经济贡献大于妻子	461	43	159
	经济贡献等于或小于妻子	465	52	159

从性别差异的视角看，已婚在业女性的劳动时间明显多于男性，休闲时间则相对少于男性。其中，家庭经济贡献等于或大于丈夫的女性，尽管其每天的工作时间与男性不存在明显差异，但其家务劳动时间却比男性多出 1 个多小时。从休闲时间来看，家庭经济贡献等于或大于丈夫的女性，每天的休闲时间最少（129 分钟），比男性少半个小时（见表 2）。

在休息日，家庭经济贡献等于或大于丈夫的女性，其工作时间为 59 分钟，比经济贡献小于丈夫的女性多 19 分钟；家务劳动时间为 193 分钟，比后者少 14 分钟；两者在休闲时间方面则不存在明显差异。在已婚在业男性群体中，家庭经济贡献大于妻子的男性，其家务劳动时间为 95 分钟，比经济贡献等于或小于妻子的男性少 13 分钟，但两者的工作时间和休闲时间则不存在明显差异。

不论对家庭的经济贡献大小，女性在休息日的劳动时间总和均在 4 小时以上，远远超过男性的劳动时间（2 个多小时）。尤其是家庭经济贡献等于或大于丈夫的女性，其在休息日的工作时间不仅明显多于家庭经济贡献较小的女性，而且超过了男性；整体来看，这类女性群体的劳动时间总和最长，达到 252 分钟（见表 3）。

**表 3   已婚在业男女对家庭的经济贡献与其休息日的
时间资源配置**　　　　　　　　　　　　　　　单位：分钟

		工作时间	家务劳动时间	休闲时间
已婚在业女性	经济贡献小于丈夫	40	207	228
	经济贡献等于或大于丈夫	59	193	223
已婚在业男性	经济贡献大于妻子	44	95	295
	经济贡献等于或小于妻子	42	108	290

（三）家庭经济贡献与子女照料责任

根据传统观念和社会习俗，"相夫教子"是女性理应承担的义务，生育和照料子女更是其不可推卸的责任。在生育率较高的传统社会，女性几乎把年轻时的光阴都用在了孩子身上。即便在现代社会，已婚妇女和男性一样加入劳动力大军，广泛参与社会生产，成为家庭经济的重要贡献者，但她们在照料子女方面仍比男性肩负着更多的责任，承担了更多的劳动。

调查数据显示，孩子3岁以前的照料工作主要由母亲承担。尤其是在农村地区，不论对家庭的经济贡献大小，七成以上的女性都是孩子3岁以前白天的主要照料者。城镇地区则有所不同，在家庭经济贡献小于丈夫的女性群体中，有57.7%的人是孩子3岁以前白天的主要照料者；而在家庭经济贡献等于或大于丈夫的女性群体中，这一比例则下降到39.9%，低于前者17.8个百分点。无论城镇还是农村地区，作为父亲的男性都很少作为孩子3岁以前的主要照料者，其中城镇地区的这一比例仅为1%左右（见表4）。

表4　孩子3岁以前白天主要由谁照顾　　　　单位:%

		本人	配偶	本人父母/配偶父母	其他
城镇	经济贡献小于丈夫	57.7	1.0	34.7	6.5
	经济贡献等于或大于丈夫	39.9	1.1	47.7	11.3
农村	经济贡献大于妻子	77.9	1.7	19.7	0.8
	经济贡献等于或小于妻子	71.4	2.5	24.2	1.9

在照料孩子生活方面，女性承担的劳动远远超过了男性。调查数据显示，家庭经济贡献小于丈夫的女性，近一年承担全部或大部分照料孩子生活的比例为77.4%；家庭经济贡献等于或大于丈夫的女性，这一比例为64.2%，低于前者13.2个百分点。对男性而言，承担照料孩子生活的比例大大降低。其中，家庭经济贡献大于妻子的男性，近一年承担全部或大部分照料孩子生活工作的比例仅为7.4%，从不或很少照料孩子生活的比例高达70.6%（见表5）。

表5　近一年承担照料孩子生活情况　　　　单位:%

		从不	很少	约一半	大部分	全部
女性	经济贡献小于丈夫	2.3	6.6	13.6	43.1	34.3
	经济贡献等于或大于丈夫	2.6	8.8	24.4	44.4	19.8

续表

		从不	很少	约一半	大部分	全部
男性	经济贡献大于妻子	14.2	56.4	22.1	5.5	1.9
	经济贡献等于或小于妻子	11.6	46.3	31.4	8.8	1.9

　　在辅导孩子功课方面，女性承担的劳动同样明显超过了男性。家庭经济贡献小于丈夫的女性，近一年承担全部或大部分辅导孩子功课的比例为46.9%；家庭经济贡献等于或大于丈夫的女性，相应的比例为43.2%，低于前者3.7个百分点。相对而言，不论对家庭的经济贡献大小，男性近一年承担全部或大部分辅导孩子功课的比例均不足1/6（见表6）。

表6　近一年承担辅导孩子功课情况　　　　　　　　　　单位：%

		从不	很少	约一半	大部分	全部
女性	经济贡献小于丈夫	16.1	21.7	15.3	26.9	20.0
	经济贡献等于或大于丈夫	12.8	21.6	22.4	28.4	14.8
男性	经济贡献大于妻子	18.9	45.4	18.9	12.8	4.1
	经济贡献等于或小于妻子	17.5	40.4	26.9	12.2	2.9

四　结论与讨论

　　家庭是人类生活最基本的一个细胞，尽管千百年来社会、经济、文化环境发生了巨大变化，但家庭依然保留了对全部制度的最大影响[1]。历史上形成的"男主外，女主内"的家庭格局及分工观念，至今仍对人们的工作和家庭生活具有深刻影响。

　　研究表明，与男性以及对家庭经济贡献较小的女性相比，家庭经济贡献较大的女性，其性别分工观念呈现出更加进步和平等的特点，但她们在与丈夫共同承担起养家责任的同时，仍未摆脱"女主内"的劳动分工和角色期待。早在20世纪50年代，"妇女从家庭走出，承担起了农业劳动的大

---

[1]　〔美〕加里·斯坦利·贝克尔：《家庭论》，王献生、王宇译，商务印书馆，1998，第3页。

部分活路，可是社会和男人却没有承担起家务劳动的责任"，"农村妇女一肩挑起了两副重担：生产劳动和家务劳动，日子过得更辛苦了"①。半个多世纪过去了，女性在参与经济建设方面迎来了更多的发展机遇，也取得了更大成就。遗憾的是，社会和男人依然没有充分承担起家务劳动的责任。现实生活中，女性花费在家务劳动尤其是照料子女方面的时间和精力，远远超过了男性。

在中国社会转型和市场经济发展过程中，家庭被赋予更多的社会保护责任和保障功能，但国家针对家庭的保障和政策支持严重缺乏，社会政策和公共服务体系中对家庭的发展需求也缺少应有的关注。在此背景下，"绝大多数无力通过市场解决家务劳动和养育职能的家庭，只能通过夫妻之间的性别化分工或代际之间的分工来承担这部分职能"②。鉴于"男主外，女主内"的性别分工和角色期待，家庭中的照料责任及其他劳动负担往往落在女性肩上，而"妇女要忙于家务，她们的地位总不免要受到限制"③。也就是说，当妇女广泛参加社会生产劳动，实现了经济独立，增加了对家庭的经济贡献，却仍然承担着琐碎而繁重的家务劳动，这在事实上加重了女性的劳动负担，甚至损害了她们的身心健康。在国家对家庭支持不足以及丈夫未能平等分担家务的情况下，对家庭经济贡献较大的已婚女性，承担社会生产劳动和无酬家务劳动的时间总和更长、劳动负担更重。在这种情况下，妇女解放和男女平等在社会领域所取得的成就必然也会大打折扣。

彻底消除男女不平等的分工观念和分工模式，切实保障妇女平等依法行使民主权利、平等参与经济社会发展、平等享有改革发展成果，是一项长期而复杂的系统工程。首先，应加强家庭政策研究，明确家庭的功能和战略地位，改进和完善家庭政策体系。综合运用法律、政策、经济等手段，为家庭特别是承担养老和育幼责任的家庭提供必要的支持，减少市场经济和社会变迁过程中家庭面临的风险以及家庭成员的劳动负担。其次，应将

---

① 高小贤：《"银花赛"：20 世纪 50 年代农村妇女的性别分工》，《社会学研究》2005 年第 4 期。
② 宋少鹏：《"回家"还是"被回家"？——市场化过程中"妇女回家"讨论与中国社会意识形态转型》，《妇女研究论丛》2011 年第 4 期。
③ 中华全国妇女联合会编《马克思恩格斯列宁斯大林论妇女》，中国妇女出版社，1990，第 295 页。

家庭服务纳入基本公共服务体系，大力发展和优化托幼、养老等迫切需要的公共服务。政府可直接提供服务，或通过购买服务的方式，引导和支持各类社会组织提供优质且负担得起的家庭服务，帮助劳动者特别是职业女性更好地应对工作和家庭的冲突。最后，应利用培育和践行社会主义核心价值观的有利契机，通过多种渠道大力宣传男女平等价值观，特别要增强大众传媒传播男女平等基本国策和先进性别文化的社会责任，倡导夫妻共担家务、同步发展的理念，推动公众尤其是男性文化观念的更新和进步。

生育支持对女性职业中断的缓冲作用

——基于第三期中国妇女社会地位调查的实证研究

◎黄桂霞*

摘　要： 第三期中国妇女社会地位调查数据显示，从事非农劳动的 18 - 64 岁已生育女性有 20.2% 的人因为结婚生育或者照顾孩子而有过半年以上的职业中断经历，其中，2001 - 2010 年从事非农劳动女性因生育中断职业的比例为 35.0%。分析发现，政府、用人单位通过提供相应的生育保险和社会服务，家庭通过分担婴幼儿的照顾等对生育女性进行支持，可以在一定程度上缓解女性的职业中断。

关键词： 生育支持　职业中断　缓冲作用

一　问题的提出

人口再生产是社会发展、人类延续下去的必要活动，也为物质再生产提供人力资本，中国经济增长的第二次人口红利要依靠教育深化提高劳动生产率以及扩大劳动力资源和人力资本存量[①]。其中扩大人力资源和提高人力资本存量是关键，但实践中女性人力资源的开发还远远跟不上社会发展

＊　黄桂霞，全国妇联妇女研究所助理研究员。
①　蔡昉：《未来的人口红利——中国经济增长源泉的开拓》，《中国人口科学》2009 年第 1 期。

的需求，尤其是大城市的职业女性人力资本含量高，在职业发展中处于相对优势，但越来越多青年职业女性因生育而中断职业，不仅影响了女性人力资源的开发和利用，制约了女性的发展，掣肘了男女平等的进程，也在一定程度上影响了社会的可持续发展。

第三期中国妇女社会地位调查数据显示，从事非农劳动的 18～64 岁已生育女性从开始工作到现在或者从刚开始工作到退休，有 20.2% 的人因为结婚生育或者照顾孩子而有过半年以上的职业中断经历。其中，2001～2010年生育的女性因生育中断职业的比例为 35.0%，1991～2000 年生育的女性职业中断比例为 21.2%，1981～1990 年生育的女性职业中断比例为 10.3%，1971～1980 年生育的女性职业中断比例为 5.9%。在计划经济时期，单位设有比较完善的托幼园所，可以提供较好的幼儿照料和学前教育，而且对本单位职工实行优惠，较雇用保姆便宜得多，在业妇女产后能尽快投入工作，因此，计划经济时期因为生育中断职业的比例相对较低。随着市场经济的不断深化，托幼服务也日益市场化，与此同时，少生优生的理念进一步深入人心，多种因素使得因生育而中断职业的女性不断增加。山东对 2543 名产妇进行的一项调查显示，四成多女性生了孩子丢了位子①。因生育中断职业，成为女性职业发展的一大障碍。在瑞典和丹麦，90% 以上的母亲生育后返回劳动力市场。在男女平等基本国策提出近 20 年、女性社会地位不断提升的当前中国，职业女性为什么放弃个人职业发展回归家庭？哪些因素影响着女性中断职业的决定？

本文以第三期中国妇女社会地位调查数据为基础，从社会支持和家庭经济分析的角度，分析政府、单位和家庭对女性生育的经济支持（主要是分担生育的经济成本）以及婴幼儿照顾支持等对女性职业中断的影响，深入研究生育支持对女性职业中断的影响，并针对现有支持的不足，提出相应的政策建议，以促进女性平等就业，促进女性人力资源的开发和人力资本的提升。

---

① 陈道霖、姚建：《生育对女性职场发展有多大影响？山东一项调查显示——四成多女性生了孩子丢了位子》，《中国妇女报》2007 年 7 月 24 日。

二　相关研究回顾

社会支持理论认为，个人可以通过从他人或团体等社会关系网络中获得资源来缓解来自工作和生活的压力和冲突，支持可以来源于单位或家庭等，包括情感、精神等方面的主观支持和经济、信息方面的客观支持等。社会支持对缓解工作—家庭冲突发挥积极作用，个体面临不同生活压力来源时需要不同类型的支持[①]。在支持环境下的员工会较少经历工作—家庭冲突，对工作满意度和忠诚度都更高。

从家庭经济分析角度看，降低生育成本是对女性生育的一种支持。根据哈威·莱宾斯坦（Harvey Leibenstein）的边际效用分析，孩子生育与否取决于生育费用和成本或负效用的均衡关系，孩子对父母的效用包括了享乐（给父母带来心理享受）、经济（增加家庭经济收入）、养老（保险效用）等，但同时父母也要承担一定的生育成本，包括直接成本（为抚养孩子支出的生活费、教育费用等）和间接成本（父母为抚养孩子而放弃的职业发展机会和收入等）。加里·S. 贝克尔（Gary S. Becker）的研究丰富了生育成本理论，认为妇女生育率降低主要原因是父母增加了自身的人力资本投资，或者增加了孩子的人力资本投资；怀孕、分娩和孩子的基本生活费等直接成本和间接成本在一定时期是一定的，但用于孩子的健康、教育等的成本会随着经济发展而发生变化，父母会为了提高孩子的质量而减少孩子的数量。

以往对社会给予女性生育支持的研究，大部分关注从工作—家庭平衡角度为女性提供就业支持，以及从计划生育工作的角度为女性生殖健康提供支持。和建花、蒋永萍通过考察世界发达国家的家庭政策及其公共托幼责任，针对中国托幼政策及现状，指出中国政府应从托幼政策的社会意义出发，着眼于给予妇女更多平等发展的权利，制定更为合理的公共托幼政

---

① 白海峰、张秀娟、谢晓非、朱睿：《职业女性工作家庭冲突、社会支持和幸福感的关系研究》，《金融经济》2006 年第 12 期。

策，促进家庭与社会和谐发展①。

在中国传统性别文化的固有模式下，用人单位默认女性生育会占用时间和精力而直接影响工作投入②，妇女工作成本与照顾子女成本之间的关系直接影响着她们是否中断职业的决定③。当市场经济下的保姆市场求大于供，在低工资、保姆雇佣价高的情形下，政府和用人单位也很少为女性生育、抚养孩子提供必要的服务，很多女性因生育孩子与工作冲突不得不中断职业生涯④。女性经过长期奋斗争取的社会地位提高也会在一定程度上出现倒退。

为缓解职业女性因生育导致的职业发展限制，提升女性人力资本，研究者提出，不断完善生育保险可以减轻用人单位责任，促进女性就业⑤；国家制定平衡工作和家庭矛盾的政策，使有家庭责任的男女能不受歧视地行使其就业和家庭权利⑥；设置育儿假，夫妻共同分担养育责任，不仅保障女性的就业权利，同时赋予男性在生育中的权利、鼓励男性承担在生育中的责任等⑦。

国外关于妇女生育与就业的研究已有大量积累，主要是关于育儿假对女性劳动力参与的影响。研究表明，妇女生育与就业之间存在负相关关系，生育越多的妇女其劳动参与率就越低⑧。

对于因生育中断职业的女性来说，重新进入劳动力市场的时间主要取决于她的全职收入与产假津贴差距、职业中断时间长短和孩子年龄大小、

① 和建花、蒋永萍：《从支持妇女平衡家庭工作视角看中国托幼政策及现状》，《学前教育研究》2008 年第 2 期。
② 许艳丽、谭琳：《论性变化的时间配置与女性职业发展》，《中华女子学院学报》2002 年第 6 期。
③ 周培勤：《北欧育儿假政策变迁的性别分析》，《妇女研究论丛》2013 年第 1 期。
④ 宁本荣：《新时期女性职业发展的困境及原因分析》，《西北人口》2005 年第 4 期。
⑤ 覃成菊、张一名：《我国生育保险制度的演变与政府责任》，《中国软科学》2011 年第 8 期。
⑥ 王跃生：《改变家庭事务管理机构缺位状况》，《中国社会科学报》2011 年 2 月 17 日。
⑦ 刘文明、段兰英：《男性生育角色与我国生育保险制度改革》，《华南农业大学学报》（社会科学版）2006 年第 3 期；谭宁、刘筱红：《生育保险政策中的社会性别意识与女性平等就业权》，《湖北经济学院学报》2009 年第 1 期。
⑧ Brewster, K. L., Rinfduss, R., "Fertility and Women's Employment in Industrialized Nations", *Annual Review of Sociology*, 2000, (26): 271 - 296; Hakim, C., "A New Approach to Explaining Fertility Patterns: Preference Theory", *Population and Development Review*, 2003, 29 (3): 349 - 274.

孩子日间照顾的可获得性及价格。德国 1991 – 2006 年的 SOEP 数据分析表明，女性劳动力市场的供给比例与孩子年龄密切相关，孩子 1 – 3 岁时劳动力供给差不多，当孩子长大后，女性劳动力的供给明显提高[①]。

北欧国家生育女性劳动力市场的活跃度位居世界前列，主要是因为其慷慨的育儿假制度，包括分娩前劳动力市场的保障和职业安全。带薪育儿假在很大程度上决定了女性生育后劳动力市场的回归程度，经济因素成为女性产假结束后是否回归劳动力市场的决定性影响因素，尤其是在瑞典。产假期间补偿性收入低、婴儿照顾的可得性会促进女性生育后的劳动力市场回归，而婴儿照顾费用越高，则越会降低女性返回劳动力市场的比例，而父亲育儿假的长短对母亲回归劳动力市场的时间有很大影响，父亲育儿假时间越长，女性返回劳动力市场越快。如果想推进男女在劳动力市场的平等，需要延长男性育儿假的时间[②]。国外育儿假尤其是父亲育儿假制度的探索与完善，也为中国制定平衡工作与家庭的制度政策提供了一定的理论和实践支持。

三　研究对象与研究假设

本文以家庭经济理论和社会支持理论为基础，从生育成本的角度分析生育对女性职业中断的影响以及社会支持对减少生育女性职业中断的作用。生育的成本—效用分析属于西方微观人口经济学的范畴。随着生育成本理论的不断发展和本土化以及中国市场经济的不断深入，生育成本—效用理论在中国得到了越来越广泛的应用，对生育成本的研究也越来越多，但大部分研究将关注重点放在生育成本对生育率的影响、对人口结构和劳动力市场以及经济发展的影响，而对女性职业发展影响的研究则大多是从女性

[①] Katrin Sommerfeld, "Older Babies-More Active Mothers?: How Maternal Labor Supply Changes as the Child Grows", *Schmollers Jahrbuch*, 2008, 129 (2), pp. 227 – 240. doi: 10.3790/schm.129.2.227.

[②] Pylkkänen, E. and N. Smith, Career Interruptions Due to Parental Leave: A Comparative Study of Denmark and Sweden, OECD Social, Employment and Migration Working Papers, 2003, No. 1, OECD Publishing, http://dx.doi.org/10.1787/048564246616.

二元角色冲突出发，认为养育孩子占用了女性的大部分时间和精力，影响了女性的职业发展。从生育成本分担或生育支持角度对生育女性职业中断影响的研究较少，实证研究尤其少。

工作—家庭关系的溢出理论强调个体在家庭角色中的行为、态度和情感等会渗入工作角色中，反之也成立，所以政府、用人单位和家庭对女性生育的支持不仅对女性职业发展有正向作用，对女性家庭照顾角色的扮演也有着积极作用。

本文以全国妇联与国家统计局联合开展的第三期中国妇女社会地位调查数据为基础，从全国随机样本中选取从事非农劳动且生育过的女性为研究对象，共6687个样本。年龄分布为：18－29岁的占17.5%，30－39岁的占29.0%，40－49岁的占30.0%，50－59岁的占17.6%，60－64岁的占4.9%。从受教育程度来看，小学及以下受教育程度的占14.5%，初中受教育程度的占35.8%，高中/中专/中技的占30.7%，大学专科及以上的比例为19.0%。其中，从开始工作到现在/退休前，因结婚生育/照顾孩子而有过"半年以上不工作也没有劳动收入"经历的女性有1349个，这意味着目前从事非农劳动且已生育过的女性从开始工作到现在或者从刚开始工作到退休，20.2%的人因为结婚生育或者照顾孩子而有过半年以上的职业中断经历。年龄分布为：18－29岁的占18.2%，30－39岁的占44.3%，40－49岁的占28.1%，50－59岁的占7.8%，60－64岁的占1.6%。从受教育程度来看，小学及以下的占15.8%，初中受教育程度的占45.7%，高中/中专/中技的占29.1%，大学专科及以上的占9.3%。

本文的生育支持包括两层含义：一是政府和用人单位对女性生育经济成本的分担，包括分娩费用报销、为生育女性提供产假期间的生活津贴和为婴幼儿提供托幼照顾支持等，可以降低女性的生育成本；二是为女性面临工作与照顾责任冲突时提供的支持，包括婴幼儿照顾支持服务，提供带薪假期等。通过分析政府、单位及家庭对生育经济成本的分担，主要是生育保险和托幼公共服务以及家庭照顾的支持对降低女性职业中断的积极作用，本文提出两个研究假设。

假设一：较高的生育保险水平能够降低女性职业中断的可能性。

假设二：婴幼儿照顾支持对女性职业中断的缓冲作用明显。

四　数据分析与模型结果

本文使用二元 logistic 回归统计方法，对女性生育时是否中断职业的影响因素进行分析。

1. 因变量

关于女性生育时是否中断职业，在问卷中设计的问题是女性"因结婚生育或者照顾孩子有过半年以上不工作也没有劳动收入的职业中断"。

2. 解释变量

解释变量分为 3 个部分，主要包括政府支持、用人单位支持和家庭支持，生育保险主要体现的是政府出台制度政策并进行监督管理，由用人单位缴纳费用，分担经济成本并给女性提供时间支持。

（1）生育保险。主要通过女性生育时的分娩费用报销比例和生育津贴水平来体现。分娩费用报销比例和生育津贴水平高低，直接影响着女性生育时自己要承担的费用，由于政策的可预期性，倘若单位有较好的生育保险支持，女性在产假结束前选择离职的可能性越小。

（2）家庭支持。主要是孩子 3 岁以前白天的主要照顾者。家庭支持直接影响着女性工作家庭矛盾的处理，家庭支持力度越大，女性就有更多的精力投入工作，中断职业的可能性越小。

（3）社会服务。用人单位在女性工作家庭平衡中起着举足轻重的作用，女性生育时能否得到单位充分的支持，直接影响着女性面对抚育婴幼儿和职业发展矛盾时的选择。

具体变量如下。

（1）分娩费用报销包括"全部免费/报销""定额补贴""部分报销""全部自费"，将"定额补贴"与"部分报销"合并为"定额补贴"或"部分报销"，其中以"全部自费"为参照类。

（2）产假期间的收入包括与"产前差不多"、只有"基本工资"、只有部分"生活补贴"、"没有收入"，将"只有部分生活补贴"与"只有基本工资"合并为有"基本工资"或"部分生活补贴",其中以"没有收入"为参照类。

(3)孩子3岁以前白天主要的照顾者主要包括"本人""配偶""本人父母""配偶父母""其他亲戚""保姆/家政工""托儿所/幼儿园"。为了更加清晰地体现家庭支持与单位支持以及社会服务对女性缓解工作家庭冲突的作用,本文对家庭某个成员支持对女性职业中断的影响不作区分,分析时将"配偶""本人父母""配偶父母""其他亲戚"合并为"家庭支持",将"保姆/家政工"和"托儿所/幼儿园"的照顾归类为"社会服务支持",其中以"本人为主要照顾者"为参照类。

在变量中,所有"不清楚"的选项都以缺失值进行处理。

3. 控制变量

控制变量主要包括3个部分,女性自身的人力资本含量及职业发展状况、家庭中的夫妻权利关系以及女性自身的性别观念。

(1)女性的职位/业发展情况包括女性的受教育程度、近3年来是否参加过培训或进修、工作后换过几次工作/职业。女性受教育程度越高,人力资本含量越高,因生育中断职业的可能性越小;工作后更换职业次数越少,职业越稳定,因生育中断职业的可能性越小。

(2)家庭夫妻权力关系,包括在个人重要事情上的配偶支持度,在家庭中的实权等。女性在家庭中决策权越大,在面对家庭与工作冲突时越能以个人发展为重。

(3)女性的性别观念主要是男女的性别角色认同、社会分工和家庭分工的性别差异。性别观念越进步,男女平等理念越深入,女性的独立意识越强,在家庭照顾与个人职业发展矛盾时越偏向于选择个人职业发展。

具体变量如下。

(1)受教育程度包括"小学及以下""高中/中专/中技""大学专科及以上",其中以"小学及以下受教育程度"为参照类。

(2)工作后工作/职业更换次数分为"0次""1次""2次""3次及以上",其中以"0次"即没有换过工作为参照类。

(3)"想做的事情能得到配偶的支持"包括"非常符合""比较符合""不

太符合""很不符合",将"不太符合"和"很不符合"合并为"不符合","非常符合"和"比较符合"合并为"符合",其中以"不符合"为参照类。

（4）是否同意"挣钱养家主要是男人的事情"包括"非常同意""比较同意""不太同意""很不同意",将"非常同意"和"比较同意"合并为"同意","不太同意"和"很不同意"合并为"不同意",其中以"同意"为参照类。

在变量中,所有不清楚的选项都以缺失值进行处理。

4. 数据分析与模型

将分娩费用报销、产假期间的收入、孩子3岁以前白天主要照顾者作为解释变量,女性受教育程度、工作以后更换工作次数、个人想做的事能否得到配偶支持以及是否同意挣钱养家主要是男人的事作为控制变量,对女性生育时是否中断职业进行二元 logistic 回归分析,描述性结果和回归分析结果分别见表1和表2。

表1　样本变量的描述性统计

样本变量	百分比	样本变量	百分比
分娩费用报销		初中	35.8
全部免费/报销	21.7	高中/中专/中技	30.7
定额补贴或部分报销	19.3	大学专科及以上	19.0
全部自费	57.7	工作以后换工作次数	
产假期间的收入		0 次	41.3
与产前差不多	26.6	1 次	27.5
基本工资或部分生活补贴	21.5	2 次	10.8
没有收入	16.4	3 次及以上	17.0
孩子3岁以前白天主要照顾者		个人想做的事能得到配偶支持	
本人	49.6	符合	84.6
家人或亲戚	42.5	不符合	5.2
保姆或托幼园所	7.6	是否同意挣钱养家是男人的事	
受教育程度		同意	42.8
小学及以下	14.5	不同意	56.4
样本数（个）	6687		

表 2　女性生育时是否中断职业的 logistic 回归

	B	Sig.	Exp（B）
分娩费用报销（以全部自费为参照）		0.002	
全部免费/报销	-0.589	0.002	0.555
定额补贴或部分报销	0.058	0.717	1.059
产假期间的收入（以没有收入为参照）		0.000	
与产前差不多	-1.824	0.000	0.161
有基本工资和部分生活补贴	-1.404	0.000	0.246
孩子3岁以前白天主要照顾者（以本人照顾为参照）		0.000	
家人或亲戚	-0.752	0.000	0.471
保姆或托幼园所	-0.807	0.003	0.446
受教育程度（以小学以下为参照）		0.025	
初中	0.529	0.008	1.698
高中/中专/中技	0.599	0.004	1.820
大学专科及以上	0.405	0.087	1.499
工作后职业更换次数（0 = 参照）		0.000	
1 次	0.379	0.008	1.460
2 次	0.798	0.000	2.221
3 次及以上	1.081	0.000	2.949
想做的事能得到配偶支持（以不符合为参照）	-0.120	0.579	0.887
是否同意挣钱养家是男人的事（以同意为参照）	-0.258	0.022	0.772
常量	-1.147	0.000	0.318
R^2	0.261		

通过 logistic 二元回归分析发现，女性生育时的分娩费用报销比例对职业中断的影响显著，全部免费/报销的女性职业中断比例是全部自费的55.5%，定额补贴或部分报销与全部自费对女性职业中断的影响无明显差异。产假期间的收入对生育女性职业中断的影响显著，产假期间收入与产前差不多的女性职业中断比例是没有收入女性的16.1%，有基本工资或部分生活补贴的女性职业中断率是没有收入的24.6%。经济支持对降低女性生育中断的可能性作用明显。

照顾支持对女性职业中断的影响显著，孩子3岁以前白天的主要照顾能得到家庭支持的女性职业中断比例是本人作为主要照顾者的47.1%，由保姆/家政工照顾或者寄放到托幼园所的女性职业中断比例是本人为主要照顾者的 44.6%，比以家人照顾为主的比例更低，公共服务支持对降低女性职业中断的可能性作用更明显。

五　结论与讨论

生育作为人口再生产行为，对社会劳动力的再生产有巨大贡献。生育不仅关乎一个家庭的幸福，更是事关人类自身繁衍、社会进步发展的大事，因此，应由国家、用人单位和个人三方共同承担生育责任，建立生育保险，为妇女提供医疗服务、产假、生育津贴等。政府、用人单位对女性生育经济成本的分担，在一定程度上可以降低家庭尤其是女性的生育成本，从而降低怀孕分娩及产假期间女性的职业中断率，既是对女性繁衍生命所作社会贡献的补偿，也是对妇女个人的一种人文关怀。而家庭支持，包括配偶对家庭生育责任的分担、父辈对婴幼儿照顾责任的承担等，能更好地帮助女性化解工作与抚养责任的冲突。

1. 不断完善生育保险，解除职业女性生育的后顾之忧

生育保险的主要作用是保证女性因生育而暂时丧失劳动力的基本经济收入和医疗保障，帮助生育女性恢复劳动力，重返工作岗位。良好的生育保障是调整人口规模，提高人口素质，促进社会政治、经济、文化发展的重要保障。由于生育保险政策的可预期性，有生育保险的女性会选择在业生育，即使产假期满后离职，也会以在业状态完成生产行为。第三期中国妇女社会地位调查分析发现，分娩费用报销水平和产假期间生活补贴水平对生育女性的职业中断影响较大，分娩费用全部报销的女性因生育中断职业的比例仅为全部自费女性相应比例的一半，提高分娩费用报销比例和生育津贴水平，会在一定程度上降低女性生育时的职业中断率。相关研究也表明，女性在怀孕和产假期间中断职业的比例较低，怀孕和生产对女性就业率的影响较小，生育保险发挥了重要的作用。

为此，应进一步完善生育保险政策，增强国家在人口再生产中的责任，提高生育保险统筹层次和保险水平，尤其是分娩费用报销比例和生育津贴水平，降低女性在生育中承担的经济成本，给女性生育以更多的支持，解除女性生育的后顾之忧，为职业女性创造更加平等的发展环境。

2. 建立工作—家庭平衡机制，为职业女性生育提供照顾支持

照顾支持，尤其是社会服务支持，包括高质、易得、价廉的托幼服务，父辈以及家人亲戚朋友的照顾支持，配偶家庭照顾责任的分担，对女性职业中断的影响很明显。制定平衡女性生育与职业发展的制度政策，增强单位对有照顾责任的女性的支持以及社区托幼服务等公共服务支持，制定相应的制度政策保障男性更多地承担养育责任，减轻职业女性的母性角色负担，都会降低女性因生育中断职业的比例，保障女性劳动参与率和平等就业权。

3. 建立完善的生育支持系统，促进妇女平等就业

妇女工作成本与其选择照顾子女的成本之间的关系直接影响着她们生育后是否中断职业的决定，支持职业女性发展的生育保险、托幼服务等相关社会政策和社会服务不到位，公共托幼园所的缺位以及保姆求大于供的市场是女性职业中断的主要原因。

因此，借鉴国外关于平衡工作—家庭的经验，尤其是定额制的育儿假制度，为生育女性及子女提供一定的经济补助；借鉴中国计划经济时期单位办托幼园所、建哺乳室等设施方便女性照顾婴幼儿的经验，结合中国当前女性劳动参与率高、社会保障逐渐完善的新形势，充分发挥分娩费用报销和产假津贴尤其是公共照顾服务对女性职业中断的缓冲作用，为有照顾责任的女性提供完善的支持系统，是降低女性职业中断比例，促进妇女平等就业的有效方式。

家庭性别角色分工与妇女参政
——基于中国妇女社会地位调查数据的分析

◎ 张永英[*]

摘　要：本文利用中国妇女社会地位调查数据分析了参政妇女的家庭性别角色分工及其对妇女参政的影响。研究发现，关于参政妇女的家庭性别角色分工状况，从横向看，参政妇女的家庭性别角色分工与普通妇女相比存在一定差异，承担的家庭负担责任较轻；从纵向看，近20年来参政妇女的家庭性别角色分工发生了积极的改变；从代际看，参政妇女的家庭性别角色因年龄的不同而存在差异，年轻女性领导的家庭性别角色分工有积极的变化。但总体来说，参政妇女的传统性别角色分工格局仍没有被根本打破。关于家庭性别角色分工对妇女参政的影响，一方面，与男性领导相比，女性领导的家庭成员尤其是丈夫是否支持，对其参政议政和职业发展至关重要；另一方面，双重角色负担导致的工作家庭冲突，对于参政妇女的职业发展产生不利影响。

关键词：家庭　性别角色分工　妇女参政

一　问题的提出

参政妇女的双重角色负担，或曰工作和家庭的冲突，是妇女研究者和

---

* 张永英，全国妇联妇女研究所副研究员。

相关工作的实践者关注的重要议题之一。传统的"男主外，女主内"的家庭性别角色分工，使妇女成为家庭照顾责任的主要承担者。当妇女走出家庭领域承担社会角色，尤其是进入传统上由男性主导的政治领域，成为女领导干部时，这种家庭性别角色分工有没有可能发生改变？妇女的家庭责任负担是否会减轻？这种双重角色负担的压力是否会对妇女参政产生负面影响，导致参政妇女成为"戴着镣铐跳舞"的人，而无法同男性在政治舞台上平等竞争？以往的研究对这一议题也有涉及。关于参政妇女的家庭角色，20 世纪 90 年代初的定量调查表明，女领导干部承担大部分或全部家务的比例大大高于其配偶，也大大高于男领导干部①。也有为数不多的定性研究指出，承担家庭照顾责任阻碍了参政妇女的职业发展，丈夫等家庭成员的支持对妇女参政有重要影响等②。还有研究从媒体对参政女性形象塑造的角度进行分析，认为媒体对参政妇女家庭角色的渲染和强化，对妇女参政产生了不利影响③。不过，总体来看，对参政妇女家庭角色及其对妇女参政影响的实证研究较少，而且研究中提出的解决参政妇女双重角色冲突的对策主要还是集中于参政妇女本身，如加强心理调适等④，而没有更多地从平衡工作与家庭的国家政策角度提出有针对性的建议。

　　本文主要运用第一、第二、第三期中国妇女社会地位调查的数据，结合一些定性研究的成果，对参政妇女的家庭性别角色分工状况及其对妇女参政的影响进行分析。本文中的参政妇女，是指"工作/务农以来，担任过班组长、村/居民小组长及以上领导或负责人"的妇女。本文主要关注如下两个问题。一是参政妇女的家庭性别角色分工：从横向看，参政妇女的家庭性别角色分工与普通妇女相比是否有差异；从纵向看，近 20 年来参政妇女的家庭性别角色分工是否发生了积极的改变；从代际看，参政妇女的家庭性别角色是否因年龄的不同而有差异。二是家庭性别角色分工对妇女参政的影响：包括与男性领导相比，女性领导的家庭成员尤其是丈夫是否支

---

① 王行娟：《女领导干部的家庭角色》，《妇女研究论丛》1992 年第 3 期。
② 刘志玲：《基于社会性别视角的妇女参政问题》，《中华女子学院山东分院学报》2008 年第 2 期。
③ 秦晓红：《论女性领导媒介形象的偏差塑造对女性参政的影响》，《求索》2007 年第 8 期。
④ 李光炎：《女性领导保持家庭与事业平衡的原则与艺术》，《领导科学》2010 年 12 月下旬刊。

持其工作对职业发展的影响；双重角色负担导致的工作家庭冲突，对于参政妇女职业发展的影响。

二　参政妇女的家庭性别角色分工

作为妇女中的精英，参政妇女进入了传统中主要由男性占据的公共决策机构的领导职位，与男性领导承担同样的公共角色和领导职责，那么其在家庭中的性别角色分工有没有因其承担的公共角色和其领导地位而发生变化，传统的家庭性别分工是否能够被打破呢？下面利用中国妇女社会地位调查数据，对这一问题进行分析和探讨。

（一）家务劳动承担状况

从第三期中国妇女社会地位调查的数据来看，虽然与普通女性相比，参政妇女承担的家务劳动负担有所减轻，但总体上来说，参政妇女还是家务劳动的主要承担者，家庭性别角色分工依然没有打破。

2000－2010年，从夫妻之间家务劳动承担状况来看，"妻子承担家务劳动更多"的比例所有下降，"夫妻之间承担的家务劳动差不多"的比例有所上升，夫妻之间在家务劳动承担方面向更为平等的方向转变。2000年参政女性回答"妻子承担家务劳动更多"的比例为71.1%，比普通女性低6.9个百分点，比参政男性低5.6个百分点，而2010年的数据显示，参政女性回答"妻子承担家务劳动更多"的比例为69.0%，比普通女性低5.8个百分点，比2000年低2.1个百分点。而与此同时，参政女性选择"夫妻之间承担的家务劳动差不多"的比例2010年为20.8%，高于普通女性和参政男性，比2000年提高2.6个百分点（见表1）。这说明，与普通女性相比，参政女性在承担家务劳动方面与配偶之间更为平等，且朝着夫妻平等承担家务劳动的方向转变，但参政女性并没有因为其领导者的身份而改变其作为家务劳动主要承担者的角色。

表1　回答"夫妻之间谁承担的家务劳动更多"的比例　　　　单位:%

	2000 年				2010 年			
	普通男性	普通女性	参政男性	参政女性	普通男性	普通女性	参政男性	参政女性
丈夫	11.8	8.8	9.7	10.7	9.7	7.5	8.4	10.1
妻子	74.4	78.0	76.7	71.1	70.7	74.8	74.2	69.0
差不多	13.7	13.2	13.6	18.2	19.5	17.8	17.4	20.8

　　从代际看，年轻的参政女性与其配偶之间的家务劳动承担更为平等。根据 2000 年的数据，18 - 29 岁参政女性回答"妻子承担家务劳动更多"的比例为 66.0%，为各年龄组中最低，30 - 39 岁和 50 - 59 岁的比例最高，超过 73.0%，而 40 - 49 岁年龄组则处于中间状态。参政男性回答"妻子承担更多家务劳动"的比例也有明显的年龄差异，18 - 29 岁参政男性选择这一选项的比例与参政女性持平，但 30 - 39 岁组参政男性选择这一选项的比例比 18 - 29 岁组增加了近 11 个百分点，50 - 59 岁这一比例达到最高，为80.3%（见图1）。这一方面说明，年轻一代的夫妻之间家务劳动承担更为平等；另一方面可能也与女性的生命周期有关，30 - 39 岁女性承担生育和婴幼儿照顾的责任，而男性则不会有这些负担，因此呈现出了这样的趋势，即随着年龄的增长，参政男性承担的家务劳动比例降低，主要是由其妻子承担家务，而参政女性随着年龄的增长和职位的升迁，家务劳动的责任并没有减轻，反而加重了。

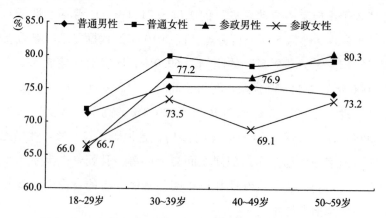

图1　2000 年分年龄回答"妻子承担家务劳动更多"的比例

　　2010 年的数据所显示出的趋势与 2000 年一致，即随着年龄的上升，选择"妻子承担家务劳动更多"的比例提高。不过，在50－59岁年龄段，参政女性选择这一选项的比例为76.3%，甚至高于普通女性群体，与参政男性持平，也比10年前提高了3.1个百分点。这一趋势与普通女性和男性的选择不一致，50－59岁年龄段的普通女性和普通男性选择这一选项的比例比40－49岁年龄段均有所下降（见图2）。这可能是因为，普通女性和普通男性在这一年龄段或者已经退休，或者所承担的生产性劳动有所减少，因而丈夫可以分担妻子的家务劳动责任，而参政女性和参政男性在这一年龄段其本人和配偶基本还处于工作岗位上，因此妻子的家务劳动责任被分担的可能性较小。

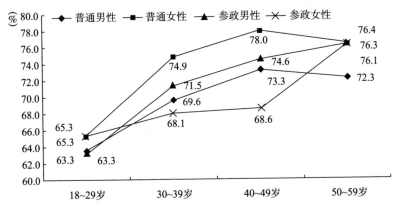

图2　2010年分年龄回答"妻子承担家务劳动更多"的比例

回答"丈夫和妻子承担的家务劳动差不多"的比例，则是随着年龄的上升而下降。从2000年的数据来看，参政女性选择这一选项的比例明显高于其他群体，18－29岁年龄段参政女性选择这一选项的比例最高，为21.4%；30－39岁和50－59岁年龄组比例最低，为17%左右；40－49岁年龄组处于中间状态。联系上文中40－49岁年龄段参政女性选择"妻子承担家务劳动更多"的比例低于30－39岁和50－59岁年龄组，可以发现，40－49岁年龄段参政女性与配偶平等承担家务劳动的比例要高于其他两个年龄组（见图3）。

2010年回答"丈夫和妻子承担的家务劳动差不多"的比例，总体趋势与2000年一致。18－29岁参政女性选择这一选项的比例高达30%，比10年前提高了8.6个百分点，比50－59岁年龄组提高了12.2个百分点。不

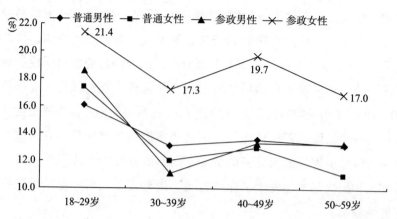

图3 2000年分年龄回答"丈夫和妻子承担的家务劳动差不多"的比例

过,与10年前相比,参政女性群体与其他群体之间的差距缩小(见图4)。这说明,10年间,在丈夫和妻子平等承担家务劳动方面,参政女性群体取得的进展小于其他群体,也进一步说明,参政女性的领导职位并不能促进其家庭性别角色分工的改善。

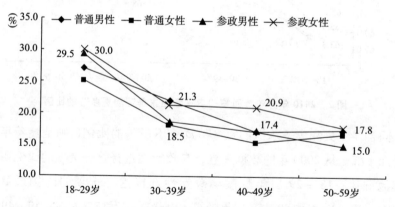

图4 2010年分年龄回答"丈夫和妻子承担的家务劳动差不多"的比例

(二)家务劳动内容的性别分工

家庭性别角色分工,除了考察谁是家务劳动的主要承担者之外,还要看具体的家务劳动内容的分工。从中国妇女社会地位调查的数据来看,家务劳动具体内容也存在明显的性别分工,女性主要从事那些大量日常的、费时的、琐碎的家务,如做饭、洗碗、洗衣服、打扫卫生、照料孩子等,而男性多从事偶发的、技术性的家务劳动，如日常维修、买煤换煤气、辅导孩子功课等。不过，参政女性和参政男性在家务劳动内容的性别分工方面与普通男性和普通女性相比，更为平等，即丈夫承担的传统上由妻子承担的家务劳动的内容更多，而妻子承担的传统上由丈夫承担的家务劳动更多。

2000 年的数据显示，对于普通男性和普通女性来说，做饭、洗碗、洗衣服、打扫卫生、照料孩子等家务活，主要由丈夫承担的比例不超过 10%，尤其是洗衣服和洗碗等没有技术含量的家务，主要由丈夫承担的比例不到 5%。对于参政女性和参政男性来说，这一比例略高，但也不超过 15%，而妻子主要承担这些家务劳动的比例高达 80% - 90%。反之，那些具有一定技术含量或者不用每天去做的家务，男性承担的比例较高，如买煤气等力气活，70% - 80% 由丈夫承担；辅导孩子，也有将近一半的普通妇女和男性选择主要由丈夫承担。但对参政男性和参政女性来说存在差异，参政男性选择主要由自己辅导孩子的比例为 57.0%，而参政女性选择主要由丈夫承担的比例仅为 33.5%，选择主要由妻子（即自己）承担的比例为 60.3%，高于普通妇女将近 20 个百分点（见表 2）。这可能与参政男性和参政女性相对于其配偶文化程度较高有关。另外，参政男性和参政女性选择丈夫主要承担如做饭、洗碗、洗衣服、打扫卫生等家务的比例高于普通男性和普通女性选择这一选项的比例，也就是说，参政男性及参政女性的丈夫相较于普通男性，能够更多地为妻子分担家务，这说明参政男性和女性的家庭性别角色分工相对更为平等。

表 2　2000 年丈夫和妻子承担家务劳动内容　　　　　单位：%

		普通男性	普通女性	参政男性	参政女性
做饭	丈夫	5.6	4.4	13.2	13.4
	妻子	86.0	87.4	79.9	76.3
洗碗	丈夫	4.7	3.4	10.0	10.2
	妻子	86.8	88.3	82.1	79.4
洗衣服	丈夫	3.7	2.5	6.1	6.7
	妻子	92.0	93.3	90.0	87.4

		普通男性	普通女性	参政男性	参政女性
打扫卫生	丈夫	6.1	4.5	10.5	9.4
	妻子	87.6	88.9	84.5	83.0
日常家庭采购	丈夫	32.1	26.7	34.4	20.6
	妻子	62.7	68.0	62.2	73.1
照料孩子	丈夫	5.6	5.1	8.2	7.5
	妻子	85.5	86.0	83.0	80.2
辅导孩子	丈夫	50.6	47.4	57.0	33.5
	妻子	41.5	44.9	37.5	60.3
买煤气等力气活	丈夫	84.0	76.7	78.8	72.5
	妻子	10.0	16.1	12.5	16.8

2010 年的数据显示，回答自己"承担大部分或全部家务"的具体内容也存在明显的性别差异。普通男性承担比例最低的为照料孩子生活，仅为 10%，其次是洗衣服/做卫生、洗碗、做饭等；承担比例最高的为家庭日常维修、买煤/换煤气等。从参政女性来看，与普通女性相比，主要承担做饭、洗碗、洗衣服/做卫生、照料孩子的比例要低，如做饭和洗碗的比例低 13 个百分点左右，照料孩子的比例低 14.5 个百分点（见表 3）。这说明，与普通妇女相比，参政女性的日常家务负担有所减轻，这从某种程度上也说明，妇女参政对于打破传统家庭性别角色分工具有一定的积极意义。

表 3 2010 年回答"承担大部分或全部家务"的比例 单位:%

	普通男性	普通女性	参政男性	参政女性
做饭	15.7	74.2	17.1	61.5
洗碗	14.4	75.3	15.3	62.5
洗衣服/做卫生	13.9	79.8	11.6	72.6
日常家庭采购	21.5	63.3	24.3	63.2
照料孩子	10.0	72.5	10.1	58.0
辅导孩子	15.8	44.6	21.0	50.7
照顾老人	16.0	40.0	19.5	38.0
家庭日常维修	63.7	14.1	71.7	16.6
买煤、换煤气等	60.7	18.9	63.0	19.8

三　家庭性别角色分工对妇女参政的影响

（一）家庭支持对妇女参政的影响

由于参政妇女传统家庭性别角色分工依然没有被打破，要想在政治领域获得更大的发展，家庭成员尤其是丈夫对其担任领导职务是否支持就显得至关重要。

第三期中国妇女社会地位调查数据显示，在衡量夫妻关系的 3 项指标中，虽然不论是男性还是女性，也不论是否担任领导，选择"符合"和"比较符合"的比例均达到 80% 甚至 90% 以上，不过参政妇女选择"非常符合"的比例明显高于普通妇女，但仍与参政男性存在差距。如对于"您想做的事一般能得到配偶的支持"，选择"非常符合"的参政女性为43.1%，比参政男性低 3 个百分点，但比普通女性高 10 个百分点（见表4）。这一方面说明参政女性与普通妇女相比更能得到丈夫的支持和认可，另一方面也说明参政女性与参政男性相比面临着丈夫不够支持自己的压力。

表 4　对如下说法选择"非常符合"的比例　　　　　单位：%

	普通男性	普通女性	参政男性	参政女性
配偶能倾听您的心事和烦恼	31.8	28.2	40.1	36.2
在重要事情上配偶会征求您的意见	37.4	34.6	50.8	47.7
您想做的事一般能得到配偶的支持	35.9	33.1	46.1	43.1

一些定性调查数据也有同样的发现。全国妇联与联合国妇女署合作开展的"推动中国妇女参政项目"基线调查表明，在参政方面比较成功的妇女，都离不开家庭尤其是丈夫的支持。在湖南、山西、黑龙江省的访谈中，女村官都认同这一说法，"我觉得女的要是参政，要是做村官的话，她少不了男的支持。我当书记我家里人非常支持我"。丈夫除了精神支持外，还有家务上的支持，"可以说我在家里除了吃饭睡觉以外，全部家务都是我家里人做，我全部不做"，"家里面的事情基本上不太让我操心"。

也有非常优秀的女性有参政的意愿，但因为家人不支持而无法实现。访谈中一位女干部讲起另外一个女性的个案："那个女性也非常优秀，她就不甘心这样被压抑……我也知道她很能干，也很能说，很会做事。但是她男人呢就是说天天压抑她，不让她到外面去，……她男人就是说呢，你一个女人家去干什么，她就自己在家。她男人就不让她去做，她自己待在家里，养猪啊，还要看小孩，很辛苦。"

另外，如果没有得到丈夫的支持，参政女性会面临巨大的压力，甚至会出现婚姻关系不稳定的问题。比如，有的家庭中，妻子的职位高于丈夫，多数丈夫会有精神压力。加上妻子被提拔为领导干部之后工作繁忙，原来主要由妻子承担的家务，不得不由丈夫分担。如果处理不好，就容易加剧家庭矛盾，甚至导致家庭解体[①]。

（二）双重角色负担对妇女参政的影响

中国妇女社会地位调查数据表明，尽管参政女性工作上要耗费更多的精力和时间，但作为女性又必须承担家庭照顾的责任，因此面临沉重的双重角色负担。

从时间分配情况来看，如果计算工作时间与家务劳动时间相加的总劳动时间，参政女性的劳动时间既长于普通女性，也比参政男性要长。因此，参政女性不论与普通女性相比，还是与参政男性相比，都面临着更为严重的工作家庭冲突。

从家务劳动时间来看，虽然自 1990 年以来的 20 年间家务劳动时间普遍减少了，但参政妇女与普通妇女家务劳动时间的差距也在不断缩小。1990 年参政女性家务劳动时间为 186.9 分钟，比普通妇女少 103.9 分钟，2000 年这一差距变为 57.2 分钟，2010 年更缩减为 25.1 分钟。与参政男性相比，1990 年参政女性家务劳动时间比参政男性多 77.9 分钟，2000 年这一差距变为 116.4 分钟，2010 年性别差距有所缩小，但仍达到 82 分钟左右，差距比 20 年前甚至有所扩大（见图 5）。

---

① 全国妇联"推动中国妇女参政项目"基线组：《"推动中国妇女参政项目"基线调查报告》（内部资料），2011。

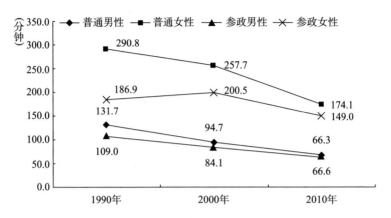

图5　1990 – 2010 年家务劳动时间的变化

从工作时间来看，近 20 年来工作时间也呈逐渐减少的趋势，尤其是参政女性的工作时间减少的幅度更大。1990 年参政女性的工作时间为 490.4 分钟，仅比参政男性少 22.2 分钟，比普通女性多 105.7 分钟；而 2010 年参政女性的工作时间为 300.5 分钟，比 1990 年缩短了 189.9 分钟，与普通女性的差距缩短为 56.3 分钟，与参政男性的差距扩大为 48.6 分钟（见图 6）。参政女性与普通女性工作时间差距的缩短和与参政男性工作时间差距的扩大说明，近 20 年间参政女性工作时间缩短的幅度大于其他群体。

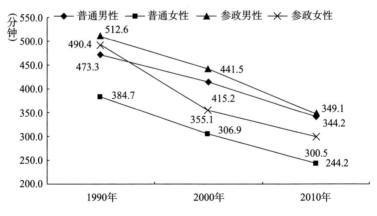

图6　1990 – 2010 年工作时间的变化

如果从工作时间和家务劳动时间之和来看，除了 2000 年略低于普通女性之外，参政女性的总劳动时间均高于其他群体。2010 年数据显示，参政女性的总劳动时间为 449.4 分钟，比参政男性高 33.7 分钟，比普通女性高

31.1 分钟（见表 5）。由此可见，虽然参政女性家务劳动时间少于普通女性，工作时间短于参政男性，但是由于参政面临着双重角色负担，导致其实际的总劳动时间长于其他群体，也意味着参政女性面临着最为严重的工作家庭冲突。

表 5　1990－2010 年总劳动时间（工作时间与家务劳动时间）

变化趋势　　　　　　　　　　　　单位：分钟

项目 年份	普通男性	普通女性	参政男性	参政女性
1990	605.0	675.6	621.6	677.3
2000	509.9	564.7	525.6	555.6
2010	410.4	418.3	415.7	449.4

那么，与普通女性和参政男性相比，参政女性工作家庭的冲突情况如何呢？

2010 年第三期中国妇女社会地位调查显示，参政女性比普通女性和参政男性面临更为严重的工作家庭冲突。参政女性"因为工作太忙，很少管家里的事"的比例为 76.8%①，比普通女性高出 13 个百分点，不过参政男性"有时"和"经常"这样做的比例更高，为 49.8%，高出参政女性 8.3 个百分点（见图 7）。这说明参政男性和女性都会面临为了工作而不能很好地照顾家庭的情况，但参政男性出现这一情况的频率更高，这从另一方面也说明参政女性比参政男性承担了更多的家庭责任，很难通过减少家庭责任来平衡矛盾。

工作家庭冲突的另一面是，更多参政女性因为家庭责任而放弃了事业发展的机会。2010 年的数据表明，39.0% 的参政女性曾经因为家庭而牺牲了个人发展的机会，普通女性的这一比例为 40.6%，这说明参政女性与普通女性同样会因为家庭而放弃个人发展机会。参政男性的这一比例为 29.7%，显著低于参政女性（见图 8）。

这些数据表明，参政女性的从政经历并没有打破传统性别角色分工，反而使自己背上了更为沉重的双重负担，这给参政女性带来了巨大的身心

---

① "偶尔""有时""经常"三项相加所得。

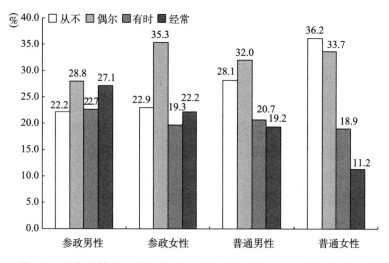

图7　2010年分性别回答"因为工作太忙，很少管家里的事"的比例

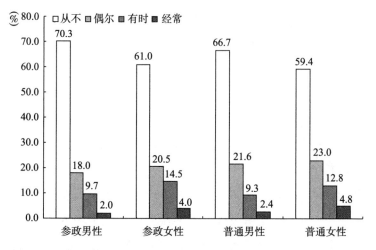

图8　2010年分性别回答"为了家庭而放弃个人的发展机会"的比例

压力，限制了她们在政治领域的职业发展。传统性别角色分工依旧是制约妇女参政的重要因素之一。

有关双重角色负担对妇女参政的影响，定性调查中也有涉及。在全国妇联与联合国妇女署合作开展的"推动中国妇女参政项目"基线调查座谈中，有的女人大代表表示："我们女性既要完成自己所从事的工作，又要承担家中的柴米油盐、衣食住行等琐碎而繁重的家务。一个人的时间和精力是有限的，难以有多余的时间和精力去提高自己，完善自己。客观而言，女性和男性相比，承载着生育等特殊任务，参政女性既要相夫教子，又要奔走于政治舞台，生理和心理精神压力是比较大的。"有的女干部也提到："我今年本来是有个机会升到部门负责人的，这也是我原先所期望的事情，但是我考虑后还是放弃了这个机会，因为我儿子要升初中了，当了负责人后我就没时间和精力辅导我小孩了，这个时候也是他比较关键的时候，他爸爸平时比较忙，而且儿子的学习问题一向是我来抓的，所以为了小孩我就放弃了这个机会，没办法，谁叫我是一个母亲呢。"[①] 这些话语清晰地揭示出传统家庭性别角色分工对妇女参政的制约作用。

四　结论与建议

回到本文开始提出的问题，参政妇女是"带着镣铐跳舞"的人吗？从某种程度上来说，是的。时至今日，参政妇女在政治决策领域的领导地位和决策权，并没有从根本上打破其在家庭中传统性别角色分工，致使参政妇女面临着严重的工作家庭冲突，就像戴着镣铐与其男性同事们赛跑，在竞争中必然处于劣势。不过，我们也应该看到一些积极的变化：一是妇女参政对于打破传统家庭性别角色分工具有积极意义，虽然参政妇女依旧是家庭照顾责任的主要承担者，但相较于普通妇女，参政妇女的家庭性别角色分工朝向性别平等又迈进了一步；二是年轻一代参政女性的家庭性别角色分工更趋平等。这两点积极变化都促使我们去做更多的工作，打破传统性别角色分工，减轻参政妇女的双重角色负担，推进妇女参政取得更大进展。

为了更好地缓解参政妇女的工作家庭冲突，应该从如下两个方面努力。

一是国家积极出台相应的公共政策，减轻参政妇女的双重角色负担。比如，加大对养老、托幼等公共事业的投入，减轻参政妇女的家庭照顾负担。相关部门在对女干部进行挂职、下派、交流等培养时，也要注意考虑

---

① 刘志玲：《基于社会性别视角的妇女参政问题》，《中华女子学院山东分院学报》2008 年第 2 期。

和解决女干部自身面临的特殊困难，免除女干部的后顾之忧。

二是倡导男女平等分担家庭责任。提倡和鼓励男性承担家务劳动、孩子照料和辅导、老人照料等家庭照顾的责任，支持妇女在公共政治生活中发挥更大作用。

农村妇女参与村级治理[*]

——家庭资源与能动性分析

◎李亚妮^{**}

摘　要：家庭资源和能动性是影响农村妇女参与村级治理的两个重要因素。家庭资源和能动性都很强的妇女在社区的影响力较大，参与村级治理决策的可能性大；家庭资源相对较弱，但能动性强的女能人容易获得社区的认同，制度推动会增加她们参与村级治理决策的机会。建议在推动农村妇女参与村级治理的过程中，除注重其家庭资源外，更要为真正有能动性的女性参与村级治理提供制度上的保障和机会。

关键词：家庭资源　能动性　农村妇女　参政

一　引言

农村妇女参与村级治理一直是妇女/性别研究的重点领域，是中国推动

---

* 本文是 2014－2016 年中国青年学者妇女/性别实证研究项目"农村妇女政权参与中家庭资源利用与能动策略研究——以陕西合阳为例"的阶段性研究成果，在写作与修改过程中吸收了杜洁、蒋永萍、赵婕、王金玲、叶文振等专家学者的建议和意见，在此一并致谢，但文责自负。

** 李亚妮，全国妇联妇女研究所助理研究员。

社会性别平等进程的重要方面，也是农村基层社会管理的重要内容。近些年来，在城镇化快速扩张、产业结构调整及农村劳动力的转移中，更多的女性走出家庭，在农业发展、农村社区建设和治理以及日常生活中发挥着重要作用，在一定意义上为妇女参与村级治理奠定了基础。但是，诸多研究发现，农村社会的改革与发展并没有撼动以男性为主导的权力结构，农村社会治理结构基本上还是由男性精英组成的治理群体占据着支配地位①，女性精英被正式纳入村级治理权力结构的比例很低，决策地位也很低。据民政部统计，2012 年，全国村委会成员中女性比例为 22.1%，女村主任比例仅为 11.7%②，这与 18 – 64 岁农村在业女性人口中有 75.9% 的人从事农业劳动不相适应③，也与《中国妇女发展纲要（2011 – 2020 年）》中规定的"到 2020 年村委会成员中女性比例达到 30% 以上"有一定的差距。

在传统的家庭分工模式下，家庭常常被作为妇女参政的一个障碍因素。第三期中国妇女社会地位调查数据显示，公众认为女性在领导岗位比例低的首要原因是"女性家务负担重"④。但另一观点认为，家庭也是农村女性发展和参与村级治理的支持系统之一，有对女性参与公共事务提供经济支持、家务料理和精神慰藉等功能⑤。农村工业化和现代化并没有改变农村的家本位观念，也没有改变传统"男主外，女主内"的性别角色期待⑥。农村妇女活跃于家庭私领域和社区公领域，家庭私领域对她们在公领域的发展仍然非常重要。

那么，家庭对农村妇女参政来说到底是藩篱还是支持？哪些家庭资源

---

① 〔加〕朱爱岚：《中国北方村落的社会性别与权力》，胡玉坤译，江苏人民出版社，2004。〔加〕宝森：《中国妇女与农村发展：云南禄村六十年的变迁》，胡玉坤译，江苏人民出版社，2004。刘筱红、赵德兴、卓慧萍：《改革开放以来中国农村妇女角色与地位变迁研究——基于新制度主义视角的观察》，中国社会科学出版社，2012。

② 国家统计局社会科技和文化产业统计司编《性别统计资料2013》，2014。

③ 蒋永萍、杨慧：《妇女的经济地位》，载宋秀岩主编《新时期中国妇女社会地位调查研究（上卷）》，中国妇女出版社，2013。

④ 张永英、杜洁：《妇女的政治地位》，载宋秀岩主编《新时期中国妇女社会地位调查研究（上卷）》，中国妇女出版社，2013。

⑤ 祝平燕：《社会转型期妇女参政的社会支持系统研究》，华中师范大学博士学位论文，2006。

⑥ 徐敏敏：《走出私人领域——从农村妇女在家庭工厂中的作用看妇女地位》，《社会学研究》2002 年第 1 期。

能被有效利用? 这些家庭资源的有效利用是家庭资源配置的结果，还是性别资源配置的耦合? 农村妇女在以男性占有资源为主的社会性别权力体系和制度下，是如何发挥能动性从而利用家庭资源交换来获得村社影响力的? 本文就是以这些问题为出发点提出分析框架，讨论家庭资源与农村妇女能动性对其参与村级治理的影响。

二　文献综述

1. 农村妇女参政中资源关系的研究

所谓社会资源，就是嵌入个人社会网络中的资源，这种资源不为个人所直接占有，而是通过个人的直接或间接的社会关系而获得。资源的获得途径除了先赋和自致之外，个体行动者可以通过直接或间接的社会关系交换获取资源。男女两性在社会资本的获取上是有差异的，男性在政治社会资本的获得上比女性有优势①。女村官走进村庄权力中心有很多一致的条件和资源因素，这些资源包括从事非农产业的经济资源与致富能力，管理公共事务的能力，有群众资源，有一定的社会关系资源等②。实际上，农村社区的社会资源包括很多方面，村庄的社会结构、准则、关系网、家族、派系等都是村庄网络的组成部分③，不同的社会资源在女性参政历程中的作用也不同。有研究认为，家庭、家族关系和村内社会交往是前提，在半熟人的村庄环境里，女村官村外异质化的社会交往是形成妇女社会支持网络的最终目标④。

如何利用和交换这些资源是农村妇女参与村级治理的重要智慧和策略。

---

① 〔美〕林南:《社会资本——关于社会结构与行动的理论》，上海人民出版社，2005。
② 汪力斌:《女村官参政执政的过程、特点和困难分析》，《农村经济》2007 年第 10 期。金一虹:《从"草根"阶层到乡村管理者——50 例农村女性管理者成长个案分析》，《妇女研究论丛》2002 年第 6 期。刘筱红、陈琼:《村庄权力系统中村官地位的类型分析——基于江西三个村的实证调查》，《妇女研究论丛》2005 年第 1 期。
③ 李琴、高涣清:《社会资本视角下的女村官: 同途何故殊归? ——基于湖北 C 乡的实证研究》，《晋阳学刊》2010 年第 5 期。
④ 周秀平、周学军:《社会支持网络与农村妇女发展——女村长与村落发展的案例分析》，《中华女子学院山东分院学报》2007 年第 1 期。

有研究发现，女村官们都是通过最初拥有的社会关系渠道，把有利于获取资源的各种关系拉入以自己为核心的关系网络，由此结成了"工具性差序格局"，对关系的占有和运作以及由此形成的关系资本，给她们带来了社会地位的优势，并促成她们进入村庄的体制权力中心①。但同时，调动社会资源的能力也是阻碍农村妇女参与村级治理的一个制约因素，"从整体而言，农村妇女一是自己占有的社会资源少，缺少资源交换的资本，二是内倾式的交往形式，在社会关系网络中被边缘化，她们所能调动的资源相对男性要少，获得权威性价值评价的可能性也小，其社会能力不容易为群体所认同"②。

2. 家庭和家族资源与农村妇女参政的研究

"家庭、家族或宗族是形成于血缘这样一种先赋的社会关系之中，在农村中经常发生的人们为争夺各种资源的斗争和冲突则明确了家族或宗族的边界。"③ 不同的家庭背景对精英群体的流动产生着不同的影响④。当然，农村妇女参与村级治理，在很大程度上仍和男性一样，与所在家庭、家族或宗族的政治、经济及社会关系资源有着千丝万缕的联系。与男性不同的是，由于从夫居的婚姻模式，女性的家庭家族还包括娘家的亲属关系，但有研究认为婚姻迁徙对妇女政治参与的持续积累极其不利，需要的时间更长⑤。

影响妇女政治参与实现的因素中，家庭、家族背景至关重要。李慧英和田晓红的研究发现，农村妇女参与村级治理的家庭背景一般是这样几种情况："一是自己的父母当过村干部或者仍然是村干部；二是丈夫或丈夫的家庭成员中有当干部的；三是家庭成员中有在外工作挣工资的。家庭成员

---

① 徐兰兰：《关系资本视角下的农村妇女参政执政思考——基于广东省潮汕地区女村官的个案研究》，《南方农村》2012 年第 4 期。

② 刘筱红：《以力治理、性别偏好与女性参与——基于妇女参与乡村治理的地位分析》，《华中师范大学学报》2006 年第 4 期。

③ 杨善华：《家族政治与农村基层政治精英的选拔、角色定位和精英更替——一个分析框架》，《社会学研究》2000 年第 3 期。

④ 吴愈晓：《家庭背景、体制转型与中国农村精英的代际传承（1978 - 1996）》，《社会学研究》2010 年第 2 期。

⑤ 李慧英、田晓红：《制约农村妇女政治参与相关因素的分析——村委会直选与妇女参政研究》，《中华女子学院学报》2003 年第 2 期。

中有挣工资的人，意味着这个家庭经济条件好，那么在村中的地位相应要高。"① 但实际上，这里的家庭家族背景不仅指政治权力和经济权力，还包括家庭经历与见识等对农村妇女自身能力的影响。汪力斌的研究发现，女村官的家庭比较稳定，经济上相对也比较富裕，而且在本村都是比较有社会关系和社会影响力的家庭。在选拔村干部时，这些家庭的女性会得到较多的关注，因而会有更多的参政机会②。但在农村税费改革之后，村干部的权威不断被消解；随着城镇化的推进，农村土地被征用，有些村落可支配的资源增多，村民自治的民主化程度也在提高，家族成员的利益偏好不再占据优势，有实证研究也发现，村民更加关注的是谁能给整个村庄带来"新资源"③。

3. 社会性别与权力资源配置的研究

社会资本论认为，男女两性获得社会资本的多寡存在性别差异。社会资本的不平等可能由资本欠缺和回报欠缺两个过程造成④。在一个既定的性别不平等的社会制度下，男性能够从家庭外获得更多的资源，而女性更多从家庭内部或通过婚姻获得资源。由于女性缺乏"参军""招工"这样的通衢大道进入公领域，因此比男性更可能使用亲属关系接触大多数职位，女性参政的另一种分享性参与路线则是"依靠亲属关系进入管理层"，主要指分享男性亲属的权力资源⑤。但是，女性在分享男性亲属的权力资源时，存在优先排序的策略。"宗族以及老人会等往往以血缘亲疏来进行价值排序，未婚妇女被看作为外姓人，往往不作为本族、本宗的政治代表人选，嫁入本族、本宗的妇女，在血缘关系上仍属'非我族类'，较之族内男性关系远，不是血、地缘群体支持的主要对象，只有族内、地缘群体内实在没有合适的男性人

---

① 李慧英、田晓红：《制约农村妇女政治参与相关因素的分析——村委会直选与妇女参政研究》，《中华女子学院学报》2003 年第 2 期。
② 汪力斌：《女村官参政执政的过程、特点和困难分析》，《农村经济》2007 年第 10 期。
③ 张健：《中国社会历史变迁中的乡村治理研究》，西北农林科技大学博士学位论文，2008。
④ 〔美〕林南：《社会资本——关于社会结构与行动的理论》，上海人民出版社，2005。
⑤ 金一虹：《从"草根"阶层到乡村管理者——50 例农村女性管理者成长个案分析》，《妇女研究论丛》2002 年第 6 期。

选，血、地缘群体才会退而求其次，考虑支持本群体的女性。"①

很多研究认为，在性别资源配置中，女性所获少于男子，在性别结构中处于弱势；在家庭资源配置中，当有限的家庭资源不足以满足每个家庭成员需要的情况下，往往采取所谓"舍女保男"的办法，将有限的家庭资源优先分配给家庭中的男性，以此来满足家庭整体利益"最大化"的需要②。但是，也有研究指出，家庭资源的性别配置结果不单单是"重男轻女"观念的产物或被这一观念所左右，也有着自己的结构性逻辑和方向③。

综上所述，以往的研究中更多关注家庭和家族资源对妇女参政的影响，特别是家庭对农村妇女参政的不利因素，其出发点是将家庭作为一种静态的背景来研究，而对家庭作为资源的互动性研究有局限，缺乏对农村妇女获得或利用家庭资源交换的研究；对女性在获取资源和利用资源过程中的能动策略研究不足。另外，在税费改革之后，农村政治参与的内容和方式有哪些改变，农村妇女在政权参与过程中资源的获取和利用究竟是哪种资源配置机制起作用，是家族利益原则还是权力结构中的竞争原则？社会性别的相对资源配置（即男士优先）在农村妇女政权参与中发生了哪些改变，与家族、族群等哪些因素存在交织？这些问题还需要进行深入研究。

本文将尝试从农村妇女家庭资源的获得利用与能动性策略两个维度，分析农村妇女参与村级治理的条件与机会，探寻促进农村妇女参与村级治理的路径。

三　家庭资源

（一）家庭资源的含义及范围

资源是一个人在社会中所获得的制度资源、人力资源和社会关系等，

---

① 刘筱红：《以力治理、性别偏好与女性参与——基于妇女参与乡村治理的地位分析》，《华中师范大学学报》2006 年第 4 期。
② 石红梅：《已婚女性的时间配置研究》，厦门大学出版社，2006。
③ 王金玲：《农村妇女教育地位：城乡差距大于性别差距——以浙江农村妇女为例》，《内蒙古师范大学学报》（哲学社会科学版）2009 年第 5 期。

既包括物质的、经济的，也包括文化的。本文中的"家庭资源"是指广义的家庭资源，既涵盖亲属关系网络资源，又包括在家庭场域获取的教育资源、经济资源、时间资源、关系和机会资源；既有客观的资源，也有主观的性格、能力、观念、意识等。

以往研究中家庭支持方面主要是指婆家的支持资本，而对娘家的资本关注比较少，"强关系（亲属关系）使女性提高了对政治社会资本的获取水平，因此，一些依靠配偶与配偶的亲属的女性，可以获取更好的政治社会资本"①。有研究认为娘家在外村的情况会对女性政治参与不利，"婚姻迁徙对妇女政治参与的持续积累极其不利"②。女性在婆家的半熟人社会里，需要被认同和被接受的时间相比男性要长一些。因此，进入村级治理决策层的女性中，"离家不离村""离村不离乡"的情况比较多，即有效利用娘家在本村的资源③。宝森在禄村的研究也发现，女村干部拥有地缘和血缘资源，都是嫁给同村的男人，"在当地行使政治权力的少数妇女很像在政治上活跃的男性，她们的周围都是其亲属和自孩提时代就熟悉的人们"④。

但是，娘家资源的获得利用也不仅仅体现在嫁到本村的农村妇女身上。随着社会的变迁，家庭亲属网络双系化趋势⑤更加明显，在农村家庭，女儿与娘家的互动也越来越紧密，姻亲资源在农村妇女发展中的作用也是不容忽视的。女性的发展与男性一样，是完整的生命历程，而不只是从嫁入婆家开始。因此，本文的家庭既包括女性婚后嫁入的家庭（婆家），也包括女性成长的家庭（娘家）。家庭资源指女性在整个生命周期中从娘家和婆家享有、获得和利用的资源。

---

① 祝平燕：《社会转型期妇女参政的社会支持系统研究》，华中师范大学博士学位论文，2006。
② 李慧英、田晓红：《制约农村妇女政治参与相关因素的分析——村委会直选与妇女参政研究》，《中华女子学院学报》2003 年第 2 期。
③ 李慧英、田晓红：《制约农村妇女政治参与相关因素的分析——村委会直选与妇女参政研究》，《中华女子学院学报》2003 年第 2 期。
④ 〔加〕宝森著《中国妇女与农村发展：云南禄村六十年的变迁》，胡玉坤译，江苏人民出版社，2005。
⑤ 王跃生：《个体家庭、网络家庭和亲属圈家庭分析——历史和现实相结合的视角》，《开放时代》2010 年第 4 期。

（二）家庭资源的分析框架

很多研究发现，家庭和家族背景是妇女政治参与实现的强大支撑力。这里既指娘家的家庭背景，也指婆家的家庭背景。娘家的家庭环境会对农村妇女的能力培养有直接作用，婆家的背景则会在权力上有支撑作用。"在（家里有人是村干部）这样的家庭背景下成长的农村妇女，无形中自然受到影响，她们当村干部的冲动，一般讲来，相对要大。另外，耳濡目染和更多地与人交往的机会，使这样家庭的妇女见多识广，参政的能力更强。但是，最大的影响还是她们拥有的机会，要远远多于没有政治背景的家庭妇女。"[①]

本文从社会性别视角运用娘家—婆家的框架分析女性生命周期中家庭资源的获得，突出其与女性进入公共领域的关联。娘家资源和婆家资源都包括教育资源、经济资源、健康资源、时间资源、社会关系资源和机会资源等，其中教育资源、健康资源更多地属于人力资源，机会资源则更多倾向属于制度资源。

1. 教育资源

教育资源既包括女性成长中娘家家庭提供的接受学校正规教育的资源，也包括女性在婆家是否接受过继续教育或成人教育，是否有过参加培训的机会等。接受教育是女性积累文化资本和社会资本的途径，也是女性赋权的过程，在女性发展过程中起着重要作用。由于农村普遍存在的重男轻女和"男主外，女主内"思想，女性能否接受教育和受教育的层次成了农村女性社会流动和分层的一个关键因素。以往的研究也证实，文化程度高的农村妇女较文化程度低的妇女，具有优先参政的优势[②]。

2. 经济资源

经济资源指娘家和婆家的经济状况、经营模式和内容等。经济资源反

---

① 李慧英、田晓红：《制约农村妇女政治参与相关因素的分析——村委会直选与妇女参政研究》，《中华女子学院学报》2003 年第 2 期。

② 李慧英、田晓红：《制约农村妇女政治参与相关因素的分析——村委会直选与妇女参政研究》，《中华女子学院学报》2003 年第 2 期。

映了娘家和婆家在社区的经济地位和状况。经营模式和内容为女性参与经济提供了条件，也锻炼了其个人能力和胆识。特别是在婆家，女性在经济生产中有着重要的角色，因此婆家的经济水平在一定程度上能反映女性的经济能力，是否有致富能力是经济女能人的基本条件，同时也往往作为政治女能人选拔的重要参考。

3. 时间资源

农村妇女时间资源的缺乏是传统观念对女性参与村级治理的一大制约因素。时间资源指农村妇女在自我发展和参与村级治理中从家庭获得的时间，这既与家庭照料的任务和家务劳动的总量有关，也与家庭成员的支持程度有关。家庭成员（含娘家和婆家）的健康状况与照料任务直接会影响女性投入自身发展与村级治理事务的时间，家庭成员的支持既减轻了女性的家庭照料和家务负担，也节省了女性的时间成本。时间资源的获得与利用对农村妇女参政至关重要。

4. 社会关系资源

社会关系资源既包括女性婆家家庭的关系网络，也包括娘家家庭的关系，如政治关系和社交网络，是否有人担任村干部、乡干部等，是否有亲属在政府部门或其他权力部门工作，是否有人在外面挣工资，或有人在经济活动和市场中有经济资源。同时还包括女性娘家和婆家家庭自身的关系资源，如父母与子女的关系、父母之间的关系、兄弟姐妹之间的关系等，对每一个家庭成员都有影响。

另外，与男性不同的是，女性的社会关系与通婚圈相关，是否"离家不离村"或"离村不离乡"直接影响到女性在娘家家庭的社会关系延伸。这一点在妇女参政的家庭关系网中至关重要。

5. 机会资源

机会资源指在处理家庭重大事件或危机事件中表现出的能力、品质等，也包括一些制度性的倾斜或临时参与的机会等。这与前面的教育资源、经济资源、时间资源和社会关系资源密切相关，如因家庭经济衰败而导致欠款，但因欠款还款获得了村民的信任等。机会资源具有偶然性，也有必然性，是女性各方面能力的积累与展示。

可以说，在有着从夫居传统的农村，婆家资源是女能人参与村级治理的直接资源，娘家资源是间接资源。女性能够调动娘家婆家的双方资源，这种利用不是赤裸裸的占有和控制，不是以功利为目的的，而是建立在亲缘和血缘之间的强关系基础上的交换与获得。

四　能动性策略

（一）能动性的内涵

能动性是指农村妇女在享有、获取和利用这些资源中主动表现的各种能力与策略，既包括对信息和知识的获取，也包括关系的建立、决策的意识等。

农村妇女的能动性是在家庭环境和社会环境中逐渐形成的，与家庭的性别分工模式和性别角色期待密不可分，也与家庭的教育方式、资源分配模式等相关。

（二）能动性的外在表现

1. 利用好现有的资源

农村妇女利用现有的教育资源、经济资源和社会关系资源，增强和提升自我在文化理论、政策知识、人际关系处理中的能力。除此之外，妇女还可借助参与村落发展或村落公共事务的机会，利用自己的知识与能力，为村民们服务，如担任妇女主任和会计、计生专干等岗位，或提供信息、贡献自己的智慧等。

2. 表现自身能力和责任感

农村妇女在村落发展或公共事务中主动发挥自身的决策能力、协调能力、组织能力和沟通能力，接受新知识，处理新问题，在处事中表现出很强的责任感。同时，也包括她们在表现自身能力方面的策略或途径，如寻求外在资源的支持，利用请教和咨询的方式征求村落精英意见和建议，既学习了经验又建立了关系；或利用娘家或婆家的社会关系，采取策略，解决问题，获得村民的认同。

五　农村妇女参与村级治理的分析框架

本文将家庭资源和能动性二者结合起来，尝试分析农村女能人参与村级治理的状况，找寻发展规律，挖掘女性的资源交换和能动性优势，为促进女性参政提供建议（见表1）。

表1　家庭资源与能动性分析框架

	能动性强	能动性弱
家庭资源强	A	D
家庭资源弱	B	C

A 类是家庭资源强、能动性强的女性。这类女性的婆家或娘家在政治资源、经济资源方面有一定的地位和优势，女性自身也接受过一定程度的教育，自身和家人健康良好，能获得家人的支持，参与过一定的社区公共事务，有一定的管理能力、协调能力等，而且女性自身也有参政议政和自我发展的愿望。这类女能人在村社有一定的影响力，或者其本身就是村妇女主任、会计或计生专干，从而为进入村级治理决策层打下了基础。因此，A类女性进入村级治理决策层的条件比较好，如果推选，这类女性成功率会高一些，但在农村社区比较少，主要是因为传统的"男主外，女主内"和重男轻女的观念，对女性的回报资本期待不高，娘家或婆家投入的资源可能就少。因此，制度的推动很重要，要在社区营造男女平等的意识和氛围。同时，A类女性进入村级治理决策层后，要加强对其进行社会性别视角的培训，使其具有性别敏感的决策意识。

B 类是家庭资源相对较弱、能动性强的女性。这类女性在村社中的影响力主要来自自身的能力和策略，包括与上级领导和村民的沟通协调能力、获取信息资源的能力以及处事能力和判断能力等，有一定的群众基础，而且往往具备吃苦耐劳、踏实肯干的优良品质，积极参与公共事务。但由于没有太多来自家庭的政治资本和经济资本的支持，教育资本也相对较弱，其政治积累期会延长，特别是婚姻会延长其积累期。但是，这类女性自身的优良品质会给她们带来一些机会，如利用村社收缴费用、社保工作和计划生育等上级指标性的工作机会，或利用为村社的公共生活服务、组织村民文化活动等机会展现自己的才能，从而获得认同。同时，在婆家的经济致富能力、家庭关系的处理（婆媳关系、妯娌关系等）、子女教育、夫妻关系等都会成为女性获得支持的可能因素。但是，由于她们缺乏家庭资源的支持，特别是在家族文化盛行的农村，对其参政有较大的负面影响。在南方一些省份，如江西、湖南、浙江、福建等省的村委会选举和村务决策中表现较明显[①]。因此，对于这类女能人，要加大制度上的支持资源，为其施展才华创造机会和条件。

C 类家庭资源相对较弱，能动性也较弱。这类女性的家庭支持系统不够完善，或因受教育程度不高，或因家庭照料负担重、经济水平低等原因参与村级事务的机会少，进入村级治理决策层的可能性较低。所以，应加强培训和学习，提高其社会性别意识和性别敏感，培养其能力和参与公共事务的兴趣，尽可能发挥其优势。

D 类家庭资源强、能动性较弱。这类女性家庭支持系统比较好，但由于个人意愿或能力或性格等方面，参与村级公共事务的机会少。可根据其现有的自身资源，正确引导，尽可能发挥其优势。

家庭资源和能动性是影响农村女性参与村级治理的两个重要因素。家庭资源和能动性都很强的女性在社区的影响力较大，参与村级治理决策的可能性大；家庭资源相对较弱，但能动性强的女能人容易获得社区的认同，制度推动会增加她们参与村级治理的决策。因此，建议在推动农村妇女参与村级治理的过程中，除了注重其家庭资源外，更要为女性能动性的发挥创造条件，为女能人参与村级治理提供制度上的保障和机会。

---

① 刘中一：《对一次民主选举的考察——农村民主化进程中妇女参政的难点及制约因素分析》，《妇女研究论丛》2001 年第 3 期。

夫妻相对资源对女性家庭权力的影响研究

——以第三期中国妇女社会地位调查湖南省数据为例

◎ 陈飞强 *

摘　要：家庭权力的性别分布是性别平等状况的一个重要表征。本文以第三期中国妇女社会地位调查湖南省数据为依据，从夫妻相对资源的角度定量分析女性家庭权力的影响因素。研究发现，夫妻相对受教育程度、夫妻相对收入和夫妻相对职业阶层等相对资源因素对女性家庭权力的不同方面均有着显著的影响。

关键词：夫妻相对资源　女性　家庭权力　夫妻权力

一　问题的提出与文献回顾

家庭权力问题是妇女/性别研究领域中的一个重要议题。家庭权力的性别分布情况在很大程度上反映了夫妻双方在家庭中的角色分工和相对地位，是性别平等状况的一个重要表征。在中国传统社会延续了几千年之久的父权制度和夫权制度的建构下，传统的家庭夫妻关系格局体现着男尊女卑、男强女弱的鲜明特征，而在国家大力推行男女平等基本国策的今天，推进性别平等和促进性别和谐发展已经成为历史潮流。在此背景下，女性的政

＊ 陈飞强，中共湖南省委党校、湖南省妇女干部学校讲师。

治地位、经济地位、家庭地位和文化地位等不断提升，女性拥有的资源日
益增多且与男性的资源差异逐步缩小，并逐步打破了家庭中"男强女弱"
的历史桎梏，那么，家庭中夫妻双方资源差异的缩小甚至反超对女性的家
庭权力会有什么影响？探讨上述问题，对于我们进一步推动家庭权力性别
格局的研究，具有十分积极的意义。

　　"从国内已有的研究看，在探讨家庭权力的性别格局时，学者们主要聚
焦于夫妻权力。"① 可见，夫妻权力是家庭权力最核心的内容。因此，本文
中的家庭权力也聚焦于夫妻权力。

　　自 1960 年布拉德（Robert O. Jr. Blood）和沃尔夫（Donald M. Wolfe）在
《丈夫与妻子：动态的婚姻生活》② 一书中最早提出婚姻关系中的"夫妻权
力"概念以来，学术界关于夫妻权力的研究日益增多。既有研究在内容上
大体涵盖了两大方面：一是关于夫妻权力的测量与评价，二是关于夫妻权
力分布的基本情况及其影响因素研究。对于夫妻权力，"众多的研究都将其
界定和操作化为夫妻在家庭中对各种家庭事务所具有的决策（决定）能
力"③。对其测量与评价，大部分研究持多维度取向，并大体形成了以下几
种度量模式，如经常性管理权重说、重大家庭事务决定说、受访者客观认
同说、多元指标综合说、家庭实权测量说④，家庭决策权与个人自主权结合
说⑤，等等。其中，徐安琪测量了"谁拥有更多的家庭实权"的综合指标，
并认为这既简约明了又易于操作⑥。左际平提出应把家庭决策权与个人决策
权加以区分，并认为个人自主权也许是衡量夫妻权力的一个更合适的指标，
因为自主权标志着个人独立意志和自由度的大小，准确地反映了权力的内
涵⑦。王金玲从"家庭事务决定权、婚内性生活决定权、夫妻暴力状况分

① 王金玲：《家庭权力的性别格局：不平等还是多维度网状分布》，《华中科技大学学报》（社
　会科学版）2009 年第 2 期。
② Blood, Robert O. Jr. and Donald M. Wolfe. *Husbands and Wives: The Dynamics of Married Living*,
　New York: The Free Press, 1960.
③ 风笑天：《已婚独生子女身份与夫妻权力——全国五大城市 1216 名已婚青年的调查分析》，
　《广西民族大学学报》（哲学社会科学版）2011 年第 5 期。
④ 徐安琪：《夫妻权力和妇女家庭地位的评价指标：反思与检讨》，《社会学研究》2005 年第 4 期。
⑤ 左际平：《从多元视角分析中国城市的夫妻不平等》，《妇女研究论丛》2002 年第 1 期。
⑥ 徐安琪：《夫妻权力模式与女性家庭地位满意度研究》，《浙江学刊》2004 年第 2 期。
⑦ 左际平：《从多元视角分析中国城市的夫妻不平等》，《妇女研究论丛》2002 年第 1 期。

布、对拥有的家庭权力的认定 4 个方面对家庭权力的配偶分布及变化进行考察"①。李静雅将夫妻权力操作化为家庭的重大事务决定权、日常事务决定权和家庭实权 3 个方面②。

关于夫妻权力的影响因素，常见的理论解释有如下几类：一是资源决定论，它强调夫妻各自拥有的资源决定了他们在家庭中的权力地位，资源（如教育、职业和金钱收入等）占优势的一方将拥有更多的决策权。二是文化规范论，强调夫妻权力不仅取决于丈夫与妻子的比较资源，还受特定的文化与亚文化中普遍盛行的夫妻权力规范的影响。此外，还有交换理论、相对的爱和需要理论等③。在具体的研究过程中，研究者通常将若干种理论综合起来对夫妻权力进行解释，如李静雅综合资源决定论和文化规范论的观点，以性别、家庭因素、文化规范（城乡地区、个人受教育程度）、对家庭的贡献等多种因素作为解释夫妻权力的变量④。此外，还有研究者提出了权责一致的观点来解释城市家庭决策权的性别差异⑤。

在借鉴既有相关研究成果的基础上，本文从资源决定论的视角出发，对夫妻权力的影响因素进行分析。但是，与既有研究从资源决定论的视角解释夫妻权力时一般采用研究对象的绝对资源情况作为解释变量的做法不同，本文从相对资源的角度着眼，即夫妻各自资源的相对差异作为夫妻权力的解释变量，也就是探讨夫妻相对资源对夫妻权力的影响。

二 研究设计

（一）数据来源

本文使用的数据来源于 2010 年第三期中国妇女社会地位调查湖南省数据

① 王金玲：《家庭权力的性别格局：不平等还是多维度网状分布》，《华中科技大学学报》（社会科学版）2009 年第 2 期。
② 李静雅：《夫妻权力的影响因素分析——以福建省妇女地位调查数据为例》，《妇女研究论丛》2013 年第 5 期。
③ 赵兴红：《夫妻权力关系的研究》，《校园心理》2009 年第 2 期。
④ 李静雅：《夫妻权力的影响因素分析——以福建省妇女地位调查数据为例》，《妇女研究论丛》2013 年第 5 期。
⑤ 左际平：《从多元视角分析中国城市的夫妻不平等》，《妇女研究论丛》2002 年第 1 期。

库。该调查采取按地区发展水平分层的三阶段不等概率（PPS）抽样方法选取样本。其中，湖南省在 14 个市州的 40 个样本县市区、200 个样本居（村）进行了本省的调查，共回收 18－64 岁个人有效主问卷 2613 份。被访者中女性占50.8%，男性为 49.2%；居住在城镇的占 49.8%，居住在农村的占 50.2%。

本文分析的对象为调查对象中的已婚妇女，共计 1099 人。其中，城镇妇女占 42.4%，农村妇女占 57.6%。从年龄分布来看，18－29 岁者占10.8%，30－39 岁者占 23.3%，40－49 岁者占 36.1%，50－59 岁者占21.0%，60－64 岁者占 8.9%。从受教育程度来看，小学及以下者占34.5%，初中文化程度的占 37.1%，高中/中专/中技文化程度的占 20.5%，大专及以上文化程度者占 8.0%。总体来看，样本结构较为合理。

（二）变量的测量

1. 因变量

本文的因变量为夫妻权力。参考既有研究的做法，本文从多维视野着手，将夫妻权力分解为家庭事务决策权、家庭实权和个人自主权 3 个方面。

（1）家庭事务决策权。其操作化指标具体为调查问卷中的问题："在下列家庭事务的决定上，你们夫妻通常以谁的意见为主？"所列家庭事务包括"家庭日常开支""购买大件商品/大型农机具""买房/盖房""从事什么生产/经营""投资/贷款""孩子升学/择校"6 项，答案项分别为"丈夫""共同商量""妻子"。采用赋值法将上述指标的回答项进行转化："以丈夫意见为主"记－1 分，"夫妻共同商量"记 0 分，"以妻子意见为主"记 1分；分值越高，表示妻子拥有越大的家庭事务决定权。

在家庭事务决策权方面，许多研究者都发现不同的家庭事务对于夫和妻而言具有不同的意义，因而将家庭事务决策权分为家庭重大事务决策权和家庭日常事务决策权[1]。因此，本文同样将家庭事务决策权进一步细分为

---

① 许传新、王平：《"学历社会"中的妇女家庭权利研究——以武汉为例试析学历对妇女家庭权利的影响》，《中华女子学院学报》2002 年第 2 期。左际平：《从多元视角分析中国城市的夫妻不平等》，《妇女研究论丛》2002 年第 1 期。徐安琪：《夫妻权力和妇女家庭地位的评价指标：反思与检讨》，《社会学研究》2005 年第 4 期。李静雅：《夫妻权力的影响因素分析——以福建省妇女地位调查数据为例》，《妇女研究论丛》2013 年第 5 期。

家庭日常事务决策权和家庭重大事务决策权，其中，家庭日常事务决策权的操作化指标为夫妻在"家庭日常开支"的决定上以谁的意见为主，家庭重大事务决策权的操作化指标为夫妻在"购买大件商品/大型农机具""买房/盖房""从事什么生产/经营""投资/贷款""孩子升学/择校"的决定上以谁的意见为主。为便于进行回归分析，参考既有研究的做法，家庭重大事务决策权的 5 个操作化指标将综合成一个复合指数。

（2）家庭实权。其操作化指标具体为调查问卷中的问题："你们夫妻比较而言，谁拥有更多家庭实权？"答案项分别为"丈夫""妻子""差不多"。采用赋值法将上述指标的回答项进行转化："丈夫更有实权"记 –1 分，"夫妻实权差不多"记 0 分，"妻子更有实权"记 1 分；分值越高，表示妻子掌握越大的家庭实权。

（3）个人自主权。其操作化指标具体为调查问卷中的问题："在下列个人事务的处理上，能以您自己的意见为主吗？"所列个人事务包括"购买自己用的贵重物品、自己外出学习/工作、资助自己的父母" 3 个方面，答案项分别为"完全可以""基本可以""基本不可以""完全不可以"。采用赋值法将上述指标的回答项进行转化："完全不可以"记 1 分，"基本不可以"记 2 分，"基本可以"记 3 分，"完全可以"记 4 分。为便于进行回归分析，参考既有研究的做法，个人自主权的 3 个操作化指标也综合成一个复合指数。

2. 自变量

本文的自变量是夫妻相对资源因素。综合资源决定论的观点，本文用夫妻相对教育程度、夫妻相对收入和夫妻相对职业阶层 3 个指标来测量夫妻相对资源。

（1）夫妻相对教育程度。该变量分为妻子受教育程度更高、夫妻受教育程度相同和丈夫受教育程度更高 3 类。指标值通过下列方法得到：问卷中问及调查对象及其配偶的受教育程度，从"不识字或识字很少"一直到"研究生"，等级依次升高，用妻子的受教育程度减去丈夫的受教育程度，得到的等级差若为正值，即为"妻子受教育程度更高"；若等级差为 0，则为"夫妻受教育程度相同"；若等级差为负值，则为"丈夫受教育程度更高"。

（2）夫妻相对收入。用妻子的个人年度总收入减去丈夫的个人年度总收入即为夫妻相对收入。为便于等级比较，夫妻相对收入分为妻子年度总收入更高（差值为正值）、夫妻年度总收入相同（差值为零）和丈夫年度总收入更高（差值为负值）3 类。

（3）夫妻相对职业阶层。该变量分为妻子职业阶层更高、夫妻职业阶层相同和丈夫职业阶层更高 3 类。调查问卷中详细询问了调查对象及其配偶的具体职业，经过编码，分为 6 大类职业：管理人员、专业技术人员、办事人员、商业服务业人员、产业工人和农业劳动者。根据有关研究，"中国社会的职业构成由较高层次到较低层次大体按以下顺序排列：各类领导干部、专业技术人员、办事人员、商业服务人员、工人、农民等。这种分层并不意味着各层次间在某一方面存在着某种数量上的等差或等比关系，它反映的是目前中国职业分层的一般特征"①。因此，本文将上述 6 个阶层作为等级依次降低的职业阶层，用妻子的职业阶层减去丈夫的职业阶层，若等级差为正值时，表明"妻子的职业阶层更高"；等级差为零时，表明"夫妻职业阶层相同"；等级差为负值时，表明"丈夫职业阶层更高"。

3. 控制变量

既有研究不仅发现夫妻各自拥有的资源对夫妻权力的影响，同时也发现文化规范等其他因素对夫妻权力的影响，因此，为考察相对资源对夫妻权力的净效应，本文将其他影响因素作为控制变量。具体包括：婚龄（由研究对象的年龄减去初婚年龄得到）；孩子数量；婚前家境情况（女方家更好 =2，双方差不多 =1，男方家更好 =0）；家务劳动承担的情况（丈夫承担更多 = -1，夫妻双方承担的差不多 =0，妻子承担更多 =1）；家庭经济贡献的情况（丈夫更大 = -1，夫妻两人差不多 =0，妻子更大 =1）；城乡分布（农村 =0，城镇 =1）。表 1 为自变量和控制变量的基本情况。

---

① 陈芳：《职业流动的性别差异及其成因——江苏省第二期妇女社会地位调查数据分析》，《青年研究》2006 年第 7 期。

表 1 自变量和控制变量的描述性分析结果（N = 1099）

变量	均值（分）	标准差
自变量		
夫妻相对受教育程度（参照类：丈夫更高）		
妻子受教育程度更高	0.160	0.367
夫妻受教育程度相同	0.452	0.498
夫妻相对收入（参照类：丈夫更高）		
妻子年收入更高	0.248	0.432
夫妻年收入相同	0.066	0.240
夫妻相对职业阶层（参照类：丈夫更高）		
妻子的职业阶层更高	0.212	0.409
夫妻的职业阶层相同	0.500	0.500
控制变量		
婚龄	21.36	11.26
孩子数量	1.720	0.892
婚前家境情况（参照类：男方家更好）		
双方差不多	0.631	0.483
女方家更好	0.216	0.412
家务劳动承担的情况	0.700	0.595
经济贡献的情况	− 0.643	0.599
城乡分布（参照类：农村 = 0）		
城镇	0.424	0.494

三　研究结果

（一）女性家庭权力的描述性分析

如前所述，女性家庭权力从家庭日常事务决策权、家庭重大事务决策权、家庭实权和个人自主权 4 个方面进行测量。如表 2 所示，女性在家庭日常事务决策权方面的得分为 0.489 分（按赋值方式，得分若为负值，表明丈夫权力越大；得分若为正值，表明妻子权力越大），这意味着女性在家庭日常事务的决策权方面较男性有较大的优势。而女性的家庭重大事务决策权和家庭实权得分均为负值，可见，女性在家庭重大事务决策权和家庭实权上要弱于男性。而从个人自主权来看，绝大部分女性在个人事务上拥有较高的自主权。

表2 女性家庭权力的描述性分析结果

变量	均值（分）	标准差
家庭日常事务决策权	0.489	0.703
家庭重大事务决策权	−0.139	0.464
家庭实权	−0.125	0.710
个人自主权	3.371	0.563

总体而言，在家庭事务的决策上，女性拥有较大的参与权，但在具体事项上仍然体现出鲜明的传统家庭分工格局。即与男性相比，女性的家庭事务决策权仅仅在"家庭日常开支"方面具有优势，而在家庭重大事务决策的参与权上，与男性相比还是有较大的差距。

（二）相对资源对女性家庭权力的影响分析

为了检验相对资源等自变量对女性家庭权力的影响，本文分别将女性的家庭日常事务决策权、家庭重大事务决策权、家庭实权和个人自主权作为因变量，将夫妻相对受教育程度、夫妻相对收入和夫妻相对职业阶层作为自变量，以及婚龄、城乡等控制变量纳入回归模型中，多元回归分析结果见表3。

表3 相对资源对女性家庭权力影响的回归分析结果

变量	日常事务决策权	重大事务决策权	家庭实权	个人自主权
夫妻相对资源				
夫妻相对受教育程度（参照类：丈夫更高）				
妻子受教育程度更高	−0.036（−0.018）	0.168**（0.134）	0.114+（0.058）	0.010（0.007）

续表

变量	日常事务决策权	重大事务决策权	家庭实权	个人自主权
夫妻受教育程度相同	0.106 ** （0.075）	0.113 ** （0.119）	0.134 ** （0.94）	0.010 （0.009）
夫妻相对收入（参照类：丈夫更高）				
妻子的年收入更高	− 0.161 ** （− 0.099）	− 0.095 * （− 0.089）	− 0.061 （− 0.037）	0.001 （0.001）
夫妻的年收入相同	− 0.032 （− 0.012）	− 0.048 （− 0.027）	− 0.050 （− 0.018）	0.115 （0.052）
夫妻相对职业阶层（参照类：丈夫更高）				
妻子职业阶层更高	0.116 + （0.067）	0.043 （0.037）	0.170 ** （0.098）	0.107 + （0.080）
夫妻职业阶层相同	− 0.052 （− 0.037）	0.023 （0.024）	0.020 （0.014）	− 0.034 （− 0.030）
婚龄	− 0.004 （− 0.058）	− 0.002 （− 0.038）	0.001 （0.017）	0.000 （0.006）
孩子数量	− 0.072 * （− 0.090）	0.018 （0.032）	− 0.014 （− 0.018）	− 0.072 * （− 0.110）
婚前家境情况（参照类：男方家更好 = 0）				
双方家庭差不多	0.004 （0.003）	0.073 （0.075）	0.034 （0.023）	0.087 （0.060）
女方家更好	0.079 （0.047）	0.100 （0.089）	0.083 （0.049）	0.152 * （0.114）
家务劳动	0.162 *** （0.137）	0.003 （0.004）	− 0.036 （− 0.030）	− 0.082 * （− 0.088）
经济贡献	0.074 * （0.062）	0.179 *** （0.229）	0.161 *** （0.136）	0.056 （0.061）
城乡分布（参照类：农村 = 0）				
城镇	0.088 + （0.062）	0.084 * （0.087）	0.158 ** （0.110）	0.125 * （0.109）
常量	0.559	− 0.180 +	− 0.206 +	3.410 ***
N	994	648	993	792
Adjusted R^2	7.2%	8.1%	5.5%	6.8%
Sig. F	0.000	0.000	0.000	0.000

显著性水平：+ $P \leqslant 0.1$，* $P \leqslant 0.05$，** $P \leqslant 0.01$，*** $P \leqslant 0.001$，括号内为标准回归系数。

表 3 表明，夫妻相对资源状况对女性的家庭权力有显著的影响，但影响的具体项目及其方向和强度均有所不同。

1. 家庭日常事务决策权的影响因素

①与丈夫受教育程度更高的家庭相比，如果家庭中的夫妻受教育程度相同，女性在家庭日常事务决定权方面的分量将更大。②与丈夫年收入更高的家庭相比，妻子年收入更高的家庭中，女性在家庭日常事务决定权方面的分量将被减弱。这一发现表明，女性收入的增加，可以在一定程度上减轻她们在家庭日常事务方面的压力。也说明，在当今社会中，随着男女平等思想的日益深入人心、女性的进一步解放和家庭分担理念的广泛传播，一些女性能够在职场上大显身手，而其丈夫则有可能分担更多的家务甚至担当"家庭妇男"，这就使得传统的家庭性别分工格局出现了较大的改变。③与丈夫职业阶层相同的家庭相比，如果妻子职业阶层更高，将会提升她在家庭日常事务决策权上的分量。

2. 家庭重大事务决策权的影响因素

①在妻子受教育程度更高和夫妻受教育程度相同的家庭中，女性的家庭重大事务决策权要显著优于丈夫受教育程度更高的家庭中的女性。可见，夫妻相对受教育程度对女性获得家庭重大事务决策权具有显著的影响。②从夫妻相对收入来看，在夫妻年收入相同的家庭中，女性的家庭重大事务决策权是否比丈夫年收入更高的家庭中的女性更高？这一说法未得到验证。但是，在妻子年收入越高的家庭中，数据却显示，女性的家庭重大事务决策权反而有所削弱。也就是说，妻子的年收入比丈夫高，反而会削弱她们在家庭重大事务上的决策权。我们将在后面进行进一步分析为何会出现这种情况。③夫妻之间的相对职业阶层对女性家庭权力的获得没有显著的影响。

3. 家庭实权的影响因素

①女性的相对受教育程度显著影响她们的家庭实权。数据显示，与丈夫受教育程度更高的家庭相比，无论是在妻子受教育程度更高的家庭，还是在夫妻受教育程度相同的家庭中，女性的家庭实权都更大。②夫妻之间的相对收入对女性家庭权力的获得没有显著影响。③与丈夫职业阶层更高

的家庭相比，妻子职业阶层更高的家庭中，女性将获得更大的家庭实权。这说明，夫妻之间的相对职业阶层对于女性的家庭权力是有显著影响的。

4. 个人自主权的影响因素

无论是夫妻之间的相对受教育程度，还是夫妻之间的相对收入，都对女性的个人自主权没有显著的影响。不过，如果妻子职业阶层更高，将使女性获得更多的自主权。

5. 控制变量对女性家庭权力的影响

①孩子数量影响到女性的家庭日常事务决策权和个人自主权，影响方向为负向。孩子数量将会削弱女性的家庭日常事务决策权，这是由于"有孩子的家庭在做家庭决策时会更多地考虑其子女的态度或意见，孩子数量越多，做决策时需要顾及的家庭成员就越多"[①]，因此势必会削弱其家庭日常事务的决策权。而孩子数量削弱女性的个人自主权，这也不难理解，以个人自主权中的"自己外出学习/工作"为例，对于女性而言，由于照顾孩子（特别是年幼的孩子）往往是女性难以抛下的责任，因此势必影响她们外出学习/工作的机会；同样，孩子数量越多，女性在"购买自己用的贵重物品"时必然要考虑到抚育孩子的经济压力。②婚前家境情况变量中，仅有"女方家更好"对于女性的个人自主权有显著的积极影响。③从家务劳动变量来看，女性承担的家庭劳动越多，则其家庭日常事务决策权也可能越大，也就是说，家庭劳动的承担情况将增强女性的家庭权力，这进一步证实了左际平和李静雅等人的研究结果。但是，家务劳动将会削弱女性的个人自主权，这也不难理解，以个人自主权中的"自己外出学习/工作"为例，对于职业女性而言，家务事往往是其安心工作的羁绊，也难以挤出较多的时间外出学习。④经济贡献对于增强女性的家庭日常事务决策权、家庭重大事务决策权和家庭实权均有显著的影响。⑤城乡地域状态对女性家庭权力的所有方面均有显著的正向影响。也就是说，在城市家庭中，女性各个方面的家庭权力均要高于农村家庭中的女性。按城乡分类的描述性结果也证实了这一发现。例如，就"家庭实权"而言，在城镇家庭中，丈夫

---

① 李静雅：《夫妻权力的影响因素分析——以福建省妇女地位调查数据为例》，《妇女研究论丛》2013 年第 5 期。

和妻子"更有实权"的比例分别为 23.9% 和 24.6% （N = 466），而在农村家庭中，丈夫和妻子"更有实权"的比例分别为 37.8% 和 15.8% （N = 633），卡方检验结果十分显著（Sig. = 0）。这说明城市家庭中的女性在家庭权力的分享度方面确实要比农村家庭的女性要高。

四　总结与讨论

1. 夫妻相对受教育程度对女性的家庭日常事务决策权、家庭重大事务决策权和家庭实权都有显著的影响

正如许传新、李静雅等人的研究所发现的，受教育程度对家庭事务决策权的影响是真实存在的，教育程度越高的女性将获得更大的包括家庭日常事务和家庭重大事务在内的家庭事务的决策权。对于女性而言，更高的受教育程度意味着她们拥有更强的能力资本，对家庭各项事务的参与也更主动，其在家庭事务中的决策地位也更高。

2. 夫妻相对收入情况对女性在家庭权力的若干方面具有显著的影响

这种影响主要体现在，与丈夫收入更高的家庭相比，在妻子收入更高的家庭中，女性在家庭日常事务决策权和家庭重大事务决策权方面都有着显著的变化，然而这种变化却是负向的。也就是说，妻子如果比丈夫获得更高的收入，其家庭事务决策权反而会受到抑制或削弱。这一发现似乎与资源决定论所强调的资源（包括收入）占优势的一方将拥有更多的决策权这一论点不一致，对资源决定论提出了挑战，也显示了资源决定论在女性家庭权力获得方面的局限性，而文化规范论则在一定程度上可以为这一发现提供理论支持。

3. 夫妻权力受特定的文化与亚文化中普遍盛行的夫妻权力规范的影响

在当今中国社会，男女不平等仍然是不争的事实，而造成这一事实背后的深刻思想根源无疑是延续了数千年之久的传统"男权中心文化"。在这一文化传统的影响下，性别分工形成了"男主外，女主内"的传统格局，虽然随着社会的发展，这一传统性别分工格局遭到了深刻的批判并已被大

部分人所摒弃，但在中国当前的社会环境下，传统"男权中心文化"及其传统的性别分工格局仍然展现出绵长的影响力，从而对女性的经济、政治、社会、家庭等各方面的地位获得造成负面的影响。①"男权中心文化"造就了部分男性的权力惯性。"男权中心文化"所造就的男尊女卑、男强女弱的家庭关系格局和"男主外，女主内"的性别分工格局，使得当代社会的一部分男性在潜意识中仍然沿袭了"男人为一家之主"的封建意识，他们在家里习惯"一言堂"，掌控着家庭事务的决策权，致使一些女性即使能够获得比丈夫更高的经济收入，也处处受制于或听命于丈夫，家里的事情仍然基本上是由丈夫来决定。②传统的性别分工贬低了女性事业发展和经济收入的价值。"从社会性别角度看，传统的性别分工赋予男女就业不同的意义。男人就业往往被视为养家，而女人就业则被认为部分为自己，因而在个人资源的计算上妻子的经济资源被大打折扣。这种男权文化阻碍就业妇女将其经济资源有效地转化为权力。"① ③传统性别观念、精力的有限性、对家庭的愧疚感等因素导致了高收入女性的"去权力化"。具体来说，第一，传统性别观念的根深蒂固，不仅直接影响了社会和人们对女性价值的正确认识和对女性能力的正确评价，也直接影响着一部分女性对其自身价值的正确认识和自身能力的正确评价，使得她们不得不委曲求全，在角色扮演方面迎合传统观念的要求。比如，一些收入高、职位高的女性，为了顾全收入相对较低、职位相对较低的丈夫的脸面和情绪，或者为了维护家庭的稳定，不得不放下身段，在许多家庭事务的处理上迁就丈夫。第二，一些高收入的女性由于忙于事业而难以顾及家庭，因而不得不放弃家庭事务决策权。这种部分高收入女性由于忙于事业而难以顾及家庭的情况，一方面可能导致她们自觉精力有限，不得不甚至是主动放弃家庭事务的管理和决策权；另一方面，这种情况也会让她们自己感到愧对家庭、丈夫和孩子，并在当前的社会环境下往往成为其丈夫和秉承传统观念的舆论贬抑她们的借口，于是，她们通过辛勤工作奉献给家庭的高额经济收入不仅没有能够增加她们手中的家庭权力资源，反而成为她们对其丈夫、孩子和家庭的一份亏欠，在参与家庭事务决策时显得似乎于理不足。

---

① 左际平：《从多元视角分析中国城市的夫妻不平等》，《妇女研究论丛》2002 年第 1 期。

4. 夫妻的相对职业阶层对女性家庭权力的影响

影响主要体现在，妻子职业阶层更高的家庭中，女性将获得更大的家庭实权和个人自主权。

总体来看，家庭权力的性别关系是一个复杂的系统，受到多种因素的共同影响，其中，夫妻相对受教育程度、相对收入和相对职业阶层等相对资源因素对家庭权力的不同方面均体现了各自的影响力，其影响方向则既有正向的，也有负向的。通过讨论，本文认为，提高女性的家庭权力地位，一方面，要不断提高女性所拥有的资源，如提高女性的受教育程度、收入水平和职业阶层；另一方面，还需要不断打破传统性别观念的束缚，真正树立起男女平等意识。

夫妻和谐关系模型的群层差异分析

——以天津市 4790 名在婚女性的调查为例

◎张宝义　苑向者　李艳丽*

摘　要： 夫妻和谐关系受到许多日常生活因素的影响，包括家庭地位、家庭收入、家务劳动、家庭经济权、同住老人、子女状况等。然而，不同群层的夫妇之间，影响因素的作用存在差异。分析表明，除了家庭地位对所有夫妻和谐关系具有共同的关键价值外，其余生活因素的影响均显示出差异性倾向。

关键词： 夫妻关系　和谐　群层差异　天津市

一　引言

夫妻和谐关系是指家庭生活过程中夫妻之间具有稳定性、重复性、习惯性、非质疑性的对应互动关系，这种关系与一般意义上的"夫妻关系满意度"有所不同，后者侧重于夫妻之间的感情沟通与适应，而前者主要侧重于日常生活中的互动状态及对家庭事务处理态度的弥合。

影响夫妻和谐关系的因素非常多，如家务劳动、子女养育、家庭收入、

---

* 张宝义，天津社会科学院社会学研究所所长、研究员；苑向者，天津市妇女联合会办公室主任；李艳丽，天津市人民政府妇女儿童工作委员会副主任。

老人供养、家庭决策等，这些因素是学者研究夫妻和谐关系的重要议题。例如，刘娟认为，夫妻能否真正共同分担家务已成为影响夫妻关系的重要因素①。董凤芝认为，在变革的中国社会中，经济越来越多地影响着夫妻的家庭生活②。陈婷婷认为，夫妻一方对家庭事务有较大决策权，婚姻满意度不一定就高③。尽管学者们对夫妻和谐关系的研究给予了关注，但在研究倾向上一般是从夫妻关系的普遍性角度去观察，而基于群层差异角度的研究比较少。一些学者似乎注意到了这个问题，如郑丹丹等认为，夫妻关系定势是在一定的场景下建构起来的，一旦脱离这一特定场景，关系定势的适用性就有可能成为问题④。再如，徐安琪从家务分配、权力模式等多角度阐述了中国城乡夫妻伙伴关系的现状和差异⑤。上述研究为深入探讨夫妻关系的群层差异作出了贡献。

随着经济的快速发展和社会的急剧变迁，中国家庭日常生活发生了深刻变化，社会群体的分化及社会阶层的固化倾向越来越明显，社会多元化生活给传统家庭理念带来冲击，家庭生活方式呈现多样化趋势。在此背景下，夫妻和谐关系的内涵也因此出现变化，相同的家庭日常生活要素在不同的群层下对夫妻和谐关系产生的作用和影响被不断差别化，这一现象成为当前需要深入研究的重要课题。

二　数据与假设模型

2013 年 5 月，天津市人民政府妇女儿童工作委员会实施了"天津市女性生活质量调查"，调查涉及 4790 名在婚女性的婚姻生活、夫妻关系及家庭事务等方面的内容。其中为观察和分析夫妻关系和谐状况，专门设定了如下几个变量指标。

---

① 刘娟：《北京市夫妻关系研究》，《人口与经济》1994 年第 3 期。
② 董凤芝：《经济关系文化影响夫妻关系》，《妇女研究论丛》2000 年第 1 期。
③ 陈婷婷：《夫妻权利与婚姻满意度关系研究——基于 2006 全国综合调查的数据分析》，《西北人口》2010 年第 1 期。
④ 郑丹丹、杨善华：《夫妻关系"定势"与权力策略》，《社会学研究》2003 年第 4 期。
⑤ 徐安琪：《夫妻伙伴关系：中国城乡的异同及其原因》，《中国人口科学》1998 年第 4 期。

（1）夫妻关系和谐程度（Y）。该变量由低到高分为 5 个连续等级（1. 不和谐；2. 不太和谐；3. 一般；4. 比较和谐；5. 非常和谐），用于测量夫妻关系的和谐状态及水平。

（2）家庭地位满意程度（x_1）。该变量由低到高分为 5 个连续等级（1. 不满意；2. 不太满意；3. 一般；4. 比较满意；5. 非常满意），用于测量女性对自身家庭地位的主观感受。

（3）家庭收入满意程度（x_2）。该变量由低到高分为 5 个连续等级（1. 不满意；2. 不太满意；3. 一般；4. 比较满意；5. 非常满意），用于测量女性对家庭总体经济收入的满意状态及水平。

（4）家庭经济权归属（x_3）。该变量为二分变量（0. 配偶；1. 自己），用于测量夫妻在家庭经济生活中的主导倾向。

（5）家务劳动归属（x_4）。该变量为二分变量（0. 配偶；1. 自己），用于测量夫妻在家务劳动中的分担倾向。

（6）同住老人状况（x_5）。该变量为二分变量（0. 无同住老人；1. 有同住老人），用于测量夫妻与老人共同居住的状况。

（7）子女状况（x_6）。该变量为二分变量（0. 无子女；1. 有子女），用于测量夫妻养育子女的状况。

（8）受教育程度（x_7）。该变量由低到高分为 6 个连续等级（1. 小学及以下；2. 初中；3. 高中/中专技校；4. 大学专科；5. 大学本科；6. 研究生），用于测量女性受教育的状态及水平。虽然该变量与家庭日常生活事件无关，但由于女性受教育水平对夫妻和谐关系的认知有显著影响，因此将它纳入假设模型之中。

经过对以上变量的关联性分析，判定其具备了建构线性回归分析模型的基本条件，由此得到了如下模型关系：夫妻和谐关系程度（Y）= B_1 × 家庭地位（x_1）+ B_2 × 家庭收入（x_2）+ B_3 × 经济权归属（x_3）+ B_4 × 家务劳动（x_4）+ B_5 × 同住老人（x_5）+ B_6 × 子女状况（x_6）+ B_7 × 受教育程度（x_7）。依据以上假设模型，利用 SPSS13.0 统计出了下列回归方程（见表1）。

表1 夫妻和谐关系回归模型统计

	非标准化回归		标准化回归	t	Sig.
	系数 B	标准误差	系数 Beta		
（Constant）	1.312	0.066		19.785	0.000
家庭地位	0.674	0.013	0.688	53.513	0.000
家庭收入	0.038	0.009	0.055	4.396	0.000
经济决定权	−0.059	0.021	−0.035	−2.82	0.005
家务劳动	−0.084	0.022	−0.047	−3.859	0.000
同住老人	0.051	0.019	0.033	2.735	0.006
子女状况	−0.091	0.027	−0.042	−3.447	0.001
受教育程度	0.044	0.006	0.084	6.872	0.000
R^2	0.528				
N	4790				

从表1的统计结果看，各自变量对夫妻和谐关系均有较为显著的影响，主要表现为以下方面。①家庭地位对夫妻和谐关系的作用最大。统计结果显示，已婚女性对在家庭中的地位满意度与夫妻和谐关系呈正比关系，女性的家庭地位越高，其认定的和谐程度也越高。②家务劳动对夫妻和谐关系有负向作用。统计结果显示，已婚女性承担家务劳动越多，对夫妻和谐关系的认同程度越低，相反，承担家务劳动越少的女性，对夫妻和谐关系的认同程度越高。可见，女性繁重的家务劳动会在一定程度上影响夫妻关系的和谐。③有无子女对夫妻和谐关系有一定影响。统计结果显示，家庭子女的"有""无"会对夫妻和谐关系产生一定作用，无子女的女性比有子女的女性更倾向于认同夫妻关系的和谐，即子女的养育会降低夫妻关系的和谐。④家庭收入的满意度与夫妻和谐关系呈正向关系。从分析结果看，女性对家庭收入的满意程度越高，对夫妻和谐关系的认同程度越高，反之亦然。⑤女性受教育程度与夫妻和谐关系呈正向关系。在婚女性的受教育程度升高，对夫妻和谐关系的认同程度也随之升高。⑥女性对家庭经济权的主导会降低夫妻和谐关系。从分析结果看，家庭经济权归属越是倾向于女性，其对夫妻和谐关系的感受度越低，相反，女性越是远离家庭经济权，则越会促进夫妻关系的和谐。⑦同老人居住会提升夫妻和谐关系。从分析结果看，夫妻与老人同住没有产生负面影响，反而会在一定程度上提升了

夫妻和谐关系。可见，同住老人对家庭幸福具有一定的维护作用。

三 夫妻和谐关系模型的群层差异

（一）职层差异

职层主要是指劳动者在相应职业群体或团队中的位置。在此次调查中，女性职业层级被划分为 4 级，即普通职工（职员）、基层管理人员、中层管理人员、高层管理人员。统计显示，以上 4 个职层在婚女性的夫妻关系和谐程度均比较高，普通职工（职员）女性中，认为夫妻关系"和谐"的占87.2%，基层管理人员的女性为 93.0%，中层管理人员的女性为 93.6%，高层管理人员的女性为 96.5%。可以看出，无论女性的职业层级如何，其对夫妻和谐关系的感受程度基本一致。然而，尽管各职层女性对夫妻和谐关系的认同相对一致，但影响夫妻和谐关系的因素有所不同（见表 2）。

表 2 夫妻和谐关系回归模型的职层比较

	高层管理人员	普通职工（职员）	基层管理人员	中层管理人员
	回归系数 B	回归系数 B	回归系数 B	回归系数 B
（Constant）	1.492***	2.101***	1.875***	0.908***
家庭地位	0.639***	0.575***	0.662***	0.657***
家庭收入	0.054***	0.013	0.016	0.068
经济决定权	-0.088**	0.016	-0.216***	-0.148
家务劳动	-0.139***	-0.211***	-0.142**	-0.121
同住老人	0.01	0.055	0.086	0.104
子女状况	-0.132***	-0.115	-0.046	0.618***
受教育程度	0.054***	-0.007	-0.032	-0.009
R^2	0.492	0.513	0.516	0.673
N	1996	483	503	169

注：** 为 $P<0.05$，*** 为 $P<0.01$。

从统计分析的结果看，主要表现为如下几个方面。

1. 家庭收入仅对低职层女性的夫妻和谐关系产生影响

根据对 4 个职层女性的统计，只有身为普通职工（职员）的女性其家庭收入对夫妻和谐关系产生影响，表现为家庭收入越高，夫妻关系越和谐，而其他 3 个职层即基层管理人员、中层管理人员和高层管理人员的女性，其家庭收入对夫妻和谐关系并无显著影响。以上现象的形成原因，应当与不同职层女性的收入状况相关。由于低职层女性的收入相对较低，收入对家庭生活的重要性程度相对较高，以致成为影响夫妻和谐关系的因素之一。

2. 家务劳动对高职层女性的夫妻和谐关系没有影响

统计分析显示，在普通职工（职员）、基层管理人员、中层管理人员的女性中，家务劳动的倾向归属对夫妻和谐关系有一定影响，表现为女性承担家务劳动越多，其对夫妻和谐程度的感受越低。但是以上情况并不适用于高职层女性，在女性高层管理人员中，家务劳动对夫妻和谐关系没有任何影响，这是 4 个职层中的独有现象。造成这一现象的原因应当与她们较高的经济收入和优越的家庭生活有关。在她们的家庭生活中，家务劳动被"外包"的情况较为普遍，由此减轻了她们的家务负担。

3. 有无子女对高低职层女性的夫妻和谐关系有反向影响

从调查统计看，家庭有无子女分别对高低两个职层女性的夫妻和谐关系产生了影响，但是在作用方向上，两者截然相反。对于低职层的普通女工而言，拥有子女会在一定程度上降低夫妻和谐程度，但是对于高职层的女性而言却会增加夫妻关系的和谐。以上现象的形成原因是显而易见的，养育子女意味着增加家庭生活成本，自然会对低职层女性的夫妻关系产生负面影响，然而对于高职层女性而言，这种负担并不存在，反而会通过养育子女优化家庭关系，促进夫妻关系的和睦。

4. 受教育程度的提升对改善低职层女性夫妻和谐关系有所帮助

数据分析显示，在婚女性的受教育程度对夫妻和谐关系有一定影响，但是这种影响仅限于普通职工（职员）的低职层女性，表现为女性受教育程度越高，夫妻关系越和谐，而相对较高职层的女性，如基层管理人员、中层管理人员和高层管理人员的女性，其受教育程度的提升对夫妻和谐关系没有显著性影响。以上现象的形成原因与女性现有文化程度有关，低职层女性文化水平较低，对夫妻关系和谐有一定的制约，而较高职层女性现有文化水平较高，这种制约性较为有限，对夫妻和谐关系的影响不大。

（二）城乡差异

天津市城乡居民的家庭和谐关系水平基本相当。调查资料显示，农业户籍在婚女性中，夫妻关系保持和谐状态的比例为82.3%，非农业户籍在婚女性中，夫妻关系保持和谐状态的比例为89.6%，两者差异不大。尽管城乡夫妻关系均保持了较高的"和谐"状态，然而塑造这种和谐关系的家庭生活因素有一定的差异性（见表3）。

表3 夫妻和谐关系回归模型的城乡比较

	农业户籍		非农业户籍	
	回归系数 B	标准误差	回归系数 B	标准误差
（Constant）	0.815***	0.118	1.626***	0.086
家庭地位	0.709***	0.023	0.644***	0.016
家庭收入	0.084***	0.016	0.032***	0.011
经济决定权	−0.019	0.035	−0.089***	0.027
家务劳动	0.031	0.039	−0.13***	0.027
同住老人	0.037	0.031	0.071***	0.025
子女状况	−0.042	0.054	−0.119***	0.032
受教育程度	0.033**	0.013	0.029***	0.009
R^2	0.577		0.501	
N	1288		3283	

注：** 为 $P < 0.05$，*** 为 $P < 0.01$。

从分析的结果看，这些差异主要表现在如下方面。

1. 影响农村夫妻和谐关系的因素较为"单一"

统计分析发现，农村家庭中夫妻和谐关系受到较少因素的影响，如家务劳动、经济决定权、是否有同住老人以及有无子女，对夫妻和谐关系均不产生显著影响，夫妻和谐关系对以上因素的反应并不敏感，这与城镇家庭形成了鲜明对照。在城镇家庭中，上述各因素均对夫妻和谐关系产生了不同程度的影响，这预示了城镇家庭的夫妻关系比农村家庭夫妻存在更多的变数，其稳定性相对较低，脆弱性相对较高。当然，农村家庭的夫妻和谐关系模式也存在"缺陷"，即对家庭收入因素的依赖性较强，如果家庭收入受到较大影响，夫妻关系的和谐程度会因缺乏更多支撑点而受到干扰。

2. 农村女性受教育程度对维护夫妻和谐关系有重要影响

统计分析显示，农村女性的受教育程度和夫妻和谐关系之间有较高的相关性，即女性自身受教育程度的提升有利于促进夫妻和谐关系。这种认同应当与农村在婚女性的生活状态有一定关系，在她们看来，农村的教育文化水平相对较低，如果自身受教育程度得到提升，将会有助于提高家庭生活质量，促进夫妻关系和谐。

（三）婚代差异

天津市各年龄的婚群夫妻和谐关系状况没有明显差距，调查资料显示，在婚女性年龄为 25－35 岁的夫妻中，和谐比例为 92.9%，36－45 岁的和谐比例为 85.4%，46－55 岁的和谐比例为 83.6%，56 岁及以上的和谐比例为 84.3%。但在以上相对均衡的"和谐"关系中，内在结构性因素的影响有较大差异（见表4）。

表4　夫妻和谐关系回归模型的婚代比较

| | 25－35 岁 | 36－45 岁 | 46－55 岁 | 56 岁及以上 |
	回归系数 B	回归系数 B	回归系数 B	回归系数 B
（Constant）	1.843***	1.441***	1.112***	0.831***
家庭地位	0.637***	0.628***	0.725***	0.771***
家庭收入	－0.028	0.072***	0.067***	0.032
经济决定权	－0.149***	－0.092**	0.091**	－0.020
家务劳动	－0.087**	0.020	－0.164***	－0.227***
同住老人	－0.044	0.062*	－0.016	0.290***
子女状况	－0.109***	－0.220***	－0.133**	0.185*
受教育程度	0.046***	0.048***	－0.005	－0.019
R^2	0.502	0.522	0.583	0.621
N	1298	1217	1130	502

注：* 为 $P<0.1$，** 为 $P<0.05$，*** 为 $P<0.01$。

1. 家庭收入对低龄和高龄婚群的夫妻和谐关系没有影响

统计结果表明，在婚女性为 25－35 岁和 56 岁及以上的婚群中，家庭收入对夫妻和谐关系不存在显著影响，影响较大的是 36－55 岁的女性婚群。以上现象的产生与不同年龄婚群的女性生活状态有关，如维系低龄婚群夫妻关系最主要的是情感和志趣，家庭收入的影响较小，而老年婚群基本上没有更多的收入来源，对此也自然给予了忽视。但对于 36－55 岁的女性婚群而言，养育子女、照料老人都需要较高的生活支出，因而家庭收入对家庭生活及夫妻关系的影响是比较大的。

2. 经济决定权对各年龄婚群的夫妻和谐关系有"变异性"影响

从数据统计看，各年龄婚群的女性对家庭经济决定权与夫妻和谐关系的认同态度迥然不同。25－45 岁的女性认为，增加自身经济决定权不利于夫妻关系的和睦；46－55 岁的女性认为，增加经济决定权有利于夫妻关系的和谐；56 岁及以上的女性认为，经济决定权不影响夫妻关系和谐。以上差异应当有着深刻的生活背景，对于 25－45 岁的女性来说，过多强调经济决定权会在一定程度上限制丈夫的生活空间，这样会影响夫妻关系。而对于 46－55 岁的女性而言，其操持家务的角色强化，经济权的集中有利于家庭生活的有序和调理。有研究表明，该年龄婚群男性的重心更多地放在事业上，婚姻只要不造成麻烦就好，没有过高的预期，反而容易满足①。对于 56 岁及以上老年婚群来说，他们对已有家庭经济权的行使方式早已习惯和适应，因而对夫妻关系不产生影响。

3. 有无子女对各年龄婚群的夫妻和谐关系影响不同

统计分析显示，有无子女对不同年龄婚群的夫妻和谐关系均有一定影响，但在影响的方向上略有不同。在 25－55 岁的女性婚群中，子女的养育对夫妻和谐关系有整体上的负面影响；而对于 56 岁及以上女性而言，子女的存在会促进夫妻和谐关系。以上所反映的或许就是"付出"与"收获"的关系，父母之间的关系往往需要子女的"定位"，子女不同成长阶段会对夫妻和谐关系产生波动性影响。

---

① 黄河清、张建国：《中国当代夫妻家务公平观研究——对上海市 2005 年抽样调查的一点分析》，《华东师范大学学报》（哲学社会科学版）2007 年第 4 期。

四　小结

对于不同群层，家庭日常生活因素的确对夫妻和谐关系产生一些差异性影响。在假设模型的 7 个自变量中，除了家庭地位是唯一不受群层变化影响的因素外，其余如家庭收入、经济决定权、家务劳动、同住老人、子女状况、受教育程度均对夫妻和谐关系产生了倾向性影响。"家庭地位"作为影响夫妻和谐关系的一个恒定的关键性因素，显示出了它的超群体性和超阶层性，它既反映了家庭夫妻生活的本来意义，同时也因为其较高的模型"贡献度"，成为夫妻关系和谐的"定海神针"。"家庭收入"对夫妻和谐关系的影响总体上呈现分化的趋势，尽管家庭收入的增加会淡化它的影响，但是对于低收入群层的家庭而言，家庭收入始终是维护夫妻和谐关系的重要因素。"经济决定权"在很大程度上并不取决于夫妻收入的差距，而更多地与夫妻之间的持家能力及分工有关，中年夫妻家庭中女性经济权的"最大化"，反映出男性事业发展与家庭生活平衡兼顾的需要。"家务劳动"对夫妻和谐关系的影响出现弱化的趋势，这与家务劳动社会化程度的提高有关，家务劳动的"外包"有益于整体夫妻关系的和谐，但是对于低收入及农村家庭来说，家务劳动仍然是影响夫妻和谐关系的重要因素。"同住老人"对夫妻和谐关系的影响与婚代有关，对于中青年夫妻而言，同住老人对家庭的作用是积极的，然而随着老人年龄的增长，这种积极作用在不断消减，甚至会产生消极影响。"子女状况"对不同群层夫妻和谐关系的影响较大，拥有子女会提升较高收入家庭的夫妻和谐，而对低收入家庭则会因养育成本的上升降低夫妻关系的和谐度。但是子女的年龄也是一个重要的影响因素，随着子女年龄的增加，会显著促进夫妻和谐关系的提升。女性"受教育程度"对夫妻关系的影响很大（一般要超过男性受教育程度），这种影响不仅反映在夫妻关系的合理"定位"上，也反映在家庭日常生活中，农村女性及低层女性受教育程度的提高，对促进夫妻关系和谐具有重要意义。

以上研究中的不足是明显的，主要体现在两个方面。一是假设模型不够完整。由于假设模型侧重于日常生活内容，而夫妻感情、沟通方式、性生活满意度等因素未被纳入其中，在一定程度上影响了模型的完整性。二是研究主体的观察视角单一。由于上述研究是从女性在婚者的角度出发，其主体认识会存在一定的偏差，在缺乏男性对应认识校正的前提下，相关结论的可靠性会受到质疑。

家庭决策对女性就业流动的影响
逻辑与话语分析

——一个典型个案的研究

◎严　静[*]

摘　要： 女性就业流动的选择意愿，受到个体—家庭—社会等社会场域要素的框约，家庭决策在其中起着重要的作用。本文基于国内外关于家庭决策的宏大叙事，探寻业已建构的理论依据，并通过典型的个案研究和话语分析，全景式呈现家庭决策中协商民主方式的运作，女性主体、夫家家庭、原生家庭等多方权力的博弈，兼顾各方的家庭利益共赢，深入剖析家庭决策对于女性就业流动选择的影响逻辑和路径，以及家庭性别角色期待和社会性别系统对女性行为选择的互动和隐喻，并就当前女性面临的性别比较弱势和女性就业流动可能引致的多方面后果进行评估和展望。

关键词： 就业流动　家庭决策　话语分析

一　问题的提出

女性就业流动过程中的选择意愿，是个体范畴的考量，体现着个体的

---

* 严静，福建师范大学公共管理学院讲师，厦门大学公共事务学院博士。

权力地位和性别话语，但也在很大程度上受制于家庭经济发展能力、社会性别系统等社会场域要素的框约，渗透着结构二重性的思想意蕴。研究女性的就业流动，家庭是一个很好的切入点。近 20 多年来，西方家庭史学界的一大变化就是不再把家庭看作社会变迁的简单结果，而是强调家庭自身变化的动力以及家庭与社会变迁的相互影响作用，尤其反映在对家庭与工业化的关系的研究上①。中国是家庭本位的国家，考察中国城乡之间的人口流动不能不考虑家庭决策因素。而女性就业流动的选择意愿乃至就业质量，在中国特殊的文化语境中，往往会受到家庭决策的规制。家庭成员的权力地位、女性的主体意愿、女性在家庭中的话语权、女性的性别角色期待、女性的反抗程度等因素全方位诠释着家庭决策对女性就业流动的广泛影响。本文拟立足于当前女性就业流动的典型个案，借鉴国内外相关的经典理论，对家庭决策的影响逻辑进行思考，以对从微观视角理解女性主体意愿和家庭权力地位有所裨益。

二　家庭决策研究的宏大叙事和理论依据

（一）国内外研究的宏大叙事

国外学术领域从家庭的层面来研究就业流动现象已有历史。20 世纪 70 年代开始，就业流动问题成为劳动力流动研究领域的新热点，并开拓了新的研究范式；80 年代末发展起来的新劳动力流动经济学的代表人物斯塔克（Stark）和泰勒（Taylor）把就业流动看作在家庭层次上"盘算"的合理结果，是实现家庭目标的一种成功②；90 年代，杜斯特曼（Dustmann）等人利用新古典经济学的分析工具，对有就业流动经历者的工作表现、工资收入等问题进行探讨③。通过构建个体谋求福利最大化的生命周期模型来分析

① 张永健：《家庭与社会变迁》，《社会学研究》1993 年第 2 期。
② Stark, O. & J. E. Taylor., "Migration Incentives, Migration Types: The Role of Relative Deprivation", *The Economic Journal*, 1991, (101): 1163 – 1178.
③ Dustmann, C., An Economic Analysis of Return Migration, Discussion Papers of University College London, Department of Economic, 1996, pp. 96 – 102.

就业流动的选择意愿，认为就业流动的决策主要受流出地和流入地的相对价格水平、流动者业已积累的可供发挥作用的人力资本、迁移者的主观偏好等因素的影响。客观上看，新劳动力流动经济学提出了相对剥夺这样的重要概念，并且把研究对象从新古典经济学一贯的个体行为转移到成员相互依赖的家庭层次上来[①]。

　　中国的实际情况是，劳动力迁移并不单单是个体行为的选择，更是家庭集体决策的结果。在长期以来形成的家庭观念中，家长有着绝对的决策权，家长权威体现在对经济的控制上，特别是家庭成员的职业选择和就业地点往往都由家长决定，家长也会对家庭成员的就业分工作出合理的安排，子女也会在此方面与家长充分沟通后才会作出选择，且这种影响力会持续到子女成家前。一旦子女经济独立后，家长权威就会减弱。而在广大的农村地区，家庭是联系个体的纽带，家长拥有绝对的权威，家庭成员的迁移决策、迁移区域、迁移人数等等，常常是家庭集体商量讨论作出的。石智雷、杨云彦利用 OLS 回归模型分析后发现，农户家庭禀赋所表现出来的物质资本、社会资本和人力资本显著影响着家庭成员的外出务工决策。其中，家庭人力资本和社会资本越丰富，家庭成员就业流出的可能性越大，而家庭财富积累状况和耕地数量与就业流出可能性呈"U"形相关，家庭物质资本较好或较差的农民更愿意外出打工。有外出打工经历的家庭会产生辐射带动效应，其他家庭成员就业流出的可能性会大大增加[②]。家庭成员的就业流动，更多是为了增加家庭收入和分散经营风险，而不是简单地为了个体的前途和发展。国外学者墨菲（Murphy）认为，游离于社会保障体系之外的农村迁移群体，其迁移行为得以实现是基于原生家庭为其提供保障支持系统[③]。所以从某种意义上说，家庭是劳动力迁移决策的基本单位。因此，对于已婚流动妇女的职业发展的影响因素进行恰当的解释，还必须把相关

①　Hare，D.，"'Push' versus 'Pull' Factors in Migration Outflows and Returns：Determinants of Migration Status and Spell Duration among China's Rural Population"，*Journal of Development Studies*，1999，（35）.

②　石智雷、杨云彦：《家庭禀赋、家庭决策与农村迁移劳动力回流》，《社会学研究》2012 年第 3 期。

③　Murphy，R.，*How Migrant Labor is Changing Rural China*，Cambridge：Cambridge University Press，2002.

的家庭背景，特别是丈夫的个人因素引入理论思考中。

（二）家庭决策的理论依据

以家庭决策为基础的新迁移经济理论认为，人们的迁移决策取决于 3 种家庭效应。一是风险转移，即"风险厌恶"。认为家庭为了规避家庭收入紧缺和本地单一收入来源的风险而选择将家庭成员流出到异地赚取更多收入，达致家庭收入来源的多元化。二是经济约束。家庭在当地遇到资源供给和制度支持方面的困难时，就会选择外出务工来解决困难，获得预期的收入、技术等资源。三是相对贫困。就业流动的动因是与同期群体参照比较后产生的"相对失落感"，而不全都是因为流出地和原生地的绝对收入差距，就业流动是家庭集体决策的选择①，家庭成员的就业流动是一种家庭生计策略，家庭成员为了实现全体成员福利最大化，就需要对家庭成员的分工进行理性选择，一般情况下，会依照家庭的性别分工决定外出还是回流。

混沌理论则强调了原生家庭决策的重要性。持该理论的学者认为，原生家庭在居住安排、经济援助方面的频率不再遵从于父权制的传统思维，而是对子女施以同样的影响力，在某些情况下甚至倾向于女儿，使子女与原生家庭保持着经济上和亲情上的互动。而子女行为决策也在一定程度上受制于父母。心理学家常在混沌理论视角下，利用洛伦茨模型来探讨原生家庭对于子女行为选择的影响。就业流动的个体行为选择，就是父母决策与子女选择间的动态平衡，交织着父母与子女对于利益的考量和权力的博弈②。

还有学者持系统论的观点。贝特森（Gregory Bateson）"将家庭作为一个系统来理解"，强调个体的行为模式和选择意愿要放诸多元化的家庭背景来认识。对于家庭决策，通常要考虑家庭的整体利益最大化和家庭成员的具体实际，综合权衡判断，得出最优化的决策，并受家庭关系网络和家庭生命周期的影响。家庭系统内部存在各种利益关系群体，通过竞争和博弈，

---

① Mincer J. , "Investment in Human Capital and Personal In-come Distribution", *Journal of Political Economy*, 1958, (66).

② 卢婧、曹莉莉：《混沌理论视角下原生家庭影响力探析》，《齐齐哈尔大学学报》（哲学社会科学版）2011 年第 1 期。

在家庭网络中占据不同的地位，家庭主导者会通过家庭整体利益的考虑，对家庭成员的分工作出安排。同时，家庭成员的思想观念和行为模式受到外界客观环境的影响，家庭主导者决策在一定程度上会受制于传统的家庭观念、性别观念、父权制，并表现出差异性的决策判断①。但随着家庭的日益核心化和女性权力的崛起，家庭决策主导者逐渐让位于核心家庭的集体决策，平等的性别意识和女性权力的崛起冲击着家庭系统，改变着家庭决策主导权的男性归属。

迁移决策理论认为，就业流动的行动是家庭集体决策的结果，体现了"家庭策略"。家庭为了实现利益最大化，就要对家庭成员进行有效的分工和投资选择，而具体分工则要由家庭成员集体讨论作出，其中家长拥有决策权。根据迁移决策过程理论，家庭就业流动的策略选择往往是家庭集体决策的结果，并非新古典经济学理论所假设的个人决断的结果。之所以会存在性别差异，其实就是家庭出于利益最大化的考虑实施的家庭分工或投资策略，如果家庭成员能通过就业流动实现最大利益或者向家里汇款维持家庭开支，那么家庭决策就倾向于促使其实现就业流动，而这样的家庭成员往往是具有较好人力资本的男性②。

持控制论观点的学者则有独特的看法。他们认为家庭是以信息为媒介进行输出和反馈双向循环的整体运转的恒定系统，家庭系统的"内稳态"失衡可以通过内部负反馈得以纠正，或通过正反馈改变家庭系统的固有规则。工业化和城市化的到来使女性角色出现颠覆性的革命，女性的根本性变化使得家庭的"内稳态"出现失衡，家庭的控制力趋于弱化，于是家庭通过负反馈和信息传递维护固有的规则。比如，为男孩提供更多的受教育机会，提升其人力资本，将社会资源更多向男孩倾斜以使男孩得到更多的就业和发展机会，而女孩受制于家庭和社会设置的障碍，在就业竞争中难以占据优势地位而回归家庭，或在职业发展体系中从属于男性。

---

① 黄华：《原生家庭对婚姻关系的影响：基于 Bowen 理论的探讨》，《经济与社会发展》2006年第 6 期。
② 杨云彦：《人口迁移与劳动力流动的女性主义分析框架》，《中南财经大学学报》2001 年第 6 期。

三 家庭决策对女性就业流动的影响逻辑

本文选取的调查个案来自笔者在福建南日岛对女性就业流动的田野调查。调查发现，由于地理上远离大陆，南日岛仍保留着原生态的思想观念和生活方式，但随着海岛交通不便状况的打破，现代化的元素大量进入海岛，南日女性出于家庭利益最大化的考虑，开始如候鸟般往返于海岛和陆地间，寻求更多的就业机会。在就业流动过程中，传统和现代双重利益链条互相交糅和博弈，通过家庭决策展示出女性谋求个体发展的意愿和传统父权制业已形成的场域之间的冲突和取舍。考虑到年轻女性是就业流动的主要群体，将其作为研究对象可以很好地解释南日女性的就业流动状况、主体特征、发展需求等，有着较强的代表性，亦有推论意义。由此，为了对南日女性就业流动中的家庭决策作全图景的描述，本文选取一个典型个案——年轻女性小涵的就业流动经历作为切入点，从微观上了解其情感变化和真实体会，形象生动地展示在面临就业流动选择时，家庭决策在多大程度上影响她的选择，现代女性的家庭话语权如何体现民主协商和权力博弈，以及家庭决策如何兼顾各方利益并实现利益最大化。在该典型个案中，小涵是农村社会中典型的上楼女性①，本科毕业后留在城市某企业当会计，丈夫在一家大规模的私营企业做技术员。本文的研究就是从小涵的就业流动选择展开的。在具体操作上，本文采用半结构式的个案访谈，基于阐释学的叙事方法收集所需资料，形成对于社会事实的描述。在资料的分析处理上，采用话语分析的研究范式，通过话语分析探寻女性的主体选择意愿，以及家庭决策在多大程度上维护女性的话语权。

（一）家庭决策的起因——女性的主体意愿

女性在多大程度上掌握收入并以此获得她们所在组织的支持和资源，

①　上楼女性是指在农村原生地的耕地不再耕种或转作其他用途而到城市工作生活的农村女性。本文所指的主要是就业流出的女性，她们不再从事农业生产，在城市有生存和发展的空间，她们的市民化水平高，城市融入意愿强烈。

以及女性控制财产的程度和这些财产与男性财产之比，这两个资源动员的能力决定着女性在家庭中能否自由表达和顺利达致自己的意愿。

在本个案中，小涵本科毕业后如愿留在城市一家企业当会计，月收入4000多元，这对房价居高不下的城市来说，只能算是低收入群体。尽管如此，小涵还是很知足，家里很支持她留在城里工作，地理环境好，工资相对较高，收入增长空间大，而且优秀的男人较多，在日后的婚姻市场中寻找到合适对象的机会和可能性大大增加。家庭出于对小涵未来职业发展和婚姻幸福的考虑，一致同意她选择在城市工作，哥哥还动用关系网络帮忙找工作。

在这里，我们可以看到，家庭决策对于小涵工作的选择起着重要的作用。对于家庭成员的重要事件，如就业流动，家庭不是被动地受外界环境的影响，而是以自己原有的特点对社会作出反应，反应的结果是家庭各成员之间的合力，合力的方向或家庭策略的取向取决于各成员在家庭中的地位。个案中，家庭决策在对家庭成员是否流动的判断上，可以用新迁移经济模型来解释。在家庭成员中，年龄较小、文化程度较高的成员就业流出的预期收益较高，付出的物质和心理成本也较低，迁移行为可以实现家庭收益最大化。现实生活中这些女性的就业、迁移动机更多以发展为主，而不是生存需要，这主要适用于未婚的年轻女性①。

（二）家庭决策的方式——协商的民主

一年后小涵结婚，并很快怀孕生孩子，于是问题就来了，小涵如果要照顾幼小的孩子，就没法去上班，如果交给婆婆照顾，就要影响夫家的海带养殖，因为公公和婆婆共同经营海带养殖，每年12月播种海带幼苗，次年四五月份收成，平常要随时照看海带苗。因此，两人每天都忙得不可开交，在开种和收成的时候还要雇用岛民来帮忙，一年二十几万的收入支撑了家里4个子女的生活和受教育开销，还盖起了3层小楼房，如果婆婆照顾孙子，就意味着海带养殖难以为继，无法正常运转。于是，考虑到海带养殖年入二十几万和小涵年入5万的收入比较，家里决定让小涵辞去工作在家

---

① 蔡昉：《迁移决策中的家庭角色和性别特征》，《人口研究》1997年第2期。

照顾孩子，可小涵毕竟是本科毕业，说什么也不愿意，双方僵持不下。

在对小涵是否就业的问题上，家庭内部出现了较大的分歧，于是进入了协商民主的程序，"民主商议提供了一种对于道德冲突的道德回应"①。家庭成员内部通过理性交谈的方式，进行商谈、质疑、辩解、反驳，尊重个体的发展，也兼顾家庭整体的经济利益，对各自观点在真实、主观上的真诚和规范上进行正当有效的主张，进行批判性表达。在该环节中，协商主体机会均等地参与意见形成过程，没有性别、身份等方面的负面影响，并能在理性思考的基础上给予理性的回应以希冀获得采纳。置身于协商民主的成员都有着共同的利益责任，都有着对决策形成的实质性影响。

在本个案中，从家庭整体内环境来看，谁外出谁留守，谁工作谁顾家，涉及成员分工和性别关联的问题。一般而言，女性人力资本禀赋低于男性，因此女性外出者在就业流出前对于打工的预期收入水平大大低于男性，家庭决策者通常希望女性留守而男性外出，或女性顾家而男性工作，这主要针对已婚妇女。女性的就业流动选择在很大程度上取决于家庭角色地位的比较。同时，家庭决策还与家庭生命周期紧密相连。年轻夫妇家庭、成熟的核心家庭、成长中的核心家庭、扩大家庭对就业流动的影响呈显著正相关。相比之下，家庭决策让年轻夫妇家庭流出意愿最强，而到了成熟的核心家庭阶段，家庭决策就要兼顾家庭经济收益和养老抚幼等因素。在家庭生命周期的不同阶段，作出的家庭决策具有一定的差异性。对此，婆婆说："我们家就靠我和老公种海带，平时我还要负责十几个工人吃饭，如果去吃快餐，一个人 10 元钱的话，十几个人就是 100 多元，工人来干活一天要管两顿饭，还有一顿点心，所以平时都是我自己做饭给工人吃，这样比较省钱。如果我去带孙子了，那工人都没饭吃了，请人来做饭一个月还要花1000 多元，饭钱还要多花很多，不值得。"

婆婆表达了对于家庭利益的担忧，基于海带养殖收入和小涵收入总额的差距作出理性判断，其谈话的实质在于保住家庭业已形成的分工格局和生活惯习，不愿意轻易改变，而这也更是为了保住家庭长期以来延续的赚

---

① 〔美〕阿米·古特曼、丹尼斯·汤普森：《民主与分歧》，杨立峰等译，东方出版社，2007，第 39 页。

钱方式，保持家庭收入的可持续性和最大化，指向家庭共同的收益。同时，婆婆的观点也反映了她对于文化和社会的知识存储和秩序的理解。哈贝马斯强调，一切以理解为目的的交往协调活动都必须是从生活世界出发，同时以理解为目的的协调交往行为又对生活世界起着重要作用①。因此，谈话作为交往协调活动的表达方式，反映了个体对于事件的特殊化理解。在婆婆的精神世界里，女性结婚后就应该相夫教子，如果媳妇从事的是稳定的体面的工作，如公务员，尽管收入不高，但从职业声望和家庭社会影响的角度，就应该全力支持；但媳妇从事的是普通私企的会计工作，职业声望和稳定性不高，完全可以从家庭经济利益的角度权衡利弊，作出适当的取舍和牺牲。

哈贝马斯认为，协商民主中要求的是主体间性，即主体—主体关系，这是交往者在内心里给予肯定的"互为主体关系"，其实质是交往主体之间存在的对对方主体地位的"内心承认关系"②。本个案中，小涵在谈话中表达更多的是主体间性，她说："我是本科毕业的，家里为了让我读书，4 年来花了 10 万元，爸妈非常辛苦，这些钱是他们好多年来省下来的。我觉得要赚钱来弥补他们这么多年培养我读书的辛苦，我现在才工作一年多，没赚到什么钱就要我回家带孩子，我当然不愿意。"

可以看出，小涵已经从"自我"的决策思维衍生出"我们"的决策思维，意识主体从"主体性"走向"主体间性"，并将主体间性的思维方式和情感认同纳入主体的决策领域，实现主体间的"移情"和"共观"。在个案中，小涵对于婆婆是理解的，她也会从经济层面来预期未来家庭的收入状况，但是她对原生家庭对她经济和情感上的付出还是很有愧疚，从主体间性进行权衡，放弃工作在家带孩子，势必会招致原生家庭的不满，让他们觉得辛苦培养一个大学生却要在家当家庭主妇而对已有的付出觉得不值。小涵要从夫家家庭和原生家庭诸主体的想法和利益作多方的考量，兼顾主体间的多元利益，确实难以作出选择。

---

① 〔德〕尤尔根·哈贝马斯：《交往行为理论》（第二卷），曹卫东译，上海人民出版社，2003，第 245 页。

② 〔德〕尤尔根·哈贝马斯：《交往行为理论》（第二卷），曹卫东译，上海人民出版社，2003，第 189 页。

（三）家庭决策的过程——多方权力的博弈

1. 夫家家庭：性别角色规训与凝视①

福柯的话语—权力理论认为，女性就是生活在这样的社会性别压力下，不仅要服从传统的性别话语和性别纪律，而且要遵从传统的性别规范，女性个体制造出自己驯服的身体。父权社会通过男性话语对女性进行教导、规范和监督，并把男性话语内化为女性心理和精神，最终达到让每一个女性成为男性和父权社会要求的女性，同时做到"慎独"，成为自己心理、精神、身体和行为的监视者和凝视者。正如福柯所言："用不着武器，用不着肉体的暴力和物质上的禁锢，只需要一个凝视，一个监督的凝视，每个人都会在这一凝视下变得卑微，就会使她成为自身的监视者，于是看似自上而下的针对每个人的监视，其实是由每个人自己加以实施的。"② 社会主流文化塑造女性的身体，将女性形象刻画成适应在家庭中发展的角色，而在公共领域赋予女性较小的发展空间，使女性在竞争中处于不利地位。相应地，女性也调整自己的偏好以适应社会和文化常规规定的正常或可接受的内容，形成"适应性偏好"，从而退缩进家庭领域，造成隐性弱势地位，这体现了传统文化和父权制对于女性性别角色的规训，将她们塑造成柔软的、自觉地融入性别角色期待的身体，并表现出与女性角色扮演相契合的家庭地位。正如福柯所论述的"权力的微观物理学"，是指父权制通过灵魂操纵身体，对人的身体的控制成为目标，肉体如同灵魂一样，都是由社会建构起来的，因而至少在原则上是可以改变的。人的有机体是一种本质上无定形的冲动和活力流。社会彻底改变了身体，身体与历史的关系是"烙满了历史印记的身体和糟蹋着身体的历史"，身体没有固定的形式和内容，个人的主体、身份及特性全都是被历史和权力所塑造、制造和生产出来的③。

在调查中，笔者注意到，小涵作为本科生，在南日岛也算是优秀的年

---

① 福柯提出的惩戒凝视观采用环形监狱作为凝视意象的形象化说明，意指人人都处于社会的凝视之下，用标准化和正常化作为控制和自我规范的深化，表现为对规范的遵从和内化，不可越轨。

② 〔法〕米歇尔·福柯：《规训与惩罚》，刘北成、杨远婴译，生活·读书·新知三联书店，2012，第240页。

③ 〔美〕詹姆斯·米勒：《福柯的生死爱欲》，时报文化出版公司，1995，第463-469页。

轻一代，但在家庭利益协调中，家庭决策更关注的是现成的利益而不是长远的发展，虽然小涵的丈夫只是中专毕业，但家庭常会为了照顾男性的尊严而选择放弃女性的发展机会。在家庭中，夫妻间的职业安排、职业选择、职业流动乃至对职业的投入程度都不仅仅是个体间根据所占有资源进行的博弈，而是和传统的社会性别分工有关。作为私领域的家庭在很大程度上也受公领域的影响，家庭主体按照自己的意愿实践社会劳动性别分工并重构家庭地位关系，且社会性别观念植根于日常生活世界和内化于心，转化为自觉自愿的行为模式。本个案中的夫家家庭，俨然罔顾了小涵在资源上所占据的优势：原生家庭的良好背景、文化程度高于丈夫、赚钱多于丈夫。如果根据交换理论或资源理论，小涵应该获得更多的家庭策略支持、较多的话语权、较高的家庭地位，但事实上，家庭决策在面临取舍时常常摒弃女性的利益，以传统性别观念所指向的"女性回家"来作为思考和决策的逻辑，女性必须在不影响家庭角色扮演的前提下才能实现职业发展，一旦发生夫妻角色间的冲突，家庭决策的判断标准不是资源的多寡抑或是家庭利益最大化，而是按照社会性别规范所限定的男女两性所"应该"的角色。于是，在如此的思维逻辑下，小涵的职业发展就换位于作为妻子和母亲的角色定位，在完成结婚、怀孕、抚幼这些重要的家庭事件中，家庭对女性的角色期待就发生转变，更期望女性留守家庭而不是外出就业，就算女性有稳定的工作也要屈从于丈夫的地位安排，从某种意义上说，这也在一定程度上限制了原生家庭对于女性人力资本的投资。

2. 女性主体：话语权与抗争表达

福柯和德里达皆认为，话语即权力。事物、事实只是构成社会生活和人类关系的原则、假定和惯例投入实际运作所产生的具体结果。彻底改变事物，整体改变事实的最终途径应该是去彻底改变构成社会生活和人类关系的原则、假定和惯例，即改变话语。而要达到改变话语的目的，首先必须掌握和把握话语权①。权力产生于话语的机制，在话语的运行中运作，体现权力关系。话语在内部进行的调整，赋予内部事物以秩序和意义，产生特定序列的权利。这种权力的获得，就必须进入赋予权力的话语，受这种

---

① 李银河：《女性权力的崛起》，文化艺术出版社，2003，第126页。

话语的控制。而且，话语又是权力争夺的对象，话语对它所未指陈的事物的排斥和压制，就是不赋予这些事物说话的权力，将它们排斥在话语的边缘①。可以说，女性通过掌握话语权，可以表达自己的想法和欲望，摆脱边缘化的角色地位，并以此影响家庭决策，重新建构家庭秩序和惯习。在家庭决策的博弈中，为了孩子谁带的问题，家庭开了好多次会议，各个家庭成员展开了话语权的竞争，小涵在家庭决策的较量中力图争取个体的话语权，通过对夫家家庭的反抗来体现在家庭中的权力地位，迫使夫家家庭妥协并作出让步，采取较为温和可行的解决方案。福柯指出，所有的权力都制造反抗，以反面话语的形式产生新的知识，制造新的真理，并组成新的权力，用女性自己的声音来建立身份认同。此个案中，小涵就是通过个体话语权的运作，保留自己工作的权利，让夫家家庭最终答应采取折中的方式，让丈夫的奶奶来照顾曾孙子，因为丈夫的奶奶也才 70 多岁，等照顾不了的时候孩子也读书了。这样，家庭决策的结果使得家庭呈现代际分工的格局，既照顾了小涵夫妻的工作，又照顾了下一代，各方权益达成共赢。

（四）家庭决策的结果：家庭利益的共赢

主体间之所以能达成共识，可以用"前定和谐"来解释，不同主体的认识和世界视域之所以相合，是由于不同主体的世界视域都是经"共现"途径形成的，主体之间具有相同的感知系统的"共现"构造能力是主体之间相互理解的条件②。在该环节中，家庭整体利益是主体间达成共识的基础，而家庭决策起着重要的协调作用。而对于家庭分工决策的作出，贝克尔的家庭分工理论认为，生理优势和人力资本投资专门化是两个重要的考虑因素，家庭决策基于此对家庭两种性别成员在有酬劳动和无酬劳动之间进行分工，使得家庭效用最大化和家庭效率提高。家庭出于利益最大化和整体家庭发展的考虑，往往会权衡性别间的比较优势，判断生理优势和劳动力市场价值，同时征询主体间的意见和言语表达，有时还会牺牲就业劣

---

① 〔法〕米歇尔·福柯：《规训与惩罚》，刘北成、杨远婴译，生活·读书·新知三联书店，2012，第 227 页。
② 〔德〕尤尔根·哈贝马斯：《在事实与规范之间》，董世骏译，生活·读书·新知三联书店，2003，第 371 页。

势者特别是女性的就业机会来维护家庭整体的利益。在家庭决策者眼里，妻子负责专业化的家庭生产，丈夫负责专业化的市场活动，这样有利于家庭和谐共处，同时在发生矛盾冲突时，家庭决策者会及时调整分工来维护家庭系统的利益。在本个案中，作为夫家长者的奶奶出来解了围，以她赋闲在家不如发挥点余热的美好愿望作为出发点，承担起养育曾孙子的任务，至此，家庭多方的矛盾和不一致的观点因为奶奶的表态而得以圆满解决，家庭既有的性别分工和代际分工格局得以保持并继续运转。

四　总结与讨论

传统家庭决策安排和性别分工，使得女性在就业流动选择中处于从属和随迁的状况，就业流动所带来的收入水平和身份地位的向上流动趋于下降。这中间也充斥着女性所归属的原生家庭和夫家家庭的权力博弈，夫家家庭对于已婚女性的性别角色期待更为功利化和经济理性，考虑的因素归根到底是家庭成员作为劳动力的比较优势，从而将就业流动机会交给人力资本相对较高的男性，以实现家庭利益最大化，忽视女性个体发展而非单纯生存需要的利益诉求。相比之下，原生家庭对于女性就业流动的选择更为客观和理性，随着家庭的日益核心化以及女性权力地位的崛起，女性可以享受到来自原生家庭更多的教育机会和发展关怀，个体素质的提升激发了她们争取性别话语权和家庭地位的积极性，通过挑战传统的父权制并进行抗争性表达，使性别关系呈现弥散的低度不平等，从而对夫家家庭施以心理压力，迫使他们作出有利于自己发展的家庭决策，维护个体全面自由发展的权利。

但也要看到，长期以来形成的传统性别观念、父权制、性别角色期待等多维因素的潜移默化，家庭决策更多实现"男流出、女回流"的性别分工，女性处于这样的语境中也自觉地将性别观念内化于心，女性固有的弱势地位被不断强化并实现自我殖民化，加深了她们对于家庭决策的认同和角色扮演的自觉，短期内难以从根本上有所改观。与此同时，女性就业流出的选择意愿被压抑，男性就业流出的机会则被鼓励，大量男性的流出和女性的留守，在很大程度上导致当前出现的农业内卷化和村庄空心化，女性成为耕种土地的主要劳动力，影响农业的技术革新和土地的有效流转；女性亦成为家务劳动的无偿奉献者，个体能力无法充分展现，也无法体现经济价值，强化了女性对男性的依附和归属，当然，更深化了她们在家庭权力对比中的比较弱势。

性别平等与积极的家庭政策

——湖北省进城务工女性城镇融入现状调查

湖北省妇联　华中师范大学农村妇女研究中心

摘　要： 本文以党的十八大提出的"坚持走中国新型工业化、信息化、城镇化、农业现代化道路"为背景，基于"城镇化本质上就是人的城镇化，要实现人的城镇化首先在于妇女的城镇化，只有妇女的城镇化才有家庭的城镇化，才能有真正的城镇化"的理念，从进城务工女性教育、婚姻、生育角度考量她们的职业安全、社会保障和公共服务状况，提出对策建议，以期推动政府制定相关政策，实现进城务工女性的城镇化。

关键词： 进城务工女性　家庭政策　性别平等

党的十八大和十八届三中全会提出，"坚持走中国特色新型城镇化道路，推进以人为核心的城镇化"，"推进农业转移人口市民化"①。"新型城镇化"中"新"的意蕴所在，是"人"的城镇化，即进城务工人员真正融入城市。作为进城务工群体中的重要组成部分的进城务工女性群体，她们在融入城镇的过程中，除了要面临和男性同样的困难，还要面临因性别差异而导致的特殊困难，即融合过程的"双重障碍"。尽管如此，融入城镇仍

---

① 胡锦涛在中国共产党第十八次全国代表大会上的报告，新华网，http://news.xinhuanet.com/18cpcnc/2012 - 11/17/c_113711665.htm。

然是进城务工女性的梦想，这个梦想与民族复兴的"中国梦"密切相连。在中华民族复兴、国家富强的梦想蓝图中，包括农村进城务工女性这个人数众多并快速增长的群体的幸福和安康。在"人"的城镇化这个核心中，一个关键点是进城务工女性的城镇化，只有她们融入城镇并成为真正的市民，广大进城务工人员才可能举家迁居，实现家庭的城镇化进而实现"人"的城镇化。

为此，湖北省妇联联合华中师范大学农村妇女研究中心于 2013 年 5 月至 7 月深入武汉、宜昌、鄂州、仙桃等地，发放问卷 781 份，走访对象 100 多名，对进城务工女性的城镇融入状况进行了深入调研，并从进城务工女性的教育、婚姻、生育角度考量了她们的职业安全、社会保障和公共服务等情况，提出了促进湖北省进城务工女性城镇融入的对策和建议。

一　进城务工女性的基本情况

从总量来看，湖北省进城务工女性数量达 185.64 万人，较 2012 年增加 4.64 万人，增长约 2.5%[①]。

从内部结构分布来看，在湖北省务工的女性主要以湖北籍为主，其中，又主要以来自农村的女性为主；与男性相比，进城务工女性的务工地主要集中在县城。大量女性集中于"女性化的职业和工种"，在餐饮、酒店、美容美发等服务行业就业的人数最多，占 20.3%；其次是家政、物业以及环卫行业，占 19.3%。

从基本特征来看，在教育方面，务工女性的文化程度主要以高中文化和初中文化水平为主，学历的高低影响着女性务工地的选择，学历较高的往往选择到大城市务工，而学历相对较低的则选择在县城务工；在婚姻方面，务工女性大部分已婚，她们中的大部分表示与配偶感情良好，绝大部分进城务工女性育有一个及以上的小孩，并将小孩带在身边，在务工地上

---

① 由于统计系统中没有专门针对进城务工女性的统计数据，根据湖北省统计局公布的湖北省外出务工人员的性别比例 59:41，推算出以上数据。

学。在未婚进城务工女性中，1990 年前出生的占到 49.4%，而以往这一年龄段的农村女性大多已婚，这表明进城务工女性开始出现晚婚化的趋势。

二　进城务工女性城镇融入现状

（一）融入度总体评价

从总体上来看，湖北省进城务工群体的城镇融入处于中等水平，而女性的城镇融入水平要明显低于男性。根据计算，湖北省进城务工群体的城镇融入指数均值为 56.19。其中，女性群体的城镇融入指数均值为 51.84，男性群体为 60.39[①]。

（二）具体融入状况

根据美国心理学家马斯洛的需求层次理论，我们从生存融入、安全融入、社会融入和文化、心理融入 4 个维度来考量湖北省进城务工女性城镇融入的具体状况。在每一个维度下，基于可测量性又选取部分可测量指标构建进城务工女性城镇融入的分析框架，并从其工作、生活、情感、意愿、权益维护以及政治参与等多方面展开研究（见表 1）。

表 1　进城务工女性城镇融入状况测评指标

分析维度	一级指标	二级指标
生存融入	就业情况	工作类型、工作稳定性
	收入水平	月均收入
	消费方式	日常消费、除去日常消费以外的消费
	居住条件	住房类型、住房稳定性

---

① 城镇融入度是衡量进城务工人员融入城镇水平的量化指标。因为城镇融入度是一个抽象的概念，目前关于融入度的测量还没有形成一个统一的测量标准。本文以马斯洛的需求层次理论为依据，从 4 个维度将城镇融入度这一抽象概念操作化为问卷中 60 个可测量的指标，借助 SPSS17.0 软件的统计工具，计算出本次调查对象在 4 个维度上的得分以及最终得分，作为衡量进城务工女性城镇融入度的量化指标。

续表

分析维度	一级指标	二级指标
进城务工女性城镇融入	安全融入	职业安全	签订劳动合同、安全措施、工伤费用
		社会保障	五险一金
		公共服务	是否享受公共服务
	社会融入	生活方式	工作、休息时间
			休闲娱乐方式
		社会参与	社区娱乐活动参与
			社区民主管理参与
			社区政治参与
		社会支持网络	维护权益的方式
			身边的人际关系
	文化、心理融入	城市认同感	留城意愿
			对市民态度的感知
			对自我身份的认同
		融入城市文化	市民行为方式习得
			价值观念

需要指出的是，以上4个维度的融合并不像马斯洛的需求层次理论那样，只有较低层次满足了，才会追求更高层次的满足。进城务工女性的城镇融入是一个复杂的系统工程，四者之间是相互糅合、共同发展的。

1. 基本生存融入状况

从就业方面来看，进城务工女性的工作相对比较稳定。从收入状况来看，进城务工女性月平均收入主要集中在1500元以上，根据国家最低工资规定的要求，湖北省将进一步调整全省最低工资标准，这意味着她们的收入会进一步提高。但是，湖北省进城务工女性的收入还是低于男性。这主要是因为进城务工男性大多从事的是加工、制造、电子、建筑以及公司管理等收入相对较高的行业工作，而女性主要从事的是收入较低的服务行业工作。从进城务工女性的消费情况来看，收入中用于日常消费的最主要两项还是吃饭和住房，分别占71.8%和15.7%，其次是子女教育，占到30.2%，反映出进城务工女性仍是储蓄型消费。从进城务工女性的住房情况来看，私人出租房是最主要的住房来源，比例为35.6%，单位提供宿舍的占 19.9%，自己购买住房的比例达到了 23.8%，说明已有一部分外来务工女性具备长期居留城镇的能力。

2. 安全融入状况

总体上说，湖北省进城务工女性在职业安全融入方面相对较好，而在社会保险和享受当地公共服务方面融入程度相对较低。从职业安全方面来看，有 65.2% 的女性与用人单位签订了劳动合同，43.5% 和 28.8% 的进城务工女性所在单位开展过安全培训和提供了必要的安全防护用品。在工伤费用方面，有 20.2% 的进城务工女性所在单位可全额承担，35.2% 的单位承担部分费用。在"五险一金"方面，进城务工女性除医疗保险（66.7%）和养老保险（49.1%）享受水平相对较高之外，其他工伤保险（36.0%）、失业保险（28.3%）、生育保险（22.0%）和住房公积金保障政策（17.7%）享受水平均较低。此外，进城务工女性能够享受到的当地公共服务水平都非常低。

3. 社会融入状况

由于工作时间长、休息时间短、社会参与度较低等原因，进城务工女性的社会融入程度较低。40.1% 的进城务工女性工作时间超过 8 小时，81.0% 的进城务工女性平均每月的休息时间在 4 天以下。从社会参与来看，68.6% 的进城务工女性表示从来没有或者很少参加社区举办的娱乐交流活动（如社区运动、邻里聚餐等），83.1% 的进城务工女性表示从来没有参加或者很少参加社区民主管理，82.6% 的进城务工女性从来没有参加过或者很少参加社区选举。在受访者中，即使是党员参加党团活动的也很少。与较低的社会参与度形成强烈对比的是，71.5% 的进城务工女性表示她们非常愿意或者比较愿意参加社区的各种活动。这说明不是她们不愿意参与，而是所在地社区给她们提供的参与机会太少。从进城务工女性的社会支持网络来看，乡缘、血缘依然是她们的主要社会支持网络。进城务工女性表示她们经常接触的主要还是朋友（48.5%）、亲戚家人（23.1%）和同乡（13.7%），仅有 11.3% 的人经常与本地人交往。

4. 文化、心理认同融入状况

从留城意愿方面来看，湖北省进城务工女性留在城镇的意愿非常强烈，甚至超过男性。有 60.6% 的女性愿意留在城镇，68.2% 的女性愿意成为城镇居民，这两项指标远高于男性（45.0%、64.4%）；在对市民态度的感知方面，30.2% 的进城务工女性直言城里人比较傲慢，瞧不起人；而从自我身份的认同方面来看，32.5% 进城务工女性仍然不认为自己是城里人，还有 40.0% 的进城务工女性对自己是否为城里人说不清楚，自我身份认同模糊。从行为方式和价值观念方面来看，进城务工女性的行为方式逐渐趋于城镇化，价值观念也比较趋向现代化。

三　进城务工女性融入城镇的制约因素

（一）社会性别歧视阻碍进城务工女性城镇融入

1. 就业不平等，身处职业结构底层

调查显示，湖北省进城务工女性在餐饮等服务行业、纺织服装行业、家政等劳动密集型行业的比例高达 62.3%，高出男性 35.9 个百分点。其所从事的工作大多是低技能、低职业发展机会，以及城镇居民所不愿干的重、累、脏、苦等体力活。

2. 同工不同酬，低收入高成本并存

调查显示，27.1% 的进城务工女性每月收入在 1300 元以下，仅有 1.5% 的进城务工女性每月收入达到了 4300 元以上，低于男性 1.8 个百分点。另外，《2012 年中国农民工调查监测报告》显示，2012 年末全国外出农民工人均月收入 2290 元，而湖北省进城务工女性月平均收入为 1976.33 元。过低的收入难以保证进城务工女性在城镇正常生活的成本，不利于其真正融入城镇生活。

3. 教育培训男性优先，职业技能滞后

"阳光工程""星火职业技能""春风行动"等农民工培训活动都是以农村劳动力为视角而未考虑到女性的特殊性，传统家庭分工方式也导致了男性的优先权。在培训体制缺乏约束与监督的情况下，少有用人单位将进城务工女性的职业培训纳入议事日程中。教育培训的缺失致使进城务工女

性的职业技能普遍滞后，职业晋升路径受阻，制约了其经济收入的提高。

4. 缺乏安全感，女性特殊保护不足

在访问中得知，进城务工女性在经期被安排从事高处、低温、冷水作业等劳动的比较常见，甚至在怀孕期间还会被安排干不适于孕期的劳动，很少有人享受过经期、孕期、产期、哺乳期的特殊保护。除此之外，性骚扰时有发生，有 19.4% 的进城务工女性坦言自己与身边的同伴遭遇过性骚扰，考虑到有些女性不愿承认的情况，实际比例应该还会更高。

5. 远离权力，成为政治边缘人

当前，湖北省对流动人口政治参与的条件、方式及途径都进行了明确规定，但传统社会性别观念、两性文化水平和经济地位的差异决定了女性在获取政治权力等方面还存在很大的障碍。被访进城务工女性中仅 6.3% 是共产党员，低于男性 5.1 个百分点。46.7% 的进城务工女性从不参加党团组织活动，高出男性 11.5 个百分点。66.7% 的进城务工女性表示进城以后就不再回到家乡参加村委会选举，这使得进城务工女性缺乏基层管理中的话语权，成为政治边缘人。

（二）家庭政策不积极阻碍进城务工女性城镇融入

1. 被迫分居：住房保障政策忽略家庭需求

城镇住房是决定进城务工女性留城的重要因素之一，目前，保障性住房供给政策大多以"指导意见""通知"等形式出现。调查显示，41.4% 的进城务工女性没有享受过住房优惠政策，70.6% 的进城务工女性认为全家移居进城的最大困难是城镇房价太高，32.9% 的进城务工女性因家庭住房需求无法得以满足而不能和全家人住一起。从家庭生活的角度分析，夫妻子女分居型家庭模式使进城务工女性在城镇不能享受正常的家庭生活，在城乡之间频繁流动，很难在城镇安定下来。

2. 鱼与熊掌不可兼得：就业支持政策处于空白

目前，中国尚未制定向进城务工家庭倾斜的相关政策，用人单位也往往把劳动者的家庭责任看作与企业无关的个人私事。调查显示，60.0% 的进城务工家庭中的女性因为需要照顾老人与小孩而不得不回到农村。即便是继续留在城镇，进城务工女性也难以兼顾家庭与工作的双重压力，致使城镇融入变成了无法实现的梦。

3. 入学、升学成难题：随迁子女教育服务政策欠公平

调查显示，随迁子女的每学期学费为 1482.99 元，借读费每学期为 558.97 元，每月生活与住宿费用为 501.65 元，一年教育费用至少需要 8598.77 元，占收入的 36.3%。这无疑加重了务工女性的经济负担，抬高了其融入城镇的成本。同时，一部分进城务工人员子女留在老家读书，成为进城务工女性难以割舍的牵挂，势必阻碍其融入步伐。

4. 安全网存在盲区：社会保障政策缺乏家庭观念

社会保障是社会稳定的"安全网"，然而，中国现有社会保障政策一般都是针对公民个人的，缺乏家庭考虑。就进城务工女性个人而言，"五险一金"总体参保率也并不如意。医疗保险参保率仅达到 66.7%，养老保险、工伤保险、失业保险、生育保险的参保率分别为 49.1%、36.0%、28.3%、22.0%，普遍偏低。无法享有社会保险，从而成为安全网之外的群体，这就意味着大批进城务工女性在年老、失业、患病、工伤、生育时面临着较大的风险。

5. 被城镇所遗忘：基本公共服务政策尚未普及

社区作为城镇直接面向居民的窗口，在管理与服务居民中起着重要作用，然而现实中对进城务工女性往往采取消极应付的态度，被排斥在涉及其切身利益的城镇社区服务体系之外。调查显示，仅有 4.9% 的进城务工女性享受过法律援助，38.3% 的进城务工女性享受过提供工作信息的服务，39.8% 的进城务工女性享受过计生和健康服务，47.7% 的进城务工女性享受过社区管理服务（办理准生证、暂住证等）。

6. 不得已成过客：家庭融入限制性政策犹如顽疾

大多数进城务工女性抱有"过客"心态，对城镇没有归属感和主人翁意识。究其原因，首先是户籍制度的限制使进城务工人员被屏蔽在城镇资源共享之外，制约了农村人口的家庭式迁移。其次，以家庭联产承包责任制为基础的农村土地制度并未设立合适的退出机制，进城务工人员要想获得市民身份融入城镇生活，就不得不放弃农村土地。80.6% 的进城务工女性明确表示不愿意放弃承包地。

四　进城务工女性城镇融入问题的根源探究

对进城务工女性城镇融入问题追根溯源，主要有 3 个方面。

首先，"见物不见人"的发展导向，忽视了她们的利益。新中国成立初期，为了在"一穷二白"的基础上迅速建立工业体系，国家采取了以发展重工业为主的工业化道路，并由此形成了以户籍制度为基础的一系列制度安排；改革开放后，由于路径依赖和制度惯性，长久以来形成的将农业和农民排除在城市之外的制度安排仍然无法在短期内根本消除。因而，进城务工女性融入城镇困难重重。有些地方政府把经济发展简单地理解为投资、建设、上项目，缺乏对产业结构布局的综合考虑。同时，城镇用掠夺性吸纳农村廉价劳动力的方式来建设城市，却不愿承担进城务工人员在城镇安居乐业的融入成本。还有的城市居民因利益冲突对进城务工女性及其家庭存在排斥态度，认为大量农村女性的流入加剧了城镇交通的拥堵，抢占了部分城镇居民的就业岗位，推高了城镇房价，其随迁子女挤占了优质教育资源。

其次，传统性别观念分工对女性城镇融入形成了掣肘。"男主外，女主内"的传统观念使女性将时间和精力在孩子、家庭和工作之间进行分割，她们被迫弱化自我、牺牲自我，无条件地服从社会、家庭的需要。加之进城务工人员为了增加家庭经济收入，也不惜牺牲家庭整体利益，以分散化的形式外出务工，这些都影响了其融入城镇。

再次，大量农村女性进城务工，客观上形成了与进城务工男性竞争的局面。城镇就业资源有限的客观现实，造成进城务工男性群体对女性的排斥。另外，追求利益最大化的企业需要没有家庭负担的廉价劳动力，需要能为其带来利益最大化的男性，而不是会因为怀孕、产假、哺乳而加重企业负担的女性，"性别亏损"是很多企业所不愿承担的。

五　推进进城务工女性融入城镇的建议

(一) 解决进城务工女性城镇融入问题的发展导向

新型城镇化"新"的首要意义在于"人的城镇化",而要真正做到"人的城镇化",首先必须做到进城务工女性的城镇化,只有进城务工女性真正融入城镇变为市民,才可能带动整个家庭并逐渐融入城镇。因此,在实现"人的城镇化"的过程中,要把进城务工女性的城镇化放在首要位置,将"人的城镇化"特别是"进城务工女性的城镇化"作为发展导向之一。

(二) 解决进城务工女性城镇融入问题的策略与路径

从实施策略来看,要将性别平等与家庭观念纳入决策主流,改革家庭迁移政策,让进城务工女性"进得来";改革家庭住房政策,让进城务工女性"留得住";改革家庭就业政策,让进城务工女性"工作好";改革就业支持政策,让进城务工女性"做得到";改革家庭优惠政策,让进城务工女性"活得好";改革社会保障政策,让进城务工女性"过得安";改革政治参与政策,让进城务工女性"说得出"。从具体治理路径来看,需要政府、社会、个体三者协同,创建专司家庭政策机构,让进城务工女性"有人管";扩大妇联组织影响,让进城务工女性"有依托";加强新闻媒介报道,让进城务工女性"有形象";强化用人单位职责,让进城务工女性"有奔头";凸显社区使命,让进城务工女性"有归属";拓展社会关系网络,让进城务工女性"易融入";增进家庭成员间的感情,让进城务工女性"好适应";提高城镇居民的接纳度,让进城务工女性"有信心"。

性别视角下的农村安置新房分配研究[*]

◎ 顾金土　周红云[**]

摘　要：按照一些农村地方习俗，出嫁女儿没有家产继承权，儿媳也没有参与家庭决策权。农村住房流转让农民获得了多套房产，也产生了"出嫁女儿获得了安置新房"的新现象。本文以鲁西北 L 村为例，通过参与观察与深入访谈法，从性别视角对农村安置新房分配进行研究。女儿获得住房的主要原因是：权威型家长的存在，女儿在娘家地位提高，女儿养老和适当的家庭策略。案例研究发现，出嫁女儿获得房产是基于女性家庭权力结构之上的一种决策均衡。

关键词：住房置换　性别视角　新房分配

一　问题的提出

根据中国的法律，与男性一样，农村出嫁女性也拥有家庭财产的继承权，但是在现实生活中，她们获得继承权面临巨大的阻力，实现的可能性

---

[*] 本文为教育部人文社会科学基金项目"农村住房流转的社会福利评估"（项目编号：11YJC840012）的阶段性成果。

[**] 顾金土，河海大学公共管理学院社会学系副教授；周红云，河海大学公共管理学院社会学专业硕士研究生。

非常小①。文献研究表明，单系继承具有形式和实质的合法性②，家产分配中的循规蹈矩也具有合理性。但变革带来了新的可能。由于农村住房流转，原本不可分割的住房变成可分割的标准化住宅，"一户一宅"也就变成"一户多套"，让本来对于娘家住房不抱继承希望的出嫁女性燃起"分一杯羹"的期盼③。本文以鲁西北 L 村为例，分析出嫁女性获得家庭住房分配的状况、成因和影响，从家庭内部权力结构视角分析影响住房流转过程中新房分配方案抉择的因素，并分析女性角色在其中发挥的作用。

二 样本点介绍

鲁西北 L 村位于城区东南约 5 公里，村内无耕地，全村共有 285 户，计 1267 人，全部从事非农工作。该村就业结构转型原因是 2000 年以来的工业园区建设。目前，园区已经集中了 30 余家民营加工类及肉食类企业，为 L 村提供 3000 多人的就业机会。大量的就业机会吸引了外来务工人员。随着外来务工人员的增多，住房成为本地居民和外来居民的突出需求。2004 年，L 村出资建设 Z 社区，该社区居民共 1920 户，人口 6837 人，主体是外来人口，本村居民的结婚用房多数购置于该社区。2010 年根据城市"两区同建"（园区、社区）的部署，开发建设了由 32 栋居民楼组成的安置小区，共分三期工程，到 2013 年一、二期工程完工，村民全部入住，三期工程主要用来出售。

根据 L 村住房置换规则，2 平方米的平房可置换 1 平方米的楼房，或者 2.8 平方米的平房置换成 1 平方米的门市楼。大部分村民只有一处宅基地，

---

① 毛立平：《中国传统社会妇女的财产问题——以美国中国学界为中心的研究》，《中国人民大学学报》2009 年第 1 期。狄金华、钟涨宝：《土地流转中农村女性权益状况的实证分析——以河北省米村和湖北省石村为例》，《中国农村观察》2012 年第 3 期。
② 吕春娟：《继承男女平权——法律与习俗之间》，《河北法学》2013 年第 1 期。梁治平：《乡土社会中的法律与秩序》，载王铭铭、王斯福主编《乡土社会的秩序、公正与权威》，中国政法大学出版社，1997。
③ 张翠娥、杨政怡：《农村女儿养老的社会认同及影响因素分析——基于江西省寻乌县的调查数据》，《妇女研究论丛》2013 年第 5 期。

一般选择的是换两套小面积（85 平方米左右）的楼房，而这部分只有一处宅基地的村民多数因儿子结婚，也在临近的 Z 社区买有楼房，所以住房置换后他们也会拥有 3 处楼房。拥有两至三处宅基地的村民则会选择楼房和门市楼相结合的方案。

　　本文采用性别视角研究女儿获得安置新房这一突破常规农村继承规则的现象。在 L 村的 230 户常住居民中，有女儿的家庭在 80 户左右，其中招婿的共 15 户，给女儿楼房的共有 8 户，获得房产的女儿所占比例在 10% 左右。她们获得房产数量均为 1 套，占全部安置房产的比例从 1/3 到 1/6 不等。通过对这 8 户居民以及对招婿或者在附近居住女儿的深入访谈，我们梳理出了农村女性获得家庭住房分配的原因和影响因素。

三　农村女性获得家庭住房分配的原因分析

　　根据调查，L 村共有 8 户家庭给女儿分配了房产，表 1 是这些住户的基本情况。

表 1　女儿分得楼房住户的基本情况

户主	年龄	子女结构	安置新房数量	家庭住房分配方案
A	50 岁	一子一女	2 套	儿女各 1 套
B	38 岁	户主有一个姐姐	3 套住房、2 套门市	给姐姐 1 套
C	38 岁	户主有一个姐姐	2 套住房、2 套门市	姐姐分 1 套，但出 10 万元钱
D	65 岁	一子一女	6 套	给女儿 1 套
E	53 岁	两女	2 套	1 人 1 套
F	60 岁	一子一女	4 套	女儿分 1 套，但出 10 万元钱
G	59 岁	两女	2 套	1 人 1 套
H	61 岁	两女一子	4 套	2 个女儿各 1 套

　　注：1. 家庭住房（包括父母正在居住的附近 Z 社区的商品房）分配限于儿子和女儿，父母不再保留；2. 户主 E 和 G 两户大女儿皆为招婿，他们将继承父母现居住在 Z 社区的商品房。

　　传统农村中，只有男性才有权继承家庭财产，且往往诸子平分，而女儿从一出生就作为家庭"外人"，只有通过嫁妆分享一些家庭财产，出嫁后在男方家庭中继承男方父母家庭的财产。同时，儿子承担养老责任，女儿的养老责任则是辅助性的。作为微调，父母也会力所能及地对出嫁女在婚嫁时的财产作出分配，以提高其在男方家庭中的地位。因此，按照惯习，出嫁女儿不再参与家庭财产的分配。如果女性从夫居住，嫁入地和嫁出地的经济社会基本同质的话，这套权力—义务体系是平衡的，也是稳定的。可是，法律倡导男女权利平等，共同承担养老责任，也可以公平分享家庭财产，而且既要体现在娘家也要体现在婆家。由于法规和惯习不相一致，出现矛盾在所难免①。如何解释 L 村出现的"女儿继承房产并且没有引起争执"这一新现象？通过深入访谈，我们发现主要存在 4 个方面的原因。

（一）权威性家长的存在是女儿获得房产的充分条件

农村传统上实施父权家长制。父祖权威集中体现在对子孙拥有绝对的经济权、惩戒权和主婚权，其中经济权是父祖权威的基础②。随着社会的快速发展，多数老年人无法进行快速的社会化和再社会化，无法为家庭作出足够的经济贡献，无法获得子女发自内心的服从，从而导致家长权威的下降。但是，也有些家长因为对家庭作出较大的贡献而保有权威，从而可以对家庭重大事务享有决定权。这些权威性家长不会无视女儿对因住房流转而产生数量可观的新房的期盼，也可以体现其权威的无处不在，因此，女儿只要一个暗示或者没有暗示，均可以获得新房的分配权。

案例一：户主 D 原为企业主，每年有 10 万元左右收入，因村内工厂被占，共换得 6 套楼房和 20 万元补偿款，D 将 3 套小楼房卖掉，共得 90 万元，他作为家庭的经济核心而享有绝对的权威。D 留下 2 套 125 平方米的房子（自己和儿子各 1 套，默认这两套住房在父母过世后属于儿子）和 1 套 140 平方米的房子（给女儿），此外 D 还负责给儿子装修和买车。关于给女儿房子这件事，他的观点是，我的房子，我想给

---

① 吴自强：《农村遗产继承中的性别不平等问题研究——以甘肃省武威市凉州区为例》，《黑河学刊》2012 年第 7 期。

② 高华、张明泽：《刍议当前多子女家庭中的女儿养老现象》，《湖北社会科学》2012 年第 3 期。

谁就给谁，他俩（儿子儿媳）这些年赚的钱也没给我一分，到现在还老是找我要钱。

案例二：户主 H 曾为村干部，现负责 Z 社区物业管理，在村内和家庭内部都享有一定的权威。他的两个女儿虽然嫁到外村，但户口没有迁出，也居住在村内，因 H 在村集体内部任职，两个女儿都获得了独立的宅基地。根据农村住房集体内部流转的原则，他的外嫁女儿本不该享有宅基地。在住房置换中，两个女儿都换了两套楼房，而 H 换得 4 套住房，H 坚持分给两个女儿各 1 套。用他的话说，就是"她们有的是她们的，这是我给她们的"。还说"早给儿子说好了，儿媳也知道"。这里有一个特殊情况，H 的儿子并不是亲生的，但也获得 2 套，现自住 1 套。周围邻居认为："如果不是要的（抱养的），怎么可能同意？"

从上述两个案例我们可以看出，D 和 H 因为对家庭经济贡献较大或者地位重要，在家庭内部享有绝对的权威。在给女儿房产的事情上，他们几乎一锤定音，轻易就获得了儿子家庭的同意，从而达到将家庭财产在子女中共享的目的。拥有一个权威性家长是女儿可以获得家庭财产的可靠保证，但权威性家长也是稀缺资源，在普通的村落中比例极低。因此，权威性家长的存在是女儿获得房产的充分但不必要条件。

（二）出嫁女在娘家地位的提升

计划生育政策极大遏制了家庭生育子女的数量[①]。表 1 也表明，父母年龄在 50 - 65 岁，子女数量多数只有 2 人。家庭子女数量的缩减使每个子女在父母心中的地位都有所提升，虽然女儿的重要性仍然在儿子之后。正如户主 D 所说："这么大的家产，还能都给儿子啊？"由于子女数量不多，女儿接受了与儿子差不多的教育，也少了对父母"重男轻女"的抱怨。他们的子女都受到了初中及以上的教育，这为女儿们进入社会、实现就业提供了重要条件。她们在社会中的地位上升也反射到家庭内部，对于娘家的事

---

① 周永康、王仲凯：《改革开放以来农村分家习俗的变迁》，《西南农业大学学报》2011 年第 3 期。

务，在力所能及的范围内作出贡献。这样的良性循环使得出嫁女儿在娘家的地位迅速提升。

> 案例三：户主 B 家共换得 3 套住房、2 套门市，B 的姐姐在结婚的时候因为父亲刚去世，所以嫁妆不是很好，而且户主 B 在建第二座院子的时候，得到了姐姐的经济支持，当时就约定，以后这个院子给姐姐，于是在住房安置之后由母亲做主给姐姐 1 套 90 平方米的楼房，姐姐与丈夫、婆婆、女儿共同住在这里。
>
> 案例四：户主 C 家共换得 2 套住房、2 套门市，C 的姐姐在其父亲生病的时候负责了主要的照料工作，并且在婆家借钱支付父亲的住院费。在住房置换中 C 家换得上下相邻的两套住房，而 C 与妻子、儿女住在附近的 Z 社区，儿子一岁半，由母亲照顾，两个门市自己用来做生意，因为平日生意忙，儿子都由母亲照顾，于是由母亲做主给了其姐姐一套住房，姐姐自己补贴 10 万元。平日姐姐和母亲共同照料 C 的儿子。

以上两个案例中的女儿在特定时期为家庭作出了较大的贡献，从而提升了其在娘家的地位，其身份也从"泼出去的水"变为"自家人"，为其获得房产奠定了基础。这种贡献之所以被承认，显然与其自身能力增强以及出嫁女性在婆家拥有了更多的自主权有关。她们对于娘家的日常照料和作出的经济贡献，在农村这个熟人社会中几乎是透明的，在父母心目中，在周边的舆论里，她们均获得了客观、公允的评价。她们在娘家困难时期"有难同当"的表现，成为"自家人"的有力证据，使得当娘家处于顺境之时可以"有福同享"，在农村住房流转中分享房产，也在情理之中。

（三）父母对女儿养老的期待

依照传统惯习，直系代与代之间是一种"抚养—赡养"的责任模式，由男性独享家庭财产，也相应承担赡养老人的义务。这种代际"反馈模式"对于儿子（包括入赘的女儿）是平衡的，出嫁女儿则跟随夫家来继承婆家财产和承担赡养义务。她们接受的是娘家父母的抚养，却要向夫家公婆尽赡养义务，因此是不平衡也是不稳定的①。同时，娘家父母也对儿子的赡养能力产生怀疑，对于没有血缘关系的儿媳妇是否能够贴心照顾更信心不足。从服务角度来说，女儿具有服务和情感优势。调查也表明，女儿在老年人日常生活照料方面的重要性已经仅次于配偶②。因此，在家庭小型化的背景下，"养儿不再防老"也成为一种现实的忧虑，老人自然希望扩大养老的基础，把女儿留在身边，可以作为养老的一个稳定依靠。反过来，女儿也存在相同方向的动机。女儿往往出于报答父母的养育之恩和与父母割舍不断的亲情来照顾父母，也符合"顾娘家"的社会舆论导向，而且在乡邻的羡慕赞赏、攀比炫耀中，这种模式也已经成为一种备受推崇的乡村新风俗③。

在访谈过程中，受访的父母都或多或少地提到对未来女儿养老的期待，如 E 在访谈中说道："咱倒是不指着她（二女儿）养老，可是住这么近她真能不管？"又如 A（一儿一女皆在外上大学，但是儿子毕业之后不打算回家，而女儿则打算毕业之后回家工作）给女儿一套房产的行为暗含着他对于女儿养老的期待。而户主 F 家中有一子一女，共换得 4 套楼房，F 给女儿一套楼房，由女儿自己补贴 10 万元。F 的女儿并不是亲生的，而是抱养的，村里人都说，"如果不是想着以后放在身边给自己养老，干嘛要抱养她呀（因为家中已经有儿子）"。

从上述案例可以看出，虽然给予女儿房产的父母生活都还能自理，但是他们对于女儿都有养老期待，期望女儿在自己生病或者不能自理的时候提供经济支持和日常照顾。这样既可以分担儿子养老的压力，也可以发挥女儿照顾的优势，从根本上拓展了农村的养老资源，为老年人的生活质量提供更好的保证④。这样的方案也是兼顾传统理性和工具理性的最优选择。因为根据传统理性，父母不能去女儿家养老，但这不排斥父母可以通过给女儿房产或者资助其在附近买房的方式，让女儿自觉地照顾父母。当然，这也会影响女儿对夫家父母的照顾。

---

① 出嫁女儿如果离婚，将断绝与婆家的一切关系，而回归娘家也会遭遇儿子一方（含儿媳妇）的阻碍。

② 米峙：《影响北京市女儿养老支持作用的因素分析》，《西北人口》2007 年第 1 期。

③ 高华：《农村多子女家庭代际交换中的新性别差异研究》，《南方人口》2011 年第 2 期。

④ 聂焱：《农村劳动力外流背景下女儿养老与儿子养老的比较分析》，《贵州社会科学》2008 年第 8 期。

（四）家庭策略的恰当应用

家庭策略是指家庭及其成员的决策过程和决策时机①。家庭策略将家庭视为一个能动的主体，在面对外部环境变化时作出及时有效的应对措施。俗话说"清官难断家务事"，家庭的每个决定都不是简单的一方压制另一方的结果，而是家庭成员内部相互协商妥协而达到平衡的结果。在儿女结婚之后的联合家庭内部，是由儿子的家庭、父母的家庭和女儿的家庭 3 个核心家庭组成的，核心家庭的内部利益与联合家庭的利益是存在矛盾的。费孝通在论述"差序格局"时提到，"公和私都是相对的，站在任何一圈里，向内看也可以说是'公'的"②，分家之后对于每个成员来说自己的核心家庭就是"私"的，而大家庭则是"公"的，所以核心家庭的成员在争取核心家庭利益最大化的时候，也就可能侵占大家庭的利益，尽量多地从大家庭中分割出自己的利益。阎云翔在《私人生活的变革：一个中国村庄里的爱情、家庭与亲密关系（1949 - 1999）》中也发现，儿子会让女朋友向父母多要彩礼，在准备步入婚姻阶段的小夫妻二人就结成了利益共同体，为自己将要构建的核心家庭谋取利益③。

面对联合家庭内部各个核心家庭存在的独立利益，父母需要运用恰当的家庭策略。所谓适当的策略，就是既能维持大家庭的和睦，又能照顾各方的面子和利益，达到各方皆能接受的均衡。比如：户主 C 的母亲和户主 F 都采取了折中的策略，让女儿进行一定的经济补贴，减少儿子、儿媳的被剥夺感；而户主 B 的母亲还在和儿子儿媳说好之后请了儿媳的娘家人吃饭，充分地表示了尊重，而且特意让女儿住得比较远，对村里人也一直说儿媳的好；而户主 D 虽然在家庭内部拥有绝对的权威，女儿买车库向他借钱，但坚持让女儿还，并说"闺女在那边还有家产，咱这边呢，媳妇娘家远，什么也没有"，不过分剥夺原本属于儿子儿媳的财产；户主 H 则在儿子结婚

---

① 王利兵：《家庭策略视角下的农村分家方式探讨——基于闽南北山村的考察》，《民俗研究》2013 年第 5 期。

② 费孝通：《乡土中国》，北京大学出版社，1998。

③ 阎云翔：《私人生活的变革：一个中国村庄里的爱情、家庭与亲密关系（1949 - 1999）》，龚小夏译，上海书店出版社，2006。

之前就跟儿子说好，并将房产过户到女儿名下，他说"儿媳妇还没进门，没有资格管我们家的事，而儿子女儿都是自家人，什么都好说"。在"女儿大，儿子小"的家庭，儿子结婚之前将房产给女儿也是一个普遍应用的稳妥策略。良好家庭策略的运用可以将儿子、女儿的各个核心家庭亲密地联系在一起，强化了姻亲的互助作用。如果不能运用恰当的家庭策略，则会引起儿子、儿媳的不满与埋怨，或者给今后的日常生活埋下祸根。

通过上述案例可以看出，出嫁女儿获得娘家房产有 3 条比较稳定的途径：一是有权威性家长的存在，这是女儿获得房产的充分不必要条件；二是如果没有权威性家长的存在，女儿也可以通过对家庭作出突出贡献而得到获得房产的资格；三是在"女儿大，儿子小"的家庭中，女儿也可以在弟弟结婚之前，即在外人（儿媳）介入之前，在娘家内部争取一部分房产。

四　结论

应该肯定上述现象的进步意义，虽然只是部分出嫁女儿获得娘家的一小部分房产。考虑到儿子（含招婿女儿）承担更多的养老责任，这样的分配也是一种理性的均衡。从老人角度，让自己的儿子和女儿在身边居住，符合中国的家庭养老模式，发挥了儿子和女儿双方的优势和积极性，使其今后的老年生活多了一份保障。对处于远郊的女儿家庭来说，不仅是获得一份重要的住房财产，而且也是实现城市化的一个路径，给下一代提供更多的向上流动机会。女儿能否成功获得房产，关键是看儿媳妇的态度。促成女儿获得房产，需要家长选择恰当的家庭策略。L 村经验对于其他正在发生或者将要发生住房流转的农村地区的借鉴意义是：在保障儿子养老的基础上，考虑女儿对住房的需求，父母宜选择合理的分房方案和行动策略，以达到家庭和睦和安享晚年的目标，否则，住房流转所带来的福利反而会成为家庭紧张和冲突的祸根。

出嫁女儿获得农村住房属于一种新现象，还有许多衍生的问题值得研究。获得房产的女儿是否会更多地尽赡养老人的责任？这对她们赡养公婆会不会有影响？亲生儿女和收养的儿女是否该同样获得房产？给女儿房产是否会成为一种趋势？这些问题还需要继续探索。

农村独居老年妇女的经济支持研究

——基于山东省 L 村的实证调查

◎李月英[*]

摘　要： 本文通过对山东省 L 村的农村独居老年妇女经济支持的 4 个方面——生活来源、月收入和月支出、子女供养形式以及医疗费状况等进行调查分析发现，农村独居老年妇女的正式经济支持体系不足；非正式经济支持体系具有重要的作用，但目前还很脆弱。本文针对存在的问题提出了相应的对策建议。

关键词： 农村　独居老年妇女　经济支持

一　选题背景

随着中国人口老龄化进程的日益加快，老年人口的相关问题愈加凸显。第六次全国人口普查结果显示，2010 年中国内地 60 岁及以上的老年妇女约为 9105 万人，占老年人口的 51.3%；到 2050 年老年妇女将达到 2.57 亿人，占老年人口的比例也将升至 53.2%，其中在 2010 年的 9105 万老年妇女中，有 56.7% 的人居住在社会经济条件相对落后的农村地区，规模达 5130 万人左右①。

＊　李月英，山东省泰山学院历史与社会发展学院助教。

①　谭琳、贾云竹：《2000－2010 年中国老年妇女的状况变化及主要特征》，《老龄科学研究》2013 年第 2 期。

由于受中国城乡社会经济发展巨大差异及农村更浓厚的性别歧视等传统文化习俗的影响，居住在农村的老年妇女的生存状况显著比城镇老年妇女差，处于地域、年龄、性三重弱势地位。在这一弱势群体之中还有一特殊群体——农村独居老年妇女，即丧偶之后，不和子女在一起居住，独自一人居住的 60 岁及以上的农村女性老年人。就目前而言，这一群体还未引起应有的重视，她们是更亟待国家和社会相关养老政策及公共资源支持和帮助的一个弱势群体。本文即以农村独居老年妇女为研究对象，从社会支持的角度主要对其经济支持状况进行调查分析。

社会支持是指以各种社会形态对社会脆弱群体，即社会生活有困难者提供的无偿救助和服务①。一般来说，社会支持是与弱势群体存在相伴随的社会行为。按照获得渠道划分，社会支持通常分为正式支持与非正式支持两大类。前者是指来自正式组织的各支持供给者的集合，如各级政府、各级组织、机构、企业、社区等。后者是指来自非正式组织的支持供给者的集合，如家庭成员、亲戚、邻居和朋友等②。按照社会支持内容可分为工具性的社会支持和情感性的社会支持③，前者包括经济支持和生活照料支持，后者指精神慰藉支持。经济支持影响着人们的生活质量，在社会支持中具有极其重要的作用。本文主要是对特殊的弱势群体——农村独居老年妇女的经济支持状况进行研究分析，厘清她们的经济支持可能面临的困境，从而提出具有针对性的对策建议，使得这一弱势群体能够平等分享社会发展的成果，安度晚年。

二　调查结果与分析

本文以山东省一个行政村——L 村为例，该村位于山东省西部欠发达地

① 张文宏、阮丹青：《城乡居民的社会支持网》，《社会学研究》1999 年第 3 期。
② 张友琴：《社会支持与社会支持网——弱势群体社会支持的工作模式初探》，《厦门大学学报》2002 年第 3 期。
③ Lin, L., "Conceptualizing Social Support", In L. Lin, A. Dean and W. Ensel (eds.), *Social Support, Life Events and Depression, Orlando*, FL: Academic Press, 1986.

区，共有 1898 人，在所属镇属于人口最多的行政村。本次调查以截至 2014 年 1 月 1 日年满 60 周岁及以上的农村独居老年妇女为调查对象。该村共有独居老年妇女 67 人。为了全面深入地分析她们的经济支持状况，采取的方式是直接入户进行调查，问卷回收率达到 100%。为了避免只采用单一方法带来的偏颇，笔者在调查中运用访谈的形式，以确保所获得资料的全面深入。

（一）调查对象的基本情况

1. 调查对象的年龄构成和受教育程度

67 位农村独居老年妇女中，60 岁到 64 岁的占 13.4%，65 岁到 69 岁的占 23.9%，70 岁到 74 岁的占 28.4%，75 岁到 79 岁的占 17.9%，80 岁及以上的占 16.4%。从被调查者的年龄构成可以看出，年龄较低的丧偶女性较少，随着年龄的增长，丧偶的女性老年人逐渐增多，所以中龄独居老年妇女居多，到了高龄之后，由于身体状况较差，有条件独居的女性老年人数量减少。

2. 调查对象的受教育程度

从调查对象的受教育程度来看，未受过正式教育的占了绝大多数，不识字或很少识字的占 91.0%，小学文化程度的占 7.5%，初中及以上文化程度的占 1.5%。总体上说，农村独居老年妇女的受教育程度普遍偏低。

3. 子女个数状况

从所调查的情况来看，67 位调查对象子女数平均为 4.59 个，其中儿子平均数为 2.41 个，女儿平均数为 2.18 人。67 位调查对象全都有子女，其中最多的有 7 个子女。

4. 独居原因

当问及是否愿意和子女住在一起时，81.0% 的独居老年妇女的回答是不愿意，再问及其中的原因时，71.6% 的老人认为与子女分开住自由，14.9% 的老人认为和儿媳相处不融洽，9.0% 的老人担心和子女在一起住会给子女带来麻烦，还有 4.5% 的老人独居的原因是子女都在外打工。

（二）调查对象的经济支持现状

经济支持是农村独居老年妇女社会支持的核心，稳定的经济收入是满足其物质生活的基础，也是实现老有所养的先决条件。农村独居女性老人的经济状况主要取决于老人个人的经济来源和子女的经济支持。本文主要从生活来源、月收入和月支出、子女供养形式和医疗费用状况等4个方面对农村独居老年妇女的经济支持状况进行考察。

1. 生活来源

本调查把农村独居老年妇女的主要生活来源分为6类：基础养老金、子女提供、自己劳动所得、农村低保、遗属补助和个人储蓄。值得一提的是，调查对象所在地区自2011年10月1日起，60周岁以上的老人每月可领取基础养老金，养老金的数额不断增长，从最初的每人每月55元，涨到自2013年10月1日起的每人每月65元。由于基础养老金是每位独居老年妇女都共有的一项生活来源，所以调查问卷中的生活来源项目是指除了基础养老金之外的其他来源。

在调查的67位独居老年妇女中，主要生活来源占第一位的是子女供养，共有39人（58.2%）；生活来源为自己劳动所得的有11人（16.4%），都是70岁以下的低龄老人，有力气自己劳动，只是农忙时需指望子女帮助播种收割。该村人均耕地1.8亩，除去生产成本，每亩地的纯收入在1000元左右，也就是说，自己劳动的独居老年妇女种地的年收入是2000元左右。通过深入访谈发现，生活费来源中，最稳定、经济状况较好的要数农村低保和遗属补助。该地区2013年农村低保每年2000元，而且这个数目近几年连续提高，由于低保名额有限，在67人中仅有10人（14.9%）有领取农村低保的资格。生活来源为遗属补助的有4人（6.0%），领取的补助金额各人不等，一般每月250元左右，再加上65元的基础养老金，其经济情况较好。生活来源是个人储蓄的有3人（4.5%），个人储蓄主要是其配偶在世时积攒下来的。

2. 月收入和月支出

本调查将农村独居老年妇女的平均月收入界定为100元及以下、101 -

200 元、201－300 元、301－400 元、401 元及以上 5 个等级。由于她们的月收入中都包含每月领取的 65 元的基础养老金，即使如此，月收入低于 100 元的仍有 41 人，占 61.2%，月收入 101－200 元的有 10 人，占 14.9%；月收入 201－300 元的有 12 人，占 17.9%；月收入 301－400 元的有 4 人，占 6.0%；没有月收入 401 元及以上者。调查结果表明，农村独居老年妇女的月收入普遍偏低，大多数（76.1%）在 200 元以下。

调查还发现，月收入在 200 元以上的有两类独居老年妇女：一类是领取遗属补助的老年妇女，另一类是领取农村低保的独居老年妇女。但这两类老人毕竟是少数，总共才有 16 人，只占独居老年妇女的 23.9%。

收入决定支出，在对农村独居老年妇女的月支出状况进行调查时，本文也按照月收入的界定方法，将月支出分为相应的 4 个等级。从统计结果来看，月支出 100 元及以下的有 49 人，占 73.1%；月支出 101－200 元者 12 人，占 17.9%；月支出 201－300 元者 6 人，占 9.0%；没有月支出 300 元及以上者。

从以上分析可知，农村独居老年妇女收入有限，造成这种局面的主要原因是她们的收入来源渠道较单一，且收入水平低。尽管当前这些老人每个月都领取 65 元的基础养老金，但对她们而言，65 元的基础养老金难以满足她们各方面的需要。通过对农村独居老年妇女的支出项进行调查发现，用于"医疗"的有 42 人，占 62.7%；用于"食物"的有 31 人，占 46.3%；用于"人情"的有 19 人，占 28.4%；用于"衣服"的有 7 人，占 10.4%。由此可见，医疗的选择率最高；其次是食物的花费，农村独居老年妇女吃的粮食尽管不用花钱买，但日常饮食必需的油盐酱醋等也是支出的一部分；再就是人情的花费，也是独居老年妇女总支出的一部分；衣服上的花费最少。

通过对农村独居老年妇女支出项与年龄交叉可以看出，随着年龄的增长，用于医疗上的支出升高，用于人情的支出降低。在当地农村，老人到了一定的年龄，由于收入和身体状况的限制，一般都不再参与亲戚朋友间的人情来往，而把这种人情来往转移给子女，其中主要是儿子，儿子不止一个的，一般会把人情来往分摊给儿子。另外，衣服支出只在低龄老人中有，对于高龄老人，这项支出则是空白，对于她们来说，医疗比衣服更重要（见表1）。

表1　L村不同年龄独居老年妇女支出项比较　　　　单位:%

	60－64岁	65－69岁	70－74岁	75－79岁	80岁及以上
医疗	11.1	37.5	78.9	83.3	90.9
食物	44.4	50.0	47.4	41.7	36.4
人情	88.8	62.5	10.5	8.3	0
衣服	44.4	10.5	5.3	0	0

3. 子女的供养形式

调查中发现，以子女供养作为主要生活来源的占58.2%（39人），依靠其他生活来源的独居老年妇女，也在一定程度上离不开子女的供养。该地区2011年开始实行基础养老金以来，子女供养的形式大多数是提供粮食，占到76.1%（51人），提供粮食和现金的占到7.5%（5人），什么都没有提供的占到16.4%（11人）。子女没有任何提供的11名老年妇女，其生活来源依靠自己劳动获得。

通过访谈得知，子女都是在麦收之后给老人粮食（小麦）。粮食的提供者是儿子，所提供的粮食数量多少不等，一般都够老人一年食用。在所调查的农村独居老年妇女中，其子女给现金的较少，67人中只有5人得到过子女提供的现金，一般是月均10元到20元。调查过程中，有的农村独居老年妇女感慨:"现在政府比子女都强，我现在每个月都能从政府领到钱，哪个子女每个月给过我钱?"

4. 医疗费用状况

农村独居老年妇女随着年龄的增长，生理机能衰退，患病率大大提高，不得不面临越来越多的医疗费用。医疗支持是农村独居老年妇女在经济上获得社会支持的另一种形式，她们能享受到国家对其唯一的医疗支持是新型农村合作医疗（以下简称"新农合"）。

调查对象所在地区2012年新农合政策规定，市、县、乡三级定点医疗机构住院补偿起付线分别设定为500元、400元和100元，按照新农合政策的规定，参保农民必须到县及县以上卫生行政部门确定的新型农村合作医疗定点机构就诊才能享受补偿，在非定点医疗机构就诊发生的费用一律不予补偿。同时，随着新农合医疗定点机构级别的提高，报销的标准逐渐降低。乡镇医院报销比例最高，但其医疗水平毕竟有限，对略为复杂的病情难以医治，参加新农合的人们不得不去报销份额减少的上一级医院甚至省外医疗机构就诊。

对农村独居老年妇女日常医疗费用承受能力的调查发现，不能承受日常医疗费用的有40人，占59.7%；有一定困难的有14人，占20.9%；基本能承受日常医疗费用的有7人，占10.4%；能承受日常医疗费用的有6人，占9.0%。由此可见，农村独居老年妇女承受大病之外的日常医疗费用的比例相对来说还是比较低的。

通过访谈可知，新型农村合作医疗政策的实施明显减轻了农村独居老年妇女的医疗费用负担，但大部分的医疗费用仍需要个人负担。一些经济状况较好的农村独居老年妇女，能承受的也仅仅是较小数额的医疗费用，一旦面临较大数目的医疗费用，她们自己是无力承担的，只有选择依靠其子女。

总的来说，农村独居女性老年人的经济状况不容乐观，通过对这些老人经济状况的自评调查也印证了这一点。11.9%的老人感觉自己的经济状况非常紧张，感觉比较紧张的占34.3%，感觉经济状况一般的占28.4%，感觉较好的仅占22.4%，感觉经济状况很好的占3.0%。

三 农村独居老年妇女经济支持存在的问题

（一）农村独居老年妇女的经济支持能够满足基本保障，但其保障水平较低

从调查结果来看，农村独居老年妇女的经济支持能够得到一定的基本保障，如新农合政策和基础养老金政策的实施提高了农村独居老年妇女的经济保障水平。但从目前来看，经济支持水平较低，不论是正式的社会经济支持还是非正式的社会经济支持，支持水平都很低，仅仅能够满足农村独居老年妇女的生存需要，难以达到提高其生活水平的目的。她们大多极

其节俭，生活水平较低。

（二）农村独居老年妇女经济方面的正式社会支持不足

本调查中的正式经济支持主要包括农村独居老年妇女享受的新农合政策、基础养老金和农村低保3个方面，前两者的参与率虽然达到100%，但其支持水平较低；农村低保制度的保障水平较高，但覆盖率较低，低保资格的获取过程存在复杂、不透明和不公平的问题。所以总的来说，农村独居老年妇女获得的经济方面的正式支持不足。

（三）农村独居老年妇女经济方面的非正式支持体系脆弱

本调查中非正式经济支持是指农村独居老年妇女所获得的家庭成员（主要是其子女）提供的物质方面的支持。在正式社会支持不足的现实情况下，非正式的经济支持对农村独居老年妇女具有不可替代的作用。但就目前而言，非正式经济支持在生活来源、子女的供养方式和就医方面都处于较低的水平，其中最主要的原因是家庭成员的孝道意识不足。在市场经济的冲击下，人们的孝道文化意识愈加淡薄。很多子女即使有能力和条件提供给父母较充足的经济支持，也仅仅提供给老人最基本的生存条件，独居老年妇女的生活水平与其子女的生活水平相差较大。

（四）女儿在经济支持中的缺席

常言道："女儿是母亲的贴心小棉袄。"话虽这样说，但在当地农村，女儿养老往往被排除在家庭养老范围之外，尤其是在经济支持方面。从调查中可以看出，对独居老年妇女来说，来自子女提供的经济支持中，儿子承担着主要责任，而女儿尽管也提供实物和金钱支持，但只是起到辅助作用。很多男性认为没有义务赡养妻子的父母，赡养妻子的父母是女方兄弟的责任和义务，并且有不少家庭因为妻子给父母经济支持而导致爆发家庭矛盾。总之，在对独居老年妇女的经济支持上，女儿心有余而力不足。

四　对策建议

针对当前农村独居老年妇女经济支持的正式社会支持不足、非正式支持体系脆弱这样一个现实，笔者认为，农村独居老年妇女经济支持应当从如下几个方面着手加以改善和提高。

（一）进一步提高正式社会支持水平，拓展社会救助渠道

在政策实施过程中，应从两方面加以重视：一是提高新农合和农村基础养老金的报销和发放水平；二是适当扩大农村低保的覆盖范围，在应保尽保的前提下，让包括农村独居老年妇女在内的广大农村老人真正受惠于国家的保障救助政策。总之，应随着社会经济的发展和物价的上升及时调整和提高养老待遇的标准。此外，还要提倡社会团体、企业和组织、社区向农村独居老年妇女提供正式的经济支持，扩大经济支持的来源渠道，实现经济支持主体的多元化。

（二）加大农村社区弘扬"孝道文化"的力度，形成良好的家庭养老支持氛围

"孝道"是中华民族的传统美德，是中国传统文化的核心内容，也是维持家庭养老最基本的精神支柱。必须大力弘扬"孝道文化"，营造良好的尊老、敬老、养老的社会氛围。在重视亲情、儒家传统文化深厚的中国社会，家庭成员所提供的非正式经济支持对农村独居老年妇女来说是不可或缺的，也只有在"孝道文化"得到大力弘扬的前提下，农村独居老年妇女才能获得实实在在的来自家庭的非正式经济支持。

（三）要大力提倡"女儿养老"

本次调查发现，在对农村独居老年妇女的经济支持方面，儿子是主力军，女儿如同局外人。所以，在进一步落实家庭养老时，要突出女儿在养老过程中的重要作用，有针对性地宣传新的养老观念，使青年一代认识到

赡养女方父母是夫妻共同的责任和义务，女儿养老和儿子养老一样合法、合情、合理①，还要通过广泛的宣传教育，使新的养老观念和舆论深入人心，进而自觉转化为行动。赡养老人不再是完全属于儿子的事情，女儿在赡养老人方面不仅负有同样的责任，而且也拥有与儿子同等的决策权利。

（四）将社会性别意识纳入国家政策和方案的主流

农村独居女性老年人是老年群体中最脆弱的部分，也是对国家和家庭作出了重要贡献的一个群体，国家对这一群体应给予特别的关注。要充分考虑农村独居女性老年人的特殊需要和这些需要的特殊社会背景，认识到她们各方面的需要不仅是一种个人需求，而且也是一种社会权利。在人口老龄化快速发展的今天，构建具有社会性别视角的政策支持体系是解决农村独居女性老年人问题的关键所在。在制定有关老年社会政策及其社会福利政策时，明确制定保护支持独居老年妇女的条款，制定老年社会保障扶贫及福利计划，同时增加对独居老年妇女权益保障的内容。

---

① 谭琳：《论我国家庭养老中的妇女问题——老年妇女与女儿养老》，《理论与现代化》1995年第 10 期。

农村留守残疾女童： 多重脆弱性及社会干预框架研究

◎李　琴*

摘　要： 第二次全国残疾人抽样调查显示，中国有残疾儿童1170万人，占残疾人总数的19.50%，6－14岁残疾儿童为246万人，占全部残疾人口的2.69%，并且90%以上的残疾儿童出生在农村贫困家庭，其留守率近九成。当"女童"遭遇"残疾"加之"留守"时，其"多重脆弱性"更为显著。本文试图梳理农村留守残疾女童面临的"风险"，并在此基础上对农村留守残疾女童的"多重脆弱性"进行研究，发现至少包括两种脆弱性叠加，即外部脆弱性与内部脆弱性叠加、累积式脆弱性与冲击式脆弱性叠加，并尝试提出"反脆弱性发展"的社会干预框架来"扶无力者前行"。

关键词： 农村留守残疾女童　风险　脆弱性　反脆弱性发展　社会干预

当"女童"遭遇"残疾"加之"留守"时，其"多重脆弱性"更为显著，至少表现在以下两方面。第一，留守残疾女童可能成为遭受暴力、性侵、人身伤害的高危人群。联合国《残疾人权利公约》指出，发生在残疾儿童的暴力事件比非残疾儿童高出1.7倍，并且该公约确认了残疾妇女和残

---

* 李琴，武汉大学政治与公共管理学院讲师。

疾女孩在家庭内外往往面临更大的风险，更易遭受暴力、伤害或凌虐、忽视或疏忽、虐待或剥削。有资料显示，在过去的 3 年，仅广东省就有超过 2500 名女童被性侵，近半数在 14 岁以下。《北京青年报》2014 年 5 月 27 日刊文《11 岁留守女童惨遭奸杀后被抛尸邻居家粪坑》，凶手残忍冷血地奸杀孩子后又抛尸于邻居家的厕所粪坑中，并用两块砖头朝下压着①。还有各方媒体相继报道的在广西玉林市兴业县大平山镇南村发生的留守女童两年内遭受 18 名中老年长辈性侵的悲剧，在报警之后反遭村民敌视，这种根深蒂固的性别歧视使得被害女童的权利维护更为艰难。第二，残疾女童因其缺乏自我保护能力，可能成为人贩子最易得手的拐卖对象，其被拐卖之后或成为乞讨工具，或成为人体器官买卖的牺牲品，实在让人揪心。

一　"风险"：农村留守残疾女童的生存现状

现代意义上的"风险"一词，已经大大超越了"遇到危险"的狭义含义，而是"遇到破坏或损失的机会或危险"。可以说，经过 200 多年的演绎，"风险"一词越来越被概念化，随着人类活动的复杂性和深刻性而逐步深化，并被赋予了哲学、经济学、社会学、统计学甚至文化艺术领域更广泛更深层次的含义，且与人类的决策和行为后果联系越来越紧密，"风险"一词也成为人们生活中出现频率很高的词汇。无论如何定义"风险"一词，其基本的核心含义是"未来结果的不确定性或损失"②，对于农村留守残疾女童而言，可谓时时处处面对"风险"。

（一）危机预防中布满"风险"

留守残疾女童遭受人身伤害的事件要远超过当下曝光的案例，其原因至少包括以下方面。第一，"家丑不可外扬"的传统观念，特别是残疾女童

---

① http://news.cnr.cn/native/gd/201405/t20140527__515585467.shtml，《11 岁留守女童惨遭奸杀后被抛尸邻居家粪坑》，《北京青年报》2014 年 5 月 27 日。

② http://wiki.mbalib.com/wiki/风险。

遭到性侵后,家庭成员很可能为顾及家族名誉而选择隐忍,而这种隐忍不仅会给女童带来无法言说的痛楚和伤害,更会助长施暴者的侥幸心理和邪恶念头。第二,残疾女童因缺少基本的生理卫生知识,加之留守在家,父母外出务工,缺乏相关知识的灌输,缺乏自我保护意识,即使受到侵害,也很少意识到后果的严重性,或者因为聋哑等因素连起码的反抗都无力,一旦被拐卖,连基本的向人求助都无法实现。第三,性侵或者拐卖都需要及时提供证据才能获得法律的保护,否则法律维权将举步维艰,而这些都需要女童及其监护人有基本的法律常识。另外,农村复杂的地理环境、基层组织管理缺位与法制教育滞后和农村留守残疾女童辍学等情况,也是造成留守残疾女童安全缺失的重要因素。一是农村的地理环境复杂,容易被犯罪分子利用。特别是偏远的山区农村,地形崎岖,人烟稀少,给犯罪分子提供了一个很隐蔽的场所。二是农村基层组织管理不到位,对农民的法制宣传与教育不够,致使很多农民没有认识到性侵害是一种违法犯罪行为。三是部分留守女童辍学在家,容易被一些不良青年盯上,被他们利用哄骗或威逼手段进行性侵犯或其他形式的人身伤害。

(二) 政策漏洞中隐藏"风险"

为了帮助残疾人"平等、参与、共享"社会成果,中国颁布了《中国残疾人事业"十一五"发展纲要》《残疾人保障法》《未成年人保护法》《中国儿童发展纲要 (2001 - 2010 年)》《残疾人教育条例》《全国残联系统康复人才培养规划 (2005 - 2015 年)》等相关法律法规,试图通过法律实现残疾青少年"学业有教、监护有人、生活有助、健康有保、安全有护"的目标,但实际操作与目标仍有距离。第一,政策缺位。现有法律将残疾女童的具体问题等同于残疾人的一般性问题,缺乏社会性别敏感,未能涉及女童性侵、拐卖等亟待解决的特殊问题,缺乏专门针对残疾女童安全防范的法规政策。第二,政策内容以事后干预为主,缺乏事前防范意识,以倡导呼吁为主,缺乏硬性指标约束。第三,宏观政策背后缺乏一系列可操作性的制度和程序保障其落实。第四,在有些地方,这些政策被束之高阁,执行不力。

（三）社会支持缺失带来"风险"

目前在该领域有所作为的机构或组织主要有两类。一是关心下一代工作委员会、残联等机构与基金会，这些机构或组织会合作开展相关关爱行动。比如，中国儿童青少年基金会"春蕾计划·关爱留守流动女童健康成长"项目。二是民间机构，它们主要提供志愿服务。例如："阳光家园"为孤残人士提供一个临时的"家"；"爱心驿站"日间照管残疾青年，以减轻残疾人家庭的看护负担。以上行动无疑具有重要的实践价值，但从总体上看仍有提升空间：缺乏科学系统的理论研究，未能将各地的经验总结成全国可行的普适路径；缺乏针对"留守残疾女童"的多重脆弱性的研究和应对之策。

风险分析是"反脆弱性发展"的基本前提，基于以上3点，本文将着重分析农村留守残疾女童的多重脆弱性。

二 叠加：农村留守残疾女童的多重脆弱性

"脆弱性"（vulnerability）概念起源于对自然灾害的研究，对于这个概念有4种认知：①脆弱性是指暴露于不利影响或遭受损害的可能性；②脆弱性是指遭受不利影响损害威胁的程度；③脆弱性是承受不利影响的能力；④脆弱性是一个概念的集合①。本文更倾向于从能力角度出发，采用"脆弱性是承受不利影响的能力"的概念。

提高抵御风险的能力是应对风险和降低脆弱性的关键，这也是本文从能力角度进行概念界定的主要原因，此界定更加"突出社会、经济、制度、权力等人文因素对脆弱性的影响作用，侧重对脆弱性产生的人文驱动因素分析"②。就脆弱性是承受不利影响的能力而言，典型的界定包括：①脆弱

---

① 李鹤、张平宇、程叶青：《脆弱性的概念及评价方法》，《地理科学进展》2008年第2期。

② 李雪萍：《反脆弱性发展：突破发展陷阱的路径——基于西藏城镇社区发展的实证调查与理论分析》，《华中师范大学学报》（社会科学版）2013年第2期。

性是社会个体或社会群体应对灾害的能力，这种能力基于他们在自然环境和社会环境中所处的形势；②脆弱性是指社会个体或群体预测、处理、抵抗不利影响，并从不利影响中恢复的能力。

对农村留守残疾女童这个特殊群体来说，其"承受不利影响的能力"至少面临了两种脆弱性的叠加：外部脆弱性与内部脆弱性叠加、累积式脆弱性与冲击式脆弱性叠加。

（一）外部脆弱性与内部脆弱性叠加

自然地理环境、社会、政治、经济、文化、技术等都是造成脆弱性的因素。从根源来看，脆弱性内生于现代人类社会的发展进程。工业革命以来，片面强调经济增长的发展模式带来了前所未有的物质繁荣，但同时也将前所未有的脆弱性植入了人类社会，对发展主体的忽视所造成的社会公平丧失和社会部分群体的边缘化，使得贫困者、残疾者、妇女儿童等弱势群体成为脆弱性最高的群体。从总体情况看，农村留守残疾女童的安全隐患具有全国普遍性，但受到城市化进程和农民流动的影响，该问题在以下两种类型的区域表现得更为突出：一是经济发展落后的地区，因贫致病、因病致残的比例在贫困农村地区及家庭出现的比例最高；二是外出务工者数量多的地区。父母外出务工而无法携带残疾女童前往，只能将其留守家中，缺乏父母保护和照顾的残疾女童，对外部社会政治、经济、文化条件改变的反应更为敏感，在外部条件的干扰和影响下遭受各种损失的程度更大，并且遭受扰动后恢复力较差。

内部脆弱性是指系统自身的内部结构存在先天的不稳定性和敏感性。就残疾女童自身而言，相较其他群体，其内部脆弱性尤为突出。留守残疾女童因社会阅历少、身体残缺等原因而不知道性侵害或拐卖等所带来的危害，自身并没有安全防范意识，再加上年纪小、辨别能力差，不具备或不完全具备防卫能力等等。这些内部脆弱性都预示着农村留守残疾女童的安全和发展堪忧。

（二）累积式脆弱性与冲击式脆弱性叠加

由于脆弱性内生于经济发展过程中，潜伏在社会结构中，与社会不利因素直接相连，遂具有结构性特征①。而这种结构性特征使得系统在发展中会发生副作用的量变，当量变积累到一定程度，系统质变后崩溃。所有系统的脆弱性的外部特征是由累积式脆弱性和冲击式脆弱性表现出来的。累积式脆弱性是在系统发展过程中，社会、经济和环境一项或者几项因素逐渐小量负向发展，不易被发现，如果不进行调整，任由系统朝着不利的方向发展，累积到一定程度，系统将无法恢复而崩溃。冲击式脆弱性是指系统对外界或者内部某一项或者几项干扰极其敏感，当其变化时系统在极短的时间内产生质变而无法改变，甚至崩溃。

受传统观念的影响，许多父母重男轻女，外出打工时一般都带着男孩，因此，留守儿童中女童的数量要远远大于男孩。这造成了留守女童在社会阅历、知识储备上都逊色于男童，加之残疾，面临着医疗技术落后、生活资源缺乏、父母照顾缺失等现状，形成了生存、健康、教育、安全等多重累积式脆弱性。这些累积式脆弱性如果遭遇性侵害、拐卖等冲击式因素影响，就会造成累积式脆弱性与冲击式脆弱性的叠加，势必将农村留守残疾女童及其家庭推向崩溃的边缘。而这种在外来干扰和外部环境变化的胁迫下遭受的损害或损失，不仅难以复原，还容易造成二次伤害。

三　"反脆弱性发展"的社会干预框架

农村留守残疾女童的安全和发展关乎残疾女童及家庭最起码的人身安全与尊严。从女童的角度讲，残疾与留守交织出的多重脆弱性已经使其成为全社会最弱势的群体，她们缺乏良好的教育、身处恶劣的生活环境，得不到父母的照顾，面临着安全、健康和教育等多重生存困境。对女童身边的人来说，这不仅关系到留守女童的安全，更关系到整个家庭乃至家族的利益，残疾本身就给整个家庭带来了诸多困难，如再遭遇人身伤害，对家庭的每个成员都无疑是雪上加霜，父母很有可能因要照顾身心俱损的受害残

---

① 李宏伟、屈锡华、严敏：《社会再适应、参与式重建与反脆弱性发展》，《社会科学研究》2009 年第 3 期。

疾女童而不得不放弃个人发展，还有可能因对故意伤害施暴者实施报复而违法犯罪，这将足以彻底摧毁整个家庭。多重脆弱性叠加，使得农村留守残疾女童处境艰难。如何突破农村留守残疾女童的发展陷阱？本文提出，要构建行之有效的"反脆弱性发展"社会干预框架，来"扶无力者前行"。

美国学者大卫·麦克恩塔尔（Mc Entire，D.）认为，"'反脆弱性发展'是一种以重视和减少脆弱性为导向的发展方式"①。"反脆弱性发展"是一种视野更广、直接面向灾难应对的具体路径，它倡导降低风险性，提高反应力、抵抗力和恢复力的决策与行动，"反脆弱性发展"聚焦于导致脆弱性的各种诱因上。那么，如何构建农村残疾留守女童"反脆弱性发展"的社会干预框架呢？

1995 年，联合国粮农组织推出关于贫困人口脆弱性的分析框架，认为贫困人口容易受 3 方面因素的影响：①风险因素，即风险越高，脆弱性越高；②抵御风险的能力，即能力越强，脆弱性越低；③社会服务体系。地区社会发展水平越高，越有利于贫困人口抵御各种风险。三者综合起来，较为全面地反映了研究对象的脆弱性②。笔者认为，构建农村留守残疾女童应对脆弱性的干预框架，也要从这 3 个方面重塑其"抵抗力"。鉴于此，本文提出"反脆弱性发展"的社会干预框架（见图 1），试图降低风险因素，提升抵御风险的能力，构建社会服务体系。

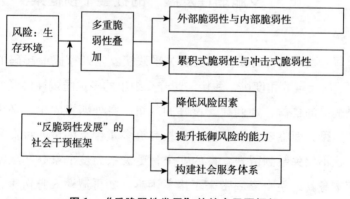

图 1　"反脆弱性发展"的社会干预框架

---

① 夏保成：《西方国家公共安全管理的理论与原则刍议》，《河南理工大学学报》2006 年第 2 期。
② 韩峥：《广西西部十县农村脆弱性分析及对策建议》，《农业经济》2002 年第 5 期。

（一）降低风险因素：建立具有性别敏感性的农村留守残疾儿童信息库

建立具有性别敏感性的农村留守残疾儿童信息库，目的在于掌握残疾儿童的留守情况，并对信息库进行社会性别维度的信息整理，再对信息库中残疾儿童的现状进行电话或入户调查，责任到人，建立周报、旬报、月报机制，以预防、监测、防止残疾女童伤害事件的发生，努力保障处于留守状态的残疾儿童的基本权利，以推进残疾儿童健康成长的社会氛围形成。

（二）提升抵御风险的能力：开发农村留守残疾女童安全防范培训课程

针对性侵、拐卖、人身伤害三大主题进行农村留守残疾女童安全防范课程设计。年幼无知且无自我保护意识使得一些留守残疾女童因为"一把糖、几块钱"成为罪恶之手的伤害对象。残疾女童的照顾和监护需要更加专业化和额外的投入，需要针对目标群体设计不同的培训内容，有目的、分阶段地进行行之有效的宣传和培训。具体来说，培训课程体系应该包括：①对留守残疾女童进行一对一培训，切实提高农村留守残疾女童的安全和自我保护意识；②对留守残疾女童的监护人进行统一培训，强化其法律维权能力，切实为农村留守残疾女童的安全成长保驾护航；③对农村社区干部和相关部门政府官员进行培训，提高其社会性别意识和对女童安全的关注度；④对普通群众和农村社区学校教师进行培训，培养农村社区的女童安全宣传员，提升整个社区的社会性别平等意识和社会包容度。

（三）构建社会服务体系：形成农村留守残疾女童的多维保护网

多维保护网应包括司法保护、学校保护、家庭保护和社会保护等，提供针对留守残疾女童安全防范的社会治理的创新思路。多维保护网至少由以下群体共同构建。

第一，农村留守残疾女童及监护人。提升监护人的看管监护责任意识，提高残疾女童的自我保护和安全意识。农村留守残疾女童是多维保护网的直接受益者。

第二，农村社区干部及相关政府官员。应采取行动以提高农村社区干部和政府官员的社会性别平等和关爱女童意识，切实出台保障残疾女童的政策法规、村规民约。

第三，普通群众及农村社区学校的教职员工。提高社区普通群众及知识分子的社会性别意识和女童安全防范意识，建设和谐健康的残疾女童生长环境。

多维保护网协同合作至少包括如下方式。①行动导向的研究。借鉴国内外研究与行动经验，并在实证调查的基础上，针对农村留守残疾女童的特殊情况，安排一系列安全倡导和关爱行动。②政策倡导。根据对农村留守残疾女童的现状调查和倡导行动，为当地农村社区和相关政府部门提供政策建议。③专业培训。开发农村留守残疾女童安全防范培训课程，对不同的目标群体按照不同的培训内容，进行有目的、分阶段、行之有效的培训。④多方宣传。充分利用媒体优势，组织青年志愿者深入农村社区、残疾学校等发放宣传资料；制作具有知识性和趣味性的儿童安全倡导视频，借助网络、媒体进行广泛宣传。

四　小结："扶无力者前行"

脆弱性一般具有3个共同特征：一是稳定性差，变化概率高、幅度大；二是敏感性强，抗外界干扰能力差；三是易损性强，在外来干扰和外部环境变化的胁迫下，系统容易遭受某种程度的损害或损失，并且难以复原[①]。农村留守残疾女童拥有了以上所有特征，其生存和发展受到了多重脆弱性的叠加。布莱基（Blaikie）认为，脆弱性最关键的部分是遭遇的各种压力，与之相关的预测能力、应对能力和恢复能力以及压力之下的结果[②]。所以本文从"能力"的角度提出，为了满足和适应农村留守残疾女童独特的生存发展需要，应建立"反脆弱性发展"社会干预框架。这个框架可以通过提高留守残疾女童的自我保护意识和安全防卫技能来提升其应对安全隐患的

---

① 何爱平：《中国灾害经济：理论构架与实证研究》，西北大学博士学位论文，2002，第15页。

② Blaikie P., Cannon T., Wisner, B., *At Risk*, *Natural Hazards*, *Peoples Vulnerability and Disasters*, London：Routledge，1994.

能力，进而降低故意伤害留守残疾女童事件的发生率。穆斯特（Moster）和霍兰（Holand）认为，脆弱性为个体、家庭或社区面对变化的环境福利的不安全①。女童监护人是女童最直接、最重要、最亲密的帮助人，监护人的责任意识、安全素养、事后应对能力的提升不仅能帮助女童预防伤害，还能在伤害发生之后采取科学有效的方式减少二次伤害。家庭是社区的组成因子，社区需要培养性别平等、关爱女童的和谐氛围才能遏止罪恶之手伸向无知残疾女童，对社区干部和相关部门政府官员的社会性别意识宣传与培训，也能推动具有性别敏感的针对留守残疾女童的政策法规的制定和落实。农村留守残疾女童是弱势群体中的弱势群体，其生活的每一分每一秒都因多重脆弱性的叠加而困难重重，需要为其构建"反脆弱性发展"的社会干预框架来"扶无力者前行"。

---

① 黄承伟、王小林、徐丽萍：《贫困脆弱性：概念框架和测量方法》，《农业技术经济》2010年第 8 期。

简论女性在家庭照顾
责任中的社会价值
——以"重生行动"唇腭裂患儿
照顾者为例

◎常雅慧　郑安云[*]

摘　要：儿童家庭照顾责任具有高度性别分工与私人领域化特征，多呈现"照顾责任女性化"倾向。本文以"重生行动"唇腭裂患儿照顾者为例，从依附理论、性别角色理论、关怀伦理理论等理论视角出发，以性别差异在照顾责任期待归属、照顾内容与照顾压力3个维度的投射，探讨家庭照顾责任女性化的现状与价值，提出合理分配家庭照顾责任、去除女性标签化思想、重视女性照顾工作的价值、建立女性家庭照顾的社会支持系统等建议。

关键词：社会性别　照顾责任　女性化

有关家庭照顾的议题讨论，近10年来国内外研究在数量及深度上均有显著提高。法伯（M. L. Farber）开创了残障儿童家庭照顾研究的先河。国

---

　*　常雅慧，西北大学生命科学院助教；郑安云，西北大学公共管理学院教授。

内学者王裔艳[1]、常健[2]、白姣姣[3]、袁玮[4]、凡芸[5]、曾莉[6]等围绕老人年群体及特殊儿童家庭照顾展开相关实务性研究。但少有学者从社会性别视角出发研究儿童家庭照顾责任的性别效应。照顾工作具有高度性别分工与私人领域化的特征，在"照顾责任家庭化"的整体格局中，男性与女性扮演着不同的角色，女性往往承担大部分"照顾责任"，致使"照顾责任家庭化"几乎等同于"照顾责任女性化"。本文以"重生行动"唇腭裂患儿照顾者为例，从社会性别理论视角出发，在实证研究基础上探讨儿童家庭"照顾责任"的性别差异，进而对儿童照顾责任的性别效应进行反思。

一 家庭照顾责任性别效应的理论阐释

（一）依附理论

由于母亲和孩子的频繁互动，加之女性具有塑造亲密互动关系的需求与能力，母亲成为孩子成长过程中的"特定他人"，因此，这种情感依附关系被视为女性成为孩童最主要照顾者的根源。随着个体的不断成长，以接近、依赖依附对象为特征的婴儿期依附行为将发展成为保护、关注依附对象。也就是说，孩子对女性的依赖，不会仅停留于婴幼儿时期，而且会延续至整个生命过程，这就意味着女性对孩子所承担的照顾责任，并不是短暂性、阶段性的，而是具有密集性、持续性的特点[7]。

---

[1] 王裔艳：《城市居家老人的主要照顾者研究》，华东师范大学硕士论文，2004。

[2] 常健、陈利群：《阿尔茨海默病患者家庭照顾者心理健康状况的调查》，《上海护理》2005年第1期。

[3] 白姣姣、丁俭、王峥：《对老年痴呆亲属照顾者真实体验的质性研究》，《中华护理杂志》，2006年第12期。

[4] 袁玮、张瑞丽、刘丽华、李蓉、郭莉：《脑卒中患者主要照顾者压力与护理对策的研究进展》，《中华护理杂志》2008年第7期。

[5] 凡芸：《老年痴呆病人家庭照顾者心理健康状况及干预研究》，《健康教育与健康促进》2009年第1期。

[6] 曾莉、周兰妹、李红、周妹：《老年人家庭照顾者责任与负担体验的质性研究》，《中国实用护理杂志》2011年第14期。

[7] Ainsworth, M. D., "Attachment and Dependency: A Comparison", In J. L. Gewirtz (Eds.), *Attachment and Dependency*, NY: Wiley, 1972, pp. 97 – 137.

（二）性别角色理论

根据性别角色理论的观点，男性往往被期待扮演工具性角色，肩负供养家庭的任务；女性则被期待扮演情感性角色，承担照顾家庭成员的任务。这种"男主内，女主外"的性别角色分工成为人类社会普遍认同的社会制度，同时也深深地烙印在每个女性的意识中，女性在社会化过程中不断地被引导、被训练，不自觉地学习社会认可的性别行为、态度、动机，并将其内化①。正是由于这样的性别角色分工，女性承担起整个家庭的照顾责任，当家中出现需要被格外关注、照顾的唇腭裂儿童时，则自然而然地扮演起照顾者、支持者的角色。

（三）关怀伦理理论

男性的道德观建立在人与人分离的基础上，对他人的需要较为冷淡。女性则更注重人与人之间的相互依赖，女性的生活是围绕"重要他人"构建的，她们通过关怀照顾的方式，对特定对象负责。吉利根将男性与女性的道德分别称为"公正伦理"与"关怀伦理"②。由于女性在道德发展过程中强调关怀伦理，面对唇腭裂患儿，会更为敏感地体会他们的需求，自觉地承担起照顾责任，尽可能减小这一疾病给家庭、孩子带来的伤害。

二　家庭照顾责任女性化的现状与价值

本文运用问卷调查与深度访谈法，以"重生行动"救助的 173 名唇腭裂患儿家长为调查样本，深入唇腭裂患儿日常照顾的情境当中，了解男性家长与女性家长对照顾唇腭裂患儿的认知与体验。调查发现，女性是患儿最主要的照顾者，她们承担着巨大的身体压力与心理压力。

---

① 苏红：《多重视角下的社会性别观》，上海大学出版社，2004，第 34 页。
② 卡罗尔·吉利根：《不同的声音：心理学理论与妇女发展》，中央编译出版社，1999，第 176－179 页。

（一）家庭照顾责任女性化期待影响儿童的角色认知与角色实践

在传统父系家庭制度与儒家道德文化的影响下，儿童照顾长久以来被认为是女性的天职，标签化的社会传统价值观念塑造了传统母性的定义，大部分女性也极为认同这样的性别期待，其认同度甚至在一定范围内超过男性。调查显示，52.7% 的女性照顾者认同传统观念中女性应承担更多照顾孩子的责任，而男性认同者仅为 44.4%。究其原因，分别有 26.9%、17.3% 的女性照顾者和男性照顾者认为女性更为细心，15.1%、18.0% 的女性照顾者和男性照顾者认为孩子对女性的依恋度更高，9.7%、7.0% 的女性照顾者和男性照顾者认为女性相对清闲。对男女两性照顾责任期待归属的差异严重影响了夫妻对照顾责任的分配，而分配差异使每个生活在其中的孩子切实感受到性别化体验，以至于这样的照顾责任女性化的期待，随着社会化过程不断发展起来，每一个孩子成年之后都会在各自的工作组织和家庭生活中不断重复着这种差异①。

（二）女性家庭照顾责任发挥了对儿童的"身—心—灵"教育功能

性别化的分工形式隐含于家庭照顾之中，男女照顾者在家庭照顾内容方面存在显著差异：男性被要求具有理性、进取、刚强、冒险等特质，更多地承担金钱、决策等照顾工作，照顾内容多具有周边性、偶发性、临时性等特点；女性照顾者则被型塑为感性、温柔、利他、稳定的性格取向，通常被分配有关情感支持、身体照顾等更为烦琐细腻的任务，照顾内容则具有集中性、长期性、持续性等特点②。

从唇腭裂儿童照顾内容来看，男性照顾者主要承担提供基本生活、治疗等费用，培养孩子积极的性格因素，传授日常生活技能等照顾项目，男性受访家长认同度分别达到 93.8%、85.2%、82.7%。大多数患儿的基本生活照顾与住院医疗照顾工作都是由女性承担的：81.7% 的女性家长认为自

---

① 邓伟志、徐新：《家庭社会学导论》，上海大学出版社，2006，第 145 - 146 页。
② 黄何明雄：《老年父母家庭照顾中的性别研究概观——以香港的个案研究为例》，《社会学研究》2003 年第 1 期。

己是患儿基本生活的主要照料者，96.8%的女性家长认为自己是患儿离开家乡进行医疗手术时最主要的陪护者。此外，情感支持也是女性照顾者的重要照顾内容，81.7%的女性家长认为自己是患儿最主要的情感支持者，79.6%的女性家长认为自己是患儿最依恋、最喜欢的那个人，72%的女性家长认为自己是患儿娱乐游戏的最主要引导者，90.3%的女性家长认为自己是患儿与同龄孩子交朋友的肯定与鼓励者。

（三）女性承受的家庭照顾压力，阻碍其实现自我规划、参与社会生活

烦琐而重复的儿童家庭照顾工作往往容易造成照顾者心理、身体遭受多重压力。根据压力的表现形式，可将其划分为主客观两种类型：主观压力指照顾者在个人主观意识里产生的压力感，诸如烦躁感、孤独感、无助感等；客观压力即照顾工作对照顾者日常生活造成的干扰，反映在家庭关系变化、财务等方面。不同性别的照顾者均会感受主客观压力，但这些压力呈现的方式、程度以及内容存在性别化差异。

对男性照顾者而言，经济压力是其普遍感受到的压力，22.2%的男性照顾者表示患儿的治疗费用是其最担心的问题。此外，受性别角色期待的影响，当得知孩子患有先天性唇腭裂后，20.0%以上的男性会感到震惊、伤心、备受打击甚至无法接受，但往往不愿或不善于表达自身的情感，会给自己造成一定程度上的主观压力。由于女性所承担的照顾内容具有密集性、持续性、长期性等特点，女性照顾者常常有更多的负面体验与压力。在主观压力方面，女性照顾者往往会经历焦虑、沮丧、无力感、社会疏离感等各种情绪的煎熬：第一次见到孩子的症状时，感到伤心、震惊、无法接受、备受打击的女性照顾者比例分别为72.0%、36.3%、28.0%、21.5%。在客观压力方面，由于68.8%的女性照顾者平均每天花在患儿身上的时间超过5小时，极易出现身体疲倦、睡眠不足等身体不适的症状，也会影响女性的工作时间和业余时间，阻碍女性实现自身的职业规划以及参与社会生活。

三　对女性家庭照顾责任社会价值的思考

（一）重视女性家庭照顾的教育功能，合理分配家庭照顾责任，构建家庭照顾网络

随着人口结构与家庭结构的转变、经济需求与社会需求的增加、女性人权意识的逐渐觉醒，女性在社会生活中扮演的角色日趋多元化，照顾问题不再仅仅是私人领域内的个人问题，而是作为公共事件逐步进入社会公众的视野，传统的照顾责任女性化思想受到前所未有的挑战。越来越多的女性选择摆脱全职主妇的身份，投入社会经济领域，家庭生活中的照顾责任逐渐成为两性共同承担的职责，家庭分工日益合理化。

所谓家庭网络是指"基于家庭与家庭之间较为固定的联系而形成的家庭体系，由两个或多个彼此之间具有较为经常、固定的经济或生活方面的联系的家庭所组成的社会关系形式：由于家庭存在于多种交往中，因而众多家庭之间的联系相互交织形成了网络结构"[①]。这种由婚姻关系、血缘关系、业缘关系、地缘关系形成的家庭网络，能够充分调动各种社会资源，在分担唇腭裂儿童家庭照顾责任方面进行交流与互助，从而形成一个较为有效的家庭照顾网络。这种现代的家庭照顾网络能够为女性提供更多的自由和发展空间，也能够为被照顾者提供多元化的照顾。当然，即使在家庭照顾网络模式下，女性依然要承担更多的压力，为了支持家庭照顾网络，有必要制定相应的家庭照顾政策，如提供关于家庭照顾的信息、建议和咨询，发放经济补贴，开展家庭照顾的专业培训，给予照顾者情感心理支持等[②]。

（二）重视女性家庭照顾的经济价值，推动照顾政策的变革与完善

在市场经济中，家庭照顾工作由于不直接进入市场参与交换，无法通过

---

① 王思斌：《婚姻观念的变化与农村社会亲属》，《农村经济与社会》1990 年第 5 期。
② 石彤：《中国妇女在家庭照顾中的角色变迁》，《中国社会工作》1998 年第 2 期。

市场体现其经济价值，加之其本身又是一个复杂的社会架构过程，似乎难以找到一个确定的等价物加以衡量，因此家庭照顾工作就变成一种家家必不可少但又容易被忽视价值的特殊劳动①。在家庭生活中，女性往往比男性承担更多的照顾责任，忍受着沉重的身心压力，然而，女性所承担的照顾工作往往被视为理所应当的义务，其价值与重要性易被忽略，更不会被任何一项经济指标所收录，使女性从事的照顾工作对社会贡献的能见度低。因此，无论是家庭、社会、国家都应高度重视女性照顾工作的价值，推动照顾政策的变革与完善，建立健全家务劳动补偿制度，从法律上肯定家庭照顾工作的价值，以真正实现"照顾者正义"乃至"性别正义"。

（三）重视女性家庭照顾的社会意义，秉持优势视角，建立女性家庭照顾的社会支持系统

在传统观念中，唇裂儿童家长属于弱势群体，基于社会群众对唇腭裂疾病认知的不足，认为子女与父母一脉相连，子女如果有先天的缺陷，其父母也大多不正常。因此，唇裂儿童家长特别是女性照顾者常常被贴上"有问题，有疾病"的社会标签，受到社会的排斥，处于孤立无助的困境。

优势视角基于以案主为中心的原则，强调人的内在潜力与智慧，"通过治愈的方法，整合和调动身体与心灵的机制，去面对障碍、疾病和断裂"②。社会工作者秉持优势视角，激发家长的优势和潜力，帮助唇腭裂患儿女性照顾者改善当前的境况，深刻认识到疾病具有伤害性，但同时也可能是机遇，从苦难中探寻抗逆的种子，依靠自身力量战胜困难，走出逆境。此外，社会工作者应运用专业的工作方法，整合各方资源，为唇腭裂患儿女性照顾者构建社会支持系统：推动政府、非营利组织为唇腭裂患儿提供医疗救助、义务教育，以减轻照顾者的经济负担；倡导社会工作人才队伍的专业化建设，以个案、小组、社区社会工作方法介入唇腭裂患儿照顾者的生活系统，缓解其心理压力；引导社会舆论，树立唇腭裂患儿照顾者的正面形象，减少其被歧视、被疏离的概率。

---

① 王琪：《家务劳动的经济价值及其法律保护》，《法学论坛》2007 年第 7 期。
② 梁丽霞：《照顾责任女性化及其理论探讨》，《妇女研究论丛》2011 年第 2 期。

（四）　去除女性标签化思想，检视"照顾责任女性化"在学术谱系中的阐释方式

近年来，诸多论证女性"照顾者"角色合理性的理论，受到越来越多人的质疑与批判。依附理论强调儿童与母亲的情感性联结关系，进而提出女性本身也具有对儿童的情感依附需求，以此论证女性承担照顾者角色的合理性。不少学者认为该理论过度夸大女性个人意愿的情感层面，过分强调被照顾者个体行为的心理层面，而忽略了社会、文化、经济等层面对女性行为选择的制约。关怀伦理理论从探讨女性的道德经验入手，提出女性是给予的、自我牺牲的、适合养育的，从而肯定了女性长久以来担负照顾者角色的合理性。这种将"关怀与照顾"定义为女性的道德特质的思想引发了巨大的争议。伍德批判关怀伦理理论"会使女性担负照顾重责的性别分工模式得以合法化，相对地使男性有逃脱照顾责任的正当理由"[1]；学者对性别角色是否足以解释女性的照顾倾向同样提出了疑问，认为："处于附属地位的人为了生存，需要发展出有利之人际关系及气氛。因此，取悦他人成了附属者的生存策略。"[2]

---

① 白姣姣、丁俭、王峥：《对老年痴呆亲属照顾者真实体验的质性研究》，《中华护理杂志》2006 年第 12 期。

② 王卓群、舒权挺：《社会工作与自闭症儿童家长消极心态干预研究》，《社会工作》2011 年第 8 期。

侨乡跨国移民的婚姻形态研究[*]

——基于对福州"万八嫂"的实证调查

◎陈凤兰^{**}

摘　要：侨乡的跨国婚姻形态是中国父权制文化在全球化背景下的延续,"万八嫂"是对福州侨乡地区留守妻子的统称。丈夫出国带来了跨国移民家庭中夫妻双方在社会经济、家庭责任方面的重新分配,"万八嫂"承担了多重家庭责任,她们的婚姻品质和社会生活因为丈夫出国而改变,并形成了在经济、地位上对丈夫的依赖。分隔两地的侨乡跨国婚姻遭受多重挑战与冲击,呈现高稳定、低质量的特点,"万八嫂"承受多重压力,性别不平等关系在跨国婚姻中继续维持下去。

关键词：侨乡　跨国移民　婚姻形态　万八嫂

一　研究缘起与相关研究

在福州侨乡,如长乐、福清、连江、马尾等地区,出国务工经商已经成为侨乡农民家庭增加收入、改善生活状况的家庭策略。在出国大潮中,

---

* 本文是 2013 年国家社科基金青年项目"中国新移民在南非的跨文化适应研究"(项目编号:13CSH066)的阶段性成果。
** 陈凤兰,福州大学社会学系讲师。

大部分福州海外新移民由青壮年男性构成。他们单身前往海外拼搏，其妻子儿女等家人往往留守家乡，形成侨乡"留守"现象。夫妻分离带来的是原本稳定家庭结构的失衡，夫妻关系也因此受到影响。在家中男性海外迁移过程中，留守女性在家乡主持家庭事务、照顾老人孩子，并参与各种社会事务与宗教活动，支持丈夫在海外打拼。侨乡的婚姻在妻子与丈夫的长期跨国分离中演化出具有侨乡特色的婚姻观念。侨乡留守女性虽然并未直接参与海外移民，但她们维持着海外新移民在国内的家庭和婚姻，对侨乡地区的社会经济发展起着重要的作用。对侨乡留守女性的关注和深入研究，有助于较为全面地了解沿海侨乡社会。

虽然当前学术界对侨乡以及中国海外移民的研究非常多，但研究者大多将关注点放在移民的男性身上，对侨乡留守女性的研究较少，只有少数研究专著和论文涉及侨乡女性问题。例如，陈达在研究闽粤侨乡时有对侨乡女性生活状态的描述①，沈慧芬通过对侨批资料的分析与研究，揭示海外迁移过程中留守女性的生活，以及她们在海外迁移过程中的重要地位和作用等，其中涉及留守女性在家中的角色与地位以及跨国婚姻的作用等②。此外，还有诸多对农村留守女性的社会支持网络、心理状况、婚姻满意度等的研究③。新闻媒体对侨乡留守女性也有颇多关注，以新闻报道的形式描述侨乡留守妻子的精神压抑与生活困难。但这类文献缺少专业深度，仅停留在现象的描述上。从已有研究来看，学者对国内农民工家庭留守妇女的婚姻状况研究比较细致，虽然侨乡留守女性与其存在一些差异，但已有的研究方法与视角对本文的研究有着重要借鉴与参考意义。本文运用质性研究方法，探讨人口跨国流动对女性婚姻状况的具体影响，克服以往从整体出发、忽视女性视角的侨乡研究，侧重从社会性别的视角去分析侨乡跨国婚姻家庭生活的形态，对已有的侨乡女性研究作一补充，力图探究侨乡在大批男性迁出后呈现出的婚姻特点，以建构比较全面、完整的侨乡女性史。

---

① 陈达：《南洋华侨与闽粤社会》，载李文海主编《民国时期社会调查丛编》，福建教育出版社，2009，第223页。

② 沈慧芬：《构建东南沿海侨乡女性生活史：侨批资料的价值与利用》，《福建论坛》（人文社会科学版）2013年第7期。

③ 罗小锋：《时空伸延：半流动家庭中的夫妻关系维系策略》，《内蒙古农业大学学报》（社会科学版）2011年第2期。

二　研究方法

本文主要采用质性研究方法，所用资料主要来源于 2013 年 7 - 8 月笔者在福州长乐、福清、连江等地对海外移民及其家属所进行的实地调查。本研究共调查了 28 个"万八嫂"，即福州地区的海外移民者留在家乡的妻子。她们之所以被称为"万八嫂"，有几种不同的说法：其一，在 20 世纪 80 年代初，福州地区非法移民到境外的花费约为 18000 元人民币，非法移民者被称为"万八客"，他们的妻子也就被称为"万八嫂"；其二，侨乡的海外新移民每个月都会寄回家 2000 美元，依照 20 世纪 90 年代美元兑换人民币汇率的价格，约合 18000 元人民币。虽然具体缘由无法确切考证，但"万八嫂"却约定俗成地成为福州侨乡地区留守妻子的统称。

本文收集资料的方法是深入访谈、参与观察，以深入访谈为主。所调查个案都是丈夫外出、夫妻分居两地 2 年以上。访谈提纲是半结构式的，每次访谈时间都在 1 个小时以上，访谈结束后对访谈录音进行了逐字逐句的整理。本文采用"文化主位"的立场，试图从受访者的角度和立场出发，考察她们的婚姻状况及生活感受。参与观察主要是对侨乡生活环境、受访者居住环境等的观察，以此全面了解她们的生活水平和生活状态。为了更全面地考察留守女性的家庭生活和增加样本的多样性，笔者还访谈了 7 个留守家庭的孩子，考察他们在父亲外出、母亲独自抚养环境下的生活感受，及其对母亲婚姻、生活的理解。

三　侨乡跨国婚姻的建构与特点

婚姻生活是每个人社会生活的重要组成部分，对一个群体来讲，群体总体的婚姻状况又能折射出该群体的总体面貌和生活状态。福州地区的海外新移民群体是一个特殊的人群，夫妻分居两国，增加了他们婚姻的复杂性。受国际移民和侨乡发展的影响，跨国移民的婚姻呈现出多元性，婚姻状况因跨国移民夫妇的不同境况而有差异。总体而言，侨乡跨国移民的婚姻是中国传统父权制在国际移民过程中的变异体，保留了父权制婚姻的一些特征。同时，由于跨国迁移的影响，跨国移民家庭重新分配夫妻双方的社会经济家庭责任，侨乡留守妇女往往要承担起传统意义上属于丈夫的家庭责任，她们的婚姻质量和生活品质也发生了变化。跨国婚姻家庭的维持依赖各种复杂的内外因素，包括留守妻子的智慧、忍耐与牺牲。

1. 侨乡的婚姻文化：传统婚姻圈内择偶

福州是传统侨乡，该地区的民众百年来一直积极向海外移民谋生。改革开放初期，福州人跨境迁移的主要方向以日本、美国、欧洲国家为主；2000 年以来，福州人还大量向非洲、南美洲方向迁移。总体而言，在福州侨乡地区，村民信守"出国就是成功"的理念，几乎家家户户都有亲戚在国外。福州移民基本来自农村，总体文化程度较低，也没有什么专门技术，因此无论到哪个国家，多进入底层打工。他们吃苦耐劳，对出国后可能面临的困境有较充分的思想准备，对于苦活累活不太计较，一门心思想要在国外赚尽可能多的钱。

关于福州海外新移民的具体人数，虽然没有精确的统计数据，但"万八嫂"应不在少数。福州地区的新移民在国外大多处于事业的打拼期，尚未真正站稳脚跟，在移居国大多处于当地的社会边缘，未能融入当地社会。这就大大降低了福州地区的海外新移民与外国女子联姻的可能性。由于福州人能吃苦，单身的男性在国外能够方便奔波于边远地区，更快地找到打工赚钱的机会，所以大部分人都不会携带妻子孩子出国。例如，李明欢在研究法国的中国新移民群体时发现，从性别构成来看，浙江、福建、辽宁三大主要地缘群体显示了 3 种不同的性别构成模式：浙江男女比例基本持平（51∶48.9）；福建以男性占绝对多数（75.7∶24.3）；而辽宁则正好相反，女性占 2/3 以上。三省新移民人口构成形成明显差异[①]，福建新移民中男性占绝大多数。

在福州侨乡地区，青年男女倾向于与本地人通婚，即通过亲朋好友或

---

① 李明欢：《法国的中国新移民人口构成分析——以传统、制度与市场为视角》，《厦门大学学报》（哲学社会科学版）2008 年第 3 期。

媒人为其选择配偶。据访谈对象介绍，与本地人通婚有助于家庭的稳定，并可以通过婚姻增加家庭的海外资源。对于侨乡地区的民众来说，出国赚钱是该地区普遍的共识。出国意味着将来可能会有较高的经济社会地位和较为优越的物质生活，因此，福州侨乡地区的青年男女普遍都愿意与出国者联姻。即使在婚前男方没有出国，婚后也会想尽办法出国务工或经商。所以，对于福州侨乡的家庭而言，无论是父母还是子女，与"万八客"联姻都是一件荣耀的事。即使是新一代的年轻人，如"90后"，他们也能接受父母的建议，在本地寻找结婚对象。

福清的朱某告诉笔者："我们这边（福州人）都喜欢找本地人，大家方言、习俗一样，跟家人沟通比较方便，比较容易相处。"在侨乡地区，人们交流圈内的关系相对比较紧密，可以通过各种社会关系清楚了解其他人甚至是整个家族的情况。这样，家长们倾向于让子女在本地寻找结婚对象，以降低子女婚后的不确定因素。出于对长辈的孝顺和侨乡区域文化的影响，年轻人在择偶时一般也会遵循家长们的意见。

由于出国的男性新移民的主要家庭责任是在国外谋求财富，需要长时间留在国外。同时，由于个人能力的差异、各国的移民政策及经济发展状况各不相同，一般来说，新移民与家人长达几年乃至十几年的分离是普遍的现象。以亭江镇盛美村的"万八嫂"为例，她们与丈夫分离的时间平均为 3 - 5 年。"万八嫂"因为与丈夫分离生活，被称为"守活寡"。支持男性出国闯荡是福州侨乡地区家庭发展的策略，虽然对女性而言，丈夫出国意味着她们要承担更多的家庭责任、更多的艰辛付出，但她们都心甘情愿地支持丈夫外出打拼。例如，长安村的"万八嫂"罗某说："我们这里的人都这样，有本事的男人都要出去闯荡，我当然要支持他（丈夫）出国了。"侨乡人对"出国"行为的认同与支持，促使当地人在选择结婚对象时更倾向于与本地人通婚。

2. 侨乡跨国婚姻的维持：侨汇与子女

一般而言，离乡出国之后，为了应对与家人长期分离的状况，新移民往往通过汇寄钱款来与家人保持联系，在经济上支持家庭，联结与家庭成员特别是妻子的感情。据访谈对象陈某介绍，根据官方统计，长乐的侨汇每年有 9 亿多美元，如果再加上新移民自己携带回国、地下钱庄汇款的金额，长乐每年的侨汇估计在 30 亿美元以上。侨汇是福州侨乡地区许多新移民家庭重要的收入来源，也维系着海外新移民与国内家庭之间的联系。

从家庭经济的角度来看，丈夫出国对家庭收入的改善在某种程度上弥补了跨国分离对夫妻关系的影响。收入是通过家庭的购买力及生活质量的提升这些方面反映为妻子对丈夫、对家庭幸福感的一种感知[①]。用"万八嫂"陈某的话说："如果（丈夫）在家生活能过得比较好当然就不会想出国，但要盖房子、要出人头地，还是得出国才有机会（挣更多的钱）。"她认为夫妻分离的生活虽然比较苦，但总比没钱的生活要好。"万八嫂"的满足感通常来源于与周边人的横向比较，丈夫出国带来的家庭生活水平的改善提升了她们的优越感，也提升了她们对夫妻关系的评价。

由于新移民的经济能力、国际环境、各侨居国的移民政策及人生际遇不同，有的福州新移民能很快获得侨居国的工作签证或绿卡，能在较短时间内回国探亲。而有些人则不那么幸运，数年甚至十多年都不能回家探亲。在长期分离的情况下，为了与国外的丈夫保持联系，许多"万八嫂"利用各种资源与丈夫维持联系，维系婚姻家庭，如打越洋电话、视频聊天等，与丈夫进行实时的沟通与联系。然而，地理遥远、国界阻隔、个人使用网络的能力限制等，都使"万八嫂"与丈夫的联系存在遗憾。访谈对象谢某说："虽然视频聊天能缓解无法见面的遗憾，但具体家庭事务的处理，靠视频、电话是无法解决的。"

对于留守妇女来说，生活的压抑仅仅是一个方面，更大的问题来自于情感的缺失。由于夫妇长期分居，只能通过电话和网络联系，难以满足正常的生理需要。访谈对象刘某谈到与丈夫的情感沟通时，总是摇头，暗暗地叹气，并表示，"一切都是为了生活，为了自己的孩子，没有其他的选择"。刘某经常通过视频与丈夫聊天，她说他们夫妇能够理解对方的辛苦，没有太多的埋怨。她谈到，她现在缺失的是安全感，没有丈夫在身边必须学会更加独立和坚强。例如，每次小孩生病的时候，她就十分紧张，"如果

---

① 王嘉顺：《农村留守妇女婚姻幸福感的影响因素——基于广东五市的数据分析》，《南方人口》2008 年第 4 期。

我丈夫在家，我就不用太担心，即使是晚上也可以开车把孩子送到医院，但是现在就不行"。刘某还说，由于丈夫不在家，平时家里电器维修和擦洗，一切都要靠自己去做，而且在村子里也确实找不到其他青壮年过来帮忙。她还提到，自己平时都是紧锁外面的铁门，除非是有熟人叫喊才会下来开门，她表示一个妇女在家很怕外来的陌生人，尤其是一些流浪汉或者乞丐，这也体现了留守女性缺乏安全感。事实上，农村的留守妇女往往是受到侵害的主要群体。"我的手机一直保持着开机状态，万一有什么意外，我只能依靠手机报警了。"而且，这种焦虑的心态还影响孩子，刘某说她的孩子在两周的时候就学会说"烦死了"，说明留守女性的这种烦躁心理很容易影响孩子。

大多数"万八嫂"表示，在与丈夫的交流中，孩子是双方话题的中心。外出的丈夫更关心孩子的学习生活以及家庭各种事务的处理，夫妻间纯粹的情感交流相对较少。在对李某的访谈中，她表示："我们是老夫老妻，不像年轻人还要谈恋爱。大家齐心协力把家庭搞好就是了。"随着分离时间的推移，夫妻间的情感交流主要围绕孩子展开。可以说，侨汇与孩子是维系侨乡跨国婚姻最重要的两个因素。

3. 侨乡跨国婚姻的特点：高稳定与低质量

对于侨乡女性来说，支持丈夫出国就意味着自己留守家乡，她们的婚姻也因此而面临诸多挑战。学者刘锦云对粤东地区的留守妻子进行研究，指出该地区的女性成为家中的"看家婆"，守贞等待丈夫归来，成为"活寡妇"①。确实，长期分隔两地对侨乡女性的婚姻带来了巨大挑战。即使夫妇双方能够保持联系，长期分离两地的夫妻，在情感沟通方面也会受到远距离生活的影响，其婚姻会随着生活环境和个体需求的变化而产生各种问题。

首先，对身在国内的"万八嫂"而言，虽然她们生活在熟人社区之中，但丈夫长期在外，部分"万八嫂"与其他男性发生婚外情。在中国乡村社会，妻子发生出轨行为往往被视为丈夫个人及其整个家族的耻辱，为了洗刷这种羞辱，丈夫一般会对"出轨"的妻子进行惩罚，惩罚的形式主要是停止侨汇、结束婚姻。例如，亭江一位村民沈某，在美国餐馆辛苦工作多

---

① 刘锦云：《客家民俗文化漫谈》，武陵出版有限公司，1995，第112页。

年，省吃俭用节省了三四万美金汇到国内给妻子，没想到回国后却发现妻子有了外遇。受此刺激的李某将妻子打成重伤，酿成一出家庭惨剧。这样的例子在侨乡时有听闻。为了避免乡间流言，"万八嫂"一般不愿和陌生男人说话，免得招惹是非。许多"万八嫂"沉迷于麻将赌博，她们用这样的方式来打发无聊的时光。

其次，对身在国外的丈夫而言，他们长期与妻子分离且远离家乡，远离传统社会舆论的监督，发生婚外情甚至在国外与其他女性同居的例子屡见不鲜。在笔者的调查中，甚至听到了海外单身移民（指单身出国）成立"互助组"这样的说法。"互助组"指单身出国（已婚，妻子或丈夫在国内）的海外男性、女性移民因为生活寂寞而长期同居在一起"互相帮助"，但大家仍然维持着与国内家庭的联系。这样的"互助关系"一般在一方的家属出国团聚或一方回国而结束。此外，还有一些单身男性在国外通过娼妓来满足生理需求。对于丈夫在海外的这种行为，国内的留守妻子多数不愿过问太多，以家庭的完整为主要考量。例如，"万八嫂"谢某就表示："我没办法考虑那么多，只要他（丈夫）按时寄钱回家，家里老小平安，我就很满足了。"

也有一些"万八嫂"在得知丈夫有外遇后会进行抗争。例如，"万八嫂"梁某说道："我大嫂知道大哥在国外找了个女人，她非常生气，跟我大哥大吵大闹，但这没什么用。大嫂闹得越凶，大哥就越生气，甚至连生活费都不寄回来了。后来我婆婆告诫大嫂要顾及孩子、家族面子，这件事就这么算了。"这种激烈的抗争方式在侨乡甚至得不到亲人的支持，村民对遭受丈夫背叛的女性并没有予以支持，反倒是给予丈夫各种宽容与理解。因为在农村社区，离婚的社会成本高于维持婚姻的成本，同时，出于个人名誉、子女以及留守女性对侨汇的依赖，侨乡的婚姻呈现出高稳定性的特点。那些因为长期分离而夫妻感情淡化的家庭，相互之间对婚姻的期待比较低。从"万八嫂"的角度而言，离婚意味着多年的留守与等待都白费了。因此，即使丈夫在国外有了"第三者"，"万八嫂"甚至其家庭成员包括父母、子女在内都会保持沉默，这对他们的婚姻质量有很多的负面影响。

四 小结： 性别不平等关系的再生产

本文基于社会性别视角对福州侨乡的跨国婚姻形态进行了分析，总的来看，福州侨乡的留守妇女"万八嫂"具有以下几个特点。

首先，"万八嫂"精神和情感上较空虚。留守妇女的年龄大多在 30～50 岁，她们的丈夫在妻子生完孩子之后就出国了，有的几年才能回家一次，有的甚至十几年、二十几年才回家一次。年轻的妇女对互联网接触比较多，她们平时在家会经常通过视频与远在他国的丈夫聊天，可以浏览外国发生的新闻，使自己更加亲近爱人所在的国度，抑或看看电影，让自己的业余生活更充实。而那些年龄较大的妇女，不懂得使用电脑，平时只能通过和丈夫打电话进行交流，但出于节约的考虑，每次聊天的时间也不长。有些"万八嫂"性格比较孤僻，不爱参加集体活动，每天的生活就只有看电视、饭后散步、和邻居聊天，以此来打发无聊的生活。她们心中的烦恼很少向他人倾诉，一般都是自己放在心里，久而久之形成一种无形的压力。

其次，大多数"万八嫂"经济不独立。由于丈夫在国外收入比在国内高，"万八嫂"的物质生活状况也相对较好，大部分"万八嫂"选择留在家中当全职家庭主妇，主要依靠丈夫从国外寄钱回来生活。然而，过度依赖侨汇使得"万八嫂"在经济上附属于丈夫，缺少独立自主和家庭决策权力。

再次，"万八嫂"普遍缺乏安全感。如今，福州侨乡地区绝大部分是儿童、妇女和老人，在丈夫出国前，家庭生活的各个方面一般由夫妇双方承担，而现在，家庭中的重担都压在了妻子一个人身上。因为家里没有男人在，她们担心会被欺骗甚至生命会受到威胁。"万八嫂"们大多缺乏安全感，警惕性很高，长年关着大门，很少外出。

陈达在研究闽粤侨乡的价值制度时，认为侨乡男性旅居南洋，女性在家处理一切家庭事务，实现女子当家，"凡家庭经济、儿女训诲、社交及家长所应负的责任都付托于她，因此女权的伸张是必然的趋势"①。但笔者在

---

① 陈达：《南洋华侨与闽粤社会》，载李文海主编《民国时期社会调查丛编》，福建教育出版社，2009，第 223 页。

福州侨乡地区的研究发现，福州地区的男性外出移民，并未带来留守妻子权力的伸张。在侨乡女性的婚姻关系中，其与丈夫的关系仍然是传统父权制下两性分工的延续。虽然丈夫多年未回家，但家中要盖的新房子的样式、是否要到县城或市区买房、买什么品牌的车等重要事项，"万八嫂"们大都要征求丈夫的意见。福清的郑某说："遇到大事我不敢自己做主，要跟他（丈夫）商量了心里才会踏实。再说，钱都是他赚回来的，征求他同意是理所当然的。"这一定程度上反映了在福州侨乡移民家庭中，外出的丈夫仍然掌控着家庭的最高决策权，留守在家乡的妻子仍然是"随从者"。

家庭策略的迁移理论认为，迁移是一种家庭策略，家庭自觉地选择有利于全家发展的制度结构[1]。侨乡跨国移民家庭这种两性分工的家庭发展策略，实质上是传统父权制下的夫妻性别分工，即"男主外，女主内"。绝大部分男性长时间留在海外谋求家庭经济发展，并遵守侨乡传统的社会规范，寄侨汇以养家。"万八嫂"一般也遵守传统的社会性别分工和道德规范，操持家务，维持家庭。在这种婚姻关系中，男性移民与"万八嫂"的夫妻关系是不平等的两性关系：丈夫拥有优先发展的机会，肩负着家庭的发展重任，由于妻子对其侨汇的依赖，他们可以要求妻子"守妇道"；妻子在家庭发展策略中居于次要的地位，在留守生活中要遵守"婚后从一"的贞操观。此外，婚姻对外出丈夫和留守妻子具有不同的约束力，留守妻子一旦有婚外情就会遭到严厉处罚，而男性则可以相对自由地在海外结交异性，或者通过娼妓满足生理需求。因此，虽然丈夫出国提升了家庭整体的经济状况和社会声望，妻子因此获益并在物质生活方面得到改善，但从两性的家庭地位来看，这是性别不平等关系的体现，丈夫在个人发展、在婚姻关系、在家庭资源的控制等方面都占有优势地位，而妻子在这些方面一直处于劣势地位。在侨乡跨国婚姻的形态中，我们看到侨乡家庭仍然重复了历史的老路——仍然是以牺牲女性的发展换取男性社会价值最大限度实现的模式。从社会性别视角来看，侨乡家庭内部两性的不均衡发展也不利于女性地位的提高。

---

① 孙琼如：《农村留守妻子家庭地位的性别考察》，《中华女子学院山东分院学报》2006 年第 3 期。

"女生学业优势" 相关论争述评
——基于教育与文化视角

◎郭少榕　赵叶珠*

摘　要： 关于"女生学业优势"命题的提出和现象的产生，学者有不同观点，有的认为是社会进步，有的将之归因于现行教育弊端，有的提出相对应的"男生危机"；有的要求改革"应试教育"体制，有的提出要"因性施教"。相关命题的提出和论争，更多的是对部分教育现象的解读，局限于教育内部的分析，或者是从"男性优势"的性别刻板印象出发，缺乏多层次的实际数据支持以及多元文化的分析，较少有"女性视角"。支持多视角、多层次的相关科学研究，才有助于建构真正两性平等发展的社会文化氛围和科学的教育公平体制。

关键词： 女生学业优势　应试教育　男生危机

20 世纪 90 年代以来，高等教育阶段女生人数迅速上升、高考"女状元"陡然增多的事实，使"女生学业优势"逐渐成为一个热门话题。对此，社会各界和学者们的反应不一，有人认为这是教育进步的体现，也有人忧心表面的女生学业优势掩盖了诸多教育公平问题，甚至有人认为女生学业优势将加剧中国创新力的下降，并直指教育领域需要根本性改革。如何评价"女生学业优势"这一现象？此现象与我们构建男女平等的文化氛围和

---

* 郭少榕，福建省教育科学研究所研究员；赵叶珠，厦门大学教育研究院教授。

教育体系有什么关系? 本文试图从教育和文化的双重视野对"女生学业优势"相关论争进行梳理和评价。

一 "女生学业优势" 命题的提出

在 20 世纪 90 年代之前,"男生学业表现总体优于女生"一直是社会的普遍共识,即使在小学和初中阶段出现一些女生学业优异现象,人们也往往将之解读为由于女生的生理和心理发育早于男生,并认为通常到了中等教育后期,男生就能追赶上甚至超越女生。但是,从 90 年代中后期开始,女生在各级各类教育中的优异表现不断见诸报端,其中,高校扩招成为女生比例迅速上升的重要转折点。统计数据显示,1997 年,普通高校中女生占在校生总人数的比例为 37.32%,2005 年这一比例攀至 47.08%;2009年,全国女大学生人数第一次超过男生;2010 年,全国有 12 万多硕士研究生,女硕士研究生占 50.36%,这是女硕士研究生人数首次超过男生;2012年,全国普通本专科生共计 2391 万余人,其中女生占 51.35%,比男生多64.78 万人;全国硕士研究生 143 万余人,女硕士比男硕士多 4 万人;全国成人本专科生一共 583 万余人,女生比男生多 50 多万人[①]。

首先关注到女生学业优势的是各类报刊和网络媒体,相继以"高校涌动女生潮""高校女生比例激增"等标题报道中国各类高等学校都出现了女生比例上升的现象,甚至"学历越高女生越多"[②]。到 21 世纪初,细心的中小学老师会发现,理科班里的女生人数明显多了;女生的学习态度更端正,学习成绩比男生更优秀;女生在集体活动和运动比赛中表现得比男生更为活跃;班里被评为各项优秀、当班干部的女生人数都明显多于男生。2000年,北大招收的状元中女生占 55.9%,2001 年招收的状元中女生占65.6%。在状元群体中,女生在通常被认为最易体现性别差异的数学科目中

---

① 教育部发展规划司:《中国教育统计年鉴 (2012)》,人民教育出版社,2013,第 12 页。

② 邱瑞贤、杜安娜:《姹紫嫣红 高校涌动"女生潮"》,《广州日报》2006 年 10 月 14 日;《大学女生比例出现反超 高校涌动"女生潮"》,《中国青年报》,http://www.sina.com.cn,2007 年 10 月 31 日。

也是优势凸显，2000 年、2001 年全国卷文理科数学的最高分得主都是女生。北京名牌中学人大附中的情况也是如此，在 2002 年高考中，人大附中实验班的前 3 名也都被女生包揽①。其后，女生在各级各类学校和考试中的表现更加抢眼，媒体不断发出："几乎在所有学科领域、在各级教育水平上女生的学业表现都赶上或者超过了男生。"②

与"女生优势"相对应，有人惊呼"男孩危机"。2009 年，著名青少年问题专家孙云晓出版《拯救男孩》一书，书中历数男孩在学业、心理、体质和社会 4 个方面面临的危机。并宣称：相比女孩的成长，男孩正在面临"前所未有的危机"，甚至出现了全线崩溃的景象③。上海社科院院长、全国人大代表王荣华认为，当前男生在学业成绩上普遍不如女生，女强男弱的现象已经非常明显了，"2009 年上海对 15 岁中学生进行阅读能力调查，男生低于女生 40 分，在中考成绩上，男生平均比女生低 25 分"。更为重要的是，在以前男生们很有信心的学科上，男生也开始不如女生了，男生的学业危机应该引起重视了。他还指出，按照现行的评价标准对全国 2 亿多中小学生进行评定，其中有 5000 万差生，而根据统计，这 5000 万的差生中 80% 是男生④。

因此，"女生学业优势"一词被广泛宣扬，并有学者进行了相关原因与对策的探究。

二 有关 "女生学业优势" 产生的 原因和对策论争

（一）"女生学业优势"是社会性别平等观念主流化在教育领域的直接体现

有学者认为，"女生学业优势"现象是中国社会经济发展、性别平等主流化在教育领域的反映，现行较为平等的教育制度给女生提供了充分施展

---

① 廖厚才：《男生成为了弱势群体》，《北京晨报》2002 年 11 月 6 日。
② 李文道、孙云晓：《"男孩危机"：一个亟须关注的教育现象》，《光明日报》2009 年 12 月 9 日。
③ 樊未晨、温爽：《男孩节节败退是一场教育危机》，《中国青年报》2010 年 1 月 7 日。
④ 王荣华：《男孩，你危机了没?》，《羊城晚报》2012 年 3 月 7 日。

其优势和才华的舞台。同时，传统文化中尚存的一些性别刻板印象使女生在就业中仍遭遇一定的性别歧视，这既成为女生及其家庭的压力，也是学习动力。首都基础教育研究院张晓龙就认为，高校女生比例提高的原因比较复杂，可以看成社会进步、教育公平的表现，说明女性享有充分的受教育的权利，进入大学深造不再是男孩的专利①。

持这一观点的学者们比较认同，女生的大量增加首先反映了独生子女背景下基础教育、高等教育机会扩大对性别平等的积极促进②。南京大学社会学院陈友华认为，女孩学习的确更努力，以前教育机会不平等，更多机会留给了男生，而现在资源更加均等，女生脱颖而出也很正常③。

有学者对 1988－2001 年的高等学校在校生人数、女生人数以及女生占高等学校在校生人数比例进行分析，发现 1993 年以后在校女生人数占全部在校生人数的比例以年均 1% 的速度增长，即使在 1997 年收费并轨以及以后高等教育私人成本支出大幅度上升的背景下，这个趋势也未见任何改变。这种增长速度反映出家长愿意投资女孩接受高等教育的群体范围的扩大，即使不断增长的私人高等教育成本也没有影响这种增长的速度④。

（二）"女生学业优势"体现了女生性格特点与现行教育制度和文化氛围的契合

有部分学者将"女生优势"归咎于女生的性格特点、现行社会文化和教育制度问题。2000 年，上海浦东教育学院李彦荣认为：女生的早熟为她们早期学业的成功开辟了道路，女生语言的优势奠定了良好的学习理解能力，女生主动记忆的能力使她们能更好地应付考试，女性就业不利的现实使其很早就懂得学习的重要性，独生子女现象的出现使得男女性别差异在缩小。并认为"所谓'女生优势'并不是男生真的不行了，而是社会的变

① 陈昕、潘聪平、蒋昕捷：《理工科院校女生比例提高　学业优势成全球话题》，新华网，2007 年 10 月 31 日。
② 杨东平：《如何看待校园里的阴盛阳衰》，http：//www.sina.com.cn，2007 年 10 月 13 日。
③ 张琳、蔡蕴琦：《高校女生增加成世界现象　优秀是迫于无奈》，《扬子晚报》2012 年 9 月 12 日。
④ 王东海：《为什么高等学校女生比例快速上升》，《甘肃农业》2004 年第 10 期。

化以及考试制度的弊端，使得男生丧失了他们的优势，而女生显出了她们的优势"①。

早在 20 世纪 90 年代中期，著名学者杨东平就直接指出"女生优势"现象表明了另一种"性别歧视"，即对男生的"歧视"，认为目前学校教育的"好学生"标准，较多地要求学生遵守纪律、服从、温顺等"阴柔"的品质，更适于女学生。他指出，如果我们认为男女学生在智力、学业上本不存在天然的差异，分数面前的平等是天然合理的，那么，也许应该为我们的考试测量引进一个新的评价指标：可信的、客观的考试，其优异者在性别的分布上应当是基本相等的，应试教育、考试主义已经成为一种"公害"，它对我们的社会和民族可能造成的伤害，实在是应当深刻反省，绝不能等闲视之②。

有学者站在相对中立的立场总结"女生学业优势"的原因：生理心理优势（含感知觉优势、语言优势、记忆优势、情感优势）、对教育评价制度的适应性、与社会文化的契合性（女性善于向男性学习、女性更倾向于内因归因）、对现行教育评价制度的适应性以及女性教师占较大比例使女生获得更多情感支持，认为女生的优势反映了教育评价的不合理，反映了教育制度的僵化，不利于教育整体发展③。

著名教育研究者熊丙奇客观上认同女生在现代社会具有优势，并认为"这是由社会、教育、家庭等各个方面的原因共同导致的"。比如，辍学原因，根据教育部统计数据，从初中开始，男生辍学率就高于女生，不想读大学的男生比较多，父母也放心男孩去打工，而女孩辍学打工的就相对少一点。同时，他也认同"现行的教育评价体系下，女生更有优势，这也直接导致读大学的女生比男生多"。对于这个观点，云南大学教授李红也赞同。她说，目前中小学的教育方式以记忆为主，创新较少，这种教育方式比较契合女性的学习优势和特点，男生逐渐被各级考试淘汰，到了本科的时候就已经显现出男生少的现象，到了研究生阶段，这个现象就更加突出，

① 李彦荣：《女生优势现象析》，《中小学管理》2000 年第 6 期。
② 杨东平：《高考"女状元"现象之我见》，《教师博览》1996 年第 2 期。
③ 武晋丽：《当前女生在受教育过程中的优势思考》，《教育探索》2013 年第 6 期。

尤其是文科①。

（三）"男生危机"也是"教育危机"

王荣华断言，当前教育中的"男孩危机"其实是教育危机，应该正视②。与"女生优势"的原因分析如出一辙，许多学者认为，男孩的学业成就、体质、心理以及社会适应所面临的重重危机都与现行教育模式有密切的关系；认为男生弱势局面往往是教育本身造成的；认为教育没有意识到男女生的差异而强求一致，这是一种粗象的平等，用这种粗象模糊的平等来掩盖男女生在心理和发展上的差异，倒成为性别不平等的一种特殊表现形式，它人为地制造了教育中的性别歧视③。

李文道认为，孩子小的时候不会进行自我评价，他们对个体的评价主要借助于权威的评价。不少男孩子由于自身生长发育的不完善，在学习方面遇到一定的困难，这时老师或其他成人往往不能从男孩生长特点的角度客观地看待他们，武断地评价他们"笨""学习不好"。一些男孩子在年龄增长之后仍然没能"迎头赶上"，并不是他们真的不行，而是"这种失败性的评价可能已经形成他们终身性的自我评价"。李文道说："他们把'学习不好'看成了命运，从而造成了一种恶性循环。"这些男孩子是输给了自己的心理，他们的自信心被打垮了。青少年问题专家孙云晓认为，以升学为目标的应试教育正在压抑孩子的个性，受害者不仅有男孩也有女孩，只是女孩的性别特点使她们更能适应这样的环境。因此，男孩所遇到的危机其实是一场教育的危机④。

总之，现有观点大部分认为，以升学考试为中心的应试教育，既造就了"女生学业优势"，又成为"男孩危机"最为凶猛的杀手，并因此加剧了所有危机对于男孩的伤害⑤。

---

① 《高校女生增加成世界现象 优秀是迫于无奈》，《扬子晚报》2012 年 9 月 12 日。
② 王荣华：《男孩，你危机了没？》，《羊城晚报》2012 年 3 月 7 日。
③ 陈蕾：《中小学男生弱势现象透视》，《内蒙古师范大学学报》（社会科学版）2006 年第 6 期。
④ 樊未晨、温爽：《男孩节节败退是一场教育危机》，《中国青年报》2010 年 1 月 7 日。
⑤ 李文道、孙云晓：《"男孩危机"：一个亟须关注的教育现象》，《光明日报》2009 年 12 月 9 日。

有学者担心，男性弱势的呈现意味着相当部分的男生被排除在充分发展的行列之外，使他们的才能得不到展现，潜能得不到发挥，影响他们未来的人生选择和事业成功乃至整个社会的发展。同时长期在压抑的环境中成长的男孩，个性得不到舒展，心灵疲惫，会造成程度不一的心理障碍，任由发展会成为社会和谐稳定的隐患。

（四）从"女生优势"到"两性和谐发展"的提出

有学者认为，不论是在精英教育阶段还是大众教育阶段，中国高校中男女的比例还没有和西方一些国家一样，出现大比例失调现象，但不妨未雨绸缪。"如何依据性别施教，或许将成为摆在教育工作者面前的新课题。"①

部分学者呼吁"因性施教"，认为只有尊重天性，因"性"施教，才能够真正实现男孩与女孩的公平、和谐发展。有学者主张，学校教育有很多不尽如人意的地方，其中重要问题之一就是未能重视两性智力与非智力因素的差异以及教育所应扮演的角色。男生弱势局面的出现，正表明我们的教育是忽视性别差异的教育，是不符合以人为本原则和教育规律的。为了培养和造就新世纪的高素质人才，正视现实生活中男女性别差异的存在，改变无性别差异教育的理念和做法，是教育改革的一项重要内容。因此，必须革新教育理论，重视"性别差异教育"；改进教学内容，开设符合男女生不同兴趣要求的课程；探索教学方法，实施小班教育、小组教育和个别教育等，创设适合男女学生发展的模式；改变教育评价，因性而异，区别对待；调整补充教师队伍，协调男女教师比例②。

还有学者提出可以在现行男女同校的制度下适当进行男女分班，至少可以在某些课程上按照性别进行分班。这样可以照顾到男生女生不同的性别特点，更好地因材施教。另外，孙云晓等提出，小学阶段在选拔班干部时，能否给出一个男女生恰当的比例，这样可以避免男孩子在小学中总是

---

① 陈昕、潘聪平、蒋昕捷：《理工科院校女生比例提高 学业优势成全球话题》，新华网，2007 年 10 月 31 日。

② 陈蕾：《中小学男生弱势现象透视》，《内蒙古师范大学学报》（社会科学版）2006 年第 6 期。

处于下风的局面。王荣华建议，在基础教育中要"因性施教"，用综合评价体系代替单一的学业评价体系；在教学上向多元化发展，多一些动手实验、对抗性活动，让男生在课堂上有更多表现的机会。"最重要的是，要从知识本位向能力本位转变，从工具性学习向目的性学习转变。"①

三　文化和教育双重视野下的
"女生学业优势" 研究评价

（一）"女生学业优势"建立在社会、文化和教育环境巨变的背景之下

任何教育现象既源于教育制度，又受到其背后某种文化观念的深刻影响。对女子教育影响最大的无疑是性别文化。历史上的性别文化基本反映的是男性意识、男性价值和男性观念，并作为潜意识深深地植根于许多人——包括女人的头脑里，渗透于人们的生活和思维方式、家庭和学校教育方式与内容的方方面面。随着中国改革开放的推进，当代中国社会正在发生着深刻的变化，多元文化渐次进入中国大众的视野和生活。家庭作为社会组织中反应最敏感、最迅速的单元，其结构、功能和伦理规范也出现了相应的变化②。很多学者已经认识到，20 世纪中叶以来特别是 80 年代以来，中国的社会文化环境趋向宽松，传统家庭伦理中父权文化开始消解，"男高女低"的家庭格局已经在很大程度上改变为男女平等，甚至部分城市家庭中出现"女高男低"的状况；女性就业领域不断拓展，在高科技领域、企业中高层管理等所谓"男性领域"就业的女性增加并且表现优秀，这对传统的性别刻板印象产生强烈冲击；现代家庭越来越能够带给子女性别公平的理念。这些为更多的儿童少年营造了更为广泛的个人选择与个性发展的环境和空间。

在教育内部，重视教育的性别平等已然成为全球共同关注的课题。20世纪下半叶，教育公平进程加快，以下文件和事件构成了女子教育提升的

① 王荣华：《男孩，你危机了没?》，《羊城晚报》2012 年 3 月 7 日。
② 魏国英、陈雪飞：《家庭文化对青少年性别刻板印象形成的影响》，《妇女研究论丛》2005年第 1 期。

重要背景：1990 年 3 月在泰国召开的世界全民教育大会通过的《世界全民教育宣言》和《满足基本学习需要的行动纲领》两份重要文件，把男女教育平等列入 20 世纪末在全球范围内实现的三大战略之一，提出首要任务就是保证女童和妇女的入学机会，改善其教育质量，并消除一切阻碍她们积极参与教育的因素。1995 年在北京召开的第四次世界妇女大会成为中国建立先进性别文化的重要转折点。世界妇女大会推动了中国在立法、公共政策制定和实施等过程中逐渐体现出一定的性别视角。同时，20 世纪 80 年代以来，计划生育政策使中国城乡生育率大幅度下降，城市独生子女和农村少孩家庭对子女教育投入显著上升；"两基"教育政策以及各界对女童教育的重视和投入，促进了男女童入学机会的平等。因此，改革开放以来，中国城镇地区教育第一次投资中的性别偏好程度越来越低。随着九年制义务教育的普及，国民总体的受教育水平得到了显著的提高，女性受教育的机会也增多了。

据有关学者 2003 年在上海的调查，上海城镇 30 岁及以下年龄段人群受教育的平均年数，男性为 12 年，女性为 11.9 年；与此相关，上海连续数年新录取的大学生中，女生比例达到或超过半数[①]。在东南沿海福建省，2010 年，小学学龄女童净入学率为 100%，初中 3 年女生巩固率为 95.4%；高中阶段，女生毛入学率达 81.1%，比 2005 年提高 21.2 个百分点；高等教育阶段在校女生比例已达 51.6%，全省 6 岁及以上女性人口平均受教育年限提高到 8.3 年[②]。

总体而言，中国改革开放以来的社会经济、文化和教育环境发生了翻天覆地的变化，为推进男女平等的性别文化创造了有利条件，从而促进了女子教育质和量的全面提升。

（二）相关论争更多的是对现象的片面解读，缺乏深入、多层次的实证研究和分析

目前对所谓"女生优势"的原因探究，更多的是建立在对现有教育制

---

① 陆建民：《教育第二次投资的性别差异》，《中国妇运》2003 年第 11 期。

② 《全省女生义务教育全面达标》，http://www.fjedu.gov.cn/html/2011/10/31/388＿107309. html? uni = 01d7d918 - 0b82 - 4840 - 94c0 - bc272fec1c42。

度的弊端解读上，基本上都将"女生学业优势"和"男生弱势"过分归咎于客观因素和教育制度，缺少对传统家庭和社会文化不良影响的深刻分析。比如，对于女生在学校的优异表现，有学者认为当前的"女生学业优势"现象并不能充分说明女生比男生优秀，反而暴露了女生的缺陷：女生更能适应当今弊端重重的考试制度。这也成为"女生优势论"的基本论调，即它并不否认这个显在的女生优势现象，但把该现象看作当今弊端丛生的考试制度的结果，认为恰恰是这些对男生不利的弊端"成就"了女生优势[①]。

中国出生人口性别比持续偏高 30 余年，然而为何在校大学女生的人数高出男生这么多？女生学业优势是全方位的还是不同阶段有所差异？是城市女生优势还是城乡全部优势？对这些问题还缺乏实证研究和多视角的解读。因此，目前关于"女生学业优势"命题的提出，更多的是基于高考成绩、女大学生比例以及城市学校的一些典型现象作出的判断，既缺少各级各类学校的实际数据，更缺乏来自农村学校的数据。因此，有学者并不认同女生在所有学科、所有阶段都领先。风笑天就认为，大学女生的比例从整体趋势上看在提高，但还不能说是已经形成"女生优势"[②]。

（三）对"女生学业优势"的解读本质上是"男权思想"的再现

当前关于"女生优势"的论争，更多的潜在思维是"男生优势"是应然状态，"女生优势"属于不正常状态，因此，本质上是"男权思想"的再现。中国社会是一个受男性价值观支配的社会，在社会主流意识中，社会衡量女性的标准仍呈现出男性化特征。因此，现有相关研究已触及社会性别文化的影响但缺乏"女性的视角"。当前所谓"女生优势论"对女生取得优异成绩的原因分析背后折射出的是强烈的"男性霸权"心态和文化。

金一虹对于那种将女生学业优势理解为女生是现行教育制度弊端的受益者的观点持反对态度，她认为，中国应试教育并不是才推行一两年，近年来应试教育正往素质教育方向转变。"这种说法好像认为女生是应试教育下额外的受惠者。要知道过去多少年大学校园里男生占绝大多数，为什么

---

①　张新平、牟翠荣：《"女生优势论"质疑》，《教育科学研究》2008 年第 11 期。

②　张新平、牟翠荣：《"女生优势论"质疑》，《教育科学研究》2008 年第 11 期。

女大学生比例增高的问题到现在才显现出来呢？"① 即便应试教育对女生有利，那么推行几十年了，男孩们早该想办法适应了吧？中科院心理所王极盛提出的"女生只会死记硬背"的说法站不住脚，因为从 1999 年开始，高考已"侧重素质和能力"，死记硬背根本不可能考出高分②。而早期认为应试教育导致女生学业优势的著名学者杨东平在 2007 年反思："高中生对考试性别优势的评价，男女生的意见比较均衡，多数认为没有什么区别，认为男生更有优势的比例略多。"③

　　实际上，男生的学业问题已经成为各国普遍存在的问题。国外的研究者率先意识到了这一问题的严重性，针对此问题的研究已经给出了阶段性的研究成果。然而，在"男生优势"观念支配下，长期以来，有关女生受教育状况的报道都说明女生一直是处于不利地位的，她们的受教育权往往得不到保障。因此，中国有关教育性别公平问题的研究存在明显的性别偏好，有关男生学业问题的研究几乎是空白。与此同时，在学校教育中男生自身的特殊性和对教育的特殊要求就必然被忽视，伴随而来的男生教育问题也层出不穷。

（四）"性别和谐发展"论点的提出与现实差异教育研究空白的矛盾

　　男女生成绩差距不断扩大，对家庭、社会都将产生深远的影响。虽然部分学者能够未雨绸缪，提出适当的"因性施教"和促进"性别和谐发展"观点，但对差异教育及社会文化、家庭文化对性别教育的影响还缺乏深入的研究和科学的认识。

　　当前，中国学校教育实践中性别差异问题虽然大量存在，但尚未引起政府和全社会应有的关注，社会性别意识尚未真正纳入中国教育决策的主流。一方面，从社会性别视角进行基础教育研究，与发达国家和地区的研究水平尚有较大差距；另一方面，由于对学校教育实际存在的、具体的性别不公现象缺乏足够的实证研究，所提出的有关消除教育性别偏见现象的

---

① 张琳、蔡蕴琦：《高校女生增加成世界现象　优秀是迫于无奈》，《扬子晚报》2012 年 9 月 12 日。
② 廖厚才：《高考成绩为何"阴盛阳衰"》，《北京晨报》2005 年 8 月 12 日。
③ 杨东平：《如何看待校园里的阴盛阳衰》，http：//www.sina.com.cn，2007 年 10 月 13 日。

建议难以对实践产生直接的指导作用。由于理论指导的缺乏和自身社会性别意识的淡薄，很多教育者在实践中觉察不到性别偏见的影响而不能从根本上跳出传统的框框。

四　结语

总的来说，从发达国家发展的趋势来看，因性施教的理念越来越成为现代教育理论的内容之一。在现代社会，"女生学业优势"在很大程度上是正常的现象，但我们并不因此而避讳"性别差异教育"这个话题。作为研究者，我们应该应用科学的手段，从教育、文化以及其他多元视角全方位解读现实教育中的性别差异现象，并借助科学的研究努力消除性别刻板印象带来的不利于青少年发展的性别壁垒，努力建构有利于青少年全面发展的家庭和社会文化氛围，促进建立两性和谐发展的学校教育体系。

四川省开展寻找 "最美家庭"
活动的实践与思考

◎吴　旭[*]

　　摘　要：四川省妇联以全国妇联发起的寻找"最美家庭"活动为契机，依托遍布城乡的"妇女之家"，以倡导社会主义核心价值观，弘扬"孝、爱、亲、和、廉"文明家风，积极建设平等、进步、友爱、和睦的新时代文明家庭，努力提升家庭幸福感、实现家庭幸福梦为目标，协调凝聚各方力量，积极探索，创新举措，着力解决群众参与度、社会影响力、典型引领力、活动的可持续性等问题，最大限度吸引群众共同寻找、发现、评判身边的"最美家庭"，取得了良好的活动效应，实现了家庭道德文明建设的新发展、新突破。

　　关键词：家庭道德建设　和谐社会　最美家庭

　　家庭是社会的细胞，家庭建设关系着每个人的生活质量和幸福，关系着一个民族的进步和国家经济社会的发展。随着社会发展，城乡家庭的结构和功能发生变化，尤其是全球化、信息化带来的文化激荡、思想碰撞，使家庭成为社会道德滑坡的重灾区。妇联组织开展家庭道德建设面临新的挑战，探索新时期家庭道德建设的新思路、新载体，寻求家庭道德建设新的突破日趋紧迫。

---

　　* 吴旭，四川省妇联主席。

一　加强家庭道德建设的重要意义

（一）优良家庭道德是社会文明和谐的基石

"天下之本在国，国之本在家"，"国以家为基，家以和为贵"，"家和万事兴，家齐国安宁"，这些千古名言深刻揭示了家庭和谐与国家发展、社会和谐之间相存相依的密切关系。家庭是人生前进的发动机，家庭和谐幸福能极大地激励家庭成员在本职岗位上建功立业；家庭是人生的第一所学校，对于未成年人的健康成长乃至国民素质的提高以及整个国家竞争力的增强具有直接和关键的作用。家庭领域出现的新情况新问题，不仅直接影响家庭的和睦与家庭成员的发展，而且关系到社会的稳定和谐与国家的长治久安。家庭道德是人们在家庭生活中调整家庭成员间关系、处理家庭问题时所遵循的高尚的道德规范。如果每个家庭都能遵守家庭道德的规范，做到孝敬老人、夫妻恩爱、亲善教子、兄友弟恭、邻里互助，那么，建设社会主义精神文明就有了坚实的基础，整个社会就有了文明和谐的基石。

（二）加强家庭道德建设是重建社会道德体系的迫切需要

由于中国正处于社会转型时期，各种社会关系和矛盾都在调整之中，人们在精神文化上呈现出独立性、多变性、差异性和选择性的特点。加之经济建设与道德建设发展失衡，全球化、信息化特别是改革发展带来的文化激荡、思想碰撞，对社会公德、职业道德、家庭美德、个人品德都带来了较强冲击，导致某些社会道德滑坡。在社会道德滑坡的大环境下，家庭无疑成为道德滑坡的重灾区，主要表现为藐视家庭美德、家庭关系唯功利性、亲情缺失、夫妻诚信缺失、家庭责任感缺失、不孝敬老人、不关爱子女、随意离婚等现象，使许多家庭老无所养、幼无所教，家庭成员情感孤独，对生活和社会满意度不高，更有甚者对外界产生对抗情绪，威胁社会的和谐安定。可见，在社会道德体系重建过程中，发挥家庭道德文明建设的特殊作用，形成道德建设自律和他律机制的有机结合，提高家庭成员的幸福感，显得更加迫切和重要。

（三）加强家庭道德建设是党赋予妇联组织的重要任务

党和政府历来高度重视家庭建设，一直将其作为治国理政、促进社会和谐稳定的重要工作，从法律政策、战略导向、工作机制、社会环境等方面给予家庭建设以有力的支持。胡锦涛总书记在 2010 年纪念"三八"国际劳动妇女节 100 周年大会上的重要讲话中深刻指出，家庭是社会的细胞，家庭和谐是社会和谐的基石；2013 年，习近平总书记在同全国妇联新一届领导班子集体谈话时强调，"千千万万个家庭的家风好，子女教育得好，社会风气好才有基础"，要求"要注重发挥妇女在社会生活和家庭生活中的独特作用，发挥妇女在弘扬中华民族家庭美德、树立良好家风方面的独特作用"；王岐山代表党中央在中国妇女第十一次全国代表大会发表的祝词中指出，"广大妇女要尊老爱幼、勤俭持家、自立自强、科学教子、树立家庭文明新风尚"；李源潮副主席 2014 年 7 月 1 日在《求是》刊文《发挥组织优势　体现群众特点　积极培育和践行社会主义核心价值观》，指出"妇女是家庭文明的建设力量，母亲的思想品德对子女的影响更大、更久、更基本。妇联作为广大妇女的'娘家'，要积极引导广大妇女主导文明家庭建设，在弘扬家庭美德、树立良好家风中发挥独特作用"；中央《关于培育和践行社会主义核心价值观的意见》要求，"推进文明城市、文明村镇、文明单位、文明家庭等创建活动，不断提升公民文明素质和社会文明程度"，显示了党和人民对妇联的期待，赋予了妇联组织重要职责，为妇联新时期家庭建设工作奠定了坚实的理论基础。

二　妇联组织对家庭工作的长期实践

（一）妇联组织家庭工作卓有成效

家庭是妇联组织的传统工作阵地，妇联组织在家庭工作领域有着不可替代的优势，从 20 世纪 50 年代开始，就发起开展"五好"文明家庭评选表彰活动,延续至今形成了以和谐家庭创建为主题的"五好"文明家庭、学习型家庭、美德在农家、绿色家庭、廉洁家庭、低碳家庭等一系列独具特色、深受广大家庭欢迎、具有社会影响力的家庭工作品牌。近年来,各级妇联组织与时俱进、开拓创新、发挥优势、积极作为,注重发挥妇女在家庭建设中的作用,大力倡导以德治家、科学建家、文明立家、学习兴家、和谐保家等现代家庭建设理念和文明家庭风尚,推动将文明家庭建设纳入党委政府精神文明建设总体规划和测评指标体系,和谐家庭创建活动扎实推进、丰富多彩,为和谐社会建设作出了应有的贡献。

(二) 新形势下妇联家庭工作面临的挑战

虽然经过长期不懈实践,妇联组织家庭建设工作取得了实实在在的效果。但随着社会发展,城乡家庭的结构和功能发生了新的变化,呈现出新的特点,人们的思想观念也更加复杂多元,社会工作方法也越来越灵活多样,妇联组织的家庭建设面临新的挑战,那种传统的仅仅依靠妇联组织自身力量、自上而下下指标、下级推荐上级表彰的简单工作模式已经不能适应新的工作要求,对广大妇女和家庭越来越失去吸引力。所以,如何探索新形势下妇联开展家庭工作的新思路、新方法,怎样赋予传统工作以新的形式和载体,怎样让更多的妇女和家庭参与进来,在社会上更加广泛地宣传"五好"文明家庭、更好地发挥引领作用,需要妇联组织认真思考、勇于实践、大胆创新。

(三) 开展寻找"最美家庭"活动,创新家庭工作

2014年初,全国妇联精心策划的寻找"最美家庭"活动,正是落实中央精神的重大举措,是推动家庭道德文明建设工作创新发展的具体载体,是对妇联组织持续开展多年的"五好"文明家庭创建活动等传统家庭工作的深化与拓展。四川省妇联按照全国妇联总体部署,以倡导社会主义核心价值观,弘扬"孝、爱、亲、和、廉"文明家风,积极建设平等、进步、友爱、和睦的新时代文明家庭,努力提升家庭幸福感、实现家庭幸福梦为目标,团结、协调,凝聚妇女、家庭、政府、社会多方力量,创新举措,着力解决群众参与度、社会影响力、典型引领力、活动的可持续性等问题,

扎实开展"向幸福出发"——寻找"最美家庭"活动,确保活动取得了良好的社会响应,实现了家庭道德文明建设的新发展、新突破。

三　开展寻找 "最美家庭" 活动的主要做法

(一) 坚持崭新实践的群众观点——解决参与度问题

扎实践行党的群众路线是一切工作的基点。群团组织主要是以活动为载体开展工作,但随着时代的多元变化,一些传统方式有时跟群众的兴趣点、兴奋点、关注点不够对称,群众参与热情不高。如何最大限度地把群众吸引到活动中来,成为首要问题。四川省妇联坚持以妇女和家庭为主体,以村、社区"妇女之家"为平台,用群众喜欢的方法,说群众熟悉的语言,"谁最美"由群众说了算,充分激发广大妇女和家庭的内在自觉,最大限度地提升活动的参与度。

一是面向群众全方位发动。四川省妇联召开电视电话会,联合省委宣传部、省文明办、省网信办下发通知和方案,并在四川新闻网建立了活动官网,开通微博和微信专栏。四川省电视台滚动播放寻找"最美家庭"公益广告,在《精神文明报》、人民网、四川省广播电视台、《四川日报》、四川妇联网、四川文明网等媒体发布倡议书和群众参与方式、活动步骤等。各级妇联动员各种力量,依托各种媒体、阵地,走村入户,广泛发动。妇联干部、志愿者等到街头发放倡议书、宣传画和问卷调查表300多万份;利用各大纸媒、网媒、微信、微博、公共显示屏、移动宣传车、出租车灯箱、短信、QQ群等进行宣传发动。二是组织群众多形式分享。四川是拥有9097万人口和55个少数民族的大省。多元的民族文化孕育了各具特色的家庭细胞。四川省妇联加强分类指导,针对不同地域的家庭开展不同形式的活动。全省5万多个"妇女之家"、楼栋、院落开展了"我家的昨天、今天、明天"讲堂、"绣娘绣梦想"、"最美记忆——照片背后的故事"、"我秀我家"、"创幸福家庭美丽乡村行"、"和谐幸福婚姻家庭"小讲堂等家庭故事会、评议会、才艺展示会及寻美大走访、大讨论、大比拼、征文和摄影书画展等生动活泼、喜闻乐见的活动近 10 万场次，设立了"最美家庭"投票榜、公示榜和感动指数榜等；群众还自发编制三句半、歌舞等节目，绣"最美家庭"工艺品等以表达对参与活动的热情。正如他们自己所言："虽然没有荣华富贵，但有温馨和睦；虽然没有位高权重，但有我们的小幸福。"秀出属于自己的幸福，成为吸引她们参与活动的内在动力。三是依靠群众多方征集评审。通过组织推荐、社会推荐、媒体推荐和家庭自荐等方式广泛征集"最美家庭"，在官网开设专栏征集家庭幸福故事、照片、视频等，全省各地网站、妇女之家晒出家庭照片 8 万多幅，80 余万户自愿参与报名参评各级最美家庭评选。突出评审的公正公开和规范性，设立专家评审团和主流媒体、各地家庭代表组成的大众评审团。经过各级遴选、省领导小组初审程序选出 125 户家庭，在网上公示并接受网民投票。实行网络投票、大众评审、专家评审三方按比例计分，评选出 30 个省级"最美家庭"，4 户家庭被评为全国"最美家庭"，7 户获得提名奖。通过引导广大妇女和家庭自发自主开展寻找活动，吸引全省 200 多万个家庭、400 多万网民关注、参与活动，探索出了一种群众自我教育、自我约束、自我净化、自我修复、自我提高的家庭建设模式。

（二）探索开放融合的创新路径——解决影响力问题

发展创新是事业前进的不竭源泉。传统的"关起门来办活动"方式已经很难适应当今信息时代的特点。如何拓展工作面，协同各方力量使寻找活动达到最大影响力，是这项工作的一个突出难点。鉴于这种情况，四川省妇联要求全省各级妇联组织跳出妇联干工作的圈子，搭建开放式平台，协调社会组织、行业协会、界别执委、专家智囊团、志愿者等各方力量，通过遍布城乡的"妇女之家"把寻找活动深入机关、企业、乡村、社区、院落，深入每个家庭，充分发挥妇联组织在社会转型中的枢纽作用，最大限度地增强活动的影响力。

一是积极承办主场示范活动。在四川 4 个市州成功举办并在四川卫视全程播放全国妇联寻找中国"最美家庭"走进四川——"有家，就有爱"故事分享会。汉、藏、羌、彝等不同民族的家庭以多种形式分享自家最美故事，表达了对家庭美德、优良家风的坚守和对"幸福"的理解。同时，在分享会上，邀请了社会学、心理学、婚姻家庭研究等方面的专家对具有代表性的"最美家庭"案例进行深度解读，挖掘"最美家庭"所体现的社会主义核心价值观和家风力量，多维度解读时代人文精神的传承、坚守、变迁和发展，为活动本身增加了厚重的人文精神和社会关注力、影响力。二是广泛拓展战略合作伙伴。联合多家公益组织，在"妈妈家"社区服务中心、社区"巾帼助老驿站"、"妇女之家·四点半学校"示范开展专题活动。与专业机构合作，举办"最美家庭与优雅女人"公益论坛，邀请多位国内知名专家围绕"最美家庭"的内涵以及女性如何处理两性关系、亲子关系、婆媳关系、邻里关系、家庭与事业平衡等话题展开讨论，交流体会，吸引了来自社会各界 500 多名女性朋友踊跃参加。发动女企业家、界别执委、行业协会积极参与，帮助困难的"最美家庭"。三是强力推动全媒体宣传。首次运用全媒体观念，积极运用新媒体传播，开设活动官网、官微专栏。同时整合传统媒体，通过《人民日报》、《中国妇女报》、四川电视台、《四川日报》等各大主流媒体实时跟踪报道四川省活动情况，全方位立体化宣传"最美家庭"典型事迹，达到了前所未有的宣传效应，使男女平等、家庭美德、文明家风深入人心，引领时代风尚。

（三）注重春风化雨的典型运用——解决引领力问题

一项活动的生命力不仅在于一时一地的轰动效果，更在于对人们思想的浸润影响。如何用最强手段发挥典型的引领力，用群众事迹打动群众之心，是这项活动取得成功的重要环节。四川省妇联尽最大努力为"最美家庭"搭建多种展示平台，将社会主义核心价值观、家庭美德和男女平等观念润物无声地传递到千万家庭。一是集中宣传最美事迹。各地在活动官网、官微、广播电视、报刊开设专栏集中宣传"最美家庭"事迹。二是制作宣传产品。制作视频资料、编印"最美家庭"故事集公开发行。与高水平的专业公司合作，制作可读性强的书籍、专题片等。三是开展"最美家庭—幸福使者"五进活动。邀请"最美家庭"、五好文明家庭与专家学者一道进机关、进企业、进学校、进社区、进村落宣讲社会主义核心价值观、男女平等、家庭美德、文明家风等。四是制作媒体访谈互动节目。把评选出来的"最美家庭"推荐到电视台参与访谈节目，到网站与网民开展交流互动等。五是举办最美风采展示会分享会。"最美家庭"亲身谈体会、讲经验，传播正能量。目前，各地"最美家庭"正发挥着"随风潜入夜，润物细无声"的浸润作用，带动引领更多的家庭发现自家的美，珍爱生活，树立家庭自信。

（四）强化永续活力的制度保障——解决持续性问题

第一阶段寻找活动已取得良好的效果，要使活动取得最佳社会效应，需形成长效机制。一是建立组织领导机制。成立了由四川省委宣传部、省文明办、省网信办、省妇联组成的活动领导小组和办公室，明确责任，落实到人，强力推进工作实施。二是建立源头保障机制。寻找"最美家庭"活动已被纳入《省委培育和践行社会主义核心价值观实施意见》和四川省幸福家庭行动 5 年规划，有力保障了活动的持续有效开展。三是建立成果运用机制。建立各类"最美家庭"信息库，在"三八"节、"六一"节、重阳节、志愿者日等不同节点分别推出夫妻恩爱、孝老爱亲、教子有方、热心公益、勤俭持家等不同类型的典型，策划推出符合时代特征、反映群众需求的主题活动，发挥典型的示范带动作用。

四　寻找 "最美家庭" 活动取得良好成效

2014 年"5·15"国际家庭日，四川省达州符纯珍等 4 户家庭当选为全国"最美家庭"，曾成伟等 7 户家庭获全国"最美家庭"提名奖；同时，四川省活动领导小组评选出了 30 户四川省"最美家庭"。评选表彰、树立典型只是活动的一种有效手段，凸显良好的社会效应才是全国妇联设计活动的初衷，也是各级妇联开展活动的主要目的。从活动本身所起到的作用和社会各界的反映来看，四川寻找"最美家庭"工作在加强家庭道德建设，提升家庭幸福感等方面取得了良好成效。

（一）增强了家庭自信和幸福感

每个家庭晒幸福、秀梦想，在分享中展示自家的美丽，并得到社会的认可，家庭成员的人生观、价值观、世界观发生了积极变化，增强了自信心和幸福感。例如，四川德阳谢小兰家庭，用伟大母爱独自抚育脑瘫儿子成为全国运动冠军，赢得了社会尊重。

（二）促进了家庭细胞的自我修复

寻找活动让群众自己评荐最美家庭。家庭成员在参与的过程中得到启迪、受到教育、见贤思齐，启动了家庭细胞的自我修复功能，增强了自我责任感和自我约束力，促进了对其他家庭成员的包容与理解，增添了对家庭和社会的责任和奉献意识。

（三）促进了性别和谐平等

一位父亲在分享时说，"我回家照顾女儿，支持妻子在外工作，我感觉很幸福"，触动了人们的心灵，逐步改变着人们"男主外，女主内"的传统观念，倡导了男女两性平等发展、共同建设现代家庭的观念。

（四）增强了社区认同和归属感

寻找活动宣传、参与、评议的着力点在社区。"家文化"是联系每个家庭参与的纽带，是寻找个体共同价值感的最好载体。妇女和家庭通过社区公共空间开展的集体活动实现了人际关系破冰，通过对邻里家庭文化和故事的认同产生敬慕、感动等复杂的情感体验，在活动中重建邻里意识、互助精神、产生了共同价值的碰撞，重构了社区的凝聚力，增进了居民对社区的认同感和归属感。

（五）淳化了社会风气

通过寻找活动，积极引导广大妇女自觉践行社会主义核心价值观，做中华民族传统美德的继承者、社会主义道德规范的实践者和科学精神的传播者，自觉履行家庭责任、践行家庭美德和社会主义核心价值观。比如，四川阿坝州羌族刘陈军家庭，在地震中夫妻无私救助灾民，收养孤儿，救助失独老人，在灾后重建中带领群众修路致富。达州符纯珍家庭，一个历经苦难的女子带着公婆改嫁并和丈夫共同赡养 6 个老人。这些典型诠释了家庭美德的深刻内涵，树立起鲜明的价值导向。据基层反映，寻找活动开展以来，大家都以"最美家庭"为参照，自觉约束行为，孝敬双亲、关爱子女、追求文明、讲求和睦、互帮互助的人多了。

五 工作启示

（一）要以和谐的家庭文化观为引导

和谐家庭文化建设的核心是"以人为本"，弘扬家庭美德，营造平等和睦的家庭氛围。四川省妇联将全国妇联倡导的"夫妻和睦、尊老爱幼、科学教子、勤俭节约、邻里互助"作为活动指导，同时将男女平等基本国策的宣传纳入寻找"最美家庭"活动中，强调男性参与，倡导男女两性平等发展，共同建设幸福家庭。

（二）要充分依靠群众做群众工作

四川在整个活动中坚持走群众路线，评选不设统一标准，不设门槛，在报名、推荐、评审等各个环节充分尊重群众意愿，最大限度地发动群众参与，让群众唱主角，充分发挥了群众做群众工作的影响力，探索出了人人参与、人人支持、共建共享的社会治理模式。

（三）要充分发挥妇联组织的枢纽型作用

妇联组织作为群团组织，在参与社会治理中具有独特优势，只有充分发挥妇联组织的枢纽型作用，才能更好地凝聚社会各界力量为广大妇女和家庭服务。四川省妇联积极创新组织制度，制定了执委、代表任期制和工作制，建立了执委界别分组，团结各界专家组建了智囊团，积极与社会组织合作，充分发挥女企业家、行业协会的作用等。积极协调社会组织、行业协会、界别执委、专家智囊团、志愿者等各方力量，通过遍布城乡的"妇女之家"把寻找活动深入社区、乡村，深入每个家庭，充分发挥了妇联组织在社会转型中的枢纽作用。

（四）要争取强大的宣传资源和政策支持

四川省妇联与省委宣传部、省文明办、省网信办联合开展活动，并得到媒体大力支持，为各级妇联争取到了丰富的宣传资源。宣传部门、媒体主动介入，合力营造了强大的社会声势和舆论氛围。同时，积极争取到了源头支持，把寻找活动纳入了省委文件，为开展活动提供了政策依据和人力、经费等资源保障，确保了活动长期蓬勃开展。

社会工作方法在和谐家庭建设中的应用初探

——以宁夏回族自治区康乃馨关爱
单亲母亲行动为例

◎周慧琴*

摘　要：社会工作方法与传统的妇女工作方法相结合，为妇女儿童和家庭提供专业化、人性化、多元化的服务，是妇联组织参与社会治理的必然选择。本文以宁夏妇联开展的康乃馨关爱单亲母亲行动为例，通过个案跟踪、小组活动等社会工作方法，使单亲母亲通过他助、互助实现自助，增强她们的自信心和发展能力，成为社会发展的积极拥护者。同时，提升了妇联工作的专业化和社会化水平，为妇联组织帮扶救助弱势妇女群体提供了新的路径。

关键词：社会工作　妇联工作　和谐家庭　单亲母亲

家庭是社会的细胞。做好和谐家庭建设，促进民族地区和谐稳定是宁夏回族自治区党委政府交给妇联组织的一项重要任务，也是妇联的职责所在。2013 年，宁夏回族自治区妇联把和谐家庭建设聚焦在贫困单亲母亲家庭这一特殊群体，将妇联传统工作模式与社会工作方法相结合，打造了妇联社会化工作品牌。

---

* 周慧琴，宁夏回族自治区妇联副处级调研员。

一　问题的提出

宁夏回族自治区回族人口 228.7 万，占宁夏人口总数的 35.8%，是全国最大的回族聚居区。民族团结、宗教和顺、社会稳定是宁夏民族地区最大的区情①。面对新的维稳形势，2012 年，自治区党委政府要求妇联组织发挥家庭工作的优势，在城市社区开展和谐家庭建设。宁夏回族自治区妇联在全区 51 个社区试点，覆盖家庭 161627 户。在摸底排查的基础上将存在不和谐因素的家庭分为困难家庭、残疾人家庭、空巢孤寡老人家庭、单亲家庭、特殊人员家庭、矛盾家庭 6 类。资料分析发现，单亲母亲家庭由母亲独自带着孩子生活，担负着自身生存和抚养孩子的双重重担，生活困难，是建设和谐宁夏应该关注的特殊群体。

2013 年，宁夏妇联在全区 58 个试点社区启动了康乃馨关爱单亲母亲行动，将和谐家庭建设聚焦于单亲母亲家庭这一弱势困难群体，通过网格化管理对单亲母亲家庭进行入户调查。调查数据显示，在 58 个城市社区的 194476 个家庭中，单亲母亲家庭有 2553 个，占家庭总户数 1.31%。从年龄分布看，单亲母亲主要集中在 35 - 45 岁，占 49.53%。临时性就业和无业者占 81.37%，享受低保者占 46.40%，初中及以下文化程度者占 64.52%，单亲母亲不同程度地存在疲惫、无助、抑郁、孤独等心理问题，对自身和孩子的认同感低，这一特殊群体的问题需要引起重视并妥善解决。宁夏妇联引入社会工作的理念和方法，积极探索救助帮扶途径，增强服务的针对性、有效性。

二　社会工作与妇联工作

（一）社会工作

社会工作起源于西方，是随着中国社会转型和政府职能转变而引入的

---

① 李建华：《以求真务实的精神推动民族地区改革发展稳定》，《宁夏日报》2013 年 10 月 19 日。

一种新型的服务于社会上的贫困者、老弱者、身心残障者等弱势群体的理念和工作方法。社会工作以人的基本权利和社会公正为前提，尊重人的权利和尊严，帮助解决个人、群体、社区和社会问题，从而提高个人的社会功能性[①]。

社会工作主要运用个案工作、小组工作、社区工作的方法，动员和连接各种资源，把服务提供给目标人群，帮助服务对象缓解和摆脱困境，达到助人自助的目标[②]。

（二）妇联工作

传统的妇联工作一般通过会议、活动的宣传倡导实现组织、教育、引导妇女的目的。随着社会结构的变化，社会矛盾与冲突不断增加，不同群体、不同个体的妇女需求千差万别。在传统单位体制下，妇联通过从全国到基层的纵向组织系统，能够比较容易地把工作覆盖到广大妇女群体之中。但是面对妇女诉求多样化、个性化和复杂化的特点，妇联组织传统的设置形式、工作内容、工作方式已经不能适应妇女及家庭的需求[③]。

妇联组织是党领导下的联系妇女群众的桥梁纽带，围绕党和政府的中心工作开展工作。党的十八届三中全会把"完善和发展中国特色社会主义制度，推进国家治理体系和治理能力现代化"作为全面深化改革的总目标，提出要坚持党的群众路线，建立社会参与机制，充分发挥工会、共青团、妇联等人民团体的作用，齐心协力推进改革。妇联组织的组织特性和机构特点，决定了妇联组织要把解决妇女发展中的难点和突出矛盾作为基本任务，通过创新工作机制来了解妇女需求，发现和解决实际问题[④]。

（三）将社会工作引入妇联工作

社会工作和妇联工作都是为有困难的人提供帮助和服务。社会工作在价值理念上强调助人者与受助者之间的平等、合作关系，强调助人自助原

---

① 张李玺：《妇女社会工作》，高等教育出版社，2008。
② 刘梦：《中国社会工作与社会工作教育述评》，《中华女子学院学报》2001年第3期。
③ 蒋美华：《社会建设视野下的妇女社会工作》，《理论探索》2009年第2期。
④ 丁娟：《牢固树立群众观念　切实提高专业化水平》，《中国妇女报》2014年1月8日。

则。传统的妇联组织具有一定的政府身份，工作的行政化色彩很明显。在对妇女进行组织、动员和教育时，通常存在居高临下、上级对下级的倾向。社会工作有自己的专业理论和方法。传统的妇联工作虽然在实践活动中积累了比较丰富的经验，但是缺乏专业性和规范性[①]。

引入社会工作的理念和方法，是提升妇联工作专业化和社会化水平的必然趋势，也是实现妇联工作机制创新的必然要求[②]。深圳、东莞等地的妇联组织借鉴国外和香港的社会工作模式，通过建立购买服务的机制、建立"妇工＋社工＋义工"的模式、搭建立足社区的专业化服务平台，开辟了妇联参与社会公共服务的新途径，也培养了一批具有一定社会工作理论和实务能力的妇联干部。

近年来，宁夏妇联一方面积极组织妇联干部参加民政部门开展的社会工作者培训，另一方面在妇联系统的教育培训中纳入了社会工作的知识。但是针对特定服务人群，从实施方案、工作方式、总结评估方面明确提出应用社会工作方法为单亲母亲提供个性化服务还属首次。

三 社会工作方法在和谐家庭建设中的应用

在关爱单亲母亲行动中，宁夏妇联引入了社会工作的理念和方法，结合妇联传统工作模式，平等地对待单亲母亲及其家庭成员，开展了帮扶救助、技能培训、创业就业、子女教育、心理疏导等多元化服务，不仅帮助单亲母亲解决了困难和问题，而且提升了妇联干部工作能力，使妇联工作更加贴近妇女的需求[③]。

（一）个案跟踪方法

个案跟踪方法是以社会公正为前提，社会工作者和当事人之间建立一

[①] 子木：《将社会工作理念与方法嵌入妇联工作》，《中国妇运》2010 年第 7 期。
[②] 蔡立：《妇女社会工作的探索与思考》，《中国妇运》2009 年第 10 期
[③] 周慧琴：《实施"康乃馨"行动 救助帮扶单亲贫困母亲》，《中国妇运》2014 年第 1 期。

对一的专业关系，帮助求助者认识和接纳自己，提高其解决问题的能力和信心，激发当事人的潜能，让每一个人拥有尊严、权力和受到尊重[①]，是通常用于解决家庭纠纷调解、婚姻辅导、单亲适应、未成年人学业问题、成长问题、社会适应问题的社会工作方法。

在康乃馨关爱单亲母亲行动初期，网络管理员在入户调查了解单亲母亲的情况时，发现一些单亲母亲因为家庭发生重大变故、自己或孩子罹患重大疾病，身心受到巨大创伤。由于目前社会支持系统还不够完善，她们生活在社会边缘，得不到基本的救助。对这一群体，可以通过个案跟踪的社会工作方法进行帮扶。

以下通过一个让单亲母亲活出尊严的案例进行分析。

1. 了解单亲母亲的需求

东街社区妇代会主任张华具有丰富的社区工作经验。她认为，康乃馨关爱单亲母亲行动在帮助单亲母亲这一弱势群体时，要把关爱送给每一位需要帮助的单亲母亲。东街社区在入户调查时发现住户闫芳搬家了，向周围邻居打听才知道她家出了交通事故，把房子卖了还账，人不知道去哪了。张华四处打听，最后在一个民工简易房里找到 54 岁的闫芳。当时闫芳穿一身黑衣服，神色呆滞，头发很乱，床是用砖头垫起的一块木板，不知从哪儿捡来的两块颜色完全不一样的床单拼接在床上。张华看到这个情况，拉着闫芳的手就落泪了。得让她活下去，这是张主任的第一个想法。随后的 3 个月里，张华发挥妇代会主任的优势，东奔西跑为闫芳解决了最低生活保障和廉租住房问题。当闫芳住进新家时，她说道："以为这辈子完了，做梦也没想到妇联为我安排这么好的一个家。"

在康乃馨行动的最初阶段，通过妇联自上而下纵向到底的组织结构，由社区妇联干部入户了解每一位单亲母亲的情况。妇联组织有坚实的群众基础，具有广泛的影响力和号召力。通过入户摸底，发现 58 个试点社区有单亲母亲家庭 2600 户，愿意参加"康乃馨"行动的单亲母亲家庭 1181 户，占单亲母亲家庭总户数的 45.42%。

---

① 刘丽晶等：《农村留守妇女问题的调查及社会工作介入——以山东省刘白杨村为个案》，《东北农业大学学报》（社会科学版）2012 年第 1 期。

在入户调查中，妇联干部认识到，妇联开展的办实事工作并没有覆盖所有有需求的妇女，贫困单亲母亲生活有很多困难。只有通过一对一的入户工作，才掌握了每一位单亲母亲的需求。单亲母亲也表示，有了康乃馨行动，才知道妇联的干部能帮助申请低保、廉租房，能安排志愿者帮助孩子辅导功课，提供技能培训、就业信息，同时，妇联可以协调政府部门解决实际困难。在试点工作中，宁夏妇联推动住建厅将单亲家庭列为廉租房优先考虑的对象。

2. 帮助单亲母亲树立信心

张华有空的时候会到闫芳家里陪她聊天，不能去的时候也会打电话问候。逛街的时候看到合适的衣服鞋子，会给闫芳买下。闫芳渐渐地平静下来。她原有一个幸福的家庭，2008年家中连续遭遇两场车祸，不到半年时间就失去了丈夫和女儿两位亲人，并留下了巨额债务。闫芳常常觉得活下去很难，也无力偿还债务。在征得案主的同意后，张华安排志愿者经常去开导她。闫芳因病要住院，张华知道后第一时间到医院帮她办理住院手续，手术后志愿者轮流照顾她的生活起居。渐渐振作起来的闫芳说："是妇联帮我跨过了这辈子最大的坎。"

由于男尊女卑封建思想的影响，当前社会对单亲母亲及其家庭还存在一些偏见，从性别视角建立的社会保障和社会支持系统缺失。在帮助弱势的单亲母亲时，要理解她们的难处，体谅她们的苦衷，克服传统妇联行政命令式的工作方式，不能单纯把单亲母亲当作受教育者和工作对象，而要平等地对待求助者，运用社会工作的技巧，耐心倾听，鼓励她们说出自己的困难。对于法律、心理等专业问题，妇联干部应主动转介给专业的志愿者，而不是凭经验评判或给出建议。试点工作共组织1214名巾帼志愿者、青年志愿者与850名单亲母亲结对，建立了长期稳定的联系、信任关系，有针对性地提供心理、法律、生活、健康、创业就业、子女教育和家庭教育等方面的帮扶。

3. 帮助单亲母亲走向精彩人生

两个月以后，闫芳身体恢复后精神也好了很多，提出想打工还债。社区帮她找到了一份家政工作。工作使她重新鼓起生活的勇气，在妇联干部的支持下，闫芳又组建了新的家庭。当这个案例跟踪结束的时候，闫芳说："是康乃馨行动救了我，是社区妇女工作者让我活下来了。我要好好活着。"

在这个案例中，张华发挥自己多年社区妇女工作者的优势，了解到单亲母亲的难处，用她们能听得懂的语言进行交流，用她们能接受的方式提供帮助。同时引导年轻的妇女工作者运用平等、尊重、助人自助的专业理念，提供人性化服务。

在传统的妇联工作中，妇联干部往往是等妇女上门寻求帮助，如家庭暴力、信访代理等。在2013年康乃馨行动试点工作中，个案跟踪制度的建立推动妇联干部入户调查，主动发现有需求的单亲母亲，建立了完整的个案跟踪服务台账。在跟踪的246个个案中，妇联干部根据她们的实际情况作出评估，引导单亲母亲调整心态、排解压力、稳定情绪，逐步恢复自信心。

（二）小组工作方法

社会工作者组织开展小组活动，促进组员之间畅所欲言、互相交流，分享各自的经历和心情，使小组成员之间互相支持、互相认同，在小组群体环境下恢复和发展个人的社会功能，提高个人改善人际关系、应对实际生存环境的能力，使其能够更好地处理个人、家庭、社区的问题①。

康乃馨关爱单亲母亲行动服务对象是单亲母亲。调查发现，贫困单亲母亲大多感到孤独、没有依靠，觉得自己被人看不起，精神状态差，生活态度消极。所以在试点工作中成立了单亲母亲互助小组，依据本人自愿的原则吸纳社区单亲母亲加入，每个小组规模为10 - 20人，至少每月开展一次小组活动。让单亲母亲与自己背景相似、有共同话题、能分享自己人生经历的人一起学习、参加社会活动，帮助单亲母亲重新回归社会。

宝清社区成立了"康乃馨"家园，建立了单亲母亲QQ群、微博、家庭生活指导室、爱心接力站和书吧，通过经常给单亲母亲办心理讲座、才艺展示、趣味运动会等活动，关照单亲妈妈的心理、情感、子女教育和生活应对能力。专业的心理咨询师引导单亲妈妈反思自己的成长之路，分享在

---

① 方英：《妇联工作引入社会工作模式的探讨》，《广州大学学报》（社会科学版）2009年第12期。

爱情、婚姻、教育子女方面的经验，指导她们正确面对生活。书吧配备了上千册家庭教育、心灵成长、励志方面的图书；在墙上贴满了"我鼓励自己每天要有发自内心的喜悦，人生苦短，没有时间后悔和埋怨，只要用心，就能不断听见好运的脚步"，"做自己孩子心灵上的朋友，比一位洗衣做饭的母亲更重要"等悄悄话。设计了"情绪转化""爱自己爱生活""人生如路让幸福似花"等系列"读书会"。在小组活动中，单亲母亲因为经历相似，感到找到了属于自己的群体，有很强的归属感，她们积极参与活动，在小组活动中获得了自尊及他人的尊重。

在小组活动中加强单亲母亲与外界的接触，如爱心义卖、军民共建，提高了单亲母亲与社会的融合度，在与其他群体互动过程中激发单亲母亲的潜能，改变了社会对单亲母亲的负面评价。

根据服务对象的情感需求，设立单亲母亲、孩子、亲子互助等3个小组，举办亲情采摘、亲子游戏大家乐、趣味运动会、游园、看电影等活动，开展斋月回访慰问、单亲母亲"七夕"牵手幸福联谊会、"关爱母亲　感恩母亲"、"相约星期二"等活动以提升她们的社会认同感。2013年，共成立单亲母亲互助小组256个。

四　启示与建议

（一）启示

和谐家庭建设是妇联组织参与社会建设的一项新任务。将社会工作方法引入康乃馨关爱单亲母亲行动是妇联工作的创新。在一年的试点中，有以下几点启示。

1. 准确了解单亲母亲需求是开展工作的前提

在试点工作中，入户调查收集信息，掌握单亲母亲个人及其家庭的实际情况，建立单亲母亲家庭档案，分析单亲母亲的不同特点和需求，提出具体的实施方案，这种科学的工作方法和渠道确保了此项工作的针对性和有效性。

2. 专业化队伍建设是提供专业化帮助的保证

妇联通过争取社会公益岗位、聘用社区妇代会兼职副主任、争取社区网络员等方式建立了"妇工＋社工＋义工"的工作队伍。妇联干部熟悉社区家庭情况，容易和单亲母亲沟通交流；年轻的社区干部具备专业知识，但工作经验不足；志愿者有热心、奉献精神。在实际工作中这3支队伍优势互补、协同配合，提高了妇联工作的专业化水平。

3. 规范化管理是赢得单亲母亲信任的保证

目前单亲母亲对社会工作的认知和接受程度还比较低，靠她们自发参与还有难度。妇联组织建立了真实、准确、详细的康乃馨行动工作台账，尊重单亲母亲的意愿，在个案跟踪、小组活动中按照流程开展工作，活动结束后有详细记录并作出科学评估。通过规范的工作模式赢得单亲母亲及其家庭的信任。

（二）建议

运用社会工作方法为弱势妇女群体提供救助是妇联组织新的探索。今后在整合资源帮扶单亲母亲家庭，建立完善政府、社会、家庭一体的社会关爱帮扶机制方面，应进一步在以下方面努力。

1. 建立单亲母亲信息库

将单亲母亲信息纳入社区网络化管理，深入社区家庭调查走访，了解单亲母亲家庭的基本情况和实际需求，按照一户一档建立单亲母亲家庭信息库，为推动政策文件出台、协同职能部门推进提供科学依据。

2. 开展社会工作方法培训

在总结提炼试点工作经验的基础上，组建康乃馨行动宣讲队，深入城市社区巡回宣讲培训，推广社会工作模式，指导社区妇联干部用社会工作的方法开展康乃馨关爱单亲母亲行动。

3. 制定单亲母亲帮扶政策

政府为改善低收入家庭生活出台了许多的优惠政策，但这些政策和措施属普惠性质。对于贫困单亲母亲家庭这一特殊的社会弱势群体来说，需要出台针对单亲母亲家庭特殊困难的倾斜性政策。

4. 加强舆论宣传

应借助广播、电视、网络等新闻媒体大力宣传自强不息、艰苦创业的单亲母亲典型，通过行动上的示范和精神上的引领，激励贫困单亲母亲转变观念，主动融入社会。呼吁社会各界爱心人士积极参与、共同关心特困单亲母亲家庭，帮助她们早日走出困境。

妇联妇女工作创新的探索研究

——以广州市海珠区妇联"3861 我的家"项目为研究对象

◎陆小媛　刘学勇　陈香君　简瑞燕*

摘　要： 本文以广州市海珠区妇联"3861 我的家"项目为研究对象，总结探讨妇联妇女工作创新、管理的架构、运作经验以及不足。"3861 我的家"项目采取"党委统揽，政府创新，妇联主导，机构协同与专业化运作"的架构，设置了性别平等的社会建设、妇女能力建设、妇女儿童保护、婚姻家庭建设和资源链接等服务项目，在拓展服务资源、发展运行机制、下沉妇女服务、提供优质个案服务等方面取得了一定成效。但项目运作存在一些问题与困难，包括社会服务供给制度设计忽视了妇联的服务职能、妇女社会服务人才匮乏、各方对妇联参与社会服务管理创新存有疑虑、妇联缺乏协同服务承接机构的经验等，本文对此提出了相应的对策与建议。

关键词： 妇联　妇女工作创新　"3861 我的家"项目

妇联作为执政党和政府联系妇女群众的桥梁，长期致力于服务广大妇

---

* 陆小媛，华南师范大学政治与行政学院社会工作系主任、副教授；刘学勇，华南师范大学政治与行政学院社会工作系讲师；陈香君，华南师范大学政治与行政学院社会工作系讲师；简瑞燕，广州市海珠区妇女联合会主席。

女群众、维护妇女儿童权益的社会事业。但随着改革开放和社会转型的深化，妇联开展妇女工作的体制性平台逐渐萎缩，越来越难以应对新形势下妇女儿童问题的复杂性和有效回应妇女需求的多元化，从而面临创新妇女工作以落实妇女儿童服务和社会管理职能的新命题。而 1978 年以来党的领导方式的改革和政府职能转变也要求妇联职能定位发生适应性变革①。

妇联组织在社会转型和体制变革的推动下，以 1995 年中国成功举办第四次世界妇女大会为契机，开启调整和转变组织职能和妇女工作重点的历程。1995 年，全国妇联将基本职能确定为"代表和维护妇女权益，促进男女平等"，探索、确立了源头维权、个案维权、社会化维权、实事化维权的基本思路。2008 年中国妇女第十次全国代表大会要求各级妇联以此基本思路为指导，突出维权职能。2010 年为贯彻落实中央精神，全国妇联主席陈至立提出："积极探索新形势下联系和服务妇女的新方式方法，增强吸引力、凝聚力和影响力，推动妇联工作创新发展。"② 各地方妇联则在落实转变妇联职能和工作重点的过程中，纷纷展开淡化行政化倾向、推进妇女工作项目化和社会化的种种尝试。例如，上海市妇联推动妇女工作的社会化转型，建立起社会化动员、社会化整合、社会化运作与社会化评估的妇女工作机制③。这种努力还获得学术界的关注和认同，部分学者认为新时期妇联妇女工作社会化框架体系的建构，为社会转型期妇联工作提供了可供参考的多样化现实模式④。

而在"科学发展、先行先试"的广东省，地方政府支持群团组织承办政府委托、购买社会公共服务项目，妇联借此机会积极探索通过参与公共服务推进妇女工作的转型与创新的途径，并在深圳、佛山等经济发达的地区取得一定的经验⑤。2012 年，广东省社工委进一步要求，"把工青妇等群

① 王文：《妇联组织的发展变迁与职能定位（下）》，《中国妇运》2010 年第 2 期。
② 许祖华：《陈至立提出探索联系服务妇女新方式，推动妇联工作创新发展》，《人民日报》2010 年 7 月 4 日。
③ 李苏华、凌慧：《社会化转型：上海妇女工作 30 年进程》，《中国妇运》2009 年第 5 期。
④ 李晓燕：《妇女工作社会化与妇联基层组织建设网络化的深层思考》，《中华女子学院学报》2001 年第 6 期。张明珠：《整合社会力量推进妇联工作社会化》，《工作研究》2002 年第 11 期。
⑤ 广东省妇联办公室：《在参与公共服务中实现妇联工作的转型与创新》，《中国妇运》2009 年第 3 期。

团组织打造成为枢纽型社会组织"，即发展创新群团组织的社会管理职能。在此背景下，广州市海珠区妇联于 2011 年借助"3861 我的家"项目推动妇女工作创新，以参与公共服务的方式坚持其为广大妇女儿童提供社会服务、履行社会管理职能的历史使命，借助社会工作机构对妇女工作进行了专业化、社会化的创新，有效回应转型期日益复杂化、多元化的妇女儿童需求，丰富了基层社区福利供给体系的内容。

作为广东省妇联探索妇女工作创新的众多试点项目之一，"3861 我的家"项目的尝试具有较强的开创性和示范性，本文重点关注这个项目的运作模式及其成功经验和不足之处。希望通过分析"3861 我的家"项目，真实地描述妇联组织和社会工作机构协同解决妇女问题、满足妇女需求、化解家庭与社会矛盾的努力，从而能够对妇联工作创新与发展提供可借鉴的经验。

一 "3861 我的家" 项目的背景

从社会转型的角度来看，海珠区妇联"3861 我的家"项目因应了妇女儿童及其家庭的需要，站在社会管理创新和国家政治文明建设的高度上，具有重要的社会政治意义。

(一) 妇联妇女工作创新的现实意义

妇联在不同历史时期都努力回应妇女儿童的服务需求和国家进行社会管理的任务要求。1978 年改革开放之后，妇联工作面临社会转型所带来的诸多挑战。首先，妇女儿童群体的需求发生了很大变化，妇女儿童的个人需求越来越个性化和多样化。妇联必须从聚焦妇女的群体性需求转向兼顾群体性需求与个性化需求，这意味着妇联需要在原有服务的基础上提供更多个性化、多样化的社会服务。其次，从中国福利供给体制的变迁来看，妇联在计划经济体制时期主要通过单位落实妇女社会服务，但在单位制消解后妇联仅靠基层社区的数个妇女干部，根本没有为广大妇女儿童及其家庭提供相应服务的能力。最后，从妇女观变迁的角度看，传统妇女工作在马克思主义妇女观的指导下，主要关注妇女劳动权和政治权。而随着社会性别意识的发展，妇联必须同时在制度层面和实践层面纳入性别意识，推动性别平等。由此，妇女工作需要引入新的工作方法和工作机制，去回应日益丰富、多元的妇女儿童需求，扩大针对妇女的福利供给渠道，实践不断发展的马克思主义妇女观。

（二）妇联工作创新的管理意义

建设和谐社会与创新社会管理体制，实质上是政府依托民间组织、专业组织和群团组织与各类社会群体开展良性互动的过程。这些社会组织作为联结各个社会单元的重要纽带，其作用就是通过承接社会服务、缓冲社会矛盾、表达利益诉求，来避免政府与各个群体的直接对立，使社会趋向协同。妇联组织具有广泛联系、紧密贴近、直接服务妇女群众的特点和优势，在社会管理创新中理应担当更大的责任。另外，妇联担负着代表和维护妇女群众合法权益、促进男女协调发展和社会全面进步的重要职责，只有通过参与社会管理才能落实妇联的基本宗旨。近年来关注和推动妇女权益发展的民间组织、从事妇女社会服务的专业机构不断兴起，甚至出现了以女性为主体的社会团体，妇联作为政治性的群众团体，必须以其传统优势和社会公信力，发挥"枢纽型组织"的社会管理作用，实现组织引领、协调整合、示范带动和排忧解难的功能，达到协同管理、共同进步的目的。

（三）妇联工作创新的政治意义

妇联作为国家政权的重要社会支柱体现在：为国家政权核心功能的实现提供强力支持，在国家核心功能转向社会服务时，其主要功能就是为社会服务创造社会条件[1]。首先，妇联作为联系广大妇女群众的群团组织，是党联系妇女群众的桥梁和纽带，必须在妇女工作创新中加强党与妇女群体的紧密联系，夯实党的执政基础。其次，党的十八大提出全面建成小康社会的目标，要求完善社会保障体系、健全基层公共服务和社会管理网络。

---

[1] 陈琼：《形塑与变革——现代国家建构进程中的妇联组织研究》，华中师范大学博士论文，2009，第88页。

妇联通过提供性别平等的社会建设、妇女儿童保护和其他服务,在扩大社会服务覆盖面、提升社会服务水平等方面应发挥突出作用。最后,妇联工作创新有助于公民社会的建设。妇联经过长期建设,已形成覆盖面宽、联系群众广的组织网络,积累了丰富的妇女工作经验。妇联如果将已有的优势与妇女社会工作的专业手法相结合,将会成为公民社会建设的重要力量。

二 "3861 我的家" 项目的架构

海珠区妇联为了贯彻落实胡锦涛总书记 2010 年关于妇联工作的指示精神和 2012 年广东省"把工青妇等群团组织打造成为枢纽型社会组织"的精神,通过"3861 我的家"项目将社会工作的部分理念、先进工作方法及模式融入妇女儿童服务,促进妇联发展出新的社会服务和社会管理模式,从而建立"党委统揽、政府创新、妇联主导、机构协同、专业化运作"的枢纽型妇联组织新模式。

(一) 党委统揽,政府创新

海珠区妇联设计"3861 我的家"项目的思路明确,就是以"三个代表"重要思想为指导,认真贯彻落实党的十八大精神,用科学发展观统揽妇女工作。妇联站在执政主体要求和建成全面小康社会的高度,通过"3861 我的家"项目贯彻落实党赋予妇联的历史使命和时代要求,以党中央的指示精神来统揽妇女工作,从广东省社工委创建枢纽型组织的要求出发推动妇女服务的发展和社会管理的创新,致力于创新工作机制,打造妇女工作品牌。

海珠区政府创新了支持妇女服务事业发展的机制。具体来说,海珠区妇联在落实"3861 我的家"项目的过程中,得到了区委区政府和各个职能部门的大力支持。在政策支持上,区政府设置 3 年为一个项目周期,并在 2013 年将"3861 我的家"项目所需资金纳入财政预算,从而保证了项目的延续性和稳定性。在资金支持上,区政府拨款逐年增加,2011 年度为 50 万元,2012 年度为 205 万元,2013 - 2015 年度为 300 万元。在行政支持上,区各个部门大力支持妇联的工作，海珠区社工委、法院、信访办、教育部门等都鼎力协助妇联开展妇女社会服务和社会管理创新工作。

（二）妇联主导

妇联长期以来主导妇女领域内的社会服务和社会管理，并在"3861 我的家"项目中坚持自己的主导地位，在服务理念、整体项目设置和服务领域 3 个方面把握妇女社会服务和社会管理创新。

在整体项目设置上，妇联开展妇女儿童的需求评估，规划相应的服务领域，寻找合适的社会服务机构，建立科学的服务成效评估指标体系，协同落实服务理念和服务大方向，发挥妇联优势影响顶层设计，积极争取资源。

在服务理念上，妇联通过引入社会工作有关妇女赋权、增能、资源链接等理念，以及心理咨询等其他专业工作领域的先进服务理念，为妇女社会服务理念增加新的专业元素和时代特色。妇联尝试着将这些专业工作理念与传统妇女工作理念相结合，提出以妇女工作为核心的社会服务理念体系，形成了妇女维权需求调查评估、对典型个案建档造册、定期回访、科学维权和调解的新理念。在开展工作的过程中，海珠区妇联落实妇女社会服务的新理念，结合海珠区社会经济发展状况，从海珠区妇女儿童的需求状况出发，引入社会工作专业服务，将"妇女之家"的原有服务内容进行专业化打造。

在服务领域上，海珠区妇联坚持党赋予的使命，在工作大方向上致力于推动性别平等的社会建设、妇女儿童保护等传统工作，并结合当下妇女儿童的发展需要，推动妇女儿童的能力建设。此外，妇联通过"3861 我的家"项目，将妇联的部分日常工作融入具体的社会服务中，从而实现妇联社会服务和社会管理的落地生根。海珠区妇联利用妇女儿童服务上的天然优势，积极主动寻求专业机构的协助，链接各类社会资源，快速有效地将国家有关妇女儿童的社会服务政策转换为具体的社会服务领域。

（三）机构协同与专业运作

专业工作机构是妇女工作的新抓手，机构协同对妇联社会服务和管理创新具有重要意义。首先，在"3861 我的家"项目中，机构必须学习、领会、贯彻海珠区妇联的工作理念，站在妇女工作及其发展的角度开展项目运作。其次，机构必须回应妇联的工作需求，在社会服务层面既要协助妇联落实性别平等的社会建设，又要透过机构工作者的专业服务提升海珠区妇联回应广大妇女儿童具体需求的能力。最后，机构要协同妇联创新妇女儿童服务项目，根据新时期妇女发展的需要、机构所能联动的专业资源，发展妇女自身的能力建设项目、资源链接项目，建立协同创新的工作模式。

机构在协同海珠区妇联推进社会服务和社会管理的过程中，以专业化的方式自主开展工作。在管理上，机构采取项目管理的方式，构建由社会工作者为主体，有心理咨询专家、法律专家、妇女研究专家、资深妇女工作者、巾帼志愿者等参与的专业工作团队。在具体的个案服务和社区工作过程中，工作团队将社会工作理念、理论、方法、技巧以及心理学、社会学、法学等知识和工作方法，与妇女工作的理念、理论和方法相结合，开展专业化的妇女儿童服务。机构和海珠区妇联高度重视项目的成效，与高校合作共同开发了一套包括服务规划、执行与评估在内的评价体系。

（四）服务项目的设置

海珠区妇联针对海珠区妇女儿童发展现状与服务需求，结合妇联传统使命、社会实际情况和妇女发展趋势设置了四大服务项目。从社会环境来看，妇女工作很重要的内容是推动性别平等的社会建设，即采取社会工作和妇女工作相结合的手法，推动性别平等的社会发展。从妇女主体性的角度出发，妇女工作的重要内容是妇女的能力建设，包括妇女之间形成强有力支持纽带的能力以及妇女广泛参与社会领域活动的能力。从特殊情境的角度来看，妇女工作的重要内容是妇女儿童保护，特别是针对各种情境导致的弱势妇女和儿童，提供临时的紧急干预以及长远的社会支持，以帮助弱势妇女和儿童获得资源，摆脱危险境遇和不利情况。从环境、主体与情境的相互结合出发，妇女工作的重要内容是资源链接，即把性别平等的社会建设、妇女能力建设、妇女保护、儿童保护结合起来，形成有组织的妇女工作力量。同时，妇联通过机构的专业化运作，在需求评估、社区倡导、家事调解、妇女之家的地区服务、家庭教育与辅导中心的培训服务等活动中，落实这四大服务项目。

三 "3861 我的家" 项目的成效

"3861 我的家"项目运作两年多来，取得了一定的成效，尤其在拓展服务资源、发展运行机制、下沉妇女服务、提供优质个案服务等方面积累了较为丰富的经验。

（一）拓展服务资源

妇女工作需要动员庞大的资源，包括体制外和体制内资源。海珠区妇联与辖区内社工委、法院、公安机关、信访办、教育部门、街道办、学校和医院等国家机关单位和事业单位，建立合作关系；重视社会资源的动员与利用，依托"心明爱社会服务中心"，组建专家顾问团。目前，专家顾问团成员已有 14 名，包括本地专家 9 名、香港专家 5 名。其中国家二级心理咨询师 2 名、婚姻家庭咨询师 4 名、亲子关系研究专家 3 名、女性职场辅导师 1 名、高校社工专家 3 名，还有香港资深社工 1 名。海珠区妇联还联合华南师范大学社会工作专业的部分从事妇女研究和家庭社会工作研究的专家，开展多角度、多层面的研究，探索符合广州本土特色的妇女工作模式。海珠区妇联善于抓住机会利用市场资源，联动海珠区女企业家协会和部分女企业家，拓展社会服务资源的筹集渠道，来帮助有需要的妇女儿童及其家庭，推进"3861 我的家"项目的运行和服务成效。

（二）发展运行机制

"3861 我的家"项目运行两年多来，海珠区妇联初步形成相对成熟的项目运行机制。宏观上，海珠区妇联建立"党委统揽、政府支持、妇联主导、机构协同、专业化运作"的工作机制，保证了项目运作的大方向和党、政、妇联、专业机构之间的工作衔接，从而利用专业方法落实党有关妇女工作的指导方针、政府有关妇女儿童的福利政策和妇女工作的基本要求。在微观上，海珠区妇联建立了严谨的工作协调机制。比如，在家事调解服务中，海珠区妇联与海珠区法院通过会签家事调解工作合作协议，相互建立政策法规咨询、案件信息通报交流、诉前诉中诉后调解衔接定期研讨合作机制。

（三）下沉妇女服务

妇联长期以来通过单位和居委会落实妇女服务和相应的社会管理功能工作，但随着单位制的解体和居委会的转型，妇联工作难以与基层妇女群体的需求实现有效的对接，因此，妇联必须在基层社区发展新的工作渠道，通过它们将妇联的工作与服务下沉到社区和各个家庭。海珠区妇联利用原有"妇女之家"的阵地，引入"心明爱社会工作服务中心"，整合社会工作者、妇女工作干部、巾帼志愿者、社会工作与心理咨询专家的力量来开展服务，全面提升服务覆盖面和服务质量，实现社会服务下沉和社会管理延伸到基层社会。

（四）提供优质个案服务

随着社会的不断发展，人民群众的价值取向趋于多元化，妇女维权工作也面临三大瓶颈：一是需要帮助的妇女越来越多而妇联专职人员不足；二是妇女面对生活和工作中的困惑，需要专业性的帮助和辅导，而基层妇干素质参差不齐，无法满足妇女群众的要求；三是妇联维权的方式方法与妇女群众个性化需求和个案辅导的要求相差较大。海珠区"3861 我的家"项目重视个案服务，在秉承妇女工作理念的基础上，通过专业工作方法，为妇女儿童及其家庭排忧解难，取得明显的成效。该项目自 2011 年 8 月启动以来，共开展社区服务 67 场次，小组活动 43 组，服务人数近 3 万人次；服务个案 132 个，目前已结案 107 个，取得了较好的成效。通过个案服务，有的夫妻和好如初不再闹离婚，有的辨清利弊最终撤诉，甚至有的当事人在解决自己的家事后，自愿成为中心志愿者，以自己的亲身经历，帮助更多的人走出心理阴霾。

四　"3861 我的家"　项目存在的问题与困难

"3861 我的家"项目在妇女工作的诸多方面进行了创新尝试，探索了专项妇女服务中的妇联组织角色和职能，努力厘清妇联与机构协同的关系模式，等等。但由于中国现有社会服务体制不完善、体制转型与社会发育不充分等原因，"3861 我的家"项目还存在一些很明显的问题与困难。

（一）社会服务供给的制度设计忽视了传统上承接社会服务功能的群团组织

自从党的十六届四中全会提出和谐社会建设目标和党的十六届六中全会明确提出要大力发展社会工作专业以来，广东省社会服务与社会工作获得了长足发展，形成了以街道、民政部门等政府机构为项目管理主体、民间社会工作机构为服务提供主体的社会服务体系。这一体系在新的时期有助于扩大社会服务供给渠道和覆盖面，也有助于推动社会服务的专业化，但它严重忽视了传统上一直提供社会服务和参与社会管理的群团组织，群团组织不能通过政府购买服务渠道加入政府的公共服务体系。就妇联来说，这一制度设计削弱了妇联为广大妇女儿童及其家庭提供专业服务的职能和地位，阻碍了妇联融入社会福利供给体系，从而不利于妇联参与社会服务管理创新，也不利于妇联建设枢纽型社会组织。

（二）家庭工作与妇女工作的复杂性与人才匮乏

海珠区有 18 个行政街道，妇女儿童人口众多，分布在老城区、城乡接合部、新兴商业住宅区、村改居等不同社区，妇女儿童的服务需求也呈现极大差异。一直以来，海珠区妇联积极落实服务妇女儿童的相关政策，维护妇女儿童合法权益，推动社会为妇女儿童发展创造良好环境，但妇联以往积累的知识、经验、服务方法不足以面对新的工作要求，缺乏专业能力强的妇女工作干部。家庭社会工作与妇女社会工作教育又严重滞后，专业工作机构内部缺乏处理复杂家庭问题和妇女问题的经验积累和工作模式，鲜有能熟练参与妇女社会服务的专业人才。

（三）各方对妇联参与社会服务管理创新存有诸多疑虑

妇联长期以来从事社会服务和社会管理工作，但在新时期人们对妇联工作方法、理念、领域以及妇联和社会关系的认识发生分歧。在妇联内部，有些妇女工作者不认同妇联参与政府购买社会服务的行为；在民间组织内部，一些专业工作者排斥妇联工作的理念和方法；在政府系统内部，一些政府部门认为妇联深入基层社区中的不同领域，积极参与、创新针对妇女的社会服务，干扰了既有的社会管理格局。这些疑虑模糊了体制内外对妇联基本职能的认识和认同，还导致广大妇女干部在社会服务和社会管理创新方面裹足不前。对此，海珠区妇联认为，必须秉承开放的态度，加强对妇联参与妇女儿童服务和社会管理创新的研究，在具体实践中回应上述纷争。

（四）由于缺乏可供借鉴的经验，妇联与服务承办方之间的关系需要不断调整与厘清

海珠区"3861 我的家"项目不同于广州已有的政府购买服务项目，政府购买服务中民间组织和政府之间是"委托—代理"关系或"服务采购—服务供给"关系，民间组织加入政府公共服务体系，以拓展公共服务的空间。妇联不是政府部门，也不是一般的民间组织，而是具有政治性、群众性的群团组织，无法采取政府购买服务的形式开展社会服务和社会管理。海珠区妇联参与社会服务和管理创新缺乏可借鉴的经验，逐渐在"3861 我的家"项目的运作过程中形成了妇联主导和机构协同的工作模式。但是，这个模式究竟以什么样的方式呈现，并发展成何种成熟的妇女工作模式，需要妇联和服务承办方之间不断地厘清与调整、探索与完善。

五　对策与建议

"3861 我的家"项目作出了大胆尝试，为妇联妇女工作创新提供了可供借鉴的经验。沿着这个路径走下去，妇联组织有可能创新走出一条社会化、专业化的妇女工作道路，而从项目运作存在问题与困难来看，必须从以下 4 个方面作出努力。

（一）妇联必须成为妇女儿童专项服务的购买方和监督方

从"3861 我的家"项目运作来看，妇联必须回到社会服务供给的体制中来，这既是历史赋予妇联的光荣使命，又是当前广大妇女儿童的强烈呼吁，更是妇联创新工作机制，参与社会服务与管理创新的时代要求。妇联具有社会服务和管理的深厚传统，坚持新时期妇联枢纽型组织建设就需要政府创新支持妇联工作及工作创新的财政保证机制，设立针对妇女社会服务和管理的专项资金，并由妇联担任妇女儿童服务的购买方和监督方，从而保证在妇联主导下将传统妇女工作拓展为现代妇女社会服务和社会管理实践。

（二）妇联要成为家庭工作与妇女工作专业人才孵化的基地

在当前家庭问题复杂性增强、妇女工作与家庭工作难度提高，而专业人才又极度匮乏的情况下，妇联应该秉承自己在培养妇女工作人才上的传统与优势，创建人才孵化基地，培养专业化妇女工作人才，以推动妇女社会服务的专业化发展。同时，妇联要积极联动高校、科研机构、其他社会工作机构和社会服务组织的专业人才，参与家庭工作和妇女工作专业化人才的培养，并为妇女社会服务提供专业支持。

（三）建立支持各级妇联创新的机制

在当前社会服务管理创新的浪潮中，妇联需要有所回应、有所作为，避免被边缘化。海珠区妇联积极推动"3861 我的家"项目的举措，为妇联在基层社会服务和管理领域开拓了一个新天地，为妇女工作方法创新积累了一定经验，为妇联建设枢纽型社会组织提供了重要启示。我们认为，妇联在转型期要勇于创新，上级妇联和各级政府应建立支持各级妇联创新的工作机制、财政保障机制和政策扶持机制。

（四）妇联与机构积极拓展协同工作机制

妇联与机构在协同创新社会服务和社会管理的过程中，由于组织属性、工作理念、工作方式等方面的差异，会存在不少影响双方协同创新的矛盾冲突。首先，双方要建立起社会服务和社会管理创新的共识，包括双方都要协商认同妇女工作的理念和社会工作的理念，彼此在认识到各自组织属性差异的前提下，要认同对方在社会服务和社会管理创新中的角色和职能。其次，双方要相互尊重。妇联在工作过程中要尊重机构的专业性和工作独立性，机构也要尊重妇联的历史使命、妇女工作理念、社会管理角色和项目主导角色。再次，双方要分工明确。在双方地位对等的前提下进行，妇联主导社会服务管理理念、项目设置和服务大方向，机构协同妇联开展社会服务和社会管理，并推动社会服务和社会管理创新，在具体服务领域自主运用专业知识和技能帮助广大妇女儿童及其家庭。最后，妇联与机构应建立协同工作机制，如定期的会务制度、重大事项通报制度、服务检讨制度等。

化解婚姻矛盾纠纷 促进家庭幸福和谐

◎张 红 刘海燕*

摘 要：家庭是社会的细胞，承载着重要的社会功能，更是妇联工作最有优势、最富特色的领域。本文从天津市婚姻家庭纠纷的主要问题和特点入手，具体分析了婚姻家庭矛盾纠纷的原因，提出妇联组织应积极融入矛盾纠纷大调解工作格局，发挥组织优势，构建多部门共同关注、多层面预防宣传、多渠道综合调解处理、多元化解决问题的工作机制，联动化解婚姻家庭矛盾。

关键词：婚姻家庭 矛盾纠纷 联动调解

家庭是社会的细胞，承载着重要的社会功能，更是妇联工作最有优势、最富特色的领域。多年来，天津市各级妇联组织始终把关注家庭、服务家庭作为工作重点，开展平安家庭创建活动，提升家庭成员综合素质，促进家庭幸福和谐。特别是近年来，面对离婚率逐年攀升、一些离异家庭妇女儿童权益问题凸显及现行婚姻危机干预不足的现状，天津市妇联积极融入矛盾纠纷大调解工作格局，构建多部门共同关注、多层面预防宣传、多渠道综合调解处理、多元化解决问题的工作机制，在维护妇女权益、促进家庭和谐、推进社会稳定中发挥了特殊作用。

---

* 张红，天津市妇女联合会副主席；刘海燕，天津市妇女联合会权益部部长。

一 天津市婚姻家庭纠纷的主要问题

(一) 离婚率逐年攀高

天津市妇联 4 级信访组织自 2009 年至 2013 年累计处理信访事项 35948 件，其中婚姻家庭类事项 21348 件，占全部信访事项的 59.0%，离婚咨询 7429 件，已占婚姻家庭类事项的 34.8%。

此外，从市民政局婚姻登记处及法院获得的相关数据显示，自 2009 年到 2013 年天津市的粗结婚率（结婚人数占本市常住人口比例）及粗离婚率（离婚人数占本市常住人口比例），2009 年为 10.66‰、7.25‰，2010 年为 8.81‰、7.4‰，2011 年为 10.35‰、8.03‰，2012 年为 10.24‰、9.45‰；2013 年为 10.08‰、10.33‰。从数据可以看出，结婚率基本持平，离婚率呈逐年攀高态势。

从天津市某区民政局近 5 年的婚姻登记情况看，2009 年结婚登记 4190 对，离婚登记 968 对；2010 年结婚登记 3816 对，离婚登记 1022 对；2011 年结婚登记 3748 对，离婚登记 1171 对；2012 年结婚登记 3670 对，离婚登记 1074 对；2013 年结婚登记 3731 对，离婚登记 1240 对。

数据显示，结婚数量逐年下降，但离婚数量却逐年上升，2013 年较 2009 年离婚数量增加了 28.1%，2012 年、2013 年离婚数量几乎是结婚数量的 1/3。这些离婚群体，呈现一些共同的特点。从年龄结构上看，主要集中在 "80 后" 群体上。结婚 1 年以下离婚的占离婚总数的 15%，结婚 2 - 3 年离婚的占离婚总数的 12%，其中 30 岁以下离婚人群占 30%。35 岁至 45 岁的中年人群离婚的人数也较多，这些人结婚时间多在 10 年到 15 年，占离婚总数的 25%。从文化层次上看，学历越高离婚的可能性越大。

(二) 妇女及儿童权益较易受损

在社会大环境影响下，部分年轻女性的婚恋观存在偏差，缺乏自我保护意识，对恋爱婚姻采取过于随意的态度，往往容易导致权益受损。例如，河南一女子在网上认识一名天津男子仅 2 个月就到天津同居，不久怀孕，被男子带到一家私立医院以他人名义入院生子，几天后，男子带着孩子失踪，而此时这名河南女子才知道自己被骗代孕生子，但因不知道男友其他信息，到派出所也无法立案，导致维权困难。一名在京工作的 34 岁大龄女性经人介绍认识一名男子，仓促结婚，蜜月期就出现家庭暴力并多次报警，但仍受丈夫哄骗怀孕，5 个月时丈夫提出离婚，此时方知其丈夫已离过 3 次婚，要不要孩子成为两难。

（三）婚姻不稳定影响社会和谐

婚姻问题既是个人问题也是社会问题，它不仅是自然本能的私人行为，还负载着繁衍生命、养老育幼、维系伦理亲情的功能，婚姻与家庭关系的稳定与否，关系当事人利益、子女利益和社会公共利益，必然直接或间接地影响社会的稳定与和谐。一方面，离婚对于夫妻双方来说，或许是一种情感上的解脱，然而，对于孩子却是不可触摸的伤痛，可能会对孩子的思想、性格甚至健康造成伤害，而这些伤害被带到社会上即埋下了不稳定的隐患。天津市北辰区 2013 年底就有一个 9 岁的流浪儿童斌斌，父母于 2007 年离异，斌斌的监护人是其父亲，由于父亲管教方法不当，斌斌多次离家出走流浪，直至天津市妇联与相关部门联系，共同做父亲工作，才暂时使其回归家庭。另一方面，夫妻双方由于失败或不和谐的婚姻而影响工作生活情绪，易暴躁、恼怒，甚至采取暴力方式进行宣泄，有的甚至演变为刑事案件。

二 婚姻家庭矛盾纠纷的主要原因分析

（一）因精神空虚、文化误导和道德缺失而形成纠纷

在全面建设小康社会的今天，家庭物质生活水平不断提高，伴随着婚姻家庭生活水平的提高，一些不健康的思想观念乘虚而入，婚龄不够非法同居、未婚先孕、试婚、包二奶等现象屡见不鲜，形成了所谓的"时尚"

"新潮"等精神文化误区。婚姻一方纠纷当事人在喜新厌旧情绪驱使下，缺乏对婚姻家庭、子女的责任感，因而存在婚外恋、第三者插足等违背公序良俗的行为。以对方有过错、婚外恋、第三者插足提起离婚诉讼并要求赔偿导致的婚姻家庭矛盾纠纷日益增多。

（二）因传统观念淡化，家庭价值观念转变形成纠纷

现代社会尊重人的个体价值，人们追求个性的张扬。然而在家庭生活中过分强调个性，很少考虑如何去适应对方和彼此适应，夫妻之间忽略情感的培养和思想语言的沟通交流，加之心理、情感和文化素养上的差异，产生不可融合的价值观念和行为准则，必然影响家庭关系的协调发展。"个性不合、性格不合"是当前婚姻纠纷当事人反映最多的理由，互相抱怨导致感情的裂痕愈来愈深，因琐事形成的"小摩擦"逐渐发展成为长期的家庭矛盾。"80后""90后"已经步入结婚生子的阶段，他们大多自我意识较强，不擅长家务，不会处理家庭关系和夫妻矛盾，对待婚姻比较随意，具有高离婚率的潜在危险。家庭观念淡化，婚后短期内很难形成家庭的核心，而严重退化的家庭责任感往往也是造成高离婚率的导火索之一。同时爱情基础薄弱，对婚姻品质期望过高，一旦婚后的生活现实与婚前理想的期望产生不可调和的矛盾，离婚就成为必然的选择。此外，未婚先孕增多，盲目结婚、草率结婚导致婚姻品质下降，也为日后婚姻破裂埋下了隐患。

（三）因经济利益矛盾形成纠纷

无论富裕家庭还是贫困家庭，财产之争始终是焦点。家庭经济的管理、经营、投资、债权、分家析产等，使财富积累日益趋向多元化。相伴而生的家庭成员的价值取向、利益冲突、观念分歧等容易产生矛盾。还有部分人钻国家政策的"空子"，利用假离婚等方式骗取拆迁款，在土地整合时为了多分房、多要面积而离婚。新"国五条"出台后出现了"三多"潮，即离婚登记多、开具无婚姻登记记录证明多、补领结婚证多。有的家庭为了购买第二套房屋，为了能享受到首次购房优惠，为了逃避经济债务、享受低保政策等到民政部门办理离婚登记，其中不少人弄假成真，导致家庭真

的破裂。

（四）因家庭暴力形成的纠纷

这类纠纷中，女性大多处于弱势。由于封建思想的影响，大男子主义、重男轻女等思想在社会上仍然存在，有的人认为殴打、虐待妻子是自己的事，别人无权干涉。加上社会道德发展水平不平衡，个人主义、享乐主义、拜金主义等思想的侵蚀，赌博、酗酒、吸毒等现象的影响，家庭成员染上这些不良嗜好就可能成为家庭暴力的"导火索"，极易产生家庭矛盾并使纠纷激化。

（五）因离婚手续简易催化家庭快速解体

现行简易的离婚程序规定在很大程度上加速了那些尚可存续的婚姻走向瓦解。新《婚姻登记条例》实施后，办理离婚手续不需要单位开具证明，夫妻双方只要持有相关证件和离婚协议书且本人到场，符合条件的当天就可以办理。方便的操作使那些非理性离婚者丧失了一个"冷静期"，在矛盾白热化的时候解决婚姻问题，很容易草率离婚，另外缺少调解程序也易加速婚姻解体。就目前而言，民政部门的婚姻登记机关对离婚当事人没有调解的义务，除了法院判决之外的离婚，婚姻当事人都相对自由，在社会管理系统中缺乏对婚姻危机的干预行为。同时，随着家庭的小型化，核心家庭日趋脱离广泛的亲属网络，夫妻间矛盾冲突得不到及时调和，这也致使现代人的离婚数量比过去有所增加。

在英国，双方若要求协议离婚，从第一次声明之日起要经过 9 个月的反省考虑期才能再次申请离婚。在美国，离婚程序则越来越复杂，办理要用约一年的时间，而且要花费一两万美元；同时，美国政府还推出了"健康婚姻"计划，由政府埋单，在社区中建起了干预离婚的机制，让人们在申请离婚前或在申请离婚的过程中，去专门机构接受婚姻咨询和培训。这些都是社会对婚姻进行拯救与干预的积极措施，应当建立符合实际情况的机制，健全婚姻危机的社会疏导机制。

三　发挥妇联组织优势、联动化解婚姻家庭矛盾

家庭矛盾的深化，往往有其产生—积累—爆发的过程，如果能在矛盾出现之初给予必要的疏导，可能会避免不必要的后果发生。对于婚姻家庭问题成因的分析，也让我们意识到，"婚姻"的初衷应是给成为夫妻的双方带来生活的安全感和家庭的幸福感，如果带来的是内心的孤独无助、无休止的争吵以及粗暴的打骂，这样的婚姻也不是我们所要极力挽救的，而是应最大限度地维护离婚妇女的权益；但如果是因冲动、误会、赌气等非理性离婚的情形，则为我们进行婚姻家庭矛盾干预、化解婚姻家庭矛盾纠纷提供了可能。应按照十八届三中全会的要求，创新有效预防和化解社会矛盾的体制，建立畅通有序的心理干预、矛盾调解处理、权益保障机制，使群众问题能反映、矛盾能化解、权益有保障。

（一）建立宣传教育机制，预防和减少纠纷的发生升级

舆论引导、排查靠前、预防在先是减少纠纷发生、避免纠纷升级的重要手段。天津市各级妇联充分利用"六五"普法平台和"三八"妇女维权周、"11·25"反家庭暴力日、"12·4"法制宣传日等重要节点，走进村居、走进家庭，广泛开展普法讲师团、法制讲堂、模拟法庭、趣味学法等活动，深入宣传与婚姻家庭密切相关的法律知识和家庭平安知识，印制了5000册《平安家庭知识》并免费发放到基层和广大家庭，提高广大妇女和家庭成员的平安意识。开展社会主义家庭美德家风教育，倡导道德维权是维护离婚妇女权益的重要基础。一方面，以"文明、平安家庭"创建活动为载体，广泛开展"好妻子""好丈夫"等评比竞赛活动，大力弘扬尊老爱幼、男女平等、夫妻和睦、勤俭持家、邻里团结的传统美德，增强家庭的凝聚力和亲和力；另一方面，建立夫妻平等、和睦、相爱、互助的道德关系，提倡文明、健康、积极向上的生活方式，教育、引导夫妻双方增强对家庭、对社会的义务感和责任感，切实履行父母抚养教育子女、子女赡养尊敬老人的义务，进一步从道德上维护离婚妇女的权益。

（二）建立排查预警机制，有效控制婚姻家庭矛盾

天津市各级妇联因地制宜，充分利用乡镇街道和村居现有资源，依托调解中心、综治中心，依托村居"半边天家园"，通过全面建立妇女维权站，大力发展区、街、社区 3 级信息员、信访代理员，密切关注特殊女性群体和家庭，及时收集、通报相关信息。通过开展"下基层、访妇情"活动，定期不定期开展专题调研，加强对矛盾纠纷信息的研判；通过开展基层妇女议事活动，组织妇女骨干关心身边的事，帮助身边的人，努力实现问题及早发现、及时解决。通过"12338"妇女维权热线、妇女维权网上服务平台、妇联 4 级信访接待窗口（市、区县、街乡镇和村居——"半边天家园"）、来信 4 条信访主渠道，可以通达和涵盖天津市各级各层次妇女群众，方便群众就近快捷地反映诉求，寻求和获得帮助，使矛盾纠纷以平和、自愿的方式化解在基层和萌芽状态，做到大事不出街镇，小事不出社区甚至不出家门。

（三）建立协作联动机制，合力推进婚姻家庭纠纷调解

一是联合市司法局共同出台了《关于加强妇女儿童权益纠纷人民调解工作的若干意见（试行）》。在天津市建立了四级妇女儿童权益纠纷人民调解委员会，明确了调解委员会的性质任务、组织机构和保障措施，规定了调解范围、工作原则、调解程序，将婚姻家庭矛盾纠纷纳入天津市大调解的范畴内。二是联手各级综合治理部门，依托综合治理信访服务中心的多部门联合办公、一站式服务的优势，受理调解申请，调查了解情况，视情况和需要就地进行组织调解。三是与各级法院联合出台《关于建立婚姻家庭纠纷联动调解工作机制的若干意见（试行）》，共同推进婚姻家庭纠纷调解工作，通过邀请妇联组织对人民法院审理的婚姻家庭纠纷案件进行调解，拓宽婚姻家庭矛盾纠纷解决渠道。四是与天津市医疗、道路交通、劳动争议、物业管理等行业性、专业性人民调解委员会联手探索建立信息共通、人才共享、案件联调的工作机制。

（四）建立法律援助和社会救助机制，促进婚姻家庭幸福平安

天津市各级妇联争取司法、公安、法院、检察院、民政、信访、人力

资源社会保障等部门的支持，对涉及家庭暴力、赡养、扶养、抚养、收养、虐待遗弃等重大婚姻家庭案件及时受理、简化程序，开辟妇女法律援助绿色通道，争取中央彩票公益金妇女法律援助项目支持，对经济困难的来访妇女提供必要的法律援助，努力做到"应援必援""能援尽援"。各级妇联高度重视和关注农村留守妇女儿童家庭、单亲贫困母亲家庭和特别困难家庭，同时，积极呼吁帮扶，通过申请政府救助、慈善救济和社会互助等形式，通过开展巾帼志愿服务活动，切实解决她们的生产、生活、就业和子女教育等问题，真正做到帮助一名妇女、稳定一个家庭、减少一点矛盾，以家庭平安促社会稳定。

（五）建立多重干预与调解机制，对婚姻危机进行干预

婚姻危机是中国社会转型期的产物，也是婚恋教育引导缺失的结果。在这种情况下，尤其需要补上一堂婚姻与责任课①。现行《婚姻登记条例》对结婚离婚选择更加人性化，个人有充分选择的自由，手续简便快捷，因而不可避免地导致一部分夫妻因为偶尔激化矛盾而一时感情冲动去办理了离婚手续。建议修改《婚姻登记条例》，赋予婚姻登记机关调解职能，重新设立协议离婚的审查期和考虑期，废除"即时办理"的相关规定，从而减少轻率离婚、快餐式离婚，杜绝闪结闪离，从而保障婚姻关系的稳定，发挥婚姻登记机构行政调解的固有作用。2014年初张红副主席作为政协委员提出"关于建立婚姻家庭调适机制，降低天津市离婚率的建议"提案，提出在各区县建立婚姻家庭辅导室，鼓励民间资本开设婚姻家庭辅导机构，加强婚姻家庭问题人民调解，广泛开展家庭文明创建活动等4项建议，推动民政部门延伸婚姻登记机关职能。目前天津市已有5个区县在婚姻登记机关建立了婚姻家庭辅导室，对婚姻出现危机的当事人进行干预疏导，通过冷静期效应，促使当事人慎重离婚。同时，还在津南区探索在婚姻登记处建立离婚前调解制度，与民政局联合成立婚姻家庭纠纷调解室，致力于挽救尚可存续的婚姻。由具备一定专业知识的工作人员为有需求的当事人无偿提供情感辅导、心理疏导、危机处理以及离婚咨询等服务。一是为夫妻提

---

① 钟漫江：《浅析有效化解婚姻家庭纠纷》，《江南时报》2007年9月15日。

供婚姻辅导和救助,在离婚前提供一个"缓冲带""控制阀"和"冷静期",使婚姻在外界的帮助下,有一个自我救赎的机会;二是帮助婚姻危机双方认识到自身问题,化解婚姻家庭的可调和矛盾,使濒临解体的家庭走出婚姻危机的泥潭;三是着力降低离婚率,提升政府公共服务能力,改进社会治理方式,维护构建平安和谐家庭。

妇联、家庭与妇女解放

——以"五好"家庭活动为例

◎范红霞[*]

摘　要：妇联组织作为党联系妇女群众的桥梁和纽带，在"家国同构"的治国理念下，使妇联与家庭密切勾连在一起，妇联组织开展家庭工作在一定意义上承担了家庭构建的职责，成为党和政府家庭构建的实际执行者。以"五好"家庭活动为主要内容的家庭工作，是妇联组织家庭构建的一个缩影。20 世纪 50 年代以来，妇联组织以促进男女平等和妇女解放为目标，围绕党和国家工作大局，开展了兼具时代特色和妇联特色的家庭创建活动，并随着对家庭工作认识的不断深入，逐渐探索出一条社会化家庭工作机制，使妇联组织家庭工作走出妇联，走向社会。

关键词：妇联组织　妇女解放　"五好"家庭

妇联组织自建立初期就将家庭确定为其工作领域，将家庭妇女作为主要工作对象。1950 年 9 月 18 日，在全国民主妇联第一届第三次执委扩大会议上，全国民主妇联副主席邓颖超指出，城市妇女工作要贯彻"以生产为中心"的妇女运动方针，在女职工多的城市，应以女职工及职工家属为主要对象；在女职工少的城市，应以工人家属为主；在非工业城市，则应以

* 范红霞，全国妇联妇女研究所副研究员。

家庭劳动妇女为主要对象①。60 多年来，妇联组织一直将家庭工作作为一项重要工作，尤其在改革开放以后，妇联组织家庭工作得到进一步增强和深化。妇联组织何以将家庭作为重要工作？其家庭工作有何特点？在家庭建设中妇联发挥了怎样的作用？妇联家庭工作对妇女解放有什么影响？妇联组织家庭工作取得了哪些成绩，存在什么问题？这些问题都有待深入研究。"五好"家庭活动是妇联组织家庭工作的重要内容和活动载体，也是妇联组织家庭工作中开展时间最长的活动。因此，本文以"五好"家庭活动为例，从历史的视角对妇联组织的家庭工作进行系统梳理和分析，对以上诸问题作出回答。

一　妇联组织家庭工作理念

（一）"家国同构"思想

"家国同构"思想是儒家思想的内核，是中国传统社会的主要思想基础，具体表现为"修身、齐家、治国、平天下"，即先修身、齐家，然后才能治国、平天下。在"家国同构"的社会结构下，国家统治秩序是家庭伦理秩序的推广，家是缩小了的国，国是扩大了的家，国与家密不可分。新中国建立后，受中国传统文化濡染的新中国的缔造者们，心怀"修身、齐家、治国、平天下"的政治理想，采用"家国同构"的政治理念来治理国家是顺理成章的事情。在"家国同构"理念下，家庭是社会的细胞，家庭建设是社会建设的基础工程，建设社会主义的中国必须首先改造传统的封建家庭关系和家庭模式，建立社会主义新型家庭逐渐成为党的基本共识。由此也就不难理解为什么新中国建立后颁布的第一部法律是《婚姻法》而不是其他的法律。

妇联组织作为党领导下的妇女组织，是党联系广大妇女群众的桥梁和纽带，是党开展群众工作的支柱和帮手。妇联组织的这一特质，是她与其他妇女组织的根本区别，也决定了妇联组织的工作是党的群众工作的一部分，必然围绕党的中心工作展开。既然家庭工作是党和政府的重要工作，

---

①　邓颖超：《关于城市妇女工作的几个问题》，载中华全国妇女联合会编《蔡畅　邓颖超　康克清妇女解放问题文选》，人民出版社，1988，第 194－195 页。

家庭建设是社会建设的基础，因此，家庭工作成为妇联组织的一项主要工作，同时，妇联组织开展家庭工作在一定意义上承担了家庭构建的职责，反映了妇联组织对家国同构思想的基本认同。

（二）男女平等和妇女发展理论

妇联组织作为新中国最大的妇女组织，自建立之日起就承担起了妇女运动主要领导者的角色，因此，维护妇女权益、促进妇女解放与发展、追求男女平等是其主要职责。因此，妇联组织工作的对象应该是全体妇女。一方面，每个妇女都首先属于家庭；另一方面，在中国特定的历史条件下，尤其是社会主义初级阶段，受生产力发展水平和传统性别分工的影响，广大妇女中有相当一部分是家庭妇女。早在新中国建立初期，妇联组织就充分认识到家庭工作的急迫性和必要性。1949 年全国民主妇联在《关于本会对其他妇女群众团体的政策态度的通知》中指出："妇幼卫生、儿童福利、社会教育合作社以及城市家庭妇女工作，都是目前急需开展的事业。"[①] 1950 年妇联工作重心由农村转移到城市，并确立了"以生产为中心"的妇女工作方针，但大多数城市经济仍以恢复为主，生产门路缺乏，造成大量无业的家庭妇女，她们迫切要求参加生产，要求解决生活问题，因此，"对于组织家庭劳动妇女参加手工业生产，目前，仍是必要和可行的"[②]。

无论在集体主义时期还是改革开放以后，甚至 21 世纪的今天，虽然许多妇女走出家庭，积极投身国家建设并发挥了"半边天"的作用，但是，她们并没有因参加社会劳动而改变其家庭角色，妇女是家务劳动、家庭照料的主要承担者仍是一个基本事实。2010 年第三期中国妇女社会地位调查数据显示，72.7% 的已婚者认为，与丈夫相比，妻子承担的家务劳动更多；女性承担家庭中"大部分"和"全部"做饭、洗碗、洗衣服、做卫生、照料孩子生活等家务的比例均高于 72.0%，而男性均低于 16.0%[③]。家务劳动

---

① 《关于本会对其他妇女群众团体的政策态度的通知》（1949 年），全国妇联档案，E7-31。
② 邓颖超：《关于城市妇女工作的几个问题》，载中华全国妇女联合会编《蔡畅　邓颖超　康克清妇女解放问题文选》，人民出版社，1988，第 195 页。
③ 第三期中国妇女社会地位调查课题组：《第三期中国妇女社会地位调查主要数据报告》，《妇女研究论丛》2011 年第 6 期。

的负担仍是制约女性发展的重要因素。从追求男女平等的角度看，家庭内部的男女平等和两性协调是实现社会公共领域男女平等的基础。因此，妇联组织的家庭工作是必要的，在家庭中加强男女平等的宣传与教育，使家庭成员尤其是男性确立男女平等的观念，应该是妇联家庭工作的切入点。

二　妇联组织家庭工作的主要特点

（一）适应形势，服务党和国家工作大局

围绕不同时期党的中心任务开展工作既是妇联组织工作的特点，也是新中国建立后中国妇女运动的基本特征。由于开展家庭工作不仅是妇联组织服务妇女的主要手段，也是妇联组织参与国家建构的重要途径。因此，与各个历史时期国内政治经济形势结合起来，围绕党和国家的中心任务展开工作，这也是妇联组织家庭工作的一个重要特征。

新中国建立初期，刚刚从长期战乱中走来的新中国千疮百孔，百废待兴，恢复和发展生产成为党和政府的中心任务，必须动员包括妇女在内的劳动力投入各项生产建设。按照这一要求，妇联组织确立了"以生产为中心"的妇女运动方针，将发动广大妇女走出家庭、积极参加各项建设作为新中国成立初期妇女运动的主要任务。同时，在"家国同构"理念下，家庭建设也被赋予了特殊意义，成为确保家庭成员努力参加国家建设的后盾。为了调动男性职工的生产积极性，解决家庭的后顾之忧，1954年，妇联组织开展了"五好"活动，动员家庭妇女"日子计划好、鼓励职工生产好、团结互助好、卫生好、学习和教育子女好"。1956年，为了尽快使中国由落后的农业国变为先进的工业国，中共八大提出了"勤俭建国、勤俭办企业、勤俭办合作社、勤俭办一切事业"的方针。贯彻这一方针，需要全国人民的共同努力。1957年，毛泽东对妇联组织及妇女工作提出了要求，指出："农村中，勤俭持家应当和勤俭办社并提……为了解决勤俭持家问题，特别要依靠妇女团体去做工作。"① 根

---

① 毛泽东：《一九五七年夏季的形势》，载《建国以来毛泽东文稿》（第6册），中央文献出版社，1992，第549页。

据中央精神，1957 年 9 月中国妇女第三次全国代表大会提出了"勤俭建国、勤俭持家"的妇女工作方针。中国妇女第三次全国代表大会报告中指出，建成社会主义工业化国家是全国妇女的最高利益所在，建成社会主义，必须执行"勤俭建国"方针，同时也要"勤俭持家"。勤俭持家是勤俭建国的一个重要方面，因此，在"五好"活动中加入了"勤俭持家"的内容。关于"勤俭持家"的重要作用，1957 年，周恩来指出，家庭妇女能够勤俭持家，同样是对国家和社会的贡献。丈夫、子女所得的工资，也有她们家务劳动应得的报酬在内①。

20 世纪 70 年代末 80 年代初，刚刚经历 10 年浩劫，社会道德遭到极大破坏，人际关系紧张，家庭矛盾、社会矛盾非常突出，严重影响了改革开放初期的经济建设和社会发展尤其是家庭联产承包责任制的实行，家庭的生产功能日益突出，家庭和睦对促进家庭生产至关重要。1979 年全国妇联提出了恢复开展"五好"活动的要求，强调要建立尊老爱幼、民主和睦、邻里团结互助的新家庭。同时，围绕十一届三中全会党和国家的工作重心转移到经济建设的大局，妇联组织再次确立了"以生产为中心"的妇女运动方针。为调动广大农村妇女发挥在家庭联产承包责任制中的主体性，将"五好"家庭活动与争创专业户、重点户结合起来，极大地调动了妇女的生产积极性。1980 年修改后的《婚姻法》颁布实施，宣传贯彻《婚姻法》成为 80 年代初期各级政府和社会组织的一项重要工作，各级妇联组织开展了深入的《婚姻法》宣传工作，并及时在"五好"家庭评选中加入《婚姻法》及婚姻道德教育的内容。

1996 年，党的十四届六中全会作出了加强社会主义精神文明建设的决定，通过了《中共中央关于加强社会主义精神文明建设若干重要问题的决议》，明确提出在全社会"开展社会公德、职业道德和家庭美德教育"，把"大力倡导尊老爱幼、男女平等、夫妻和睦、勤俭持家、邻里团结"的家庭美德作为精神文明建设的重要内容②。在中央加强社会主义精神文明建设的

---

① 《周恩来经济文选》，中央文献出版社，1993，第 381 页。
② 陈慕华：《在全国五好文明家庭创建活动协调小组成立会议上的讲话》，载全国妇联办公厅编《七大以来妇女儿童工作文选（1993 年 9 月–1998 年 6 月）》（内部资料），1998。

总体部署下，1996 年 7 月，北京市妇联向市委市政府建议，将过去妇联系统独立组织的"五好"家庭评选活动和首都精神文明建设委员会开展的"文明户"评选活动合并，更名为"五好文明家庭"。至此，妇联组织将开展多年的"五好"家庭活动改为"五好文明家庭"创建活动。从活动名称上看，增加了"文明"和"创建"，反映了"五好"活动与精神文明建设的重要关系，同时也表明社会主义精神文明建设对五好家庭活动的要求，不再是以往的评选，而是重在创建，是一种积极的建设。同时，这一时期的"五好"家庭活动以"家庭美德建设"作为创建活动的主题，反映了妇联组织对党和国家家庭美德建设部署的认真贯彻。

（二）逐步建立领导协调机制

妇联组织在开展家庭工作过程中对家庭工作的认识日益深入。新中国建立直至 20 世纪 80 年代初，妇联组织家庭工作基本是妇联组织的单打独斗，一定程度上影响了家庭工作的辐射面和实施效果。80 年代中期以后，一些地方妇联开始探索新的工作机制。例如，1986 年上海市率先将"五好"家庭活动纳入社会主义精神文明建设的系统工程中，联合市"五讲四美三热爱"活动委员会、市委宣传部联合发出了《关于深入开展创建五好家庭活动的意见》，从此"五好"家庭活动走出了妇联，走上与全市各部门共同创建的新路子。1988 年又将"五好"家庭活动纳入"做文明市民、创文明单位、建文明城市"的精神文明建设总体规划之中，与创建文明楼院、文明街道、文明居委会活动结合起来，形成了家庭建设与社区建设相互推动、互为补充的新局面。天津市则将"五好"家庭活动作为加强职工思想工作的新途径，引导企业积极支持和参与这项活动，并与街道配合，教育和鼓励职工争创"五好"家庭①。各地的探索为妇联组织社会化家庭工作机制的建立积累了经验。

20 世纪 90 年代以后，"五好"家庭活动逐步走出妇联，加强与社会各界的合作，争取社会资源的支持。1996 年 11 月 14 日，全国妇联联合中宣

---

① 高淑英、郝卫江：《天津市"五好家庭"活动出现企业与街道配合趋向》，《中国妇女报》1986 年 7 月 11 日。

部、民政部、广电部、国家教委、公安部、司法部、文化部、卫生部、国家体委、国家计生委、解放军总政治部、中直机关工委、中央国家机关工委、全国总工会、共青团中央、中国科协等16个部委联合成立了全国"五好文明家庭"创建活动协调小组，由全国人大常委会副委员长、全国妇联主席担任组长，副组长由各成员单位相关负责人担任，协调小组成立后发出《关于深入持续开展"五好文明家庭"创建活动的联合通知》。之后，各级"五好文明家庭"创建活动协调小组相继建立起来，在省级协调机构中，有2/3的负责人由省委副书记、副省长担任。协调小组的建立，标志着新时期家庭建设工作领导机构的确立。协调机构由各相关部门的领导组成，有利于工作的开展。从此，妇联的家庭建设工作被纳入中央及各级政府精神文明建设总体规划，形成了党委领导、精神文明委指导、妇联主管协调、多方配合的社会化工作格局，实现了领导机制和工作机制的重大突破。领导协调机制的建立，使妇联组织家庭工作真正成为一项社会工作，有利于整合社会资源，争取各界支持，极大地促进了家庭工作的开展，对于文明村镇、文明城市、文明行业的创建也发挥了重大作用。

（三）表彰激励

国家表彰是对为国家、社会作出突出贡献的集体和个人的表扬和奖励，分为国家级和地方级两个层次。国家表彰作为国家管理的重要手段，承载着国家精神，承担着传播和彰显主流价值观、道德观和政治观的责任。

不同时期全国"五好"家庭的评选标准，与当时国家建设对家庭职能的期待、与社会发展中的主流价值观念密切相关，随着社会的发展不断调整。20世纪50年代初期，在恢复发展生产成为全国人民的中心任务的情况下，国家期望家庭能够为国家建设者安心生产提供保障，家庭成员能够鼓励亲人努力生产和工作，因此，"五好"强调了家庭生活安排好，教育子女好，鼓励亲人生产、工作、学习好，自己学习好的内容。80年代初，受"十年浩劫"造成的不良社会风气影响，青少年犯罪问题非常严重，加强对青少年的教育尤为迫切，因此，家庭工作的首要任务就是加强对子女的思想教育和遵纪守法教育，因此，"五好"家庭评选侧重了热爱祖国、热爱社会主义、热爱集体、遵纪守法。90年代中期，随着精神文明建设的加强，

"五好"家庭更加强调爱国守法、热心公益好，学习进取、爱岗敬业好，男女平等、尊老爱幼好，移风易俗好等内容。

通过表彰全国"五好"家庭和省级或县级"五好"家庭，不仅宣传和凸显了不同时期妇联组织家庭工作的主要内容和工作重点，而且通过表彰，发挥典型示范的带头作用，起到了引领健康的、积极向上的社会风尚的作用。20世纪80年代初，一些地方为鼓励农村妇女勤劳致富、科技致富，凡有学龄儿童不上学或40岁以下文盲的家庭不得被评为"五好"家庭，其他条件相同、收入高于平均水平的家庭可以优先评选"五好"家庭。在"五好"家庭的带动下，许多家庭成员劳动积极性大大增强，不断提高自身素质，积极参与农副业生产，各地出现了大批双文明户，1985年北京市昌平区东小口乡"双文明户"占"五好"家庭的60%以上[1]，极大地促进了家庭经济的发展和社会文明程度的提高。

三 妇联组织家庭工作对妇女解放的影响

（一）妇联组织的家庭工作对促进妇女解放和发展具有积极意义

1. 家庭工作是促进妇女参与国家建设的途径之一

追求男女平等和妇女的全面进步与发展，是近代以来中国妇女运动的基本原则和最终目标，也是妇女工作的基本诉求。近代以来，中国妇女运动的实践充分证明，中国妇女解放与发展必须与阶级解放、民族独立紧密结合在一起，必须与中国革命和建设事业紧密结合起来。由以上分析不难看出，妇联组织的家庭工作始终围绕中国革命和建设事业展开，围绕不同时期党的中心工作展开，通过家庭工作将妇女发展融入国家建设洪流中。

2. 提高了妇女的家庭地位，促进了家庭中的男女平等

检视不同时期尤其是改革开放后的家庭工作，就会发现，鼓励家庭成员努力生产、工作，爱岗敬业，努力学习科学文化技术，提高素质，促进

---

① 郝卫江：《评选"五好家庭"有新内容》，《中国妇女报》1985年5月8日。

家庭经济发展等都是"五好"家庭活动的重要内容。改革开放初期，妇联组织动员和鼓励农村妇女积极从事农业生产，学文化、学技术，争做专业户、重点户，要求她们争做"五好"家庭，从而激发了农村妇女的生产积极性，提高了妇女的经济地位和家庭地位。20世纪90年代以后，"五好"家庭活动更加侧重精神文明建设，无论是提倡健康、文明、科学的生活方式，还是提倡美好家庭、文明家庭，都是家庭美德建设的重要体现，是社会主义精神文明建设的重要内容。广大妇女由积极参与家庭文化建设，扩展到参加创建文明楼院、文明社区、文明村镇的活动，不仅提高了妇女的科学文化素质，促进了家庭的和谐和社会的和谐，同时也实现了对社会的治理。

妇联组织通过家庭工作将广大妇女充分调动起来，在参与家庭建设中，发挥了重要作用，夫妻互帮互助，家庭团结和睦，子女健康成长，家庭生活科学、健康、文明，促进了家庭美德和良好家风的形成，增进了家庭和谐，使广大妇女赢得了家庭成员的认可，尤其是各种评选、表彰的激励，更是一种对妇女家庭建设工作的认可，由此使广大妇女发现了自身的价值，确立了独立的意识，更加自信和自立。

（二）妇联组织家庭工作在一定程度上强化了妇女的家庭角色，制约了妇女的解放和发展

妇女参加社会劳动是妇女解放的前提和基础。妇联组织家庭工作虽然以促进男女平等和妇女进步与发展为目标，但在开展家庭工作中却更多地强调妇女的家庭责任。以"两勤"方针为例，虽然"勤俭建国、勤俭持家"是并行的、相辅相成的，但无论是国家还是妇联组织，在宣传中还是更多地强调了"勤俭持家"。周恩来指出，"家庭妇女能够勤俭持家，把家务搞好，使丈夫子女能够积极从事各种劳动……同样是对国家和社会的贡献"。中国妇女第三次全国代表大会报告中明确指出，"妇女对于勤俭持家，更负担着特殊重要的责任"[①]。很显然，从国家和妇联角度，都主张"勤俭持家"主要是妇女的责任。

---

① 章蕴：《勤俭持家，勤俭建国，为建设社会主义而奋斗》，载中华全国妇女联合会编《中国妇女第三次全国代表大会重要文献》，中国妇女杂志社，1958，第24页。

　　改革开放以后，妇联组织的家庭工作突出了家庭文化、家庭道德文明建设的内容，但是从"五好"家庭的评选标准看，各个时期均不乏"教育子女好""勤俭持家好""清洁卫生好""尊老爱幼""家庭和睦"等内容。一方面，这些都是传统美德，是每个家庭应该发扬的。另一方面，这些要求的提出虽然不仅仅是针对妇女，而是要求每个家庭成员都要做到的，但是，在现实中，妇女的确承担了更多的家庭责任。这些与妇女联系更加密切的家庭责任的提出，以及在评选表彰中对贤妻良母形象的青睐，如从20世纪五六十年代对先进家属的表彰，到改革开放后对好媳妇、好家长、好妈妈、好婆婆等的评选表彰，无疑都对妇女的家庭角色有所强调。常有学者提出，在当代社会，对妇女的双重角色要求都在强化，一方面要求女性自立、自强，实现自己的社会价值，成为社会工作中的强者；另一方面，又要求女性在家庭领域尊老爱幼，照顾好子女和家人，料理好家务，协调好家庭关系，做贤妻、良母、孝女。"上得了厅堂，入得了厨房"这一流行语或许是一种较为形象的表述，有人称这种兼顾家庭和工作的女性为"超贤妻良母"。

　　从促进妇女发展的角度来看，在家庭作为社会基本细胞的前提下，家庭与妇女发展关系密切，家庭教育作为教育的起点，人格、道德观念、人生观和价值观的养成，都与家庭密不可分，家庭领域的男女平等是实现社会男女平等的起点和基础。从这个意义上说，妇联组织的家庭工作非常必要，意义也极为重大。同时，在中国的社会生产力水平相对较低、性别歧视在就业领域仍不同程度存在的情况下，仍然存在家庭妇女这一妇女群体。维护她们的权益，促进她们的解放与发展，也是妇联组织义不容辞的责任，从这一角度看，妇联组织的家庭工作也是必要的。

四　思考与建议

（一）思考

　　妇女参加公共领域的社会工作是妇女经济独立和全面进步的重要途径

和标志。国际社会衡量妇女社会地位的重要指标是妇女就业和参与公共事务的比例。包括家庭工作在内的妇女工作，是维护妇女权益、促进妇女发展的途径和手段，是与妇女发展目标相一致的，家庭工作并不是要将妇女限制在家庭领域。因此，在今后深化家庭工作中，如何突破传统工作的窠臼？要弘扬什么样的家庭美德，要树立什么样的家风？在有关家庭的评选表彰中，应该确立什么样的价值导向？要树立一个什么样的妇女形象？如何在家庭工作中构建妇女的主体地位？形成有利于妇女发展和性别平等的新型家庭关系？这都是值得我们深思的问题。

（二）几点建议

第一，在"家国同构"理念下，家庭问题不仅是妇女问题，也是社会问题。家庭工作不仅是一项关乎妇女发展的工作，更是一项关乎全社会发展的重要工作。因此，妇联组织应充分利用"家国同构"的社会治理理念，利用党和政府重视家庭建设的优势，在维护妇女家庭权益、服务妇女方面多做工作，同时进一步吸纳、整合社会资源，营造全社会共同推进家庭工作，促进妇女发展的社会氛围。

第二，要积极推动党和政府出台有利于妇女发展和男女平等的家庭政策和家庭制度，尽可能多地进行源头参与。

第三，家庭工作要更加注重在家庭中加强男女平等宣传与教育，使家庭成员尤其是男性成员确立男女平等观念。在目前女性仍是家务劳动尤其是子女教育主要承担者的情况下，应加强对女性的性别意识教育或培训，引导她们对孩子进行性别意识和男女平等的教育，使我们的新生代不再受传统的父权思想、大男子主义的影响。

第四，加大对家庭妇女"四自"精神的宣传，尤其是能力的培养，建构妇女的家庭主体地位。

第五，要更加关注打破"男主外，女主内"的性别角色定型，注重平衡工作与家庭责任等议题。

塑造和表彰

——对 20 世纪五六十年代 "五好" 活动的历史考察

◎周　蕾[*]

摘　要： 在服从于社会主义建设的总目标下，妇联组织将 "五好" 活动从职工家属扩展至城市家庭妇女，以社会主义特色的家庭道德规范改造家庭内部关系和邻里关系，同时广泛应用互助组这种集体主义合作形式，在一定程度上减轻了妇女的家庭负担。妇联开展 "五好" 活动是对马克思主义妇女解放理论中国化的探索。然而，在服务于国家政治的 "中心任务"，为社会主义建设做贡献而获得肯定的前提下，这一时期的 "五好" 活动被打上了深深的时代烙印。

关键词： 五好　妇联　宣传　表彰　妇女解放

"五好" 活动起源于 20 世纪 50 年代，是以妇联[①]组织为主开展的一项家庭建设活动。"文化大革命" 期间，这项活动处于停滞状态。全国妇联在 70 年代末 80 年代初重新恢复 "五好" 活动，更名为 "五好" 家庭活动。80 年代末，一些地方妇联开展家庭文化建设活动。1996 年，发展为 "五好文明

---

* 周蕾，全国妇联妇女研究所助理研究员。

① 关于妇联的名称不同时期有一定变化，1949 年至 1957 年称为民主妇联，1957 年之后称为妇联，全文统一称为妇联。

家庭"创建活动。2000 年至今，全国妇联开展了更为丰富多彩的活动，如家庭读书、家庭教育、家庭文化、家庭健身、家庭环保等内容，主要有幸福家庭、美好家庭、和谐家庭、最美家庭等多种形式，在城乡家庭中影响广泛。

目前学界关于"五好"活动的研究几乎为空白。学者们主要围绕新中国建立初期的家庭、家属、家庭劳动与妇女解放等问题进行深入研究。笔者以 20 世纪五六十年代为研究时段，所用资料主要是国家及省级各大报纸刊物、全国妇联档案、妇联系统出版的刊物和书籍等。提出的问题是：为什么会发起"五好"？五六十年代妇联怎样开展"五好"活动？"五好"活动在家庭空间里尝试塑造什么样的女性？

有两个概念需要说明。第一，关于"五好"。20 世纪五六十年代"五好"活动不仅在城市家庭里开展，在军队、民兵、工人、教师等群体中也开展过"五好"活动。本文主要关注以妇联为主包括工会在城市家庭里开展的"五好"活动。第二，关于城市的家庭妇女，不仅包括职工家属，还包括工商业者家属和手工业者家属。

一　"五好" 活动发起的动因

首先是工业生产建设的客观需要。为改变贫穷落后的面貌，新中国建立之初，中国共产党着力于经济的恢复建设。1953 年 12 月，过渡时期总路线公布，即"要在一个相当长的时期内，逐步实现国家的社会主义工业化，并逐步实现国家对农业、对手工业和对资本主义工商业的社会主义改造"①。新中国建立初期，工厂职工大多数是男性，国家经济恢复发展迅速，社会就业率提升很快，然而这一时期工人们的生活还比较贫困，相当一部分工人的生活还处在社会平均水平以下。而如何在相对匮乏的物质条件下，尽量满足职工合理且基本的生活需要以保障其全身心地生产，是亟待解决的问题。

20 世纪 50 年代初，面对国内恢复经济、发展生产，后方支援抗美援朝

---

① 《为动员一切力量把我国建设成为一个伟大的社会主义国家而奋斗》，载于中共中央文献研究室编《建国以来重要文献选编》（第 4 册），中央文献出版社，1993，第 700－701 页。

的艰巨任务，中央号召全国人民开展增产节约运动。"必须逐渐地将这个运动推广到最广泛的人民群众中去，指导工会、农会、妇女、青年等群众团体，共同为开展增产节约运动而努力，使这个运动成为广大群众自己的生活内容，成为新的社会风气。"①

尽管 20 世纪 50 年代女工和女职工的数量有了很大增长，但绝大多数的城镇女性是家庭妇女。1949 年在全民所有制各部门就业的女职工有 60 万人。1953 年末，全民所有制各部门中女职工为 213.2 万人，是 1949 年的 3 倍多②。中国共产党认为妇女只有通过参加社会劳动才能获得解放，然而，根据 50 年代初期国家经济状况和现实的社会条件，国家根本无力解决这么多人的就业，让所有城市家庭妇女全部就业是不可能实现的。

工业化建设的客观需要和家庭妇女无法全部实现就业的现实问题，使得国家对于家庭妇女的态度悄然发生了变化。新中国建立之初，把组织发动妇女参加社会劳动作为解放妇女的主要途径，并向广大妇女宣传"劳动光荣""不在家吃闲饭"等，家务劳动受到贬抑和排斥，是"可耻"的"寄生式生活"。1952 年全国妇联在贯彻政务院《关于劳动就业问题的决定》、积极推动家庭妇女就业时，提出"宣传劳动就业中要极力防止轻视家庭劳动的情绪，要有意识地说明家庭劳动的意义，使不能和暂时不必就业的家庭妇女安于家庭劳动"③。家属群体的阶级地位也得到了一致肯定，很早就被划归"劳动妇女""劳动人民""中国革命的主要力量"④。

二　"五好" 活动的发展

无论从家庭妇女的角度还是从服务生产、改善职工生活的角度考虑，

---

① 习仲勋：《为开展增产节约运动而奋斗》，《人民日报》1951 年 12 月 3 日。
② 中华全国妇女联合会妇女研究所、陕西省妇女联合会研究室编《中国妇女统计资料（1949 - 1989）》，中国统计出版社，1991，第 316 页。
③ 中华全国民主妇女联合会：《为协助执行中央人民政府政务院关于劳动就业问题的决定给各级妇联的通知》，《人民日报》1952 年 8 月 10 日。
④ 《黎毅忠问、夏雯敏答：何谓劳动妇女？何谓知识妇女与职业妇女？她们之间有什么不同？》，《新中国妇女》1950 年第 15 期。

妇联和工会在建国之初都将家属工作列为一项重要的内容。

新中国建立初期，妇联与工会在女工和职工家属的管理权方面有交叉。1955 年 4 月，全国妇联在第一次城市妇女工作会议上进一步明确了职工家属与全国总工会女工部的分工问题："在进行职工家属工作中，集中居住的职工家属工作主要由工会负责，散居职工家属工作主要由妇联负责。"① 全国总工会和全国妇联共同规定过重点分工，但在实际工作中双方有较多联系。1954 年女工部部长杨之华提出："分散居住家属的工作，工会有做的必要，也有可能做。至于家属居住集中的工厂，也应欢迎妇联协助工作，以便加强家属工作的领导。"② 所以，这一时期很多地方的"五好"活动实际是妇联和工会协调合作共同开展的。

据目前的史料记载，最早开展"五好"活动的辽宁省，是在城市职工家属中开展"三好"活动的基础上发展起来的。根据地方志记载，新中国成立初期，辽东、辽西两省及沈阳、旅大、鞍山、抚顺、本溪 5 个直辖市妇联，根据辽宁工业城市多、职工家属居住比较集中的特点，在一些大的工矿企业的职工家属中，开展了以保证职工吃好、睡好、休息好为主要内容的"三好"活动。辽宁省沈阳市七二四厂职工家属工作委员会高凤琴小组是被树立的典型。高凤琴小组明确家属工作为生产服务的观点，经常关心生产，鼓励工人提高生产积极性，在日常生活中团结互助，并建立了定期会议制度，订立爱国公约，进行批评和自我批评。提出家庭生活应保证职工休息好、生活计划好、卫生好、家庭和睦及邻里团结好等内容。在七二四工厂经验的基础上，1953 年 1－8 月，辽东省西安（现辽源市）煤矿富国三坑的 1165 户职工中，有 416 户因家属生育、疾病而得到帮助，保证了职工的出勤。在这一活动中，涌现了一批先进模范职工家属和集体③。"五好"活动很快被推广至松江、黑龙江省等地。

南方地区首先在武汉市开展。1954 年，武汉市配合宣传总路线，调动

① 《国家过渡时期城市妇女工作的任务和当前几项具体工作的报告》，载中国妇女管理干部学院编《中国妇女运动文献资料汇编》（第 2 册），中国妇女出版社，1988，第 214 页。
② 《中国工会运动史料全书》总编辑部编《中国工会运动史料全书·综合七卷（电子版）》，中国职工音像出版社，2002。
③ 辽宁省地方志编纂委员会办公室主编《辽宁省志·妇女志》，辽宁科学技术出版社，2000，第 191－192 页。

家属支持职工生产的积极性，开始对职工家属进行"五好"宣传，即日子计划好，鼓励职工生产好，团结互助好，卫生好，学习和教育子女好。与东北地区相比，除以生产为中心、团结互助外，突出"日子计划好"，增加了"学习好"的内容，强调了职工家属自身的学习。武汉市妇联普遍建立经济互助组，指导群众量入而出，合理开支，发扬团结互助精神，学会计划生活。通过这些活动和教育，职工家庭都能保持勤俭的习惯，家庭里充满民主、互助和友爱的气氛。1956 年武汉市出现了将近 8 万个新型职工家庭[①]。

"五好"活动逐步在全国推广开来，"五好"活动从职工家属推广到所有的城市家庭妇女。1956 年 2 月 8 日，全国妇联与全国总工会、共青团中央等 13 个单位在纪念"三八"妇女节的通知中正式发起倡议，动员所有的职工家属、手工业者家属、工商业者家属以及其他家庭妇女进一步提高社会主义觉悟，努力争取做到"五好"：家庭邻里团结互助好，家庭生活安排好，教育子女好，鼓励亲人生产、工作、学习好，自己学习好，从而发挥家属在社会主义建设和社会主义改造中的作用[②]。"五好"标准只是在表述上进行调整和变化，内容没有差别。家庭生活安排好与原来的日子计划好基本是同样内容，明确了家庭和邻里都要团结互助，仍然强调是为生产服务。

三　宣传和改造

随着"五好"活动的宣传开展，家务劳动逐步获得承认和肯定，有了国家层面的意义。北京市妇联先后在全市各市区普遍开展了"五好"宣传。许多家庭妇女表示："才知道我们搞好家务对社会主义建设也有好处。"不少妇女对计划开支、勤俭治家也有了新的理解："如果每家的开支计划得不好，职工就要向国家借支，这样就会增加国家的负担！"[③]

---

① 《妇联组织深入职工家属中开展"五好"运动　武汉出现近八万个新家庭》，《人民日报》1956 年 11 月 18 日。
② 《全国妇联等 13 家单位关于纪念"三八"妇女节的联合通知》，载中国妇女管理干部学院编《中国妇女运动文献资料汇编（第 2 册）》，中国妇女出版社，1988，第 238 页。
③ 《北京市妇联通讯组：北京市妇联开展"五好"宣传　家庭妇女普遍受到教育》，《人民日报》1957 年 3 月 2 日。

妇联介入家庭空间内开展工作，通过社会主义道德的宣传和塑造①，深入家庭内部进行帮助和改造，实现"家庭生活安排好"。武汉市海员工人家属王秀英之前在生活上"贪图享受，爱吃喝，贪玩"，家庭开支入不敷出，妇联倡导"五好"活动以后，妇联干部鼓励王秀英积极参加"五好"活动，帮助她订出家庭计划，勤俭安排家庭生活。后来，王秀英逐渐改变了铺张浪费的习惯。妇联干部进一步教育和帮助她在家庭和邻里间建立新的关系，并且鼓励她积极参加学习和社会活动。她的丈夫变成了生产积极分子，她自己也被评选为家属模范②。

"家庭邻里团结互助好"是"五好"的标准之一。"五好"活动介入的不仅是家庭内部，而且通过社会主义道德，规范和改善邻里关系。北京经过宣传，过去在家庭或邻里之间团结不够好的，也有了不同程度的改变。在上海的上万条里弄里，出现了邻里团结互助、家庭和睦的新风气。夫妻打架、婆媳纠纷和孩子打架，原来每天要发生十多起，经过"五好"宣传之后，在居民委员会办公的地方再也看不到排队等待调解的人群。

互助主要包括家属之间的家务互助、经济互助和照料互助，这种劳动形式有着集体主义的性质，"是一种完全自觉自愿的不讲交换条件的互相帮助"③。互助组的形式一定程度上减轻了妇女家务劳动的负担。福州市有一个由 20 户家庭主妇组成的互助小组，自 1955 年 5 月成立后的一年里，互助了 320 多次④。除了日常生活中的家务互助，还有经济互助，帮助解决家庭的临时困难。1957 年武汉市的职工家属就有 4052 个储蓄互助组，该市硚口区的 76 个储金互助组一年就借出 1199 次，其中用于生活困难的 349 次，用于交学费的 253 次，用于生育的 54 次，用于婚丧的 8 次⑤。

---

① 1955 年，第一次城市妇女工作会议上提出建设社会主义原则的新家庭特点是：基于社会主义原则真正自由结婚的基础上建立的；是真正的一夫一妻制，男女平等，民主和睦，敬老爱幼，团结互助，相互抚育和赡养。
② 《妇联组织深入职工家属中开展"五好"运动 武汉出现近八万个新家庭》，《人民日报》1956 年 11 月 18 日。
③ 《家属互助好处大　高凤琴代表谈工厂职工家属互助互济情况》，《人民日报》1958 年 2 月 17 日。
④ 《社会新风尚 家庭新气象"五好"积极分子大批出现》，《人民日报》1956 年 12 月 5 日。
⑤ 中华全国总工会女工部编《全国职工家属代表会议主要文件》，工人出版社，1957，第 31 页。

1956 年中国妇女"勤俭建国、勤俭持家"方针确立,"五好"也更加突出了"勤俭",勤俭持家被正式纳入了"五好"的评选标准。关于"两勤"方针与"五好"关系问题,全国妇联书记处书记曹冠群提出,"勤俭建国、勤俭持家"是党和国家为全体妇女制定的总方针。"五好"是每个妇女实现"勤俭建国、勤俭持家"这一总方针的行动口号①。"两勤"方针实际上是国家进一步明确要求妇女在家庭领域中努力实现节约。"勤俭持家,是家庭全体成员共同的责任,必须依靠全家男女老少一齐努力,而家庭主妇更要负主要责任。"②

"两勤"的提出以及与"五好"的结合实质上仍是以生产为中心的体现。"五好"评选标准改为"勤俭持家好,团结互助好,教育子女好,清洁卫生好,努力学习好"。1957 年 6 月,职工家属代表会议通过"给全国职工家属的一封信",号召全国职工家属提高觉悟,加强团结,贯彻"五好",为社会主义建设服务③。武昌第一纸厂民主九里家属小组推行"五好"以后,全组的人有计划地安排生活,量入为出。在节约粮、煤、水、电方面也取得了不少成绩,仅 1957 年 6 月到 8 月,全组就节约了 137 斤粮食和 350 斤煤④。"五好"强调勤俭,一方面为家庭和国家节约了物资,另一方面进一步强化了家庭妇女在家庭领域的责任。

20 世纪 50 年代后期,随着"大跃进"的开展,进一步强化工业化生产的重要性,大规模生产建设急需劳动力。根据国家的需要,"五好"活动开始鼓励妇女参加家庭之外的副业生产,家庭副业生产被认为"是适合妇女从事的一种生产"⑤。60 年代之后,随着政治运动的频繁开展,"五好"活动也开始强调政治因素,评选标准中增加了"政治挂帅思想好"。1959 年 8

① 全国妇联办公厅编《中华全国妇女联合会四十年(1949 - 1989)》,中国妇女出版社,1991,第 110 页。
② 章蕴:《勤俭持家,勤俭建国,为建设社会主义而奋斗》,载中华人民共和国全国妇女联合会编《中国妇女第三次全国代表大会重要文献》,中国妇女杂志社,1958,第 24 页。
③ 《家务劳动是光荣的 劳动职工家属代表会议号召加强团结贯彻"五好"》,《人民日报》1957 年 6 月 13 日。
④ 《武汉举行"五好"积极分子代表会议 广泛交流勤俭持家经验》,《人民日报》1957 年 12 月 16 日。
⑤ 章蕴:《勤俭持家,勤俭建国,为建设社会主义而奋斗》,载中华人民共和国全国妇女联合会编《中国妇女第三次全国代表大会重要文献》,中国妇女杂志社,1958,第 24 页。

月9日，武汉市委要求妇联在继续贯彻"五好"中强调勤俭的同时，也将学习政治纳入"五好"标准，调动全市数以万计的"五好"积极分子，发挥她们的骨干带头作用，"大插红旗、大树标兵"，开展竞赛。1964年辽宁省妇联把政治思想好作为"五好"条件之一，开展了以"政治思想工作好，五好活动开展好，妇女儿童特殊问题解决得好，组织作用发挥得好，干部工作作风好"为内容的"五好"活动①。

四　受表彰的群体

榜样具有示范作用和精神引领的功能，能进一步激励人们产生向往和学习的动力。"五好"除了宣传教育之外，还有一个重要内容就是表彰先进，树立榜样，进而达到推动群众学习的目的。"五好"活动从一开始就树立了很多模范，许多妇女被评为"五好"积极分子。当妇联和工会积极向职工家属进行"五好"宣传以后，1956年武汉全市已有15000多名"五好"积极分子，还有78000多名职工家属正在积极贯彻"五好"②。

模范人物是一定历史时期内，社会某个行业、某个群体当中涌现出来的杰出代表。模范人物的树立具有明显的时代性，秉承和代表了这一时期国家的主流立场和观念。"五好"活动评选出的模范折射出这一时期国家对家庭妇女的具体要求，受表彰的"五好"积极分子都是勤俭持家、操持家务的能手。她们精打细算，计划好家庭开支，把钱花在最需要的地方。1954年前，武汉市搬运工家属周春姣主持家务没有计划，欠下了140元债务。自从妇联干部宣传"五好"家庭后，她学习了别人家庭的生活经验，制定了严格的生活计划并坚持每月留下40元生活费，20元还债，一年就还清了债务，丈夫不操心家务，专心生产被评为先进工作者。周春姣被评为武汉市甲等劳动模范，还出席了全国职工家属代表会③。

---

① 辽宁省地方志编纂委员会办公室主编《辽宁省志·妇女志》，辽宁科学技术出版社，2000，第191–192页。
② 曹葆铭：《"五好"家庭》，《人民日报》1956年8月8日。
③ 曹葆铭：《"五好"家庭》，《人民日报》1956年8月8日。

　　"五好"活动最重要的目的是服务生产，其亲人在生产中的优秀表现是家庭妇女的劳动是否获得表彰的重要考量因素。1957 年 3 月 3 日下午，天津市河东区举行街道妇女"五好"积极分子大会，表扬和奖励了 444 名家务劳动能手。这些家庭妇女善于勤俭持家、教育子女，并且不断地鼓励自己的亲人努力生产、努力工作。在这 444 名"五好"积极分子当中，229 人的亲人是先进生产者、先进工作者、劳动模范或优秀教师①。"五好"评选活动与生产建设之间建立了紧密的联系。"五好"积极分子当中，很多人做到了家庭、邻里团结互助。许多人婆媳关系融洽，家庭和睦，使亲人们在生产中和工作岗位上无后顾之忧。家属的家务劳动获得表彰，得到国家的承认。

　　1957 年 6 月，全国总工会与全国妇联共同在北京召开了全国职工家属代表会议，来自全国各地的 1300 多名职工家属代表全国 6000 多万的职工家属参加了会议。这次会议开了 9 天，会议期间，毛泽东、刘少奇、朱德、周恩来等党和国家领导人接见了会议代表。89 位家属代表在会上介绍了她们在勤俭持家、教养子女、互助团结、开展副业生产等方面的经验。中华全国总工会主席赖若愚指出，职工家属是"工人阶级的一部分"，职工与家属之间的关系不仅是"亲人关系"，而且是"共同建设社会主义新生活的同志关系"，表达了国家对家务劳动的肯定，对家属在社会主义建设中身份的承认。

五　小结

　　"五好"活动的开展是为了服务工业化生产。家务劳动对社会主义生产发挥作用，成为社会主义建设的一部分，从而被国家承认。对"五好"积极分子的表彰是国家赋予的荣誉，也是对家务劳动的肯定。正如章蕴在中国妇女第三次全国代表大会上所提出的，"作为工人阶级一部分的广大职工

---

① 《勤俭持家全面做到"五好"　天津市河东区奖励四百多家庭妇女》，《人民日报》1957 年 3 月 7 日。

家属，对于我国工业生产和建设的发展，作出了光荣的贡献，努力执行'五好'，努力支援职工的生产劳动，因此在职工们的劳动成果中，是包含着她们的功绩的"[①]。1957 年，周恩来在《关于劳动工资和劳保福利政策的意见》中也指出，家务劳动是社会劳动的一部分，参加家务劳动也是光荣的。家庭妇女能够勤俭持家，把家务搞好，使丈夫、子女能够积极从事各种劳动，同样是对国家和社会的贡献，而丈夫、子女所得的工资，也有她们家务劳动应得的报酬在内[②]。

妇联将"五好"活动从职工家属推广至城市家庭妇女，原来被否定的群体获得身份的认可。妇联组织在家庭空间创造性地开展工作，宣传社会主义特色的家庭道德，规范和重塑家庭内部关系和邻里关系。互助这种集体主义劳动形式得到广泛应用，减轻了妇女的负担，也使得家庭内部和邻里的关系更加稳固和团结。"五好"活动是中国特色社会主义妇女解放道路一种新的尝试，也是对马克思主义妇女解放理论中国化的探索。

"五好"活动的发起缘于工业化建设服务生产的需要，开展活动的目的始终是服务生产建设。在服务于国家政治的"中心任务"、在为社会主义建设做贡献而获得肯定的前提下，这一时期的"五好"活动被打上了深深的时代烙印，对改革开放之后"五好"活动的开展产生了深远的影响。

[①] 《勤俭建国，勤俭持家，为建设社会主义而奋斗》，载中国妇女管理干部学院编《中国妇女运动文献资料汇编》（第 2 册），中国妇女出版社，1988，第 316 页。

[②] 《周恩来经济文选》，中央文献出版社，1993，第 381 页。

大众传媒对 "80后" 女性农民工婚姻观的影响

——以 F 厂女工为例

◎苏熠慧*

摘 要：本文通过对 F 厂 "80后" 女性农民工的调查，发现 "80后" 女性农民工对大众媒体具有依赖性，其婚姻观的形成很大程度上受大众媒体中所宣传的消费文化和拜物主义的影响。其中，电视剧对都市中产阶级消费方式的 "美化"，在 "80后" 女性农民工的心中构筑出一种 "虚假" 的自我，使得她们择偶的标准和对婚后生活方式的想象都带有 "中产阶级" 的色彩，脱离她们的现实生活。此外，相亲节目中充斥的拜物主义也让她们学会用物质来衡量亲密关系。

关键词：大众传媒 婚姻观 虚假自我 物化

一 问题的提出与文献综述

中国社会正处于两次大转变交汇处，经历着剧烈的转型①。在转型过程

---

* 苏熠慧，上海财经大学讲师。

① 沈原：《社会转型与工人阶级的再形成》，载《市场、阶级、社会：转型社会学的关键议题》，社会科学文献出版社，2009，第170页。

中，作为社会细胞的家庭也发生了巨大的变迁，一方面表现为家庭组成形式与家庭结构的变化，另一方面则表现为家庭成员婚姻观的转变。女性作为家庭的重要成员，扮演着女儿、妻子、母亲等多重社会角色，其对待婚姻的态度，影响着家庭内部的关系与家庭的和谐程度。在众多女性中，"80后"女性农民工的婚姻观值得关注。一方面，"80后"女性农民工是随着改革开放的深入和市场经济的发展成长起来的，她们的婚姻观受到社会变迁的影响，能够反映社会变化对女性性别意识的影响。另一方面，大量的"80后"女性农民工流动于农村和城市之间，她们在漂泊中所建立的家庭，是重要的家庭模式之一，而她们的婚姻观受到流动经历的影响，也反映了当前大批底层女性的性别意识状态。因此，研究"80后"女性农民工的婚姻观，对于了解社会变迁下女性性别意识的转变、构建和谐家庭都具有重要意义。

对女性农民工婚姻观的研究，大多集中在流动经历对婚姻观的影响。陈印陶对广东省打工妹的研究发现，打工生活的经历以及城乡文化的融合，促使她们的婚姻观发生变化[1]，流动本身能够带来婚姻观的转变[2]，外出经历可能延后农村妇女的初婚年龄[3]。一些学者提出，社会网络对女性外出打工者的婚姻观转变具有重要作用[4]。许传新和罗建英等人则认为，外出打工者与当地人之间的关系也是其婚姻观形成的重要因素[5]。在更近期的研究中，孙琼如等人构建了一个微型理论模型，并加以实证验证。在该模型中，他们将个人背景、婚姻经历和流动经历三者视为可能影响流动妇女婚姻观的三大影响因素[6]。

以上研究都表明，社会变迁对外出打工者尤其是女性外出打工者的

① 陈印陶：《打工妹的婚姻观念及其困扰》，《人口研究》1997年第3期。
② 黄润龙：《江苏省打工妹的婚育现状和婚恋观》，《南方人口》2000年第2期。
③ 郑真真：《外出经济对农村妇女初婚年龄的影响》，《中国人口科学》2002年第2期。
④ 靳小怡、彭希哲：《社会网络与社会融合对农村流动妇女初婚的影响》，《人口与经济》2005年第5期。罗建英、胡双喜等：《"80"后农民工婚姻观的研究》，《农业经济与科技》2008年第8期。黄润龙、仲雷等：《江苏外来女婚姻观念和婚育状况的比较研究》，《人口学刊》2000年第2期。许传新：《新生代农民工与市民通婚意愿及影响因素研究》，《青年研究》2006年第9期。
⑤ 罗建英、胡双喜等：《"80"后农民工婚姻观的研究》，《农业经济与科技》2008年第8期。
⑥ 孙琼如、叶文振：《流动妇女婚姻观念及其影响因素研究》，《北京科技大学学报》（社会科学版）2009年第4期。

"婚姻观"具有重要影响,这种影响通过流动经历与个体特征的相互作用表现出来。但这些研究只是将外出打工时间、打工到过的地区数量、社会网络等结构化的因素作为流动经历的指标来衡量其对女性外出打工者"婚姻观"的影响,而忽略了文化因素在流动经历中的作用。葛兰西认为,大众媒体作为一种文化载体,通过传播某种意识形态来影响人们的价值观,从而建立霸权①。在信息时代,电视和互联网等大众媒体已经成为人们生活的重要组成部分,影响着人们价值观的形成。因此,本文重点关注大众传媒对"80后"女性农民工婚姻观的影响以及这种影响的机制是如何发生的。

二 研究方法与资料收集

本文以深圳F厂为例,对其女工进行调查和访谈。F厂是世界著名的代工厂,位于深圳龙华区,拥有30万工人。这些工人多出生于1980年之后。其中,女性的比例约为30%。本文的资料来自2012年4-6月在F厂社区进行的工人访谈,以及2010年11月、2012年6月在工人居住的社区通过滚雪球方式进行的两次问卷调查,回收的有效问卷数量分别为151份和317份,调查内容主要为F厂工人的媒体使用情况。

在本文中,"大众媒体"主要指的是报纸、杂志、电视、电影、互联网。"'80后'女性农民工"指的是1980-1989年出生的女性农民工。她们出生于农村,在城市打工,年龄在25-34岁,正要建立家庭或刚刚建立家庭。对她们"婚姻观"的考察包括:①选择配偶的标准;②对婚后生活方式的想象。

三 大众传媒与 "80后" 女性农民工的婚姻观

(一) 家庭教育的缺乏与大众媒体的嵌入

根据2010年11月对F厂工人进行的媒体使用与生活状况调查,96.6%

---

① 〔意〕安东尼奥·葛兰西著《狱中札记》,曹雷雨等译,中国社会科学出版社,2000。

的被调查女工平日有上网的习惯。其中，42.9%的人表示"天天上网"，31.4%的人表示"两三天一次"，12.9%的人表示"每周一次"。每天上网时间平均3个小时，最短为半小时，最长为20小时。53.9%的女工主要在网吧上网，40.7%的人用手机上网，24.8%用自己的台式电脑上网，而19.3%的女工用自己的手提电脑上网。其中，每月在网络上花费51－100元的人数最多，占调查人数的37.4%。45.0%的被调查者表示每次上网都会打游戏，而每次上网都会下载视频或音乐（包括电视剧、电影和MTV）的比例高达80.0%。

由此可以看出，电视剧、电影和MTV在工人的生活中占据重要的地位。许多女工成长于留守家庭，父母常年在外打工。她们没能在离散的家庭中习得择偶的标准，而是在大众媒体的影响下，获得对婚后生活方式的想象。

女工姚姚常常通过电视剧来逃避苦闷的现实生活。由老人带大的她，与父母的关系极为淡薄，冷漠的家庭关系迫使她在大众媒体中寻找安慰，通过各种节目来确定自己的人生观。"我周一周二不上班，我就在电视房里看电视。要不就在网吧或者图书馆上网。在网络虚拟空间里，那里面都是假的。跟现实的东西不一样，差很多。我非常爱看电视，我爸说我是电视迷，说你读书要有你看电视那么认真就好了。我那时候看了好多，都爱看青春偶像剧，连肢体动作、语气都学习。什么《神雕侠侣》啊，什么武侠的啊，还有《冤家好兄弟》《回家的诱惑》。以前那些电视里的画面好漂亮，我很容易就把电视里的生活搬到自己的生活中。以前不上班的时候，我就迷恋电视剧。在家里找不到温暖，我就在电视剧里找，然后就沉迷在里面。我经常想看电视，然后自己就沉迷在里面。""……我现在看《回家的诱惑》《北京爱情故事》《甄嬛传》，之前看《非你莫属》《非诚勿扰》，我很关心他们对事情的分析。你说我一些想法都是从哪里来的？……《非你莫属》觉得还可以。很多人讨厌张绍刚，我不觉得呢，我觉得他说话带着睿智的光芒。我还喜欢撒贝宁啊、杨澜啊，还有孟非、乐嘉。我比较喜欢综艺节目。之前就是刘莉莉事件、假文凭事件。我学到很多东西。他们上来说了很多，包括职业规划，给人很多人生指导。……我自己的沟通技巧也不好，我想多学一点。例如，说话的时候要看对方的眼睛，还有其他的沟通技巧。"

伴随父辈打工经历的是"80后"女性农民工成长过程中支离破碎的家庭。对于姚姚这样的女孩，习得价值观的场所由家庭转为大众媒体。20世纪90年代起大量农民工的流动，不仅改变了农村传统的家庭结构，更改变了农村人习得价值观的方式。在这种破碎家庭中成长起来的"80后"女性农民工，是在大众媒体而非家庭中习得婚姻观。家庭教育的缺乏使得大众媒体嵌入"80后"女性农民工的生活，并依赖其习得择偶标准。

（二）虚假自我与时尚陷阱

正如姚姚所说，她在电视剧和《非诚勿扰》等节目中习得了对各种事物的看法，包括"时尚"。她说自己是很爱漂亮的人，很羡慕电视剧中的女孩子把自己打扮得如此漂亮。刚开始打工的时候，她觉得身边女孩子穿得都很"土"，不如电视上看到的时尚。"我有时候也会看她们的穿着打扮，然后判断她们怎么样。一开始打工的时候很不适应。大家都穿得那样，我很不喜欢。"她对自己的外表格外在意："我的衣服是有牌子的好不好。这牌子的衣服花了我很多钱。"她有一件衣服，上面写着"Nike"。"你知道吗？Nike是个很贵的牌子呢，我花了好多钱买的。"姚姚刚进F厂没有多久，工资平均每月只有1600元。"我跟你说啊，买衣服最好买牌子的，就算贵一点，也可以的。我有的时候就花多一些买件有牌子的衣服，穿在身上显得有档次。"和所有想"创业"的工人一样，姚姚想努力工作，多赚点钱，"这样就能穿那些有牌子的衣服"。

像姚姚这样在电视剧中学会什么是"时尚"的女性农民工不占少数。在F厂的门口，一排排的商铺挂着称为"韩流"风格的衣服，一到下班的时候，大批的女性农民工便流连于这些商铺中，和老板讨价还价。这些年轻的女性都会大声地说出哪款服饰出自哪部韩剧，是哪个女主角穿过的衣服。许多年轻女工都在购物中想象自己是剧中的女主角，希望过着韩剧里女主角一般光鲜亮丽的生活。她们在韩剧中学会了"时尚""品牌"和"品位"，并希望通过自己变得更加"时尚"和有"品位"来获得男性的青睐。她们在韩剧中接受了这样一个信息：要变得和韩剧的女主角一样，然后遇到心目中的高富帅"欧巴"。韩剧中温柔多情又多金的男主角，是她们未来择偶的标准。蔚是个漂亮的"80后"女工，她在F厂工作的这段时间，许多男同事追过她，但是她都不满意。"我觉得他们都很'土'啊，没有韩剧里的××帅，要是我有一个那样的老公就好啦。你知道的，我平常喜欢看韩剧和日剧啊，我很喜欢里面人说话的方式，还有穿的衣服啊，觉得很文明。我觉得那两个国家的人都好斯文啊。我要学韩语和日语，说起来感觉很好啊。要是能去韩国就更好了，我真的很想去那里玩啊。"蔚对日本和韩国充满向往。她喜欢模仿韩剧里的穿衣打扮，想学韩语，想学韩国 MTV 里的街舞，更重要的是，她想去日本和韩国旅游。为了这个目标，她努力工作存钱，希望有一天能够去韩国和日本。可是她不管如何赚钱，每个月剩下的钱都很少，因为她只要看到漂亮的"韩版"衣服都会买。这样，她不断地想象自己有一天能去韩国，不断地花钱把自己打扮得像韩剧中的女主角，不断地拒绝周围的男性。时间一长，她发现，不仅去韩国的目标离她很远，心目中的"欧巴"也离她很远。于是，她开始陷入迷茫，甚至对未来组建家庭充满恐惧。

如果说，电视剧中的"时尚陷阱"让未婚的"80后"女性农民工形成一种脱离现实生活的对未来家庭生活的想象，那么这个陷阱对已婚的"80后"女性农民工则是另一种影响。"时尚"的宣传让已婚的打工女性陷入了一种消费的怪圈。玲子已经是孩子的妈妈了，但是她说自己是名副其实的"月光族"，"我不知道怎么的，一下子就没钱了。今天买双鞋，明天买个包什么的，钱一下子都没有了。……我马上就要发工资了。……大家都说我败家女哈。上个月的工资刚刚花完，其实也没买什么东西，但是一下子都没啦……现在我不加班，所以我的钱就刷刷地用了。不知道怎么的就花完了"。玲子说她每次看到韩剧里有什么漂亮的包包和鞋子她就想买，越是奢华的东西便越能激发起她的欲望。她的消费方式已经引起家庭内部的矛盾，因为她的消费已经超过家庭可以承受的范围。"我老公老是说我，为什么总是买那么多东西，又有什么用。我说他根本不懂女人的想法，女人天生就是购物狂。你看人家电视上的女人不也一样吗？凭什么就不让我买东西，我觉得他好小气。其实根本就是没用，他根本就赚不到我想花的那些钱。"由购物引起的矛盾已经造成玲子的家庭分裂，玲子一气之下离开了家，来到深圳。"我觉得这里好，人家都说深圳是一颗璀璨的明珠，我就来了。"当问她想不想回家，家里的老公和小孩怎么办的时候，她说，"大不了离了呗"。

上面 3 个故事都展现了电视剧中有关"时尚"的描绘在"80 后"女性农民工头脑中形成的对自我和家庭生活的想象。可以发现,不管是姚姚对品牌的追求,还是蔚对于高富帅"欧巴"的期望,或是玲子对于老公的不满,都建立在一种脱离现实的自我认定上。电视剧中所宣扬的"时尚"理念是一种都市中产阶级的消费方式,需要中产阶级的经济水平来支撑,但这种中产阶级的消费方式却通过电视剧的方式普遍化,成为一种意识形态,为工人阶级的女性铸造出"虚假"的自我。围绕这个"虚假"的自我,想象的家庭生活和现实的家庭生活存在巨大的鸿沟。因为,我们可以看到"80 后"女性农民工在大众媒体中习得的是"时尚"背后的"符号"意义,即中产阶级的择偶标准和婚后的生活方式。这种对中产阶级生活的想象在大众媒体的遮蔽下,让工人阶级难以发现自己在追求一种脱离真实生活的"虚假自我"。这种"虚假自我"使得"80 后"新生代农民工在理想和现实中存在着巨大张力。

(三) 拜物教和亲密关系的物化

在对 F 厂的男工进行访谈时,听到最多的抱怨是"找不到女朋友""现在的女孩子太现实"。在他们的描述中,女工倾向于用物质来衡量亲密关系。"送什么样的礼物""工资如何""有没有房",取代了"是否聊得来""人好不好",成为许多女工择偶的标准。在对女工的访谈中,我发现许多女工在各种电视剧和电视节目中习得了衡量亲密关系的标准。姚姚说她对婚姻和工作的理解是从《非诚勿扰》和《非你莫属》中获得的。受《非诚勿扰》的影响,她觉得嫁人一定要嫁个有"房子"的。"我从《非诚勿扰》里学到了很多,觉得这个社会还是很现实的,没房拿什么娶人家。……我去我表姐那里,让表哥给我介绍。我说你没有房子,从哪里娶妻子。……我姑姑 3 个孩子,他们家有 3 套房子,大姐 1 套,表哥 1 套,还有另外一个哥也 1 套。他们是大学生,大学毕业了以后就在深圳打拼,现在在深圳也有房子了。……我们线上有个女孩子,她老公没房子,她也嫁给她老公了。要是我就一定不嫁,我要嫁个有房子的。一起奋斗打拼太辛苦了!"丹丹看了韩剧和《非诚勿扰》以后,坚定了找个有钱男人的信念:"看来看去,像我们这样苦的女孩子，如果不去做那种工作，那也只有通过嫁人来转运啦。要是对方比我们还穷，那我们还怎么活啊。你看电视上那些年轻漂亮的女孩，哪一个不是嫁个好人家，过上好日子的。我们这种工作，没什么奔头的。做得好还不如嫁得好。"

"拜物教"是马克思用来形容资本主义社会人的关系被物的关系所取代，社会关系被物质关系所掩盖的现象①。马克思主义女性主义者用此来描述两性关系中的拜物主义和亲密关系的物化，认为在资本主义的两性关系中，"性"本身也变成一种激起欲望的"物"，与交换、消费主义联系在一起②。电视剧和《非诚勿扰》等相亲节目作为一种载体，将今天的拜物主义文化传递给"80后"女性农民工。在这些女性的成长经历中，破碎的家庭和因人口流动而逐渐瓦解的农村传统文化，并没有在她们心中形成有关亲密关系的各种价值判断。她们对于亲密关系的看法是在成长的过程中，通过接触媒体获得的。当拜物主义充斥在大众媒体中，"80后"女性农民工则逐渐习得了通过物质来衡量亲密关系的婚姻观，表现为：①对人的性格用外在的"物"来评价；②对亲密关系用"物"来评价。

四　结论

"80后"女性农民工成长在这样的环境中：她们的父辈或母辈长年在外打工，并在她们社会化的过程中长期缺位。她们择偶的标准以及对婚后生活方式的想象，并非来自其破碎与漂流的家庭，而是来自她们在社会化过程中大量接触的大众媒体。因此，她们的婚姻观深受大众媒体中所充斥的主流文化的影响。随着中国逐渐进入消费社会，大众传媒作为载体传导的是一种市场化或商品化的消费主义文化，而这种消费主义文化通过对都市

---

① 马克思：《资本论》（第1卷），中共中央马克思恩格斯列宁斯大林著作编译局译，人民出版社，2004。

② Williams, Christine and Catherine Connell, "Looking Good and Sounding Right: Aesthetic Labor and Social Inequality in the Retail Industry", *Work and Occupations*, 2010, 37（3）：349-377.

中产阶级消费方式的"美化"得以彰显与传播①。电视剧、相亲节目通过对都市中产阶级的"美好"生活、美丽和"时尚"的描绘将人们引入个人欲望的世界。"80后"女性农民工正是在这样的引导下，构筑出一种"虚假"的自我。她们想象自己是电视剧中的都市中产阶级，并渴望拥有中产阶级的婚姻生活，于是她们追求品牌，复制中产阶级的家庭生活方式，但这一切与她们现实生活中的婚姻相脱离。她们的择偶标准与其工人阶级身份产生一定的偏离。她们想象中的配偶，是城市中产阶级男性，而非她们身边的工人阶级男性。想象和现实的矛盾将对她们现实的家庭生活造成负面影响。不仅如此，大众媒体所宣扬的拜物主义，也影响了"80后"的女性农民工，让她们更加倾向于通过物质标准来选择配偶，并通过物质关系来衡量与男性之间的亲密关系。当婚姻关系与家庭关系变成一种物质关系，家庭原先所具有的感情支持等功能也逐渐受到挑战。

---

① 董天策：《消费时代与中国传媒文化的嬗变》，中国社会科学出版社，2011。

主旋律电视栏目的 "家庭" 影像

——以西部省级卫视《走南闯北广西人》为例

◎唐觐英　秦　娜*

摘　要：人物纪录片是建构家庭文化价值的重要载体。西部省级卫视广西卫视重点栏目《走南闯北广西人》为探讨人物纪录片如何体现社会性别意识、传递先进家庭文化价值提供了有益的实践素材。本文融合社会性别研究、纪录片研究的视角，考察了 2013 年该栏目全年播出节目的内容文本，讨论如何将社会性别意识更好地体现在媒体节目生产实践中，为中国电视节目生产实践纳入社会性别意识，在传播内容与形式上推陈出新，积极建构先进家庭文化价值提供借鉴。

关键词：电视栏目　人物纪录片　家庭"背景化"　影像

一　研究背景：　人物纪录片栏目与家庭价值建构

近年来，纪录片的节目类型兴起，并以其真实、生动、贴近性、感染力等特点受到社会大众的欢迎，宣传作用越来越受到重视。同时，由于遏制传媒过度娱乐化、娱乐节目泛滥问题非常迫切，2010 年，国家广播电影

---

* 唐觐英，中国传媒大学媒介与女性研究中心讲师。秦娜，中国传媒大学媒介与女性研究中心 2012 级硕士研究生。

电视总局出台《关于加快纪录片产业发展的若干意见》，要求大力繁荣国产纪录片创作生产。2013 年 10 月，国家新闻出版广电总局下发通知，围绕优化节目结构，丰富节目类型，规定 2014 年所有的上星综合频道，平均每天必须播出 30 分钟的国产纪录片。

《走南闯北广西人》就是在这一背景下创办起来的一档有代表性的重点栏目。其所在的广西卫视是西部省级卫视代表。广西卫视是对女性视角有所关注、在中国媒体改革发展中取得一定探索成绩、较具影响力的西部省级卫视。2004 年其在全国率先提出"女性特色的综合频道"的频道定位，此后进行了一系列的探索和实践，其成绩与不足值得关注和总结，并需要得到更多的性别研究的学理支持。

《走南闯北广西人》由广西壮族自治区党委宣传部、广西广电局、广西电视台主办，2012 年 5 月开播。栏目以广西籍或广西出生的当代代表性人物为拍摄对象。政府、媒体高度重视，力图"使其为推动广西文化大发展大繁荣，彰显广西精神，增强文化自信和文化自觉发挥更大的作用"。该栏目在 2014 年 2 月召开的中国纪录片年会暨第 19 届电视纪录片颁奖活动上获"年度栏目"奖。每期节目的播出时长为 15 分钟。

人物报道与家庭文化建构联系密切。如何生产、创新"家庭"影像是人物纪录片生产实践中要解答的重要问题。中国媒介与女性研究中关于电视纪录片与女性/性别的研究还较为薄弱。在少量的关于电视纪录片与女性/性别的研究文献中，《海棠花开别样红：电视文献纪录片〈邓颖超〉的艺术特色》讨论了党和国家领导人的电视文献纪录片的创作特色与创新，提供了很好的实践经验①。《纪录片创作中的女性特质》结合女性媒体人的电视纪录片创作实践，提出了"女性特质"的议题，具体展现了纪录片创作实践中的相关要素②。

大众传媒要在引领社会大众的家庭文化和价值观上发挥积极作用，主流媒体、主流栏目更应该积极作为。本文试图考察中国最新的电视生产实

---

① 周迅、孙丽华：《海棠花开别样红：电视文献纪录片〈邓颖超〉的艺术特色》，《电视研究》2004 年第 10 期。

② 赵丽江：《纪录片创作中的女性特质》，《中国广播电视学刊》2007 年第 10 期。

践，分析人物纪录片中的"家庭"影像处于何种状况，"家庭"影像生产实践中有哪些要解答的问题，存在哪些缺失或偏差，以及如何优化。

二 理论视角：家庭"背景化"问题

要讨论人物纪录片的"家庭"影像问题，首先需要建立对家庭的科学视角，这里涉及对传统家庭文化的反思。在这方面，女性主义的一些理论观点有较大的启发。

澳大利亚女性主义理论家薇尔·普鲁姆德指出："一直以来，我们的某些品质以及生活的某些方面被认为是属于生存所需、属于自然或属于妇女的。而直到现在，这些东西仍受到贬低……。这种贬损被进一步用来削弱妇女、自然和人类生活的质量。"她进而提出"背景化"的观点，背景化是对妇女进行否定的一种主要形式，是将妇女处理成前台的那些高高在上的显赫功绩和成果所必要的背景。妇女为男人的"成就"提供必要的条件，但她们所做的一切本身并不被看作成就[1]。在母亲角色上，存在妇女受到最严重的"背景化"问题。女性主义理论表明，对妇女、对妇女所从事活动或领域如家庭的"背景化"，就是否定男性对于家庭的依赖，将男性视为外在于家庭的，家庭被看成一个取之不尽的供给源，没有任何自身需求。"背景化"对于家庭和谐、男女两性的全面发展存在严重的制约，也是现实中婚姻家庭领域矛盾冲突的一大根源。

"背景化"本质上是对公共领域/社会领域与私人领域/家庭领域二分的二元论。家庭，是关于繁衍—再生产的活动场所，其价值需要社会和文化重新加以认识。社会文化素来将家庭视为女性的领域，并且是次要的、劣等的。与家庭相关的任务都由女性承担，孕育、育儿，男性都可以不在场。这种社会文化抹杀了男性在家庭事务上的责任，也漠视了家庭事务在人的存在方面的价值。

中国当代社会中，家庭"背景化"的文化观念比较盛行。很多人忙于

---

① 〔澳〕薇尔·普鲁姆德：《女性主义与对自然的主宰》，马天杰译，重庆出版社，2007。

工作，难以顾及家庭；有的仅把家庭作为社会身份的贴金，家庭是匆匆驿站，家庭的价值被淡忘。社会大众中广泛流传的"男人在外拼搏，女人要给他提供一个安宁的港湾"，"男人在外太忙，顾不上家庭"等说法，都是这种"背景化"的表现和扭曲的结果。可以说，改变家庭"背景化"，让家庭从"背景"走到"前景"来，是构建和谐家庭文化的关键要义。

"背景化"问题在人物报道中也有反映。突出的表现是：不谈家庭，在人物的塑造、建构上，人物的"家庭"身份成为盲点；将"家庭"纳入视野，但在自觉不自觉中复制传统的、带有性别偏见的"家庭"叙事。

三　《走南闯北广西人》的"家庭"影像

《走南闯北广西人》2013 年全年共播出 39 期（重播期数不计在内），介绍了 39 个人物。这些人物中，有 5 位女性，34 位男性。39 期节目中，涉及婚姻/家庭的有 17 期，涉及女性人物的有 3 期，涉及男性人物的有 14 期。这些节目在人物纪录片如何叙述"家庭"方面进行了实践探索，正反两方面的经验值得总结。

节目中的"家庭"影像体现在人物报道中是建构了更为饱满的人物形象。同时，也暴露出一些社会性别意识模糊导致的问题。

（一）"另一半"的言说

在片中如何呈现作为人物"另一半"的妻子/丈夫的话语，是人物纪录片生产面临的一个基本问题。在涉及婚姻/家庭的男性人物的 14 期中，呈现了"另一半"话语的有 7 期。

节目中"妻子"的话语的内容要点是：

> 对丈夫在家庭事务方面的表现的议论，对夫妻情感的理解（《同传界的常青树——卢嘉祥》）。
>
> 对丈夫在异国他乡时往事的诉说，对自己英语学习的叙述，对自己家乡饮食的述说（《友谊使者　李莘》）。

对丈夫的事业、自己求生存的艰难经历和对家庭责任的理解（《二胡名家——林湛涛》）。

对于食物、孩子品德习惯的培养，自己的兴趣的诉说（《"养蜂人"奇事——周有权》）。

烹饪（《逐梦美利坚——李央》）。

对家务劳动的理解，对丈夫所作所为的叙述（《急症室的故事——廖晓星》）。

对丈夫创业的叙述（《从板车夫到化工大亨——周贤均》）。

我们看到，节目中所呈现的这些女性话语表达了一部分女性的经验，具有积极意义，但是也存在比较突出的问题：其一是女性话语中涉及饮食/食物/烹饪方面的话题比例过大，在女性与这些活动之间形成一种主导地位的关联，强化了传统的女性观念；其二是女性话语中对家务劳动的承担、家庭责任等的叙述，如"主要是我的工作相对轻松一些，就没有这么忙……所以基本上家里面的事情都是我做得多了"（《急症室的故事——廖晓星》），会使不合理的性别分工合理化。

总的来看，这些节目中"另一半"的话语比较单一。为此，创业经历的叙述、女性的经历以及在家庭事务中的一些理念主张、女性自己的兴趣等，可以作为人物纪录片在"另一半"话语呈现上进一步拓展、优化的方向。

另外，在涉及婚姻/家庭的女性人物的 3 期节目中，有 1 期呈现了"另一半"话语（《"瑶族百灵"何玲玲》）。片中呈现了人物的丈夫的话语："我就是在经费上，或者就是支持她。不让她觉得家庭是个拖累，她要有演出的时候，我就配合她。"

（二）"事业支持"叙事

这些节目的"家庭"影像中，较多涉及人物的妻子/丈夫对其"事业支持"的内容，这也是人物报道中通常会面临的问题。节目中这方面存在的问题或误区也比较多。

　　妻子的默默支持，是他强大的精神动力（《友谊使者——李革》）。

　　她在那样的环境下能够忍辱负重，就是为了支持我，支持家庭。在刘晓梅的支持下，林湛涛得以全身心地投入二胡演出和教学中（《二胡名家——林湛涛》）。

　　对于廖晓星的工作，全家人都支持他，妻子文洁更是为了家庭，作出了很大的牺牲。……当年，更是为了支持丈夫，辞掉了南宁的工作（《急症室的故事——廖晓星》）。

　　这也得益于她有一位理解她、欣赏她、爱护她的丈夫，默默地支持她的音乐梦想（《"瑶族百灵"何玲玲》）。

　　节目中经常出现"默默支持"的用语。以"背景化"理论的批判视角来看，"默默支持"并不是很理想的措辞，它恰恰起到一种"背景化"的效果。在新型的两性关系中，对配偶的事业支持并不一定要以自身的退后、隐形、"背景化"为条件。更何况，在真实的生活世界中，夫妻之间的理解、交流很重要，不一定对对方的专业领域有多么了解，但相互倾听与表达一般都不能缺少。

　　相关的，妻子（杂务）/丈夫（高级事务）的话语建构也导致"背景化"问题。

　　"而妻子，也为他打理各种杂务，让他能专心英语教学培训，从而开创出一片广阔的天地"（《英语奇才——赖世雄》）。"杂务""专心"的划分，构成一种价值评判，这样的叙述以褒扬女性的口吻道出，标出了妻子料理杂务、丈夫专心高级事务的模式。女性主义研究揭示了妻子（杂务）/丈夫（高级事务）是一种很关键的二元论的性别区隔。因此，应当改变"杂务"等用词，更公正地评估女性所从事事务的价值。

　　在"事业支持"方面，有时还伴随出现"育儿/家庭教育"方面的误区。

　　"洪冬桂是许多台湾民众拥戴的民意代表，有着很好的口碑。她秉承了中国式相夫教子的传统，在努力社会工作的同时，支持丈夫的事业，更是对孩子们的成长与教育竭心尽力，把3个孩子全都培养成了博士。"这句话将孩子成长教育的事归于母亲，将父亲从中撇开。对女性独担育儿/家庭教育重任取得成就的褒扬，可能衍化为强化女性主内的职责和传统性别分工的压迫性力量。

至于片中呈现的人物（男性）的话语，"我是统而不治，治孩子管孩子是我太太的事情"，并不符合现代家教理念，栏目直接采纳、呈现人物的话语，就变成对这种话语的支持。

（三）"做家务"影像

或许是由于采访时间的限制，以及栏目试图将广西人生活中的一种传统食品"米粉"作为表现人物与家乡关联的一种标志，节目中多见"做家务劳动"的影像。那么，谁是做家务的人？这是纪录片生产中需要考虑的。

只有"女性做家务"镜头的节目有5期，有"夫妻共同做家务"镜头的有2期，只有"男性做家务"镜头的节目为0期，"女性做家务"和"男性做家务"镜头均有的节目有1期。因此，节目中的"做家务劳动"影像更多的是女性，这会强化观众对"家务劳动是女人的事"的传统性别分工观念。

（四）"家庭生活"影像

如"背景化"理论所揭示的，家庭是具有重要价值的场所，家庭生活的内涵是丰富的。而《走南闯北广西人》节目中呈现的"家庭生活"影像还较为单一。

在这方面，以女性为拍摄对象的节目中表现出一些新手法，给人以启发，如《银针天使——郭嘉》一期中：

> 画外音：圣诞节和新年来临前夕的这一天，本来是要趁着格外晴朗的天气，去到两个小时车程外的特拉华州鸟岛，再次探访那里的水鸟。但是郭大夫必须赶到针灸中心，准时接待提前预约的患者，于是，两口子决定，由丈夫吴永平代替妻子去一趟鸟岛。
>
> 画外音：长木公园每年圣诞节前后的灯会与夜间园艺花展，在西方国家有着相当大的名气。连许多欧洲和拉美的游客都远道而来一睹风采。这天晚上，郭嘉与吴永平又拿起相机，来到长木公园。节日的

氛围，更激发出郭嘉与吴永平的创作热情。

　　镜头：夫妻俩在公园拍照。

　　画外音：摄影并不是他们的唯一业余爱好，夫妻俩还抽空写诗共勉。

　　镜头：夫妻俩坐在沙发上讨论诗作。

　　这期以女性人物为报道对象的纪录片中呈现的"家庭生活"有别于其他常见的表现内容与方式，有益于传递"家庭"的价值。这是《走南闯北广西人》在今后纪录片生产实践中可以进一步拓展的方向。

四　结语：　拓展"家庭故事"的更丰富内涵

　　家庭关乎人类生活的质量。在社会主义文化大繁荣大发展的主题下，我们需要建设家庭文化、创新家庭文化。在当代，要倡导的家庭价值应该是从割裂、二元对立转到以更为整体和统一的方式认识事业与家庭的价值上来。

　　大众传媒要积极树立社会性别意识，在新型家庭观的指导下，创新传播内容与形式。家庭"背景化"理论对于人物纪录片，至少有如下重要启示：在人物的建构上，不能把公领域、私领域割裂甚至对立；在私/家庭领域的表现上，私领域不能被贴上琐碎、无聊等标签，强化传统刻板印象；在家庭领域中人物的表现上，要有正确的价值评估。

　　媒体工作者在媒体节目生产实践中，经常提到的原则是要"有故事"。所报道的人是要"有故事"的人，对人物从什么角度去报道，需要在媒体节目生产中积极纳入社会性别视角，发掘多元丰富、真正有价值的故事，促进人物纪录片"家庭"影像表达手法的丰富与多样。

媒介制造："拜金女"与道德恐慌

◎孙百卉[*]

摘　要：作为影响力最大的婚恋类节目，《非诚勿扰》既是当代中国社会婚恋观的展示者，也是其建构者。本文分析了《非诚勿扰》所设置的"拜金女"形象以及媒介与其他权力、利益集团如何从其所制造的全社会对于"拜金主义"的道德恐慌中获益。男权社会将"富有"作为衡量男性成功的标尺之一，那些以男性的经济条件作为择偶标准的女性只不过是选择服从了这一由男性自己选择并强加给女性的价值观。女性是"拜金主义"的受害者而不是肇始者。

关键词：媒介制造　拜金主义　道德恐慌

《非诚勿扰》是中国最受欢迎的综艺节目之一，从 2010 年初开播以来一直保持良好的收视率，根据对 2014 年 1 月第一周的收视数据的统计，《非诚勿扰》仍是其播出日的最高收视率得主。作为影响力最大的婚恋类节目，《非诚勿扰》既是当代中国社会婚恋观的展示者，也是其建构者。

主持人孟非曾在一期节目中说："这是一档集合了连续剧与系列剧特点的节目，女嘉宾是连续剧，男嘉宾是系列剧。"既然是剧就不能缺少人物和情节的设置，而这些设置是通过给嘉宾贴标签和讨论敏感话题来实现的。《非诚勿扰》为每个女嘉宾设置了个性化的标签以便精准定位她们的角色，

* 孙百卉，中国传媒大学艺术学部讲师。

如"拜金女""女博士""中性女""女神""胖子""中年女性""单亲辣妈"等，这些标签有时是根据女嘉宾的特性，有时是预设好一个角色，然后寻找适合的"演员"。《非诚勿扰》讨论的话题也包罗万象，但这些话题通常由男嘉宾带来，和角色一样，这些话题都是节目组精心设计的，方法是从每个男嘉宾的短片中寻找合适的能引起关注与共鸣的敏感话题，然后由主持人来组织女嘉宾和点评嘉宾进行讨论。本文要讨论的是《非诚勿扰》所设置的"拜金女"形象和节目所组织的关于女性拜金的话题讨论，以及由此引发的当下社会对于女性拜金的道德恐慌。

一　"拜金女"　与道德恐慌是如何被制造的

2010 年《非诚勿扰》开播之初，曾因几个话题女嘉宾而名声大噪，亦因此被广电总局勒令整改，其中最著名的便是"宝马女"马诺。在 2010 年 1 月 17 日播出的节目中，1 号男嘉宾的兴趣爱好是骑自行车，他将自行车推到台上，按规则他可以向心动女嘉宾马诺及另外两个留灯的女嘉宾提一个问题。他问 3 位女嘉宾："以后愿不愿意经常陪我一块骑单车？"两位留灯的女嘉宾都表示愿意，马诺却回答："我还是坐在宝马车里哭吧！"马诺此语一出便引起轩然大波，也因此被贴上"史上最刻薄拜金女"的标签，而"宁在宝马车里哭，也不在自行车上笑"也成为马诺及"拜金女"的代表性言论。

通过对节目的仔细研究可以发现，由《非诚勿扰》所引发的关于女性拜金问题的争议，并不是媒体无心插柳的结果，而是有预谋地利用社会性别偏见制造的引起"道德恐慌"的媒介事件，马诺就是媒介为了制造恐慌而精心设计的"拜金女"角色，设计的痕迹在她与 1 号男嘉宾的交流中表现得十分明显。首先，骑自行车是男嘉宾的兴趣爱好而不是代步工具。男嘉宾推自行车上台必然是经过节目组同意的，但男嘉宾的自行车并不是普通的自行车，而是一种十分时尚的自行车，英文名为"fixed gear"。这种自行车由 19 个零件组成，每个零件都价值不菲，将这样一辆专业的玩家级自行车的主人与因买不起汽车而以自行车为交通工具的人建立联系是牵强的。

其次，男嘉宾问女嘉宾是否愿意经常陪自己骑车，这里的骑车显然是指作为一种兴趣的骑车，而不是询问是否愿意过没有汽车的生活，男嘉宾的问题并不是让女嘉宾在两种价值观截然相反的生活中作选择的意思，而是询问女嘉宾是否愿意分享自己的兴趣爱好。这样看来马诺的回答就显得突兀而刻意了。换言之，男嘉宾的自行车没有显示出他的经济状况欠佳，而他的问题也并没有让女嘉宾在两种价值观中取舍的意思，马诺的回答是按照节目组设计的"剧本"说出来的"台词"。

　　媒介通过制造马诺事件向社会输出这样一种意义：在"物质优越、精神空虚"与"精神满足、物质匮乏"二者之间，"拜金主义"的女性会选择前者。按照霍尔的"编码·解码"理论，这一意义的准确传输依赖节目的编码与观众的主控性解码。节目将物质优越编码为拥有宝马车，相对的，将自行车作为经济条件不好的象征符号，并利用人们头脑中约定俗成的面包与爱情不可兼得的观念，将选择宝马车与放弃真爱之间画上等号。因为那辆自行车价值不菲，这使编码中出现了硬伤，于是节目只能靠马诺前言不搭后语的回应，硬生生地将节目设计好的拜金观点说出来。尽管节目的编码十分笨拙，但观众仍然接纳了节目的控制，自行解码出"宁在宝马车里哭，也不在自行车上笑"的所谓"拜金女"的价值观。而媒体在报道马诺事件时，这句经典的拜金宣言就变成了出自马诺之口，众口铄金之后，马诺那句与上下文毫无关联、前言不搭后语的回答——"我还是坐在宝马车里哭吧！"——所透露出来的其他信息就此被淹没。

　　凭借"拜金女"所引发的全民道德恐慌，《非诚勿扰》的知名度与收视率迅速蹿升，同时，"拜金女"亦令坚持社会主义核心价值观的行政管理部门深感恐慌。2010 年 6 月，广电总局下发了《广电总局关于进一步规范婚恋交友类电视节目的管理通知》的行政管理文件，其中明确包括"不得展示和炒作拜金主义等不健康、不正确的婚恋观"的内容。《人民日报》、新华社、中央电视台等主流新闻媒体的批评接踵而至。《人民日报》连发两篇评论文章，题目分别是《收视率诱导逐利乱象 相亲节目低俗化当止》和《媒体绝不可见利忘义》，新华社文章题为《"电视红娘"：如何牵红线而不踩"红线"？》，中央电视台《焦点访谈》节目的标题为《媒体该坚守什么？》，这些报道和评论的核心观点是谴责媒介为追求收视率和商业利益而放弃职业与道德操守的行为，着力点在于抨击媒介对传播内容疏于把关。站在这样一种主流的批判与谴责声音背后的，是一些我们习以为常的逻辑和价值观，即女性在婚恋关系中优先考虑男性的经济条件是"拜金主义"的表现，这是"不正确的婚恋观"。管理部门、主流媒体、观众对于《非诚勿扰》等婚恋类节目的批评，是以批评上述价值观为逻辑起点的，因为马诺们的价值观是错误的，所以表现她们的媒介的价值观也是错误的。然而，又是谁建构了马诺等人的价值观呢？又是谁建构了"拜金女"的媒介形象并炒作了"宝马门"等赋予女性污名的媒介事件呢？显然，社会及媒介都参与其中，但批评中却极少有人意识到社会和媒介在其中扮演的角色。

马诺事件看上去是媒体为了提高收视率而放松了把关人的职责，从而将道德有缺陷的女嘉宾及其言论传播了出来，但实际的情况是媒体主导了这场戏，媒体是主犯，马诺只是为了能出名而拿自己的名誉与媒体做了交易。企图充当"道德审判官"的管理部门和主流媒体丝毫没有抓住这个关键性的症结，它们的批评表面上看是针对电视媒体和节目的，但在对媒体的过错避重就轻的同时，也强化了前述对女性价值有失偏颇的社会性别逻辑和价值观。

马诺最终与一个并不富有的离异男性牵手离开《非诚勿扰》，尽管马诺表达出自己选错了，可是节目以规则为由让马诺离开了舞台，好像在迫不及待地打发一个麻烦，完全忘记了马诺对提升节目收视率与广告费所作出的贡献。摆脱马诺的《非诚勿扰》可以"改邪归正"，观众在党校女教授黄菡加入后迅速改变了对《非诚勿扰》的看法；但离开《非诚勿扰》的马诺却永远地"误入歧途"了，观众对马诺的成见似乎永远无法化解了。在绝大多数观众眼中，马诺和节目之间是一种相互炒作的关系，马诺作为人的感受被忽视了。马诺曾经这样描述自己录制《越跳越美丽》的经历："我一直以为他们是一个挺健康的节目，但在录的时候，找人送我宝马车钥匙，然后一堆人就开始针对我、攻击我……。""如果大家愿意把我当成个例子，我想告诉大家其实很多电视台都是利用你，有的时候你根本看不清状况，他们有点笑面虎的感觉。"透过这些内容我们可以感受到身处媒介丛林之中的马诺内心深处的不安全感与受伤感。但这一切皆因她是女性，且是一个道德品质有问题的女性。

　　《非诚勿扰》成功地利用马诺制造了全社会对于"拜金主义"的道德恐慌。在这场道德恐慌中,乌合之众借由舆论的认同和对过去的缅怀寻求到一种安全感,官僚机构借机宣扬了核心价值观,汽车商人抓住了商机积极展开促销,各类通俗文化媒体找到了具有新闻价值的事件,流行唱片公司趁热打铁推出了热销单曲。这就是一个二十出头、长相甜美、身材性感、渴望名利的女性在这个越来越被媒体界定其存在的社会的不完全遭遇。如果男权社会中各种利益集团都能从一场以女性为替罪羊的道德恐慌中获益,那么为什么不恐慌呢?

二　男性对拜金主义的指责暴露了什么

　　尽管接受整改后的《非诚勿扰》不再轻易制造具有轰动效应的道德恐慌事件,但爱情与金钱的关系一直是《非诚勿扰》中一个不绝于耳的话题,类似于"丈母娘推高中国房价"等无权威统计数据支撑的言论经常被主持人及嘉宾提及。本文随机选取了 2013 年 7 月 13 日至 9 月 15 日播出的 20 期节目作为研究的样本,统计其中讨论过的与经济话题相关的内容发现,讨论最多的是女性及其亲属对男性经济条件的要求,很多男性在镜头面前述说经济条件如何决定自己婚恋成败的故事。这些故事包括男嘉宾因经济状况不好被前任女朋友或相亲对象拒绝,还有一期节目中讨论了男性是否该为女性花钱的问题,另外有一期节目讨论因女方索要彩礼而取消婚礼的案例(见表 1)。

表 1　男嘉宾因经济条件不好而遭遇的失败感情经历

编号	姓名	遭遇	择偶标准
7135	王爽	前女友要求有房、有车	清秀,温暖,能做疯狂的事情,禁得住诱惑,愿与自己经历风雨
7142	尚兴然	因前女友的母亲要求婚房而与交往 3 年的女友分手 在相亲时被女方母亲索要 10 万元礼金而相亲失败	耐得住寂寞、守得住繁华

续表

编号	姓名	遭遇	择偶标准
7143	吕海波	前女友因嫌他没钱而离开他	大方、开朗、像女侠一样，微胖、圆脸、有福相
7211	林传龙	曾拼命赚钱给前女友买东西，但仍然无法满足其不断增长的物欲，最终女方与别人偷情导致分手	独立、大方、美丽
7213	潘有礼	不喜欢父母安排的相亲对象，因为对方一开始便直接问是否有车子、房子	与自己互补
8033	孙万里	男嘉宾提出男性为女性花钱不是天经地义；嘉宾们讨论男性该不该给女性花钱的问题，赞同男嘉宾观点的占多数	经济独立
8111	于洋懿	前女友的妈妈很看重物质条件，导致二人分手。孟非讲述了在婚礼当天新郎因被索要彩礼而临时取消婚礼的案例，并肯定、赞扬新郎的做法	身材比长相重要，可以接受小暴力倾向
8173	董圣鹏	第二任女朋友看重物质	不要公主病、女王
8312	孙光亮	相亲时女方要求在房产证上写名字，听说是贷款买房很生气，认为这样上交的工资会变少	肉肉的，丰满的臀部
9011	刘昌玉	前女友宁可要面包也不要爱情	不要太漂亮，不嫌弃自己没房没车、农村户口，踏踏实实

从表1列举的男嘉宾遭遇可以看出，《非诚勿扰》经常对女性及其家长要求男性结婚对象具有一定经济基础或较好的经济条件这件事进行道德审判，并且节目的价值取向是单一的，即认为女性及其家长在这个问题中是过错方。尤为有趣的是，这些拜金的女性看上去都只有母亲而没有父亲，这使得女性太过于追求物质这件事看上去是一种传统，所谓有其母必有其女。节目将女性及其女性家长对男性经济条件的要求抽象为一种表征着"拜金主义"价值观的符号，忽略了这些看似相同的要求，其背后的原因可能多种多样。

首先，将成功、富有作为衡量男性价值的标准是男权制社会典型的性别期待，如果女性的确以这样的价值观判断男性，那么罪魁祸首也不是女性，而是男权社会本身。男权社会将富有作为衡量男性成功的标尺之一，那些以男性的经济条件作为择偶标准的女性只不过是选择服从了这一由男性自己选择并强加给女性的价值观。

其次，女性对男性的经济条件有所要求，很可能是因为这个男性的其他方面在这个女性看来一无所长，男性也乐于以"女性太物质"这样的道德判断来回避自身的缺陷。男性以"女性太物质"作为自己被否定的理由能使他们不必面对自己缺乏魅力这件事，有的男性甚至并没有亲耳听到女性说他的经济条件不好，而是凭借想象认为自己一切都没问题，唯一的不足是没有房子和车。也就是说，在对女性择偶条件太过物质的谴责中可能包含了男性回避自身缺陷的成分。对于有些男性来说，他们宁愿接受自己不受异性欢迎是因为贫穷这样的外在原因，而不是因为他们外表不出众、性格不健全等类似的内在原因。

再次，同样的情况也可能发生在男性身上，但我们的价值判断截然不同。婚姻是一种现实的结合，不是幻想中的乌托邦，一个女性未婚时与父母同住，无须支付住房成本，与没有能力独自购房的异性结婚后，女性的居住成本将增加，女性必须衡量这样做的价值何在，但女性的这种理性选择通常被视为嫌贫爱富。男性也面临同样的情况，一旦结婚就必须面对居住成本增加的现实问题，一定也有很多男性为此不愿结婚，或者因为女性的经济条件不够好而拒绝对方。如果一个女性足够漂亮，那么为了占有她的性资源而付出的居住成本被视为一种值得的回报，如果一个女性各方面条件都不够出色同时经济条件欠佳，那么男性也同样会拒绝，但社会并不认为男性的这种选择是嫌贫爱富，而是认为女性所能提供的性资源不足以吸引男性，罪过充其量只是以貌取人罢了。对于女性、男性截然不同的价值判断背后，是男权社会男性主宰、女性依附的性别角色逻辑，是典型的性别歧视的表现。

除了上述提到的女性被男权价值观裹挟、男性刻意推卸责任以逃避自我否定，以及男权社会对女性价值观的歧视等社会意识的主观原因以外，社会物质的历史性的客观因素在导致当下两性择偶时更多考虑经济条件的问题中也起了推波助澜的作用。增长速度远远超出收入增长速度的房价、无视女性婚后以家务的形式所支付的隐性劳动成本的婚姻法条款、低于男性的女性劳动力工资和受限的女性就业空间、在性别间分配不均的教育资源等，这些现实问题是转型社会中女性所面临的严峻挑战。然而，这些影响、制约女性主体生存与发展的问题在《非诚勿扰》中鲜有触及。

作为影响力最大的婚恋类节目，《非诚勿扰》一方面不断讲述着那些朴实、忠厚、充满理想、渴望爱情的年轻男性被虚荣、物质的年轻女性嫌弃的故事，一方面详细展示着 24 位穿着时尚、浓妆艳抹的女嘉宾如何对男嘉宾挑三拣四的过程，同时作为证据，现场还会时不时上演几个"钱途"甚好的男嘉宾如愿牵走"女神"的剧情。如果《非诚勿扰》真的是一部连续剧，那么它的主题思想一目了然：有些女性的爱情是待价而沽的商品，她们的爱情"非钱勿扰"。《非诚勿扰》利用"拜金女"形象制造"道德恐慌"使自身获益的案例再次提醒我们，忽视男权社会意识形态的主观因素和社会历史的物质的客观因素，就无法正确审视女性在择偶时要求男性具有一定经济基础这件事。男权社会从来就有将女性作为替罪羊的传统，认为女性是"拜金主义"的肇始者而不是受害者。

社会性别视角下的
"少女产子/杀子" 问题研究

◎张敬婕[*]

摘　要：本文以百度搜索新闻报道的少女产子与杀子新闻为研究焦点，归纳了媒体对相关事件的报道模式以及可能引发的认知误区。通过对北京市通州区永顺镇社区 100 个 18 岁以下少女进行的问卷调查发现，受访少女在未婚产子问题上倾向于选择自我封闭、自行了断的解决方式。本文探讨了家庭、学校、各类 NGO 组织以及媒体如何帮助少女提升自我关爱意识的可行方案。

关键词：少女产子　少女杀子　新闻报道

西方文学史和人类学研究显示，母亲杀子作为一种社会现象在人类历史的每个时期和世界每一种文化中普遍存在①。经典故事《美狄亚》传神刻画了一个内心充满仇恨的杀子母亲的形象，因而在心理学中有了"美狄亚情结"这一专有名词。

母亲杀子现象并不仅存于文学想象与虚构的世界，在中国古代社会，"生子不举"现象一直未曾间断。由于经济、风俗、产育以及制度等原因，

＊　张敬婕，中国传媒大学媒介与女性研究中心助理研究员。

①　吴秀芳：《传统杀婴母题的继承和重构：托尼·莫里森〈宠儿〉新解读》，《河南师范大学学报》（哲学社会科学版）2006 年第 1 期。

母亲往往会使用缓慢饿死、有意忽视或"意外"等间接手段，摆脱那些不想要的孩子[①]。

在当代现实生活中，媒体报道的未婚少女杀子事件因其真实和残忍而备受瞩目。据《新华每日电讯》2013年11月20日的报道，深圳近5年来发生了10起未婚妈妈杀子案。而学界对于包括少女妈妈在内的"母亲杀子"现象的研究，从法学、文化学、心理学以及杀婴女性个体及群体的社会角色和自我认知等诸多理论视角进行了阐释与分析。

本文关注的焦点是：媒体在报道少女产子与杀子现象时是如何进行议程设置的？现有的相关媒体报道模式存在哪些问题？少女求助于媒体能否解决其未婚怀孕中遇到的困难？当前少女的性观念及其对未婚先孕问题的态度如何？家庭、学校、社会以及少女个体在杜绝少女产子/杀子问题上应该如何应对？

一　媒体报道的内容分析

近一两年来，少女杀子的网络新闻不再鲜见，而且出现了密集化报道的趋势。在百度新闻上以"少女杀子"为标题关键字进行搜索，可见21篇新闻报道[②]。2002、2003、2007、2009年各1篇，2010、2011年各2篇，2012年有6篇，2013年7篇。在这些新闻中，杀子的少女均是未婚产子。因此，若再以"未婚少女产子"为报道标题的关键字进行搜索，则有1280篇相关报道。

两种搜索路径呈现的搜索数字的差异说明，媒体在报道相关事件时，在报道标题上倾向于凸显少女"未婚"的特征，这也意味着媒体的报道立场是将少女产子现象等同于"非婚产子"这一社会问题来加以强调的。也就是说，如果少女是婚内产子，那么媒体将不把它作为一个社会问题来加

---

① 〔美〕乔治·福斯特等：《医学人类学》，陈华、黄新美译，桂冠图书公司，1992，第20页。

② 搜索结果截至2014年3月11日。百度新闻显示搜索的相关新闻有120篇，但排除不符合的新闻，最后统计数据为21篇。

以关注。此外,两类报道的数量差距也说明,少女产子并非都导向少女杀子。因此,少女杀子可被视为少女产子问题的延伸。

所谓"少女",从医学的角度是指 13 - 17 周岁的女孩,从刑法量刑的判定标准来看,少女又被称为幼女,是指 14 周岁以下的女孩子。在本文所分析的这些媒体报道中,所谓的少女则是指 18 周岁以下的女孩。

对报道内容进行分析后发现,在少女杀子的 21 篇报道中,更多是对家庭、学校在少女成长过程中负面影响的描述与抨击。"父母不和睦""单亲家庭""留守生活"等是这类新闻故事常见的内容。

显然,关于少女产子/杀子通用的媒介报道模式似乎已经类型化,即悲情故事加上对其家庭与学校教育缺失的谴责。当然,若从探究导致这类事件涉及的各种显性和隐性因素的角度出发,这样的报道方式似乎并无问题。

但是,一方面,从受众接受的角度来说,人们读到这样类型化的新闻,难免会将"父母不和睦""单亲家庭""留守生活"等符号化,从而将它们与"少女杀子"形成简单的因果关联,并可能对生活在"父母不和睦""单亲家庭""留守生活"等境况下的少女形成刻板化的印象。另一方面,媒介的"信息传递"功能,并非仅仅意味着对事实进行真实、客观、公正的报道,更在于要提供解决问题的相关有用信息。而关于少女产子/杀子类型化的网络新闻报道,并不能有助于一个少女在她有限的人生经验中增长如何应对类似问题的智慧。简单地说,对于大多数未婚怀孕的少女来说,她们并不知道除了杀子这种惨痛而决绝的处理方式之外,还有哪些可行的方案。

在现实操作层面,人们通常的做法是:很多问题若无法从相关媒体报道中找到直接可以借鉴的解决方案,那么求助于网络也是一种有用的方法。但是,对于未婚产子的问题,网络似乎并不能提供多少实际的帮助。以下这个案例就说明了这个问题。

在"百度知道"输入"少女产子",可以看到 1 个提问和 4 个回答:

> 一位网友提问:我有一朋友在未满 16 岁就生了小孩。请问有什么方法能帮助她?能告男的强奸吗?
>
> 网友 1 回答:交了罚款就能办了。

第四十二条　违法生育子女的，由县级人民政府人口和计划生育行政部门或者受其委托的乡（镇）人民政府、街道办事处按下列规定对生育者征收社会抚养费：

（一）符合再生育一个子女的条件未取得生育证生育的，按照上年度总收入的百分之三十征收。征收社会抚养费后补办生育证。

（二）违法多生育一个子女的，按照上年度总收入的二至六倍征收，其中重婚生育或者与配偶之外的人生育的，按照六至八倍征收；每再多生育一个子女的，依次增加三倍征收。

符合结婚条件但未办理结婚登记怀孕第一个子女的，应当在子女出生前补办结婚登记和生育证。非婚生育和非法收养子女的，依子女数量按本条前款第（二）项规定标准征收社会抚养费。

本条所称总收入，按违法生育者或者违法收养者的双方实际收入计算。县级人民政府人口和计划生育行政部门调查违法生育者或者违法收养者实际收入需要税务、公安、统计、劳动保障、房产、价格等有关部门协助的，有关部门应当予以协助。农村居民的实际收入低于本乡（镇）上年度农村居民人均纯收入，城市居民的实际收入低于本市、县上年度人均可支配收入的，农村居民以本乡（镇）上年度农村居民人均纯收入计算，城市居民以本市、县上年度城镇居民人均可支配收入计算。

网友2回答：可以向生父要抚养费（孩子的），其他没什么了。

网友3回答：要求其父亲支付抚养费。

网友4回答：让他们以后能够结婚更好，如果不能，你的朋友应该向对方要求支付抚养费、教育费、医疗费等等。

从4位网友的回答可以看出，无论是缴纳社会抚养费，还是要孩子的生父承担经济责任，网友给出的建议基本上是将未婚少女产子简化为一个经济补偿问题。另外，在未弄清楚少女未婚产子原因的前提下，网友提出的少女与孩子生父结婚的建议也并不合适。而有关少女及其生育的非婚生子女的权益如何保障，以及如何杜绝少女产子等问题，则无法通过网络手段找到相应的答案。

　　一般来说，人们普遍认为少女在成长阶段比较依赖家庭与学校的关爱，少女个人的主体意识相对来说比较薄弱。因而，一旦家庭与学校疏于在少女的成长中给予积极的指导，那么各种各样的"事故"就会发生。

　　媒体报道的这些杀子少女在家庭中往往受到冷落，除非她们具有主动的求助意识与行动，否则她们的无助处境是无法通过家长或其他社会组织去及时干预的；而学校也并不能解决学生所有的成长问题。在这样的情况下，她们的悲剧似乎成为一种必然。

二　实证调研及发现

　　为了求证少女对未婚怀孕的态度以及未婚怀孕后将采取何种措施，研究者对北京市通州区永顺镇的 100 个 18 岁以下的少女（其中 96 个是初高中生，4 个是与父母一起卖菜的女孩）进行了问卷调查。发放问卷的地点选取在永顺镇两个大型超市、两个传统菜市场和两个大型居民区。

　　调查发现，关于婚前性行为，69 个受访者选择"可以接受"，30 个受访者选择"不一定，说不清"，1 个受访者选择"坚决不会接受"。

　　"如果男朋友要与你发生亲密关系（性行为），你会要求他做好安全措施（如戴上避孕套）吗？"50 个受访者选择"不会，事后可以吃避孕药"；46 个受访者选择"不会，怕对方误会自己性经验丰富"；3 个受访者选择"会要求，但自己不会准备避孕套"；1 个受访者选择"会要求，而且自己会准备好避孕套"。

　　"如果你未婚怀孕了，你将怎么办？"76 个受访者选择"不告诉父母，由男友陪着去流产"；10 个受访者选择"不告知父母，生下来丢弃"；8 个受访者选择"告知父母，由父母带着去流产"；4 个受访者选择"不告知父母，生下来由男方抚养"；2 个受访者选择"告知父母，生下来抚养"；无人选择"告知父母，生下来丢弃"。

　　在选择"流产"的 84 人中，54 人选择"上网看人流广告，选择一个私立医院做手术"；15 人选择"到正规公立医院做手术"；10 人选择"自己买药，在家流产"；3 人选择"到离家远一点的私人诊所做手术"；2 人选择

"用自虐的方式让孩子自己流掉（如跑步、捶肚子等）"。

以上调查结果表明，少女对于婚前性行为的接受程度远远高于抵制程度，与此同时，96%的受访少女不会主动要求男方采取安全措施，表明这些受访少女对自己身体和健康的自我保护意识薄弱。如果一旦怀孕，90%的受访少女选择不告知父母，自行采取相关措施，表明大多数少女在面对未婚怀孕这个问题时，将其视为一种羞耻，倾向于用隐瞒的方式来逃避家庭和父母的指责。在流产方式的选择上，只有18%的受访少女选择到正规公立医院做手术，64%的受访少女选择到具有一定风险的私立医院做手术，18%的受访少女选择风险极高的方式（自己药流、私人诊所、自虐）流产。

由此项调查可知，受访少女对待未婚生子的问题，更倾向于运用自我封闭、自行了断的方式来解决。

三　结论与建议

以上调查结果说明，在媒体报道中一味谴责家庭与学校对少女管理的失职或缺位并不是理想的方案。如何增强少女的自我保护意识，尤其是增强少女们对自己的身体进行自我管理的主导意识，更为关键。

《我们的身体　我们自己》是 20 世纪 70 年代关于美国妇女自我保健的经典著作。1998 年，该书中文版由中国心理卫生协会妇女健康与发展专业委员会翻译、知识出版社出版。其核心内容是从文化的角度反思女性的身体与健康，呼吁通过女性之间交换彼此的个体经验来提升女性的生存质量，尤其强调女性个体不仅是外部教育的接收器，更是自我成长与成熟的主体。该书在字里行间表明了女性有着无穷的潜能以尊重和爱护自己的生命和健康（不仅是狭义的健康），进而提出女性最重要的是要增强自我赋权的意识和能力。不过，十多年过去了，该书的深刻内涵似乎仅局限在妇女研究的理论探讨层面和部分有限的实践层面，其影响力还远远没有被充分开发出来。

目前在中国，少女之间或者与成年人之间交换自己的成长经验（包括身体经验）并不普遍（本研究所做的调查也说明了这一点）。在人们的观念中，个体成长中遇到的难题是自己分内的事，顶多算是该个体所属家庭要关心和处理的问题，不宜在公共空间或一定范围内公开和讨论。而且，有关成长的经验，尤其是有关身体的经验往往被视为羞耻的、不可外传的隐私和污点，因而更难以实现不同个体之间的经验交换与交流。这在一定程度上导致了少女们不主动求助于外部力量，羞于坦陈自己的困难。

另外，无论是家庭还是学校，在面对少女成长的困惑（尤其是与身体经验相关的困惑）时，往往采用比较简单和武断的处理方式，以训斥和惩罚来对待当事人。这也在一定程度上加剧了少女有问题不能敞开心胸，无法信任来自自身以外的力量。

除了家庭与学校之外，各级各类妇女组织和 NGO 本应是少女们贴心的扶助者，但在具体操作中，由于这些组织的权限有限，还需要联合更多的社会力量（如媒体和法律工作者等）来共同妥善处理问题。所以对于少女来说，也存在处理问题流程复杂、隐私不易得到保护等障碍。

从少女杀子的案例中可以清晰地看到那些少女所处的劣势以及无助的弱势地位。当她们走入社会开始与异性交往时（排除因强奸而导致的产子情况），往往在精神上较为依赖男友，对男友的各种要求不敢拒绝，缺乏坚定的自主意识，尤其是缺乏对自己的身体进行健康保护的意识。而在她们怀孕产子的过程中，很少主动求助于人，也少有机构或个人给予她们及时的帮助与贴心的鼓励。

美国心理学大师罗洛·梅（Rollo May）在其代表作《焦虑的意义》（*The Meaning of Anxiety*）中，对纽约市未婚妈妈之家的 13 个未婚妈妈（年龄在 13－25 岁）进行了个人访谈和"罗氏墨渍测验"，他发现这些未婚妈妈暴露出焦虑的野心、恐慌式焦虑、具有敌意和侵略性的焦虑、与内在冲突有关的焦虑以及其他形式的焦虑。但这些未婚妈妈的焦虑与未婚怀孕本身关系不大。这些焦虑模式也多半可以出现在生意人、大学教授、学生、家庭主妇和其他族群身上[1]。也就是说，未婚怀孕以及未婚产子对女性个体的焦虑形成只起到了催化剂的作用，这些女性个体自身的认知观念、日常行为模式以及生活环境等，才是导致其焦虑形成的重要动因。

---

[1] 〔美〕罗洛·梅：《焦虑的意义》，朱侃如译，广西师范大学出版社，2010，第 219 页。

　　罗洛·梅的观点对于本文所涉及的少女产子/杀子问题具有一定的启发。从根本上说，少女产子/杀子现象只是少女在男女两性关系上处理不当的一个表象，更深层的问题在于，少女对自身健康保护意识不足，家庭、学校乃至整个社会文化对少女的性观念与性关系的现状与问题存在着认知盲区。

　　为了减少直至杜绝少女产子/杀子事件的不断发生，首先应该增强少女们的自我保护意识，扩大少女之间、少女与亲友之间、少女与相关机构之间有效和正面的经验交流渠道与机会，改变少女以无奈的封闭方式处理类似事件的局面。尤其是少女要增强对于身体的自我管理和自我关爱意识，拒绝不安全的性关系。

　　其次，家庭、学校与社会应形成合力，深入而广泛地践行提升女性自我关爱、自我保护的有益之道。对于少女们遇到的成长的难题，处于劣势和弱势的局面，不要只是一味地谴责和惩罚她们，而应采取积极和正面的干预措式，消除少女与家庭、学校以及其他社会组织之间的隔膜。家庭和学校应转变管教的模式，以关爱为出发点，通过在同龄人之间组织经验交流、与相关专业人士座谈等方式，帮助少女找到解决问题的可行方案。

　　再次，妇女儿童保护组织及其他 NGO 组织可以以少女的人生规划和身体管理为专题，到学校和社区开展宣讲、会演以及举办多种形式的活动；可广泛建立互助网络，开辟少女救助专栏，鼓励少女通过网络或电话等方式写出、说出自己的故事；组织相关专业人士为求助的少女提供咨询和帮助；可与商业机构建立良性合作，以少女身体保护为专题设计相关公益产品与公益广告，借助市场的力量以及善用媒体的力量，提高少女自我关爱和自我保护的意识。

　　最后，媒体应改变单纯以负面和消极的模式来报道类似事件的惯性思维，应该提供更多可实践和可操作的途径与方法来帮助少女们解决问题。媒体在报道相关事件时，应保护受害者隐私，不渲染受害者细节；自觉抵制对受害人加以谴责的导向；联合更多社会力量为受害者提供切实的帮助。

"黄金小姐"时代

——韩国社会的剩女现象分析

◎王　琴[*]

摘　要：本文从社会性别视角探讨了韩国社会中的剩女现象。近年来，韩国社会中高学历的未婚女性越来越多，是目前韩国婚恋领域的一个重要趋势和现象。但与中国不同，韩国媒体将这一群大龄未婚女性称为黄金小姐（Gold Miss）。韩国女性接受高等教育的比例很高。女性教育和女性职业的发展，使得很多韩国女性在婚恋领域有了新的选择。黄金小姐的称呼来源于之前的老小姐（Old Miss），这一概念体现了韩国社会对这一群体的支持和包容。韩国的黄金小姐多集中在首尔等大城市，她们面临婚姻问题，也改变了社会的婚姻观念。"黄金小姐"的出现，也是"大龄单身女性"被媒体不断传播并建构为"黄金小姐"议题的过程。

关键词：韩国　剩女　黄金小姐

在韩国，大龄未婚女性越来越多。一些高学历的女性由于专注于职业发展和个人志趣的追求，往往愿意保持单身。很多女性选择晚婚甚至不婚，这是目前韩国社会婚恋领域的一个重要趋势和现象。

韩国女性接受高等教育的情况十分普遍。这也是韩国社会多年来对女

---

* 王琴，中国传媒大学媒介与女性研究中心副主任、副研究员。

性教育推动和重视的结果。经济合作与发展组织（OECD）2012 年 6 月发布的《两性平等报告》中指出，韩国女性高等教育普及率一直稳步提高，韩国女性的大学升学率从 1990 年的 31.9% 大幅提升至 2010 年的 80.5%，在世界范围内看都是很高的水平①。此外，韩国各大高等院校中女生的比例都较高。根据韩国女性政策研究院发布的性别信息统计系统（Gender Statistics Information System）的统计数据，2010 年韩国专科学校的女生占 39.7%，大学本科的女生占 38%，研究生阶段的女生占 48.1%②。此外，韩国还有不少的女子大学，专门培养女性人才。

高学历女性的不断增多，也促成了很多大龄未婚女性的出现。据首尔市 2011 年 6 月发表的《e - 首尔统计》统计资料显示，首尔市 30 岁以上的大学以上学历女性从 2000 年的 57.5 万增加到 2010 年的 112.4 万，10 年间增加了 95.5%。随着女性学历的提高，未婚率也随之大幅增高。处于最佳婚育年龄的 25 - 34 岁女性 2010 年的未婚率为 61.7%，10 年间增加了 24.7%③。

从这些数据可以看出，韩国社会中高学历的未婚女性越来越多，女性教育和女性职业的发展，使得很多韩国女性在婚恋领域有了新的选择。

一　从 “老处女” 到 “黄金小姐”

对于大龄未婚女性，韩国社会一直将其称为노처녀（老处女）或者올드미스（Old Miss）。这两个词都是音译词。노처녀源自中文“老处女”的音译，올드미스则是英文 Old Miss 的音译。近年来，由于大龄未婚女性在韩国越来越多，这一社会群体已经形成了一个突出的社会现象。韩国社会对于这些女性的称呼也发生了变化。

---

① 社论：《让韩高才妇女顶起半边天》，《朝鲜日报》2012 年 6 月 8 日。可对比其他一些发达国家的女性大学升学率的统计数据，如美国为 73%、瑞典为 70%、英国为 60%、法国为 54%。

② 数据见韩国 GSIS 官方网站，http：//gsis. kwdi. re. kr。

③ 崔仁准：《高校毕业女性十年翻番　就业仅为男性六成》，《朝鲜日报》2011 年 6 月 27 日。

　　正如中国 2006 年制造了"剩女"这个汉语新词汇①，在 2007 年的韩国，韩文中出现了골드미스（Gold Miss）这个新词②。这一词汇被认为是从올드미스（Old Miss）一词转化而来的。由于在新的社会文化和环境下，人们认为올드미스（Old Miss）的概念已经不能准确地描述当下社会中那些具有高学历、高收入的大龄未婚女性了。所以，由之前的概念引申而出，创造了골드미스（Gold Miss）③ 这个新词。从中文对应来看，其直译的概念是"黄金小姐"，但其所指涉的群体对应的却是中文中的"剩女"。

　　当今时代，大龄未婚女性的大量出现已经是世界范围内的趋势。这一群体在欧洲和北美地区也是普遍存在的。但是欧美国家并没有给这些女性贴上特殊的标签，而是认为女性晚婚或者不婚都是正常的社会现象，这不过是女性对自我生活方式的选择。

　　中韩所在的东亚文化圈，性别文化有很多相似之处，但是对于社会中同样出现的大龄未婚女性，各国的称呼却很不一样。中国称之为"剩女"，日本称之为"败犬"，韩国称之为"黄金小姐"，不同的表述也体现了不同国家的社会背景和文化的微妙差异。

　　在中国，大龄未婚女性群体被贴上了"剩女"的标签。这个词语的负面意味不言而喻，"剩"是一种冷冰冰的嫌弃，是一种不认可的态度。日本社会中将大龄未婚女性直呼为"败犬"，则更有一种狠毒的鄙夷。认为没有进入婚姻的女性就是人生中被斗败的狗，犹如丧家之犬，已经输掉了大半的幸福。"剩女"和"败犬"的称谓将使得女人所有的价值和成绩都归结为

---

① 中国的"剩女"一词一般被认为出现于 2006 年。相关文献见《当"剩男"遇上"剩女"》，《海峡生活报》2006 年 2 月 21 日。《剩男剩女时代来临》，中国经济网，2006 年 5 月 26 日。《剩男剩女》，中国林业出版社，2006。2007 年 8 月 16 日，教育部在其官方网站发布了《中国语言生活状况报告（2006）》，将"剩女"作为 2006 年度的 171 条汉语新词语之一。

② 韩国的골드미스（Gold Miss）一词，一般认为出现于 2007 年。相关文献见"'알파걸·골드미스' 신조어로 본 여성…능력이 대세"，《SBS》，2007 년 12 월 25 일 작성。동아일보의커버스토리 골드미스가 사는법2007 년 2 월。골드미스 다이어리（Why smart men marry smart women），크리스틴 B. 휄런 지음, 박지숙 옮김, 2007 년, ISBN（13）：9788901066080。

③ 在韩语中，对골드미스（Gold Miss）的中文翻译有多种译法。媒体早期一般都将这个词的中文翻译成"黄金小姐"。近年来，媒体为了对接中文的"剩女"概念，一般也直接翻译成"黄金剩女"或"剩女"。在本文的行文中，为了更准确地体现골드미스（Gold Miss）的本意，选择用"黄金小姐"的译法。

一个标准：婚姻。没有结婚的女人，无论在职场上多么优秀，生活多么充实，都会被视为异类，仿佛是被社会抛弃的一群人。

在韩国，"黄金小姐"一词的出现，却是对之前"老处女"称谓的一种积极意义的修正，也大大不同于中国的"剩女"和日本的"败犬"中所包含的那种对女性的贬低。"黄金小姐"以一种赞扬的态度和鼓励的意味来看待这一女性群体。和称呼一些大龄单身男性"钻石王老五"一样，单身的"黄金小姐"也被认为是一种黄金般珍贵的存在。

韩国的"黄金小姐"基本是一些现代都市女性，她们大多生活在繁华城市，有稳定的工作、成功的事业，也有更挑剔的择偶眼光。因为没有找到合适的结婚对象，或者不愿意被婚姻束缚，所以一直单身。对于很多"黄金小姐"而言，结婚只是一种生活方式的选择，而不是必需的生活归宿。女性并不需要通过婚姻来证明自己或成就自己。"黄金小姐"们的高调和优势，大大不同于传统社会中男强女弱、男尊女卑的性别格局。这样的一群女性，在过去的社会中是从没出现过的。于是，以前被人嫌弃的"老处女"，变成了现在身价千金的"黄金小姐"。

二　媒体议程中的　"黄金小姐"

"黄金小姐"一词的出现，也使得韩国媒体更多地关注到这个女性群体。一个普通的"社会现象"一般是经过媒体的传播和推广之后才会引起人们的关注，媒介对社会现象的议程设置使得一些概念和观念在民众中被传播和议论，由此形成特殊的"社会"议题。可以说，社会议题不是自然存在的，而是在公共领域内被建构的结果①。"黄金小姐"议题的出现和推广，也是"大龄单身女性"被媒体不断传播并建构为"黄金小姐"议题的过程。

借由"黄金小姐"的概念，韩国 SBS 电视台于 2008 年 12 月推出一档

---

① 林芳玫：《女性与媒体再现——女性主义与社会建构论的观点》，巨流图书公司，2003，第45页。

周末综艺节目"Gold Miss"，每个星期天播放。节目主题是 6 位韩国女艺人的相亲节目。这 6 位女艺人是年龄在 30－40 岁的未婚女性，经济独立，职业稳定，她们代言了韩国新一代的"黄金小姐"。节目中的 6 位女性，以"黄金小姐"的名义骄傲，也以"黄金小姐"的名称自嘲，反映了一代大龄女性自由独立的婚姻观念和生活。节目中设计了很多环节，全面展示 6 位艺人的才艺、厨艺、知名度等各个方面，在节目中可以看到几位女艺人唱歌、跳舞、做菜、拍 MV、体育竞技等各种表演。在"黄金小姐"的表演结束后，经过观众或评委的投票，获得第一名就可以参加节目安排的相亲。"黄金小姐"每期节目还邀请当红的明星参与，打造声势，烘托气氛。"Gold Miss"的热播使得"黄金小姐"的概念在韩国社会中被不断放大和传播。

"黄金小姐"的出现，是社会对大龄未婚女性的一种积极评价，这使得女性单身的年龄有了提高的趋势。这种趋势在韩国的影视作品中亦可窥见。几年前，韩剧中"剩女"的标准还都在 30 岁以下，如在 2005 年的韩剧《我的名字叫金三顺》中，剧中女主角 29 岁的"金三顺"就是当年剩女的代表。但在近年的韩剧中，很多未婚女性的角色被设置成 30－40 岁年纪、独立干练、专注于职业发展的新女性形象。例如，2012 年的韩剧《绅士的品格》里，女主角是 30 多岁的未婚中学教师徐伊秀，而剧中和她扮演情侣的是年过 40 的建筑师金道振。

近年来，不少韩国女艺人的结婚年龄都超过了 40 岁。例如，张瑞希 40 岁结婚，金惠秀 42 岁结婚，严正花 43 岁结婚，这使得社会中关于"晚婚"年龄的观念也不断被刷新。甚至有人提出了"40 岁才是男女的适婚年龄"，倡导"晚婚好处更多"①。

在大龄未婚女性越来越多的社会中，韩国文坛也出现了一些聚焦高学历未婚职业女性的小说。"70 后"女作家白英玉以长篇小说 Style 获得"第四届世界文学奖"，这部小说刻画了在时尚杂志社发生的故事，讲述了青年男女的生活和爱情。Style 也在 2009 年被 SBS 电视台改编成周末剧，获得很好的收视率。在 Style 中，黄金小姐们一方面享受独立的生活，一方面也忧虑未来的婚姻，她们会抱怨说："这个城市怎么有这么多出类拔萃的黄金小

---

① 金润德：《谁再敢说 40 岁单身女性是"剩女"》，《朝鲜日报》2012 年 2 月 27 日。

姐？出色的大龄青年都被抢光了。"①

虽然有"黄金小姐"这样的概念在正面传播，对于大龄未婚女性的认识依然在韩国社会中有不同的声音。"老处女"的概念依然在媒体传播中存在。毕竟在韩国的传统婚姻文化中，对于女性社会角色的认知，还是更多地体现在婚姻和家庭中。

三　"黄金小姐" 的婚姻问题

对于大龄未婚女性而言，无论她们被称为老处女还是被称为黄金小姐，终究要面对婚姻的压力和异性的眼光。对于黄金小姐而言，适合的婚姻伴侣凤毛麟角，她们常常是高不成低不就，婚姻的希望似乎越来越渺茫。这样的现状也让她们在社会中的处境更加尴尬。

2012 年，韩国统计厅人口普查部门对人口动态（结婚人口、死亡等）进行了分析，结果显示，截至 2010 年，35 - 39 岁女性中有 1/8 （12.5%）即 25.4 万人没有结婚。从婚姻率的数据看，韩国 2011 年结婚的 25.86 万名女性中，35 - 39 岁的女性有 1.27 万人，40 多岁的女性只有 2400 人。大龄女性的结婚率也明显偏低②。

很多女性因为发展事业而迟迟没有考虑结婚，年近不惑成为"黄金小姐"才开始感到结婚的紧迫需求，但是到这个年龄却很难找到合适的伴侣。一般而言，同年龄的男性大多已经结婚，即使没有结婚的男性，也更希望找到年轻的女性为伴侣。一方面，这是为怀孕和生育孩子考虑，大龄女性不可避免地面临高龄产妇的问题，在怀孕和生产方面有很多困难。另一方面，社会中男大女小、男强女弱的传统婚姻模式，也使很多男性对这些高龄的黄金小姐望而却步。所以，比起这些看起来年轻的黄金小姐，男人们还是更喜欢真正年轻的女性。

"黄金小姐"虽然面临剩女的境遇，但是，这一批女性大多接受过高等

---

① 朴海铉：《"老处女"社会》，《朝鲜日报》2012 年 6 月 22 日。
② 金东燮：《韩国年近不惑女性找对象难上加难》，《朝鲜日报》2012 年 6 月 22 日。

教育，事业稳定。作为高学历高收入的女性，她们对伴侣有更多的要求，在结婚对象的选择上，也出现了一些新的趋向。

随着大龄未婚女性的增多，姐弟恋也开始在韩国社会中逐渐流行。韩国统计厅 2006 年婚姻资料中的数据显示，2006 年 35－44 岁的 1.1 万名女性中，与比自己小的男性结婚的比例达到 34.8%，而且年纪越大，其比例也越高①。

在《朝鲜日报》的记者访谈中，与比自己小 3 岁的行政公务员结婚的李智妍（化名，36 岁，教师）表示："年长的男性中不错的人几乎都已经结婚，而且他们的性格不合我意。我自己能赚钱，因此年纪比我小我觉得也无所谓。"李智妍表示，实际上丈夫的学历不如我，而且收入也比我低，但却感觉"像是哥哥一样的弟弟"。留美回国后，2006 年末与比自己小 5 岁的年轻公司职员结婚的朴慧晶（化名，37 岁，服装设计师）也表示："我以前交往的同龄或年长的男性在很多情况下都干涉我的生活方式和形象等问题，但年轻男性反而更能理解我。"②

大龄女性愿意选择比自己小的丈夫，也是因为女性在有独立的经济基础后，不再需要在家庭关系中更多地依赖对方。她们在婚姻中掌握了更多的主动权。

黄金小姐的大量出现使得社会大众的婚姻认识产生了很多变化。在韩国社会，1981 年女性初婚的平均年龄是 23 岁，但到了 2011 年，女性初婚年龄已经提高到 29.1 岁。不愿结婚的女性也大幅增加。20－40 岁女性中有 47.1% 的人觉得是否结婚无所谓③。女性对婚姻的态度越来越多元化。

一些大龄女性选择成为单身母亲，这在过去的韩国社会里是很难被接受的。但是在婚姻观念不断变化的今天，单身母亲也逐渐成为大龄女性的一种选择。韩国 JTBC 电视台 2012 年周末剧《无子无忧》中的女主角安素英是一名 36 岁的坚强理智女性。她通过了艰难的司法考试成为一名法官，

①　金东燮、李智慧、金宇成：《35－44 岁未婚女性"姐弟婚"比率达到 35%》，《朝鲜日报》2007 年 7 月 9 日。

②　金东燮、李智慧、金宇成：《35－44 岁未婚女性"姐弟婚"比率达到 35%》，《朝鲜日报》2007 年 7 月 9 日。

③　朴海铉：《"老处女"社会》，《朝鲜日报》2012 年 6 月 22 日。

家人把所有的希望都寄托在她身上。但是她却怀了前男友的孩子，并在怀孕 6 个月的时候辞去了法官一职，在没有结婚的情况下勇敢地宣称"我要自己生下孩子"。电视剧中的故事也正是现实生活中的反映。

2012 年 12 月，韩国统计厅发布的《2012 年社会调查结果》显示，韩国人对于结婚的文化意识正在明显地转向开放。22.4% 的调查对象表示"即使不结婚也可以要孩子"，与两年前（20.6%）相比，现在人们变得更宽容了。特别是 20 - 30 岁这一结婚、生育的主流人群，多数同意这一想法。认为"结婚是一种选择"的人越来越多。33.6% 的受访者认为"结不结婚无所谓"，与 2008 年（27.7%）相比有了明显增加，认同这一观点的未婚女性（50.9%）比未婚男性（34.1%）更多[1]。

四　"黄金小姐" 的分布特点

在韩国，黄金小姐的地区分布也有一定的特点。首都圈大城市地区未婚女性聚集的现象很明显，而未婚男性们则大多扎堆在位于地方的工业地区。

韩国统计厅公布的 2010 年韩国人口住宅总调查的数据表明，仅首尔市的江南区、瑞草区、松坡区 3 个地区，29 岁以上的未婚女性就有 7.7 万人之多。居住在这些地区的 32 岁以上的未婚女性要比同年龄段的未婚男性（5.1 万）多 51%。如果再算上学历，扎堆现象就更为明显。在江南 3 区居住的未婚女性中，研究生毕业的高学历女性有 1.14 万人，比相同学历的未婚男性（5313 人）多出 114.6%[2]。

那么未婚剩男们都去哪里了呢？未婚剩男们大部分聚集于韩国的工业园区。在半月园区所在的京畿道安山市，未婚男性的人数（2.6 万人）比未婚女性（1.5 万人）多 73%。在三星电子 LCD 产业园区等所在的忠清南道

---

① 徐敬溁：《三分之一的 30 多岁韩国人 "不结婚也可以要孩子"》，《中央日报》2012 年 12 月 21 日。

② 林美真、蔡尹静：《黄金剩女大多在首尔，30 多岁的剩男则集中在工业园区?》，《中央日报》2011 年 6 月 29 日。

牙山市，有 8917 名未婚男性，比未婚女性（4042 人）的 2 倍还多。除此之外，LG 电子所在的庆尚南道昌原市、三星电子研究所所在的京畿道水原市、浦项制铁所在的庆尚北道浦项市、大宇造船所在的庆尚南道巨济市等地，未婚男性也比未婚女性多很多，这些都是"剩男"们聚集的地区。

究其原因，这是因为在电子、钢铁、造船等制造业中，男性的从业比例占压倒性优势。例如，位于京畿道坡州市的 LG 公司 1.19 万名未婚职工中，男性占 71%。在位于忠清南道唐津郡的现代制铁综合钢厂，这一问题更加突出。工厂内 1030 名未婚职员中，96% 都是男性[①]。

在中国，剩女的地域分布也有类似的情况，中国的"剩女"基本是北京、上海、广州等大城市的都市女性，收入高，学历高。

韩国的黄金小姐和中国的剩女多集中在城市，也与现代社会的城市化进程密切关联。大城市集中了最庞杂的人口，也生产着更为松散和异质化的人际关系。与传统乡村和小城市的熟人社会不同，大城市中人群交往具有短暂化、陌生化的特点，这样的氛围也为大龄未婚女性的存在提供了较为宽松的社会空间。

五　"剩女"传播的对策建议

从"剩女"和"黄金小姐"的对比中，可以清楚地看出媒体议程设置的偏向。媒介传播中的概念使用和议题选择都有明显的价值导向，议程设置决定了媒体以怎样的方式来呈现和引导社会文化。"剩女"和"黄金小姐"都是媒体传播所"制造"的文化图景，这两种带有明显价值判断的媒介制造带来了截然不同的社会影响。

"剩女"在中国的流行深刻地揭露了女性在社会中所受到的歧视和挤压。大龄未婚女性被"剩女"一词妖魔化为被嫌弃的异类。媒体不断传播和制造与"剩女"相关的议题，使得今天的中国社会，女人们一旦步入大

---

① 林美真、蔡尹静：《黄金剩女大多在首尔，30 多岁的剩男则集中在工业园区?》，《中央日报》2011 年 6 月 29 日。

龄，就开始担心被剩下，青年女性由此陷入一种群体性的焦虑和恐慌。韩国"黄金小姐"一词的传播，却因为正面的媒体导向，对女性群体是一种积极的心态暗示，体现了社会舆论对多元性别文化的包容。这无疑对年轻女性追求自我价值和选择生活方式有着良好影响。

从传播策略上看，中国媒体可以用替代性词汇来对"剩女"传播进行调整。比如，"剩女"可以用同音不同义的"胜女"或"盛女"来代替，在近年来的媒体实践中，已经出现一些有益的尝试。一些电视媒体在节目制作中已经开始用一些替代性词汇来代替"剩女"的概念，如《盛女的黄金时代》（2010 年国产电视剧）、《盛女爱作战》（2012 年香港 TVB 的综艺节目）、《胜女的代价》（2012 年国产电视剧）、《胜女的夏天》（2013 年国产电视剧）。可以看到，这些概念的转化是媒体制造策略的调整。"胜女"和"盛女"的出现打破了人们对"剩女"群体的负面刻板印象。媒体正向的价值导向推动了社会认知的变化，有利于产生积极的示范效应。

总体而言，大龄未婚女性群体的发展，源自女性在社会中拥有越来越多的独立地位和角色。女性有机会普遍接受高等教育，在职业上有更多的追求，也更关注自我价值的实现。同样，这也和城市社会的快速发展、媒体营造的舆论语境有密切关系。对比韩国的"黄金小姐"和中国的"剩女"可以看到，黄金小姐和剩女指称的都是大龄未婚女性群体，但不同称谓却体现了不一样的社会文化和媒体议程。黄金小姐概念带来的积极效应是值得我们借鉴和思考的。

法国、美国和日本家庭教育支持政策考察

◎和建花[*]

摘　要： 由于传统社会文化中女性的角色往往被定位于家庭照顾领域，因此，母亲往往成为儿童照顾和家庭教育的主要承担者。从国家层面对家庭教育进行支持，对儿童的成长和发展有益，也能够减轻母亲的育儿负担，帮助就业母亲更好地平衡工作和家庭。在不少发达国家，一些社会团体对家庭教育进行支持、干预的实践探索已有较长一段历史。近年来，"家庭教育支持"开始进入一些国家的公共政策视野。对这些国家相关政策进行梳理，能为中国相关学者及政府工作人员思考家庭教育支持政策提供一定参考。

关键词： 家庭教育　支持政策　发达国家

在传统社会文化中，女性通常被定义为家庭照顾者角色，母亲因而往往成为儿童照顾和家庭教育的主要承担者。从国家层面对家庭教育进行支持，对儿童的成长和发展有益，还能够减轻母亲的育儿负担，帮助就业母亲更好地平衡工作和家庭。因此，对其他国家的家庭教育支持政策进行研究是妇女研究的一项内容。

近年来，在不少发达国家，"家庭教育支持"开始进入公共政策视野，

---

* 和建花，全国妇联妇女研究所副研究员。

法国、美国和日本从国家层面出台的一些政策较有代表性。这些国家的政策尽管各有特色，但也有一些共同点：第一，其主要目标和中心都是为了强化父母对儿童的教育责任和义务，提高他们在家庭中教育儿童的能力和水平；第二，其政策依据主要基于以下研究成果，即父母对儿童的教育对于提高儿童学习成绩、养成良好行为习惯、培养人格以及传承文化传统都具有重要影响，特别是对提高儿童学习成绩有直接作用；第三，从政府角度看，从国家层面干预家庭内部教育事务，其理论来源主要是工作与家庭平衡观点，即政府有义务和责任帮助父母缓和工作与家庭生活冲突，使父母能够更好地工作、生活并教育后代；第四，从政府的工作形式、抓手或平台来看，主要是建设多种形式的育儿支持网络，特别是政府直接开设支持父母和家庭教育的行政或科研机构、中心和互联网站，其中有的国家上升到法律层面解决问题，如日本以法律形式规定各级政府及社会和个人对支持家庭教育的责任；第五，这些国家从事家庭教育支持相关工作的机构、行业和人员背景非常广泛，健康、法律、教育、心理等领域中凡与儿童及家庭有关者都可参与家庭教育干预、支持事业，可以说已成为一种社会化的事业。这些国家的政策和措施对于中国家庭教育立法及政策体系完善有一定的启示作用。

一　法国：　跨部门合作支持父母

从 20 世纪 30 年代开始，法国已逐步建立起一套比较完善的以儿童照看为重点，主要涉及儿童照看、老龄人口和残疾人照顾三大领域的家庭政策体系。这一政策体系的核心理念是支持父母以利于儿童和家庭发展，帮助父母平衡家庭和工作。近年来，家庭支持已发展成为拥有庞大工作队伍并实施广泛干预和支持行动的社会工作事业。这样的政策体系背后显示出法国政府对家庭的重视。法国政府对家庭公私领域的定位以及对国家与家庭关系的解释一直比较明确，认为家庭在表面看来属于私领域范畴，尽管当它涉及夫妇间婚姻关系确立、结婚后是否生育孩子等个人选择时是私人的事情，然而家庭同时也属于公共领域范畴，因为家庭状况的演变将对社会带来多重影响。这也正是国家要关注和干预家庭事务的原因所在①。

（一）家庭政策和国家家庭问题讨论会

法国家庭政策的制定者和执行者在每年一度由政府组织的国家家庭问题讨论会上聚首。这些政府和社会组织相关部门人员在家庭政策制定中扮演着重要角色。讨论会的召开由法律规定。1981 年末，当时的法国总统密特朗宣布建立定期召开国家家庭问题讨论会制度。次年，第一届国家家庭问题讨论会召开，此后每年定期召开。但直到 1994 年 7 月，涉及家庭政策的各部门在家庭会议中的基本责任和权力才被明确地以法律形式加以规定。自此，家庭会议的义务被法律约束，成为政府有关部门的部长和所有经济、社会工作的合作者们共同探讨家庭问题、起草家庭公共政策的时机，也成为政府显示它的家庭政策大方向、展现家庭政策进步、社会工作合作者把握家庭政策发展趋势的机会。除了第一总理和相关部长外，家庭问题讨论会汇聚了家庭社团协会全国联合会（UNAF）②内所有家庭社团组织和家庭运动组织、社会保障机构、社会合作者、议员及具有相应资质的人员，这就促使众多相关社会合作部门之间取得协调，对家庭问题形成统一的公共政策③。

（二）倾听、援助和陪伴父母

十余年来，法国政府开始关注家庭教育并出台了一些相应政策措施④。"倾

---

① Martin Claude, Concilier Vie Familiale et Vie Professionnelle : Un Objectif Européen Dans Le Modèle Français Des Politiques De La Famille? *Informations Sociales*, 2010, （157）, pp. 114 - 123. Michel Godet et évelyne Sullerot. La Famille, *Une Aaffaire Publique*, Paris: La Documentation Française, 2005.

② 协会创建于 19 世纪，其主要目的和作用是向国家政府部门表达家庭利益上的愿望，并提供相当数量的服务和补助金。从 1945 年始，家庭社团协会的全国联合会（UNAF）成为法定的垄断性家庭代言人。UNAF 下辖 100 个省级的联合会（UDAF）和 66 个代表不同倾向性和特点的活动团体或群众组织。大约 2.5 万个家庭代表出席国家的、大区域的、省级的和地方的涉及家庭的会议。在省一级，UDAF 代理不同的服务和补助金工作（监控主要的保障措施和社会补助金、对家庭经济提出建议、调停家庭问题等），这些工作都是按国家指令执行的。

③ 和建花：《法国家庭政策及其对支持妇女平衡工作家庭的作用》，《妇女研究论丛》2008 年第 6 期。

④ Michel Chauvière., La Parentalité Comme Catégorie de l'action Publique, *Informations Sociales*, 2008（5）, pp. 16 - 29. ALBOUY Valérie, ROTH Nicole, *Les Aides Publiques en Direction des Familles: Ampleur et Incidences Sur Les Niveaux de Vie*, Paris: HCPF, 2003.

听、援助、陪伴父母网络"（réseaux d'écoute, d'appui et d'accompagne-ment des parents, REAAP)①的建立就是一个例子。这一网络的建设要追溯到1998 年 6 月召开的国家家庭会议，这次会议宣布成立家庭工作相关的跨部门委员会，具体指与家庭问题和家庭政策有关的政府组织部门（包括法律、经济和住房相关部门）在合意的基础上通过法律规定的形式，成立跨部门家庭问题委员会和跨部门代表团，共同参与家庭政策的制定和执行。其中，跨部委代表团的主要工作领域涉及家庭教育和父母能力建设，如规定建立父母诉求网络，以便父母拥有倾诉、倾听和对话渠道；通过与国家教育部的直接联系，改善家庭与学校之间的关系；支持企业建立组织机构，帮助企业雇员更好地调和家庭生活和工作之间的冲突与矛盾，补偿家庭育儿负担；健全家庭政策体系，使其惠及青春期少年及他们的家庭；对父母进行互联网知识培训，使他们掌握网络安全知识，保证儿童上网安全。

政府建立这一网络的理论基础是政府的家庭政策应该回应儿童和家庭的需求，陪伴父母完成他们的家庭教育任务是政府家庭政策需要优先考虑的问题。而儿童发展的关键期对于多数父母来说是进行家庭教育早期干预的良好时机（如婴幼儿期、入学初期、前青春期、青春期），因此家庭教育支持也应优先进入政府政策的视野。政府的这一认识与法国家庭结构的变化也有一定关系，如法国 1999 年约有 15% 的儿童生活在单亲家庭，1990年、1982 年分别只有 11% 和 9%②。因此，如何帮助和支持年轻父母扮演好父母角色，已成为国家家庭政策的一个新挑战。

基于成立关于家庭的跨部委代表团这一决议，很多行动机构借此介入了家庭教育工作，包括国家服务部门、CNAF③ 和社团网络，并由此促进了1999 年 3 月通过跨部门行政通报发布的关于"倾听、援助、陪伴父母网络"的建立。这一网络的建立给予政府和社团对父母家庭教育进行干预、援助

---

① Roussille Bernadette. , Nosmas Jean-Patrice. *Evaluation du Dispositif Des Réseaux d'écoute*, *d'appui d'accompagnement Des Parents* (*REAAP*), Paris：IGAS, 2004, P3.

② ALBOUY Valérie, ROTH Nicole. *Les Aides Publiques en Direction des Familles：Ampleur et Inci-dences Sur Les Niveaux de Vie*, Paris：HCPF, 2003.

③ 指家庭补贴国家出纳处。家庭补贴出纳处是经营公共服务的私营机构，由于家庭事务的特殊性以及这个机构在补助出纳方面的发展史，它成为区别于社会保障出纳处的机构，提供家庭补贴服务、向集体机构提供财政补贴，并为不同组织代理其他补助金等。

的空间。其后，各省都成立了 REAAP 指导委员会，从省级平台开展支持家庭教育活动。REAAP 在成立之初还出台了一个基础宪章，其条款包括优先鼓励父母的家庭教育责任和能力；关注家庭结构以及家庭教育形式的多样性；鼓励父母常去文化娱乐场所或机构，以保障这些场所或机构向不同社会阶层、不同职业的父母开放等。迄今为止，"倾听、援助、陪伴父母网络"在建立与家庭的联系、促进父母承担教育责任、提高能力等方面发挥了重要作用。特别值得一提的是，法国对危机儿童及其家庭的政府干预、援助政策体系也较为健全，其中 2004 年成立的政府机构"危机儿童观察中心"在这方面发挥着越来越大的作用。此外，2009 年 2 月，法国政府的社会事务与健康部还开辟了一个名为"支持亲职、早期干预"的网站①，其最初的目的是为从事与健康和社会工作相关职业及经常与儿童及其家庭接触的其他相关工作者提供信息，帮助他们更好地开展针对儿童和家庭的预防和支持工作。但同时，网站信息也可以被儿童家庭所利用。因此，其目标人群分为两部分，一部分是家庭，另一部分是从事社会和健康、参与及承担与家庭和家庭教育支持相关责任的工作者及家庭政策研究者。时至今日，这一网站已建设成为政府、社会和家庭都可以共享的拥有丰富实践和研究资料的平台。

2008 年 12 月，法国政府还以工作、社会关系、家庭和社会团结部的名义联合发布建立"企业父母观察所"，这样的政策措施与法国政府对家庭作用和政府职责的一贯认识及长期以来执行的家庭政策是一脉相承的。企业设立父母观察所实际上是鼓励企业采取一些利于有孩子的职工的措施，如开办企业托儿所，确保亲职假，在可能的情况下允许职工在家工作，就业招聘过程中不歧视有孩子的应聘者等，目的是帮助父母更好地平衡工作与家庭，促进工作中的男女平等，并更好地进行家庭教育。政府规定观察所要对企业雇主在缓和职工职业与家庭生活冲突方面的措施进行评估，并分享企业间的良好经验。目前已有很多企业签署设立"父母观察所"协定。

---

① 参见其官网：http：//www. interventions-precoces. sante. gouv. fr/。

二　美国：　将家庭教育融入学校教育体系

从国家层面而言，美国既没有家庭教育立法，也没有出台以家庭教育
为中心的政策，而基本上围绕学校教育，从家庭与学校合作以促进学生学
业进步的角度出发，通过国家教育部出台了一些将家庭教育融入学校教育
体系的法律政策及支持家庭教育的项目。

（一）　不让一个孩子掉队与赋权父母

美国政府意识到教育对于确保美国在全球经济竞争中的领导地位和提
升国家综合竞争力的关键作用，因此，布什政府出台的《不让一个孩子掉
队法》（*No Child Left Behind*，NCLB）被作为美国非常重要的基础教育改革
法案①。尽管 NCLB 侧重于学校教育，家庭教育的角色和作用基本被定位为
辅助学校教育，并通过家校结合更好地促成孩子学业成功，但这个法案实
际上也是将家庭教育纳入学校教育体系的一次重要政策尝试。

NCLB 的主要目标是缩小学生之间的成绩差距，为所有孩子提供高质量
的教育。为此，教育部要求各州建立综合体系，并支持一些学区对基础薄
弱的学校进行调整改造。法案内容包括：建立中小学教育绩效责任制，把
提高学生成绩当作重要工作来抓，将学生在阅读和数学考核中的表现与学
校教育效果评估相结合；给地方和学校更大的自主权；给孩子父母更多教
育选择权，家长有权了解子女就读学校教学质量的信息，有更多机会为孩
子择校；保证每一个孩子都能阅读；提高教师水平；检查各州学生的学习
成绩；提高移民儿童的英语水平等。迄今为止，大量研究分析评估了 NCLB
对学生及家庭所产生的影响。

除了上述法案，美国联邦教育部还开发了一个供父母使用的家庭教育

① Vasil Jaiani and Andrew B. Whitford, "Policy Windows, Public Opinion, and Policy Ideas: The Evolution of No Child Left Behind," *Quality Assurance in Education*, Vol. 19 No. 1, 2011, pp. 8 – 27. U. S. "Department of Education, Office of the Secretary, Office of Public Affairs," *No Child Left Behind: Aparents Guide*, Washington, D. C: ED Pubs, 2003.

工具包，即"赋权父母的学校资料"（Empower Parents School Box），并于2007年放入其官网。这是政府将家庭教育融入学校教育体系的又一个举措。工具包主要是向父母强调家庭教育的重要性，对《不让一个孩子掉队法》进行解释，向他们免费提供实施家庭教育和学习的指导建议，包括儿童成长各阶段所需学习的内容、范围、策略方法，以及实施家庭教育、帮助孩子学业成功的措施建议和其他信息收集渠道。

上述措施出台的原因大致可归纳为以下方面。①家庭教育缺位和家—校联系减弱。一方面，美国社会的高离婚率导致单亲家庭增多（约一半孩子与单亲父母生活）、亲子关系淡化、家庭教育功能削弱和缺失；另一方面，学校教育中学生成绩也普遍难以提高。因此，鼓励和引导家长积极参与孩子的教育，将家庭教育整合到学校教育体系就显得十分必要。②对家长进行教育的需求。家长作为教育者，如果在实施家庭教育和参与学校教育过程中缺乏教育知识和能力，就不可能有效地实施家庭教育，因此需要对家长进行教育技能的传授。而《不让一个孩子掉队法》也赋予了教育行政部门及相关教育研究机构给予家长指导和帮助的责任和机会，因此政府也需要强化这一责任。③研究成果的支持。不少研究证明，家庭的参与有助于提高孩子的学习成绩，学生具有更积极的学习态度和行为习惯，能更认真地对待学习，更愿意上学，更好地完成作业，成绩更好，今后升学的机会和接受高等教育的几率也更高。因此，对学校而言，鼓励和说服家庭特别是低收入家庭、学生学业有危险或学业失败家庭更好地参与教育，也成为学校和政府的一个重要工作。一些研究建议学校和政策制定者通过以下措施提倡和推动家校联盟：给父母和学校教师创造相互交流的机会；给父母和教师提供信息和培训；学校创造更加人性化的环境和体制以利于家庭更便利地参与学校教育；利用学校、家庭以外的地方商业、健康、社区服务机构及大学等资源，为父母提供教育场所、人员及研究信息和技术支持。④家庭学校（home schools）的发展。美国的家庭学校从20世纪60年代复兴并在80年代蓬勃发展。家庭学校教育是指学龄儿童不通过公立或私立学校，而以家庭为教育场所接受教育。在家庭学校，父母或监护人承担教育自己孩子的责任并开发和实施自己的课程标准。全美50个州都已通过允许父母自己教育孩子的法案，从而确立了家庭学校的合法地位，使家庭学校的存在和发展有了保障和依据。而这也迫使政府对正规学校教育进行改革，重视家庭教育的作用。因此，政府在考虑基础教育时不是将目光局限于学校教育，而是也对准家庭学校这一阵地。以上因素都促使政府在实施学校教育改革的同时引导家庭教育进入学校教育体系。

（二）信息援助

美国教育部设立的父母援助和地方家庭信息中心①主要致力于：①为非营利组织及地方教育机构提供技术援助和资金支持，帮助这些组织机构成功有效地贯彻父母参与政策及项目活动，促进学生学业成功；②帮助父母、教师、校长、管理员和其他员工更好地满足孩子的教育需求；③加强父母与孩子就读校之间的合作；④通过部门援助促进孩子教育；⑤协调这些部门开展父母参与活动；⑥提供有利于改善学生成绩的联邦、国家和地方的服务和项目。此中心向非营利组织和地方教育机构的申请合格者提供资金，用于建设父母信息和资料中心，以帮助父母有效参与政策、项目及活动。项目要求父母信息和资料中心必须开展对早期儿童父母的教育活动，为提高学生学业成绩对父母进行技术帮助的活动，并特别强调针对低收入、移民家庭父母的技术指导。迄今已有很多州获得资助建立起这样的中心。美国教育部也在网站上进行政策、项目的宣传介绍，设立了"父母"栏目，向父母提供教育资讯，包括入学前准备、寻找学校和放学后照看、帮助孩子阅读、学业成功、孩子的特殊需求、孩子的大学等板块。

全美还有很多家庭教育项目、协会、网络。国家级的机构包括国家父母教育网络（The National Parenting Education Network，NPEN）；国家儿童教育协会（The National Association for the Education of Young Children，NAEYC）；国家家庭关系委员会（The National Council on Family Relations，NCFR）；美国家庭资源联合会（The Family Resource Coalition of America，FRCA）等。其中 NPEN 是近年来较为活跃的促进父母教育的机构，其工作目标主要涉及网络（建立父母教育从业者和机构之间的相互联系以提高支持父母和家庭效果）、知识发展（巩固和发展关于家庭教育和父母教育研究

---

① 参见美国教育部官网：http://www2.ed.gov/policy/elsec/leg/esea02/pg81.html。

和实践知识及其可获得性）、职业成长（促进父母教育从事者的能力建设和职业发展）、领导职能（对相关职业者、政策制定者、媒体、公众进行统筹领导）。

三　日本：将家庭教育纳入《教育基本法》

（一）家庭教育纳入法律的演进过程

日本政府将家庭教育定义为父母或者相当于父母的监护人对孩子实施的教育，并承认家庭教育对养成和形成儿童的基本生活习惯和生活能力及情操、对他人的关心以及对善恶是非的判断力、自立心和自制心、遵守社会规则等起着十分重要的作用。因此，政府认为理应对担负着这些重任的家庭教育进行政策援助。从这一理念出发，十余年来政府致力于对家庭教育实施庞大的支持行动计划，并最终将家庭教育纳入《教育基本法》[①]。其主要的政策推进过程和主要内容如下。

1998 年 6 月，中央教育审议会[②]在报告《关于从幼儿时期开始进行心灵教育应有的方向》中指出，政府不能对目前家庭教育状况视而不见，并建议从国家角度思考家庭教育应有方向和家庭教育支持内容。2000 年 12 月，在《教育改革国民会议报告》中指出，教育的原点是家庭，国家与地方公共团体应积极设置面向所有父母的育儿讲座、向父母提供咨询机会以增强行政对家庭教育的支持职能。2001 年 7 月，修订《社会教育法》并在其中明确提出教育委员会[③]的职责，包括开设向儿童家长提供与家庭教育相关的知识讲座等。此外，育儿指导团体[④]的领导可由教育委员会委

[①] 《教育基本法》条文，http：//www. mext. go. jp/b _ menu/houan/kakutei/06121913/0612191 3/001. pdf，2014 年 3 月 13 日。

[②] 中央教育审议会的英语名为"Central Council for Education"，是日本文部科学省大臣的咨询机构，略称"中教审"。

[③] 承担与学校教育、社会教育、文化及体育运动相关事务的教育行政机构，设立在日本所有都、道、府、县以及市、街道、村。

[④] 开展家庭教育支持、指导活动的民间团体组织。

员、公民馆①运营审议会委员委托担任，借此通过社会教育行政管理来强化家庭教育支持体制。2002 年 7 月，在《关于完善今后的家庭教育支持体系的恳谈会报告》中，提出育儿是为了培育"社会的宝物"，在这一认识前提下，提倡全社会向所有育儿的父母伸出援助之手。2003 年 3 月，《中央教育审议会报告》指出，教育行政的作用当务之急是充实对家庭教育的支持。2003 年 7 月，颁布《少子化社会对策基本法》及《下一代养育支持对策推进法》，从少子化对策的角度出发规定了国家、地方公共团体、企业等的义务，要求形成一体化的家庭教育支持系统，如《少子化社会对策基本法》第 14 条规定："国家及地方公共团体有义务制定和实施政策，通过丰富和改善教育内容、教育方法及入学选拔方法等，创造宽松的学校环境，减轻父母的育儿心理负担；同时有义务制定和实施政策，为儿童提供各种文化、运动与社会体验机会，为父母提供与家庭教育相关的学习机会和信息等来完善与家庭教育有关的咨询体制，建设有利于培养儿童丰富情操的社会环境。"《下一代养育支持对策推进法》则要求，从 2005 年开始在 10 年之内集中而有计划地推进下一代养育政策的制定和实施。法律要求地方公共团体制定促进社区发挥育儿支持功能的行动计划，要求企业制定包括重新审视劳动方式等在内的行动计划②。2006 年 12 月，修订《教育基本法》，将家庭教育问题纳入其中第 10 条，从而在法律上规定了国家对家庭教育具有不可推卸的责任。

（二）《教育基本法》对家庭教育的规定

新修订的《教育基本法》纳入了原来法律体系中从未体现的家庭教育内容，明确了国家对家庭教育的责任，其目的在于在全社会（包括学校、家庭、监护者、社区）形成教育合力，给儿童提供最大的发展机会。日本政府意识到迄今为止政府通过诸如《家庭教育手册》发放等措施为父母提

---

① 公民馆是日本战后社会教育的重要机构，在全国各地都有设立。它不仅是居民参加社区活动的重要场所，也是日本国民为了提高自身的文化素养和精神教养开展自主学习和自由学习的重要场所，在日本社会教育中发挥着不可替代的作用。

② 例如，行动计划需要包括产假、育儿假的获得率，病儿看护假的导入，加班的取消等企业可以自由设定的目标，以及管理人员的研修、职员的需求调查等的具体方法以及时间表等内容。http://www.jri.co.jp/JRR/2004/02/op-csr.html。

供了信息和学习机会，但在这样的咨询体制加强的同时，对家庭教育的支持并不能单靠行政管理，还要靠各种社会团体及个人。为此，《教育基本法》第13条规定"学校、家庭、社区的居民等要相互联合"，以形成良性互动机制①。

《教育基本法》对"家庭教育"条款（第10条）的描述如下：①父母及其他儿童监护人作为教育孩子的第一责任者，应该努力培养儿童的基本生活习惯和自立心，促进儿童身心的协调发展；②国家及地方公共团体应该在尊重家庭教育自主性的前提下，努力为儿童监护人提供学习机会和信息，制定和实施支持家庭教育的政策。此外，在"学校、家庭以及社区居民的相互合作"条款（第13条）中提出："学校、家庭及社区居民要在履行各自职责的同时，加强相互间的协力与合作。"可以看出，《教育基本法》对家庭教育的规定条款中，将儿童监护者作为儿童教育第一责任者明确其责任的同时，也对行政管理提出要求，即在尊重家庭教育自主性基础上支持家庭教育。

（三）未来家庭教育的支持方向

日本政府家庭教育支持的方向主要体现在以下方面。①针对所有父母的家庭教育支持。按照政府的要求，家庭教育支持事业不能像以前一样以公民馆为中心，召集那些关注家庭教育、自己希望找到学习机会的父母参与讲座，而是要对当今的父母进行广泛支持，其中包括那些没有代际帮助、对育儿不关心、单亲、外国人、残疾或有残疾儿童的父母等需要周围环境支持的各种不利处境的父母。从中可以看出，政府希望实现将家庭教育支持从"对有学习欲望的父母的支持"到"针对所有父母的支持"。②全社会对家庭教育的支持。政府意识到当今家庭教育能力的低下不仅是父母自身的问题，也受到城市化、核心家庭化、少子化、人际社会交往减少等因素的影响，父母及其孩子所处的社会环境正在发生变化，地域社会对父母和

① 渡辺敦司：今なぜ「教育基本法」改正なの？文部科学省に聞く，http://benesse.jp/blog/20060627/p2.html，2006-06-27。渡辺敦司：「教育基本法」改正で家庭には何が求められるの？文部科学省に聞く，http://benesse.jp/blog/20060711/p2.html，2006-07-11。

儿童进行支持的传统在逐渐消失，而工作优先的意识却在增强，父母在育儿中无论精神还是时间都无法有充裕保证。因此，政府需要将家庭教育支持作为育儿支持政策的重要环节来抓，必须以行政为中心对每个父母的学习进行支持，同时也要对包括地区和企业在内的全社会进行家庭友好环境建设宣传和政策激励。例如，鉴于在社区中不同年龄儿童共同玩耍场所减少的情况，鼓励利用社区成人资源和学校场所举办运动和文化活动，推进儿童与社区居民共同活动场所的建设；鉴于代际间育儿观念差异与冲突，建议以公民馆为中心成立老年人教育学习班等。③发挥地方公共团体主动性的家庭教育支持。政府呼吁市、街、村及都、道、府、县与国家分工合作对家庭教育进行支持。市、街、村是居民身边最近的行政机关，并能及时应对家庭的具体需求，因此对家庭教育的指导作用也最大。为此，市、街、村被要求做以下具体工作：在起草家庭教育支持事业计划时邀请父母和孩子参与，进行家庭教育学习机会与信息提供（如利用孩子就学体检、幼儿健康体检机会等）、家庭教育指导者培训、家庭教育咨询体制建设等。政府将都、道、府、县视为市、街、村家庭教育支持基地，主要部署从事家庭教育指导员培训，家庭教育 24 小时电话咨询，都、道、府、县家庭教育支持计划制定，推进对市、街、村家庭教育支持实施有参考意义的典型活动或收集和提供有特色的信息。

在国家层面，则从提高全国家庭教育力量的目标出发，通过对地方公共团体提供补助金①，对提供与家庭教育相关的学习机会、指导员培训、咨询体制设立等进行支持。此外，制作、发放全国性的《家庭教育手册》（分婴幼儿、小学低年级学生到中年级、小学高年级到中学生），推进对地方公共团体家庭教育支持有参考价值的全国典型活动或收集和提供有特色的信息，与国立教育政策研究所及国立女性教育会馆联合进行与家庭教育有关的全国性调查研究，开展全国性家庭教育支持活动等。政府也要求各行政

---

① 例如，文部科学省曾经对地方公共团体培养和配置"育儿报告员"（利用入学体检等机会进行学习讲座、对孩子的父母提供咨询等）进行补助。后来由于政府的改革，国家对地方公共团体提供补助金的制度被废止。但是，在地方分权制强势的今天，日本的地方政府对家庭教育支持公共团体的补助非常普遍。国家层面更多地将力量放在了宣传、推广、声援地方政府对家庭教育支持的投入上。

部门之间加强联系和合作，如厚生劳动省主要从提高儿童福利和母子保健水平的角度介入，文部科学省从提高教育水平的目标出发，对家庭育儿进行行政支持。政府也呼吁社会教育行政部门与育儿网络、父母组织等育儿支持团体相关者在家庭教育问题上进行协作。此外，一些地方政府也与企业开展协作支持家庭教育①。

四　小结

本文分别介绍了法国、美国和日本的家庭教育支持政策。实际上，在欧洲一些国家，如英国、德国、瑞典，也有一些项目和网络为父母提供信息或培训。例如，英国的 Parenting UK 专门为从事与家长工作相关的人们提供信息服务，以便支持和分享实践经验和促进政策发展。在新西兰、瑞典、丹麦、挪威、荷兰、威尔士、苏格兰、英格兰、保加利亚和德国，也有一些社会组织在从事家庭教育支持工作。在以色列、德国、新西兰、澳大利亚、南非、加拿大、美国等国则开展了 3 - 5 岁学前儿童家庭指导计划（Home Instruction for Parents of Preschool Youngsters）等。

尽管以上介绍的 3 个国家对家庭教育的支持政策各有特色，但其出发点是类似的，除了满足家庭不断增长的对儿童教育的需求和促进儿童发展外，也包含了减轻父母亲在家庭中对儿童照顾和教育的负担，帮助就业父母缓和工作与家庭的冲突和矛盾。上述国家已不同程度地承担起政府对家庭教育的责任，并从公共政策层面对家庭教育进行支援。在中国，家庭教育的法律地位还有待确认，家庭教育支持体系也亟待建立完善。为此，中国政府可以从这些国家的政策实践中受到启发，及早制定专门的家庭教育法或家庭教育促进法，从国家层面支持家庭教育。

---

①　胡澎：《日本在解决工作与生活冲突上的政策与措施》，《中华女子学院学报》2010 年第 6 期。

台湾地区 "家事事件法" 中
女性的法律角色

◎冯　源[*]

摘　要： 法律角色是个人为法律所规定和期待的行为模式，并通过法律对个人所确定的权利义务表现出来。伴随着女性主义的发展，法律角色体现出一种"折中主义"的性格，试图在男女平等保护的"同一论"和"差异论"之间进行平衡。因此，对女性采取有限度的倾斜保护成为台湾地区"家事事件法"的基本立场。基于对女性这一法律角色的建构，该法对女性的程序权利和实体权利进行了双重保护。大陆可借鉴台湾地区"家事事件法"的立法成果，对女性法律角色进行清晰定位并在此基础上对女性加强保护。

关键词： 家事事件法　法律角色　女性保护

2012 年台湾地区"家事事件法"的颁布，冲击了先前立法的价值基础和制度体系，在台湾地区社会掀起了巨大的争议热潮，赞成[①]与批

---

[*] 冯源，厦门大学法学院 2013 级博士研究生。

[①] 肯定该法案立法价值的学者认为，"家事事件法"之制定，一方面是为回应家事事件之特性，解决向来诉讼事件与非讼事件二元处理所致生之问题，以统合处理作为立法旨趣；另一方面，亦延续 21 世纪初台湾"民事诉讼法"全面修订之立法意旨，以尊重程序主体、平衡实体利益及维护程序利益，防止突袭式裁判等作为前导法理。沈冠伶：《家事事件之类型及统合处理》，《月旦法学杂志》2012 年第 11 期。

评①莫衷一是。其中，女性权利保护是该法重点关注的一个方面，也是争议集中的领域之一。"司法院两个不同委员会组成的学术团队及不同民间团体在某些立法政策上有不同看法，例如……法案是否要明定家事法院法官应该具有性别平等意识。"② 本文认为，台湾地区"家事事件法"对于女性的权利保护无疑有所改进，但其为了有效平衡正义价值与效率价值③，本质上对女性作了法律角色的重塑。法律是一门平衡的艺术，在对女性的保护上，既要消灭歧视，追求差异平等，又要结合现实，避免因过于追求理想主义状态而矫枉过正。因此，法律角色的重塑无疑是一条有意义的路径，亦契合当代女性主义思潮的发展趋势。

一　性别法律角色的价值定位

（一）性别角色的法律认同

"角色"是社会学概念，指的是个人为社会所规定或期待的行为模式④。因此，角色将应然与实然交织在一起，个人只有满足社会对自己的要求才拥有发展的前提⑤。角色有4方面内涵：是社会地位的外在表现，是有关人们权利、义务的规范和行为模式，是人们对处于特定地位上的人之行为期待，是社会群体和社会组织的基础⑥。从根本上说，社会角色就是个人在社会中展现出来的应然形象；与社会角色类似，法律角色是个人为法律所规定和期待的行为模式。

---

① 否定该法案立法价值的学者认为，"新法规定之内容，缺失甚多，较之旧法，良莠并判。贸然施行，可能破坏建立已久之人伦秩序，其不良后果，将无法弥补，绝非危言耸听"。吴明轩：《试论家事事件法之得失（下）》，《月旦法学杂志》2012年第7期。
② 陈惠馨：《家事事件法的立法与内容——一个比较法观点》，《月旦法学杂志》2012年第11期。
③ 正义价值指的是实质平等下基于女性的天然弱势地位而由法律提供特别规定以实现矫正正义；效率价值指的是形式平等下基于个体的抽象平等而由法律提供统一的规范以实现规则适用的统一性。相比之下，形式平等下的统一规则在运行社会规则的时候更有效率。
④ 秦启文、周永康：《角色学导论》，中国社会科学出版社，2011，第38页。
⑤ 秦启文、周永康：《角色学导论》，中国社会科学出版社，2011，第53页。
⑥ 郑杭生主编《社会学概论新修》，中国人民大学出版社，2009，第118-119页。

抽象而言，法律角色体现了个人在法律上的地位，是对社会角色的矫正与回应。只有当个人能够满足法律之要求时才能获得法律保护，所以法律角色对个人生存具有根本意义，又塑造了个人在法律中的形象。确定法律角色的是立法者，从立法者角度出发，产生了法律角色与社会角色的差异，两者行为模式的确定有不同路径。社会角色的行为模式带有文化传承性[①]，行为模式与社会文化紧密相连，难以进行立法。因此，社会角色对个人的行为模式之规定是缺乏反思的，体现为直接继承，这就可能产生社会角色与社会价值观转变之间的冲突。相比之下，立法者虽然不能脱离社会文化来确定法律角色，但立法具有人为性和动态性，立法能够根据社会现实需求对个人在社会中的地位（又主要表现为个人的社会角色）通过法律价值以及法律原则予以矫正。因此，法律角色首先是先于立法、是指导立法的。通过立法的反思性，法律角色乃是对社会角色的回应与矫正，承担了"社会性别公正矫正器"[②] 的作用，法律角色成为具有规范力的行为模式又依托立法权威。社会角色——立法中的法律角色——法律中的法律角色，这条路径既反映了社会角色与法律角色之间的关系，也展现了法律角色的功能。

具体来说，立法者以法律原则为基准对人在法律中的形象进行设定，并明确个人的法律角色，确定立法的价值导向，进而规定个人的权利义务关系。法律角色首先要落脚到个人身上，个人是现代法律的基点[③]。但法律需要调整个人与整体之间的关系，法律角色也不得不面临这一问题。由于现代法律注重人与人之间的平等，作为一种公共规则的法律如果将特殊人作为立法根基的话，那么将无法确立统一的规则[④]。因此，法律角色所代表的形象首先需要体现出平等的普遍性，形式平等就成为法律的基础价值。在台湾地区原有立法中，传统的男尊女卑观念已经逐渐走向形式平等，但形式平等存在严重问题，就是对实质平等的忽视，被抽象化的平等主体实

---

① 秦启文、周永康：《角色学导论》，中国社会科学出版社，2011，第 66 页。
② 谭琳、姜秀花主编《社会性别平等与法律研究和对策》，社会科学文献出版社，2007，第 3 页。
③ 胡玉鸿：《"个人"的法哲学叙述》，山东人民出版社，2008，第 249 页。
④ 胡玉鸿：《"个人"的法哲学叙述》，山东人民出版社，2008，第 264 页。

际上蕴含着不平等。所以，法律角色又必然依据差异性体现出对特定群体的倾斜保护。因此，在台湾地区"家事事件法"中，基于对正义与效率的价值平衡，对女性进行了法律角色的重塑：其一，规定以法官为代表的重要程序参与人应该具有性别平权意识，尊重多元文化；其二，对女性的程序权利进行强化和保障；其三，对女性的实体权利进行确认和维护。

（二）法律角色的"折中主义"

法律角色具有"折中主义"的性格，这种性格在女性法律角色的建构上体现了巨大的生命力。自然性别与社会性别是一种现实状态，而法律性别是一种应然状态；自然性别是一种天然状态，社会性别与法律性别是一种建构状态；自然性别易走向同一论的极端，社会性别易走向差异论的极端，而法律性别是一种解构与平衡的艺术，是在对抗与妥协之中进行规范的权宜之计。

美国人类学家盖尔·卢宾最早将社会性别与自然性别进行区分[①]，但社会性别概念逐渐成熟并成为女性主义的核心概念是在 20 世纪 80 年代[②]。社会性别导致的不平等是女性主义批评的主要对象。从自由女性主义到激进女性主义再到当前女性主义的新发展，不同流派对性别不平等怀抱的态度迥异：自由主义的男女平等是一种形式平等，以争取妇女选举权为标志，要求废除性别歧视的法律并反对有任何性别区分的法律，将女性、男性同等对待；自 20 世纪 60 年代以来，激进女权主义已经成为许多女权主义者分析的中心理论，要求彻底推翻父权制，进行彻底的法律变革，主张建立以女性为中心的法律体系和终结男性对女性的统治[③]；结果女权主义、综合女权主义、后现代女权主义是较为折中的分析方式，趋于承认男性与女性的差异性，更加强调实质平等，其中后现代主义作为一种解构的平等观而更富有创造力，强调世界的多元性与差异性，关注女性之间的差异，把性别

---

① 谭兢常、信春鹰主编《英汉妇女与法律词汇释义》，中国对外翻译出版公司，1995，第 149 页。
② 周天枢、傅海莲、吴春：《女性学新论》，华中师范大学出版社，2010，第 32 页。
③ 赵明：《女权主义法学的性别平等观对中国的启示》，《妇女研究论丛》2009 年第 3 期。

问题同阶级、种族、民族、性倾向等结合在一起①。女性主义发展至今观点相对折中，为法律角色的重塑预备了理论基础：女性主义的观念作为一种对社会性别的批判，直指传统法律中女性法律角色的形象。传统法律在塑造社会性别的社会化过程中起到了推波助澜的作用②。但是法律相对于社会文化的可变性却能够通过社会观念的变化回应新的社会价值观，这就对女性的法律角色重塑提供了理论上的支撑。顺应女性主义思潮走向折中的发展趋势，法律角色随之发生了根本转变，它不体现为一种高强度的特别保护，而体现为一种适度的倾斜保护。女性法律角色的现代重塑从一开始就是妥协的产物，但亦可以随着社会文明程度的提升进行动态的调整。台湾地区"家事事件法"也充分展现了折中理念。一方面，它在实体上与程序上较大程度地尊重当事人的意思自治，并没有对女性保护进行特殊强调，在涉及男方与女方身份、财产关系的处理上，尽量平衡双方的利益，规定了完善的实体保护与程序救济，这种对女性法律性别的建构方式更具有现实性，是减少男性与女性冲突与对抗的有益方式，也是减少家事纠纷的有效途径。另一方面，在此基础上，该法的一些规定仍然倾向于维护弱势群体的利益，主要采取间接手段保护了女性。

从男女平等保护的"同一论"和"差异论"出发，法律角色的建构过程是在这两大理论间折中的过程。对"同一论"与"差异论"的观点争鸣，往往构成女性主义思潮的核心内容。"同一论"源于社会对女性长期受歧视的反对。从古希腊开始，人们对女性形象的解读就认为她们在理性、道德和智慧等方面与男性存在差异③。男女平等"同一论"者认为女性应该在与男性相同的条件下展开社会竞争，男女平等即可实现，这种机会平等的观念受传统自由主义的影响，强调政府不干涉下的消极自由。如此观念却受到了另一部分女性主义者即平等"差异论"者的批判，他们认为"同一论"所争取的男女形式平等并不存在，形式平等下男女根本没有公平竞争的可

---

① 赵明：《女权主义法学的性别平等观对中国的启示》，《妇女研究论丛》2009 年第 3 期。
② 谭琳、姜秀花主编《社会性别平等与法律研究和对策》，社会科学文献出版社，2007，第 9 页。
③ 〔英〕米兰达·弗里克、詹妮弗·霍恩斯比：《女性主义哲学指南》，宋建丽、马晓燕译，北京大学出版社，2010，第 14 页。

能。平等"差异论"强调女性在社会中的弱势地位，强调对女性的倾斜保护①。这一观念则可能受到积极自由观念的影响，强调政府对自由的推动作用，为自由目标的实现创造条件。但是，无论是绝对的"同一论"还是"差异论"，都是将男性、女性的性别特征进行异化的表现，且处于不同的两极。男女之间在自然能力和社会能力上的差异究竟有多大，这是一个带有强烈实证色彩的命题。"差异论"是一种有益的思路，但不是一种现实的选择。如果单纯强调差异论而对女性提高保护标准，那么会不会对男性进行了反向歧视也存在争议。因此，在男女平等方面，法律所能达到的状态仅仅是保证有限度的"差异论"，拟制的法律性别对女性的保护更加谨慎、克制。具体而言，女性的法律角色由"同一论"与"差异论"折中确定：按照"同一论"，女性的法律角色与男性的法律角色实际上并不存在本质差异，于是大体遵循对两者进行同等的权利义务分配；按照"差异论"②，女性的法律角色是一种应该受到保护的弱势群体形象，在权利义务分配上女性应该受到特殊优待。只不过，"差异论"作为一种男女平等建构的理想方式，虽然可能无限接近，却永远无法达到。台湾地区"家事事件法"中对男女进行法律角色的设定事实上遵循平等保护"同一论"与"差异论"之间的折中，对女性进行了有限度的倾斜保护。

二　台湾地区　"家事事件法"　中女性的法律角色

从性别的角度来看，台湾地区"家事事件法"不同于保护妇女利益的特别立法，而需要关注男性、女性共同的利益诉求，但基于女性相对于男性的弱者地位，对其采取有限度的倾斜保护，在追求立法形式平等的基础上主要采取间接手段实现男女实质平等，衡平正义价值和效率价值。该法

---

① 周安平：《性别与法律》，法律出版社，2007，第82页。
② "差异论"者总体认可两个观点，即肯定男女两性存在生理差异，亦强调男女两性存在社会差异。尹旦萍：《平等还是差异——西方女性主义理论发展的内在逻辑》，《云南民族大学学报》2013年第3期。

立法属于平等"同一论"和"差异论"之间的折中，其对女性法律角色的设定遵循以下思路：第一，尊重和信任女性在理性以及其他相关方面与男性拥有同样的能力；第二，充分重视女性在自然、社会等方面的弱势并以法律来补足。

（一）重要程序参与人的"性别意识"

台湾地区"家事事件法"要求重要的程序参与人应该具有性别平权之意识并尊重多元文化。如此规定实有深意：一方面体现了立法追求形式平等的价值取向，摒弃"男性中心主义"或"女性中心主义"的极端思维，但基于对男女实质不平等现实状况的隐忧故加以强调，意在说明切不可对女性进行歧视；另一方面，立法无法脱离社会语境与文化语境，法律条文是对各种复杂社会因素的回应，和后现代主义女性思潮不谋而合。

台湾地区"家事事件法"首先对法官的"性别意识"和"文化觉悟"作出了相应的要求。在大陆法系"审判中心主义"的庭审模式之下，法官具有举足轻重的地位。心灵是有纹路的大理石[1]，先入为主的观念和性别刻板印象[2]有可能影响最终的决定，有时候这种影响是在潜意识中进行的，并非法官有意而为之，即使正当程序也无法避免。正当程序试图通过程序设计实现对程序外因素的阻隔，从而将法官对于法律问题的思考进行严格限制[3]。但是法律现实主义提醒我们，法官可能受多重因素的影响，程序对于法官思维的抑制是有限的，一位有性别平等意识的法官与没有性别平等意识的法官可能会作出截然相反的判决；更何况法官享有有限的自由裁量权，法律判决一定程度上依赖自身经验和观念形成的心证。因此，该法规定法官应该有性别平等意识，尊重多元文化并有相关学识、经验及热忱，将性别平等的要求置于包容心、专业能力、生活阅历、职业操守诸多要求之前列，意味深长。

---

① 〔德〕莱布尼茨：《人类理智新论》（上册），陈修斋译，商务印书馆，1982，第6页。

② 性别刻板印象指的是人们对男性或女性角色形成的固有印象，表现了人们对性别角色的期待和观念。一般而言，在性别刻板印象中男性优于女性，且由于性别刻板印象严格界定了性别角色的标准，所以它能够起到限制男性和女性行为发展的作用。祝平燕、周天枢、宋岩：《女性学导论》，武汉大学出版社，2007，第163－166页。

③ 张文显主编《法理学》，高等教育出版社、北京大学出版社，2007，第184页。

　　台湾地区"家事事件法"对某些程序辅助人有类似要求，如程序监理人和调解委员。程序监理人可以依照职权或者当事人的申请设立，适用于以下3种情形发生之后：当无程序能力人与其法定代理人有利益冲突之虞；无程序能力人之法定代理人不能行使代理权，或行使代理权有困难；为保护有程序能力人之利益认为有必要。该法非常重视调解程序：坚持"调解先于裁判"的精神①，规定除丁类事件②外，凡家事事件于审判前均需经过法院的调解程序；在立法架构上，在第一编"总则"之后，即于第二编规定调解程序，先于家事诉讼与家事非讼的规定，较有特色③。对其他重要程序参与人的性别平等意识进行强调，体现了立法者对于现今男女平等状态的担忧，男女仍未达至实质平等，性别歧视仍然无法在短时间内消除，所以立法者对于法律上相对处于弱势地位的女性怀抱同情的态度；即便如此，立法对于女性的特殊保护相当有限，体现出对于男性、女性利益博弈之暧昧态度，虽然为女性勾勒出一个"弱势群体"的法律角色，却无法如同妇女保护专门立法一样表明其清晰有力的立场，这是为女性法律角色定位所进行的妥协，这种妥协屈从于调和男女矛盾、和谐家庭关系之最高目标。

（二）程序性规定中女性的法律角色

　　女性在台湾地区"家事事件法"中被视为"程序上的相对弱者"，因此立法对其进行有限度的法律保护，主要体现为一种间接保护。

　　家事事件以不公开审理为原则，主要基于女性处于弱势的法律地位。一方面，为了保护关系人之隐私利益，因家事事件多涉及关系人敏感之私领域，而希望尽可能不被第三人所知悉；另一方面，不公开审理较有助于真实发现，第三人在场时，当事人或者关系人通常会有所掩饰而较难发现事实④。在社会的通俗观念中，家庭中的女性比男性需要承受更大的道德压

---

① 沈冠伶等：《家事程序法制之新变革及程序原则——家事事件法之评析及展望》，民事诉讼法之讨论十九，《法学丛刊》2012年总第226期。
② "家事事件法"将所有家事事件划分为甲、乙、丙、丁、戊五类，其划分标准是事件类型之讼争性强弱、当事人之处分权宽窄、法院职权裁量程度之大小。
③ 德国未就家事调解制度予以规定，日本则先规定审判程序，再规定调解程序。
④ 沈冠伶等：《家事程序法制之新变革及程序原则——家事事件法之评析及展望》，民事诉讼法研讨之十九，《法学丛刊》2012年总第226期。

力，在家事纠纷中容易遭受更大的机会成本损失，而家事领域的纷争往往交织着复杂的感情冲突与伦理争议，一旦公开让社会知悉，则于女性保护不利。不公开审理的原则寄寓立法者对于女性法律角色的定位，为避免其受到社会一般价值观念的冲击，令其重新树立对家庭生活的勇气，而为其创造一定的空间进行保护。

程序的设置刚柔并济，既注重男女的形式平等，也未偏离实质平等。其一，强化调解程序的适用，尊重两造合意。调解扩大到除丁类之外的所有家事事件，在一般情形之下区分强制调解以及申请调解，特殊情形之下法院可以依照职权移付调解或者合并调解。其实，合意协商伴随当事人之间地位或者话语权竞争的过程，台湾地区"家事事件法"中对于女性的法律角色定位较高，倾向于认为男女在对抗较量中均有能力追求自身利益，这是立法形式平等的体现。如此，法律只需要为她们提供一定的程序辅助手段即可，如努力发挥法官、家事调查官在调解中的作用，特殊情形下以社工人员、程序监理人等为辅助。这种信任可能源于台湾地区女性社会地位已有所改善的现状，也可以源于对待家事争议为个人私事之态度。其二，将职权主义原则适用于某些具有讼争性因素的家事事件（戊类）。即使当事人对程序标的有某种程序的处分权，此类案件也多依赖法官职权裁量而作妥适、迅速之判断。如此规定，一方面是基于程序效率的考虑，另一方面，也基于法院对于女性法律角色之定位。有些案件由法官居中裁量比自由协商更能保证相对弱势一方的权益，这是对实质平等的保障。

（三）实体性规定中女性的法律角色

女性在台湾地区"家事事件法"中被视为"实体上的相对弱者"，因此通过立法对其进行有限度的法律保护，直接手段与间接手段相结合。

该法的实体性规定中对法律角色的设定首先考虑形式平等。例如，在亲子关系事件中，男女享有同等亲权，且均以子女的最大利益为基本的出发点。传统的家父权可以吸收亲权，最初女性并不享有对子女的任何权利。近代以来，通过民法亲属编的4次修订挑战了男尊女卑的传统，追求性别平等，并将关注的重点转移至子女权益，台湾地区"家事事件法"的规定延续了这一立法理念，并以相应程序手段保障父母对子女平等的亲权，包括：

面会交往权、身上照顾权与财产照护权、未成年子女之抚养权。其中，易导致男女双方发生争议的是面会交往权以及抚养未成年子女的费用分担，实践中可能出现男性滥用生理、经济强势地位侵害女性权益。对此，该法提供相应保障措施。对于面会交往权，可以通过强制执行的方式来保证女方的权利，考虑以下几个条件依照便利行事：未成年子女之年龄及有无意思自治能力，未成年子女之意愿，执行之急迫性，执行方法之实效性，债务人、债权人与未成年子女间之互动状况及可能受执行影响之程度。同时，扶养未成年子女的费用也必须由男女双方共担，不得逃避，为督促债务人及时履行债务，该法设立完善的履行确保以及执行制度，包括调查与劝告制度、裁判强制金制度与间接强制制度。

台湾地区"家事事件法"对女性实体权利的保护进行矫正以期实现实质平等，具体体现为为了案件个别正义之实现，统合处理的方式为家事事件提供了其他有益的程序选择。同一个家庭常同时涉有多项身份上或财产上权利关系之争执，故有通盘统合处理之必要，不宜采取割裂或锯箭式处理，期能彻底且终局性地解决家庭亲属成员间纷争，重建和谐关系①。客观上，根据该法的规定，可行的合并包括 3 种基本类型，即数个家事诉讼事件的合并（任意合并）、数个家事非讼事件的合并（任意合并）以及家事诉讼事件与家事非讼事件之间的合并（请求之基础事实相牵连）。该法颁布之前，台湾地区民事诉讼法未能配合台湾地区民法亲属编的修正活动，适用具有滞后性，故引发实践中女性权利受到侵害的诸多情况发生②。据此，妇女的诸多实体权利由于家事案件之通盘处理的方式，获得了可靠的保障，

---

① 沈冠伶：《家事事件之类型及统合处理》，《月旦法学杂志》2012 年第 11 期。

② 其一，离婚诉讼不能与监护事件合并，妻无法一方面请求将子女的监护权判归自己，另一方面请求夫给付子女之抚养费，因为离婚诉讼的主体为夫与妻，请求子女抚养费之诉讼主体为子女与父，很多法官不赞同将子女列为离婚诉讼之共同原告而必须单独提起，易造成责任人拖延诉讼、推卸责任，即使有幸胜诉，按月给付的方式令女性不得不按月申请强制执行、疲于奔命；其二，法律没有规定监护权之改定，实务中亦常发生夫有监护之权，却不尽照顾之责，将子女丢给前妻，且扣留子女之健保卡与身份证件，发生有权无责、有责无权之怪象；其三，民事诉讼法未规定夫妻剩余财产之分配与离婚诉讼可以一并提起，给了经济地位较为强势一方（男性较普遍）脱产之机会，加剧了妇女离婚后的贫困。尤美女：《从妇女团体的民法亲属编修法运动谈女性主义法学的本土实践》，《律师杂志》2005 年 10 月号第 313 期。

台湾地区"家事事件法"为妇女勾勒了一个弱势群体的法律角色与形象，并进行有限的倾斜保护。

三　大陆家事立法中女性法律角色：
批判与反思

（一）家事立法中女性法律角色之批判

第三期中国妇女社会地位调查数据显示，女性的地位较以前有所改善，但是仍然存在一些值得关注的问题。86.7%的人赞同"男女平等不会自然而然实现，需要积极推动"；认同"男人应该以社会为主，女人应该以家庭为主"的男女比例分别为 61.6% 和 54.8%。在生产、经营和买房、盖房的决策上，妻子参与决策的比例分别为 72.6% 和 74.4%；在家庭投资或贷款的决策上妻子参与决策的比例为 74.7%；包括与配偶联名的在内，女性有房产的比例为 37.9%，男性为 67.1%；72.7%的已婚者认为，与丈夫相比，妻子承担的家务劳动更多；被访者 3 岁以下孩子基本由家庭承担照顾责任，其中母亲承担日间主要照顾责任的比例为 63.2%；城镇 25 – 34 岁有 6 岁以下孩子的母亲在业率为 72.0%，比同年龄组没有年幼子女的女性低 10.9 个百分点①。可见，女性对家庭付出更多，但在经济状况与家庭地位上相对于男性仍处于弱势，因此目前婚姻家庭的立法体系必须准确定位女性的法律角色，通过法律角色来回应女性社会角色平等化的内在需求，从中国国情出发对女性进行倾斜保护。

从实体权利的角度，大陆法律体系目前对女性之法律角色定位并不允当。台湾地区"家事事件法"主要是从家事程序法的角度进行规制，其颁布有赖于台湾地区立法对女性实体权利保护已相对完善，其婚姻家庭实体权利保护主要依赖民法，此外还有一系列单行法予以保护，如"性侵害犯

---

① 全国妇联、国家统计局：《第三期中国妇女社会地位调查主要数据报告》，http：//www.
china. com. cn/zhibo/zhuanti/ch – xinwen/2011 – 10/21/content __23687810. htm，访问时间：
2014 年 3 月 24 日。

罪防治法""两性工作平等法""性别平等教育法""性骚扰防治法"等。单行立法主要是从妇女的角度出发,其法律角色更倾向于推进实质平等;而台湾地区"家事事件法"需要平衡男性、女性之间的权利与义务,其法律角色更倾向于推进形式平等。大陆目前推进妇女实质平等的较高位阶单行立法较少,《妇女权益保障法》涉及领域过于宽泛抽象,女性法律角色定位不明确;《人口与计划生育法》较多突出国家的政策性因素;而《女职工劳动保护特别规定》等其他规范位阶较低,对女性法律角色的定位难以形成整体影响。国家目前在女性实体权利保护方面存在一系列问题①。

从程序权利的角度,大陆法律体系目前对女性之法律角色定位也不允当。其一,没有如同台湾地区建立起针对家事纠纷处理的专门司法机构,缺乏对女性给予专业法律救济的基础条件。家事案件的处理具有特殊性已成通识,其举证责任、证据调查、事实推定、证明标准、调解、执行应与普通民事诉讼加以区别,应由专门法律进行规范②,如同台湾地区"家事事件法"。其二,对于家事调解程序的重视不够充分,对女性的倾斜保护实践不足。台湾地区"家事事件法"对于调解程序的适用范围广泛,能够较大程度上尊重两造之合意,大陆目前仅将调解适用于离婚案件之强制程序,其他家事纠纷并没有强制适用。其三,对于传统诉讼与非讼二元论之建构与破解的理论研究还不充分,家事程序统合处理之正当性仍有待进一步论证。对家事事件分门别类,并在一定条件下进行统合处理是整个台湾地区"家事事件法"立法之灵魂,对此应恰当进行借鉴,切不能进行轻率的法律移植,应建立于科学的学理研究与全面的实证评估基础之上。家事法律的

---

① 其一,结婚制度上男女不平等:法定婚龄上男女不平等;未规范婚约问题,其结果对妇女明显不利;对无效婚姻及以夫妻名义同居生活男女的财产之规制不利于妇女;对男娶女嫁习俗影响重视不够,已婚妇女的居住权和迁徙自由未受到充分保护。其二,夫妻人身关系不够明确:未明定夫妻有同居义务,婚姻目的不明确;未明定婚姻居所,婚姻效力不完整;夫妻扶养的规制不全面。其三,恶意遗弃未列入法定离婚理由;限制军人配偶离婚自由,对已婚妇女不利;离婚时经济补偿请求权适用条件苛刻,已婚妇女的家务劳动贡献未获得充分合理评价;离婚时财产分割忽视家庭人力资源投资,不合理。蒋月:《性别平等视野下的新中国婚姻家庭立法》,《新视野》2011年第5期。

② 全国妇联、国家统计局:《第三期中国妇女社会地位调查主要数据报告》,http://www.china.com.cn/zhibo/zhuanti/ch-xinwen/2011-10/21/content__23687810.htm,访问时间:2014年3月24日。

特殊性不仅在于家事事件本身的特殊性，而且在于处于家事事件中的双方往往不是平等的，法律角色恰恰起到了这样一种矫正功能，但大陆的程序法对法律角色的设定却未考虑家事事件的这种特殊性。

（二）反思：法律角色与正义实现

正义是合适地、正当地、合理地分配事物给人，作为正义的原则必然与平等有着基本的联系①。既然法律角色意味着权利义务所组成的行为模式，确定法律角色的意义在于确定权利义务分配的标准。秩序、正义和自由组成了法律的价值体系，秩序是法律的工具性价值，需要受到正义与自由的评价②。法律角色所规定的权利义务体系也必然受到正义之评价。

法律角色的设定应该符合正义的原则。正义是平等的一种形式③，因此法律角色必然有利于推进正义与平等。亚里士多德将正义分为分配正义和矫正正义。法律角色所围绕之权利义务分配首先应该符合分配正义，使男性、女性各得其所。分配正义将平等视为标准，但是平等并不是平均，而是需要合比例④。分配需要根据每个人不同的状况进行⑤，对于女性的特殊保护恰恰符合根据每个人的需要对待之原则，女性相对于男性的特殊地位决定了如果女性与男性展开公平竞争必然需要法律的倾斜保护。在承认男女存在差异的情况下，需要运用罗尔斯的正义原则之二"差异原则"，社会和经济不平等应这样安排，在与正义的储存原则一致的情况下，制度安排应该考虑最少受惠者的最大利益⑥。尽管此原则被设定在社会与经济领域，但女性法律角色所代表的权利义务不可避免地会影响女性对社会资源的分配状况，而且符合罗尔斯所要表达的对实质平等的推动。分配权利义务也

---

① 周永坤：《法理学》，法律出版社，2010，第190、195页。
② 周永坤：《法理学》，法律出版社，2010，第186页。
③ 〔英〕伦纳德·霍布豪斯：《社会正义要素》，孔兆政译，吉林人民出版社，2006，第71页。
④ 万俊人、梁晓杰：《正义十二讲》，天津人民出版社，2008，第73页。
⑤ 佩雷尔曼的分配标准主要有：对每个人同样对待，对每个人根据优点对待，对每个人根据劳动对待，对每个人根据需要对待，对每个人根据身份对待，对每个人根据法律权利对待。沈宗灵：《现代西方方法理学》，北京大学出版社，1992，第439－440页。
⑥ 〔美〕约翰·罗尔斯：《正义论》，何怀宏等译，中国社会科学出版社，2009，第237页。

就意味着分配资源,而且倾斜保护意味着对既有的社会分配的再分配①。

具体到家事法中,法律承认形式平等所造成的境遇可能会不利于女性等弱势群体,但必须对这种状况进行矫正以实现对女性境遇的改善。一方面,因为社会性别对男性、女性进行了不平等的建构,所以在对权利进行分配时,应该优先考虑和倾斜保护女性的权利以实现实质平等;另一方面,当女性正当权利遭到男性的侵害时,要为其提供可以获得的救济途径以使实质平等有切实之保障。这是一般状态的考虑,事实上女性法律角色定义要复杂得多,其最终规定是各方面力量进行博弈的结果,所以相对保守、克制,但是随着社会条件的进一步成熟可以进行动态调整。

中国《婚姻法》对女性的法律角色有清晰的定位,"保护妇女、儿童和老人的合法权益"体现了女性法律角色被设定为弱势群体。其他相关法律也表现出了倾斜保护的理念,但鉴于目前中国男女不平等的现实仍然比较严峻,对女性可以采取相对较高程度的倾斜保护,亦可以将这种理念融入家事专门立法,推动即将到来的家事司法改革。台湾地区"家事事件法"的立法成果或可提供有益启示,通过家事程序法立法专门化对女性的实体权利与程序权利展开全面的保护:其一,家事案件具有异于民事案件的特殊性,应当考虑设置独立的家事审判机构,并配置专业的家事审判法官,性别平等意识应当列为法官选拔的要求之一;其二,为了对女性的程序权利进行倾斜保护,可以规定特殊的审理原则,如不公开审理等,并且在女性具有较广泛自主权之时凸显程序的柔性,在女性拥有较小话语权之时凸显程序的刚性;其三,为了对女性的实体权利进行倾斜保护,应该力求为其创造最优化的程序选择路径,并且保障女性对子女的亲权权益。

---

① 罗尔斯的差异原则认同国家在既有分配基础上的再分配。尹松波:《理性与正义——罗尔斯〈正义论〉研究》,华龄出版社,2006,第148页。在机会平等这样的抽象自由主义观念下,为了不过分扩大社会不平等应该由国家进行资源再分配。当然,这样分配既有可能通过直接税收的形式,也有可能通过权利义务分配的形式。

图书在版编目（CIP）数据

家庭和谐、社会进步与性别平等/谭琳，姜秀花主编.—北京：社会科学文献出版社,2015.1
ISBN 978 - 7 - 5097 - 6977 - 5

Ⅰ.①家… Ⅱ.①谭… ②姜… Ⅲ.①家庭问题 - 中国 - 文集
Ⅳ.①D669.1 - 53

中国版本图书馆 CIP 数据核字（2014）第 305775 号

家庭和谐、社会进步与性别平等

主　　编/谭　琳　姜秀花

出 版 人/谢寿光
项目统筹/王　绯
责任编辑/曹长香

出　　版/社会科学文献出版社·社会政法分社(010)59367156
　　　　　地址：北京市北三环中路甲29号院华龙大厦　邮编：100029
　　　　　网址：www.ssap.com.cn
发　　行/市场营销中心（010）59367081　59367090
　　　　　读者服务中心(010)59367028
印　　装/三河市东方印刷有限公司

规　　格/开　本：787mm×1092mm　1/16
　　　　　印　张：33.5　字　数：532千字
版　　次/2015年1月第1版　2015年1月第1次印刷
书　　号/ISBN 978 - 7 - 5097 - 6977 - 5
定　　价/128.00元